Nelson Pereira da Costa

Marketing para Empreendedores

Uma Abordagem da Empresa com Foco no Mercado

EDITORA CIÊNCIA MODERNA

Marketing para Empreendedores - Uma Abordagem da Empresa com Foco no Mercado

Editor: Paulo André P. Marques
Produção Editorial: Dilene Sandes Pessanha
Capa: Daniel Jara
Diagramação: Daniel Jara
Copidesque: Equipe Ciência Moderna

FICHA CATALOGRAFICA

COSTA, Nelson Pereira da.

Marketing para Empreendedores - Uma Abordagem da Empresa com Foco no Mercado

Rio de Janeiro: Editora Ciência Moderna Ltda., 2021.

1. Administração 2. Marketing
I — Título

ISBN: 978-65-5842-119-1 CDD 658.8

Editora Ciência Moderna Ltda.
R. Alice Figueiredo, 46 – Riachuelo
Rio de Janeiro, RJ – Brasil CEP: 20.950-150
Tel: (21) 2201-6662/ Fax: (21) 2201-6896
E-MAIL: LCM@LCM.COM.BR
WWW.LCM.COM.BR

10/21

A

Alexandre e Anderson

Meus filhos que, não tendo convivido

comigo por muito tempo, não adquiriram o hábito

do estudo sistemático e da educação continuada.

Fato que venho, constantemente, tentando

corrigir, mas sem êxito até o momento.

Prefácio

Quando lemos autores preocupados com a arte de vender, verificamos que cada um, ao seu tempo, traz uma novidade, um modismo, uma teoria ou uma nova técnica de gerenciamento de vendas. Não sei se por sorte ou por saber muito bem escrever, ou também por serem muito convincentes. Tais autores levam empresas para cima e para baixo.

Algumas organizações levam tão a sério algumas dessas ideias que chegam à beira da falência. Por quê? Afinal, vender é arte ou ciência? Ou as duas coisas? Assim, podemos afirmar que vender é uma das poucas atividades humanas que pode testar a capacidade de autorrealização, num curto espaço de tempo, porque o sucesso depende muito do próprio vendedor.

No Século XX, por exemplo, desfilaram sob nossos olhos palavras e expressões de estilo e de efeito. Mas, apesar de todas estas coisas bonitas e pomposas, ninguém apareceu com um sistema infalível, palavra mágica ou técnica para a atividade mais importante de qualquer negócio – **Vender.**

Afinal qual é o processo de venda? É identificar o consumidor, chegar até ele e convencer o mesmo a comprar. Então este processo é antigo, porque sempre foi assim. O problema está em como: identificar, chegar e convencer. Na verdade, somos todos vendedores, pois estamos sempre vendendo alguma coisa (um bem, um serviço ou uma ideia), por isso, não há necessidade de modismos. O que mudou foi a maneira de vender. Um corredor continua correndo, só que com um novo suporte tecnológico, mas tem de dar um passo depois do outro.

Textos sobre vendas, às vezes, escritos por pessoas que nunca venderam coisa alguma, trazem sugestões sobre como a pessoa deve entrar na sala, cumprimentar, sentar, conversar, ouvir, mexer-se na cadeira, movimentar as mãos, modular a voz, olhar nos olhos, pôr em prática uma linguagem corporal persuasiva e assim por diante, não levando em conta as necessidades do comprador (consumidor, usuário, paciente, intermediário). Portanto, os "artistas" de vendas devem considerar a clientela, porque é ela que mantém o negócio funcionando.

O maior motivo que me levou a escrever este livro foi o fato de que, ao longo de muitas leituras, função das minhas atividades como autor e professor universitário, constatei que diversos livros de marketing são verdadeiras colchas de retalhos. Tais livros, mal estruturados, levam o leitor a garimpar aquilo que é relevante estudar. Para um aluno é muito difícil, já que está vendo o assunto pela primeira vez.

Então vi a oportunidade de fazer uma abordagem inovadora e bastante didática, pois procuro reunir, num só capítulo, o que a maioria dos autores o faz em diversos espaços de seus livros, às vezes em capítulos anacrônicos e com focos diversos. Tudo isso é falta de disciplina e de organização pedagógica. É importante lembrar que, somente quando a China unificou sua escrita, se tornou uma grande civilização. Portanto, ter a mão um livro disposto a ensinar é ter uma grande vantagem competitiva em relação aos demais.

É óbvio que nenhum assunto pode ser esgotado num único capítulo, mas o autor deve fazer um grande esforço nesse sentido, para não voltar ao mesmo item várias vezes ao longo da obra. Isso é bastante cansativo e não ajuda em nada o pesquisador e, principalmente, o professor que deseja uma maior racionalidade de exposição, já que lhe falta tempo para atender o programa da disciplina, ficando sempre devendo alguma coisa. Também o aluno precisa de um livro texto que oriente seu estudo, com: objetividade, clareza, coerência, concisão, expressividade, unidade, correção e forma.

Quaisquer que sejam as mudanças que ocorram no social, econômico, político e ambiental de um país, as vendas permanecem notavelmente inalteradas em seus objetivos básicos: gerar receitas e lucros; criar consumidores cativos; desenvolver novas ferramentas de suporte, para a tomada de decisão. Também é preciso dizer ao nosso leitor que preste muita atenção como faz a leitura do cenário, cujas premissas e bandeiras, hoje, são: ênfase na qualidade, satisfação do consumidor, valor entregue, pensamento globalizado, evolução exponencial da tecnologia, ética no comportamento, transparência naquilo que executa.

Este livro acrescenta alguns conhecimentos gerenciais, para que o leitor, na qualidade de vendedor, não venha a se surpreender com o fracasso do seu empreendimento (projeto), porque o mesmo tenta mostrar como evitar erros de: avaliação, por pressa em fazer acontecer; desconhecimento do mercado que pretende atuar; tomadas de decisão intempestivas e da falta de fundamentação nas funções administrativas e organizacionais.

Este projeto procura trazer a essência daquilo que é preciso saber sobre Marketing, sendo estruturado em 25 Capítulos, cujos objetivos são os seguintes:

Capítulo 1 – Mercado: Mostrar que o conhecimento do mercado é fundamental para aqueles que pretendem ser empreendedores.

Capítulo 2 – Ambiente: Mostrar que a influência do ambiente não pode ser desprezada.

Capítulo 3 – Produto: Mostrar que o produto é algo que as pessoas compram.

Capítulo 4 – Marca: Mostrar que a marca é o instrumento de relacionamento entre empresa e consumidor.

Capítulo 5 – Consumo: Mostrar que o consumo não equivale a simples compra de um produto, porque é preciso levar em consideração o seu uso.

Capítulo 6 – Comercialização: Mostrar a evolução da comercialização e como as atividades mercadológicas encaixam-se neste processo.

Capítulo 7 – Marketing: Mostrar que marketing é encarado pelas empresas como uma filosofia de ação que se inspira no mercado.

Capítulo 8 – Serviço: Mostrar que serviço é qualquer ato ou desempenho, essencialmente intangível, em que não há troca de propriedade.

Capítulo 9 – Atendimento: Mostrar que o atendimento está sendo considerado como um diferencial importante na comercialização, já que qualidade e preço tendem a se igualar no futuro.

Capítulo 10 – Varejo: Mostrar que o varejo é o espaço (real, virtual), onde o consumidor compra o produto.

Capítulo 11 – Vendas: Mostrar que a venda é considerada como um processo que antecede a transferência de propriedade.

Capítulo 12 – Força de Vendas: Mostrar a necessidade de reconhecer a equipe de vendas como vital à sobrevivência da empresa.

Capítulo 13 – Logística: Mostrar que a logística é encarada como um fator competitivo, principalmente, em tempos de globalização via internet, bem como o armazenamento.

Capítulo 14 – Franquia: Mostrar que a franquia não se constitui num negócio propriamente dito, mas num esquema de distribuição de bens e serviços.

Capítulo 15 – Novo Produto: Mostrar as dificuldades de desenvolvimento do projeto de um novo produto, bem como seu lançamento no mercado.

Capítulo 16 – Qualidade: Mostrar o valor da qualidade em tudo o que o ser humano idealiza e constrói.

Capítulo 17 – Estratégia: Mostrar a impossibilidade de uma empresa sobreviver sem estratégias adaptadas ao ambiente, ao mercado e ao consumidor.

Capítulo 18 – Tecnologia e Inovação: Mostrar a enorme influência da tecnologia em nossas vidas e no dia a dia da empresa. Mostrar, também, a necessidade de inovar da empresa para atender as, cada vez mais sofisticadas, exigências dos consumidores, bem como a necessidade de se administrar a mudança e o conflito daí resultante.

Capítulo 19 – Criatividade e Conhecimento: Mostrar que a criatividade pressupõe o poder de alterar, produtos, processos e ambientes sempre para melhor. Também, mostrar que é necessário conhecimento para ser criativo, bem como tomar a decisão certa, na hora e lugar certos.

Capítulo 20 – Comunicação e Informação: Mostrar que a comunicação é o meio pelo qual o comportamento é modificado, a mudança é efetivada e as metas são notificadas. Mostrar também que aquele que for bem informado deterá o poder.

Capítulo 21 – Decisão, Risco e Objetivo: Mostrar que as decisões estão diretamente ligadas ao nível de percepção da pessoa. Mostrar que não existe risco zero. Mostrar a dificuldade que os empresários têm em definir seus objetivos.

Capítulo 22 – Negociação: Mostrar que os conhecimentos fundamentais da negociação ajudam o empresário a conseguir bons acordos e contratos.

Capítulo 23 – Pesquisa de Mercado: Mostrar que não pesquisar é como andar na escuridão sem uma lanterna, porque uma pesquisa bem-feita é ferramenta útil para determinar comportamentos e estratégias.

Capítulo 24 – Previsão de Vendas: Mostrar que os métodos de previsão ajudam a antecipar cenários futuros e que muitas ferramentas do planejamento empresarial têm seu ponto de partida na previsão de vendas.

Capítulo 25 – Custo, Preço e Lucro: Mostrar que os bens, serviços e ideias têm preços e por que uns são mais caros e outros mais baratos. Mostrar, também, que nem sempre o produto que mais vende é aquele que dá mais lucro.

Gostaria de manifestar meus agradecimentos a todos aqueles que, direta ou indiretamente, me ajudaram na construção desta obra e, em especial, aos amigos que viram no presente projeto, uma estrutura, ainda não abordada em outros livros de Marketing, lançados no mercado editorial. Também é preciso agradecer ao Alexandre, meu filho, pela ajuda prestada, em uma pesquisa de mercado que realizamos juntos.

Nelson Pereira da Costa

Sumário

Introdução

Muito antes da era da produção em massa, do mercado globalizado e da preocupação com as novas ferramentas tecnológicas, os homens de negócio conheciam de perto os consumidores e os mercados. Conheciam os clientes pessoalmente e o conjunto desses clientes constituía o seu mercado. Esses artífices e artesões desenvolveram relações comerciais através de contatos pessoais e assim conseguiram obter rápidas informações e conhecer os desejos e as necessidades dos seus consumidores.

Eles eram os próprios pesquisadores de mercado, planejadores de produto, promotores de venda e vendedores. Mas, sem dúvida alguma, esse processo primário orientava-se pelo consumidor, com quem mantinham contato pessoal de venda, pois se sabia que esse era o único meio de se conseguir bom êxito nos negócios.

O advento da produção em massa determinou a adoção da distribuição em massa. Daí, resultou a impossibilidade do produtor conhecer pessoalmente cada um dos seus milhares, ou milhões, de consumidores, perdendo então a capacidade de conhecer rapidamente os desejos e as necessidades de cada um deles. Em vista desse afastamento, o produtor foi obrigado a desenvolver outros métodos.

Uma outra razão era o aumento gradativo da concorrência e do espírito seletivo do consumidor, que vinha aumentando, continuamente, o risco da não venda, obrigando os produtores a melhorarem a qualidade e a adaptarem seus produtos às modificações de um mercado, já em constante transição. Registrava-se contínua transferência do mercado vendedor para o mercado consumidor. Como consequência do risco da não venda, além de dirigir e coordenar as atividades da empresa no sentido das necessidades e desejos dos consumidores, cabe perguntar: O que vender? A quem vender? Quanto vender? Quando vender? Por que vender? Como vender? A que preço vender?

Definimos marketing como o esforço consciente para atingir os resultados desejados em relação aos mercados alvos. Mas, que filosofia deve orientar os esforços de marketing? Que pesos relativos devem ser dados aos interesses das organizações, dos consumidores e das sociedades? Claramente, as atividades de marketing devem ser conduzidas sob uma filosofia de responsabilidade social. Enfrentar processos de troca (compra e venda) exige considerável quantidade de trabalho e experiência.

Na comercialização de produtos sofisticados, em que se coloca maior ênfase nas características técnicas, há uma tendência em se deixar de lado alguns dos conceitos usados nos produtos de consumo de massa. Constata-se, particularmente, pequena ou nenhuma aplicação dos conhecimentos do comportamento humano no processo de vendas, muito embora alguns bons vendedores os venham utilizando intuitivamente.

A maioria dos vendedores pensa que conhece seus clientes e os trata como se fossem inteiramente racionais e não suscetíveis às técnicas de vendas. Acreditam, também, que basta a simples apresentação do produto e um reforço na comunicação e tudo estará arranjado. Para uma venda eficiente, eficaz e efetiva os grupos, ou indivíduos envolvidos, devem ter uma compreensão comum dos objetivos da empresa e de suas políticas. Além disso, cada grupo deve ter vínculos comuns de conhecimentos e aptidões para poder penetrar nos mercados, através de planos de venda que estarão sempre orientados para o consumidor.

O propósito de um produto não é o que o engenheiro explicitamente diz ser, mas o que o consumidor, implicitamente, exige. Dessa forma, o consumidor consome não coisas, mas os benefícios esperados. Quer o percebamos ou não, na verdade esperamos e exigimos que a propaganda crie esses benefícios para nós; mostre o que a vida pode ser e nos ofereça as possibilidades, não vistas e ocultas, da realidade nua e crua da existência humana.

O consumidor sofre de um velho dilema. Ele quer a verdade, mas também quer e deseja as imagens aliciantes e as promessas atraentes do anunciante. O problema, portanto, é encontrar um caminho entre os dois extremos.

E, nesta busca, as empresas podem:

- Fazer muito mais do que tem feito ou se têm disposto a fazer.
- Pressionar no sentido de que nenhuma indústria isoladamente encontre "razões" para eximir-se de restrições legais razoáveis.
- Cooperar construtivamente com o governo para desenvolver padrões razoáveis e sanções eficazes que assegurem um ambiente comercial mais saudável.
- Apoiar legislação que proporcione ao consumidor a informação necessária para fazer comparações mais fáceis entre produtos, embalagens e preços, ajudando a fazer anteprojetos de lei sobre normas de qualidade.
- Apoiar programas que facilitem auxílio legal, especialmente para pessoas que sabem tão pouco sobre seus direitos e como impô-los.
- Apoiar os esforços para moderar e filtrar o ruído daquela propaganda que amortece nossos sentidos e fere nossas sensibilidades.

Organizações equilibradas e integradas de marketing e vendas eram raras, no passado. Em geral, um departamento tinha mais poder do que o outro. Na virada do milênio, marketing e vendas permaneciam separados, mas ambos começaram a crescer em escopo, com o surgimento de novos canais de comunicação e distribuição.

A área de vendas seguiu ofuscada pela de marketing, porém iniciativas de comércio eletrônico obrigaram líderes de vendas a arcar com parte da responsabilidade que, normalmente, era do marketing, como a difusão de mensagens da marca diretamente pela web. A posição de vice-presidente de vendas e marketing passou a fazer parte dos organogramas das empresas.

A fronteira entre marketing e vendas continua a se confundir. Tendências, como: processos de inovação e de criatividade; tecnologias sociais; interatividades com consumidores e mobilidades de comunicação são, hoje, indispensáveis para a comunicação com o mercado alvo.

Para buscarmos a satisfação de nossos consumidores é fundamental focalizá-los, identificando suas necessidades e traduzindo-as tecnicamente em requisitos chaves de qualidade. Com base nestes dados construiremos os indicadores de gestão, que, medidos adequadamente, darão à empresa o feedback no nível de valores percebidos pelo mercado.

Ao tratarmos dos desejos e necessidades, precisamos nos conscientizar que, para o sucesso de qualquer empreendimento, os funcionários (consumidores internos), muito mais do que serem submetidos a treinamentos diversos, devem ter plena participação, envolvimento e responsabilidade, como parceiros do negócio.

É possível chegar à satisfação do cliente por diversos caminhos. Entretanto, é preciso querer dar o primeiro passo, lembrando que a qualidade da força de vendas não se copia, mas sim, se constrói. Começa com treinamento e termina com educação.

Capítulo 1

MERCADO

"As empresas de alto desempenho são diferentes. Preocupam-se muito com o fracasso. Isso faz com que prestem muita atenção ao que está acontecendo em seu mercado".

Guillermo G. Marmol

OBJETIVOS DO CAPÍTULO

- Capacitar o leitor a conceituar os elementos que atuam no desenvolvimento, criação e participação de um mercado.
- Mostrar que o conhecimento do mercado é fundamental para ser empreendedor.
- Mostrar os diversos tipos de mercado, bem como o ambiente em que operam.
- Mostrar as tendências do mercado.

1.1 CONCEITO DE MERCADO

Mercado é um lugar organizado, onde as pessoas transacionam preços, quantidades e qualidades de determinados produtos (bens, serviços e ideias). É todo ambiente onde compradores e vendedores de produtos se mantêm em estreito contato uns com outros. Este contato se faz, em função das necessidades, desejos e disponibilidades dos consumidores.

Todas as economias modernas operam com mercados. Os fabricantes procuram recursos; compram e os transformam em bens e serviços, vendendo-os para o mercado intermediário, que vendem ao mercado consumidor. Os consumidores vendem sua força de trabalho pela qual recebem dinheiro para pagar os bens e serviços que compram. O governo utiliza as receitas da tributação para comprar produtos, utilizando-os para bem servir a população.

A economia de cada país e do mundo inteiro consiste de complexos conjuntos de mercados interrelacionados e unidos através de um processo de troca.

As empresas são compostas de pessoas que trabalham para servir outras pessoas e os preços são ditados pela lei da oferta e da procura. As atividades praticadas no mercado são: Atividades Principais (Comprar; Vender; Trocar) e Atividades Acessórias (Informar; Padronizar; Comunicar; Armazenar; Suprir; Transportar, Distribuir; Normalizar; Alugar; Financiar; Sistematizar; Solucionar; Avaliar; Medir).

Um efetivo conhecimento do mercado onde a empresa vai atuar trará benefícios a seu favor, assim como possibilitará a tomada de decisão em nível estratégico. Portanto, um estudo, ou uma análise, do mercado deve, tanto quanto possível, ser o mais completo, não apenas com o objetivo de viabilizar um determinado empreendimento, mas servir de subsídio concreto à administração da empresa, antes, durante e depois da operação de compra e venda.

Muitos são os elementos, ou fatores de mercado, a serem considerados. A seguir, são colocados aqueles que mais se destacam, na literatura administrativa:

Tempo de Mercado – Período que uma empresa leva para ir da concepção do produto até a sua entrega ao consumidor final. Porém, alguns autores consideram-no como aquele que vai do lançamento do produto no mercado até a adoção pelos consumidores.

Elasticidade – A elasticidade é a intensidade com que a procura de um produto aumenta ou diminui, em resposta a uma baixa ou a uma alta de preços (elasticidade do preço) ou a uma alteração da renda (elasticidade da renda). Genericamente, pode-se dizer que a elasticidade reflete o grau de reação que o mercado dá a um produto, função de alterações de preço, qualidade, quantidade, renda, crédito, liquidez.

Equilíbrio do Mercado – A intersecção das curvas de demanda e de oferta determina o preço e a quantidade de equilíbrio de um bem ou serviço em um dado mercado, isto é, preço que atende produtores, distribuidores e consumidores.

Eficiência – A eficiência de mercado pode ser traduzida como a capacidade de um mercado gerar valor (qualquer que seja).

Participante – Participam do mercado: produtores, consumidores, fornecedores de recursos, intermediários, vendedores individuais, empresas, organizações governamentais, agências reguladoras, comerciantes, atacadistas, outros mercados.

Consumidor – Consumidor é aquele (indivíduo ou instituição) que compra um produto. Ele não consome coisas, mas os benefícios que espera do produto. Criar e conservar um consumidor são muito importantes para o êxito do negócio. É bom que o empresário o veja como o principal objetivo da empresa.

Acessibilidade – Fator que permite compradores e vendedores trocar informações, bens, serviços e ideias. Muitas vezes, um mercado é inviabilizado pela incapacidade de seus criadores em dar, ou facilitar, meios de comunicação para interagir e integrar fornecedores e consumidores.

Público-alvo – A maior parte dos mercados é grande demais para que uma empresa possa fornecer todos os produtos necessários a todos os compradores daquele mercado. Por tal, é preciso conhecer o público a ser atendido, definido como público-alvo, bem como aspectos demográficos, perfis de consumo (renda, idade, hábito), padrões de comportamento do consumidor.

População – Como não existe um mercado sem pessoas, se torna urgente que algumas características destas pessoas sejam avaliadas, como: poder aquisitivo, disposição de trocar, faixa etária, número de domicílios, sexo, renda, educação, instrução, cultura e percepção.

Dimensão – O tamanho de um mercado depende do número de compradores e vendedores que possui.

Preferência – As preferências dos consumidores podem estar razoável e equilibradamente espalhadas por todo o espaço e sem nenhuma concentração. Os consumidores simplesmente diferem bastante no que desejam com relação aos produtos. Se houver várias marcas no mercado é provável que demonstrarão preferências diferenciadas.

Segmentação – Segmentar é tratar cada consumidor, ou grupo de consumidores, de acordo com as suas características. Para isso, é fundamental: conhecer o consumidor e suas necessidades; conhecer a imagem que o consumidor faz da empresa; conhecer o que a empresa é. Segmentar, por exemplo, não significa elitizar a clientela, nem fazer certo tipo de propaganda ou ainda sofisticar o atendimento por meio de formas de comunicação.

Concorrência – Os estudos mais recentes sobre a economia de mercado puseram em relevo os dois modelos da concorrência perfeita e do monopólio, que se constituem em extremos de difícil realização.

1.2 CLASSIFICAÇÃO DOS MERCADOS

Os mercados podem ser classificados, basicamente, quanto à atividade principal, objeto de análise e estratégia de atuação. Assim, eles podem ser:

Mercado Produtor – O mercado produtor consiste de indivíduos e organizações que adquirem bens e serviços para serem utilizados na produção de outros bens e serviços destinados à venda ou para serem alugados a terceiros. Os bens de produção são, geralmente, classificados de forma mais útil, em termos de como entram no processo de produção e na estrutura de custo dos produtos.

Este mercado também é conhecido como mercado industrial. As características mais significativas do mercado produtor são: pequeno número de compradores; elevados valores transacionados; menor frequência de compra; grande volume de compras; demora na negociação; maior conhecimento e relacionamento com o mercado; influência ambiental é presente; necessidade de pesquisar a demanda e potencial de mercado; consideração das especificidades; relacionamento estreito entre fornecedor e comprador.

Mercado Intermediário – O mercado intermediário é o mercado que consiste de indivíduos e organizações que adquirem bens com o propósito de revender ou alugar a outros. Os intermediários lidam com praticamente todos os produtos.

Mercado Governamental – O mercado governamental consiste em unidades dos governos federal, estadual e municipal que compram ou locam bens, a fim de realizarem as funções precípuas de governo. Os procedimentos de compra do governo devem ser feitos através de licitação pública. Caso não haja participação de empresas na licitação, o governo poderá pesquisar empresas que possam realizar a obra e negociar com uma delas um contrato que atenda as suas necessidades.

Mercado de Recursos – O mercado de recursos é aquele que fornece matérias-primas, insumos, capital, mão de obra, projetos, instalações, equipamentos, máquinas, suprimentos, serviços de manutenção, componentes e assessorias (administrativas, mercadológicas, tecnológicas, sistêmicas, informativas).

Recursos são meios auxiliares que permitem a pessoa ou a organização atingir objetivos. A empresa para se tornar produtiva dependerá de recursos. Se você tem os recursos adequados dificilmente não será efetivo, isto é, não terá muitos problemas para atingir objetivos com rapidez e custo mínimo.

A organização procura dispor de recursos de tal forma que o conjunto, assim empregado, seja capaz de realizar uma atividade econômica ou um trabalho, com um mínimo de risco, esforço e custo. Os recursos podem ser contratados, comprados e incorporados à empresa ou adquiridos sob a forma de empréstimo, financiamento, aluguel, arrendamento ou leasing.

De modo geral, os recursos empresariais podem ser classificados em:

- Recursos Naturais: luz, ventilação, minerais, vegetação, água, terra.
- Recursos de Apoio: serviços públicos, energia elétrica, telefonia, água encanada e potável, esgotamento sanitário, gás, hospital, escola, correio, banco, policiamento, transporte, segurança.
- Recursos Físicos: imóveis, viaturas, instalações.
- Recursos Materiais: equipamentos, máquinas, móveis, utensílios, ferramentas.
- Recursos Financeiros: capital próprio, crédito, financiamento, receita com vendas, investimentos de terceiros, empréstimos, capital de terceiros.
- Recursos Humanos: mão de obra direta e indireta.
- Recursos Tecnológicos: tecnologia da produção, tecnologia da informação, tecnologia do conhecimento.
- Recursos Administrativos: funções administrativas, funções organizacionais, práticas, técnicas, procedimentos, rotinas, políticas, planos, programas, métodos, metodologias, documentos, manuais.
- Recursos Mercadológicos: perfil do consumidor, pesquisa de mercado, inovação, produto, marca, comunicação do produto, previsão de vendas, relação com consumidores, fornecedores e concorrentes, estratégias, táticas, negociação, distribuição.
- Recursos Sistêmicos: sistemas de informação, sistemas de comunicação, sistemas de suporte à decisão, sistemas simulatórios, sistemas de banco de dados.

Mercado Consumidor – O mercado consumidor é o mercado para bens e serviços que são adquiridos ou alugados por indivíduos ou famílias para uso pessoal (não comercial). Considerando-se a surpreendente variedade de produtos procurados pelos consumidores, não é possível citar qualquer desejo simples e único que não se esteja tentando satisfazer. Um vendedor precisa compreender o que os compradores estão realmente procurando em suas aquisições.

As principais características do mercado consumidor são: grande número de compradores; os valores transacionados são, geralmente, baixos; maior frequência de compra; pequeno volume de compra; negociação rápida; relação direta entre vendedor e comprador; compradores dispersos; riscos menores; influência de todos os lados; necessidade de pesquisar preços; a prosperidade está em função da renda familiar; as especificidades não são, em geral, levadas em consideração.

Mercado Vendedor – O mercado vendedor se caracteriza pelo fato de que o produtor estabelece o preço com uma ampla liberdade, impondo ao mercado as condições de venda de seus produtos. É o que acontece quando a procura é maior do que a oferta e se torna mais evidente quanto menor for a concorrência.

Mercado Comprador – O mercado comprador se caracteriza quando a oferta é relativamente grande, havendo muitas opções de escolha por produtos substitutos. O comprador exerce uma influência reguladora no mercado, impondo aos produtores as suas condições.

Mercado de Trabalho – Mercado de trabalho é o conjunto das ofertas de trabalho oferecidas pelas organizações, em certa época e em determinado lugar. É constituído de oportunidades de trabalho.

Mercado de Recursos Humanos – Mercado de recursos humanos é o conjunto estratificado de indivíduos, em função de conhecimentos específicos e aptos ao trabalho em certa época e em determinado lugar. É constituído dos candidatos potenciais a determinadas vagas oferecidas pelas organizações. Tal mercado é também conhecido, erradamente, como mercado de mão de obra, porque este mercado se constitui de todos os recursos humanos especializados ou não.

Mercado de Massa – No mercado de massa a empresa prefere não reconhecer os diferentes segmentos que compõem o mercado. O mercado de massa é também conhecido como mercado não diferenciado. Os motivos de sua defesa são baseados em custos.

Mercado Diferenciado – No mercado diferenciado a empresa decide operar em dois ou mais segmentos de mercado, mas projeta um programa separado em relação a produtos e mercados. O mercado diferenciado eleva as vendas, mas também os custos.

Mercado Concentrado – No mercado concentrado a empresa aloca suas forças numa determinada área de atuação, quando a mesma possui recursos limitados. Em vez de ir à procura de uma pequena participação num grande mercado, a empresa procura uma grande fatia num mercado menor (nicho de mercado).

Mercado de Rede – A tecnologia digital da informação possibilitou criar uma rede de parcerias para mais bem servir os consumidores. É possível criar uma empresa virtual onde se integrem: comércio, administração, marketing, sistemas de informação e sistemas de comunicação. Segundo Gates, "o espaço virtual torna possível que uma empresa crie uma organização sem limites, mas é necessário uma nova mentalidade e uma nova cultura empresarial para transformar os fornecedores em cúmplices do negócio, isto é, parte integrante do processo de servir bem o consumidor". Todos os participantes da rede estão integrados eletronicamente no negócio, podendo dar opinião e participar com ideias inovadoras.

Mercado Institucional – O mercado institucional consiste de escolas, hospitais, creches, prisões e outras organizações de serviço público. Deve fornecer bens e serviços às pessoas que estão sob seus cuidados. Um mercado institucional não é sinônimo de mercado governamental.

Mercado Eletrônico – Os mercados eletrônicos permitirão maior agitação na fixação de preços, em função da demanda e da oferta e, principalmente, em função do nível de percepção do consumidor, cada vez mais bem informado. A compra eletrônica mudará o papel do ponto de venda, porque este poderá estar em qualquer lugar do mundo, a qualquer hora.

Existem outros mercados, tais como: Mercado de Câmbio; Mercado de Capitais; Mercado de Ações; Mercado de Commodities; Mercado de Nicho; Mercado de Crédito; Mercado Exportador; Mercado Importador; Mercado Globalizado...

1.3 CONSIDERAÇÕES SOBRE MERCADO

As empresas têm dificuldades para estimar sua participação no mercado, bem como da concorrência. Normalmente, as empresas tomam conhecimento das forças e fraquezas de seus concorrentes, através de dados secundários, experiências pessoais e boatos. Elas podem aumentar o conhecimento fazendo pesquisa junto aos consumidores, fornecedores e distribuidores.

A participação no mercado não se caracteriza apenas pelo volume de vendas, mas também pela lembrança da marca, preferência pela qualidade, cobertura regional e presença na mídia, por exemplo. É sempre bom lembrar, entretanto, que mesmo uma condição de mercado consolidado não durará para sempre.

A liderança que gera o domínio do mercado tende a fazer o líder dormir, pois dominar o mercado cria uma resistência à mudança e à inovação. Além do mais, quase sempre significa que a empresa colocou todos os ovos na mesma cesta, o que não é uma boa estratégia. Para compreender o conceito de domínio de mercado é preciso entender que:

- Ser a maior empresa de um setor da economia não significa ter o domínio do mercado.
- Não é necessário fazer tudo para que os concorrentes não cresçam, basta agir de maneira inovadora.
- Os lucros devem ser vistos como passageiros e a dominância como condutor.
- A dominância não é uma condição permanente da empresa, porque o mercado é cambiante, função de fatores econômicos, tecnológicos, políticos, sociais.

Criar um mercado é um processo muito difícil, porque depende de muitos fatores que propiciam tal acontecimento. Em geral, os mercados são criados em função do aumento da renda da população; incentivos e programas governamentais; exigências ambientais; exigências dos consumidores; dinamização de uma situação de apatia (ou anomia) do mercado; surgimento de novas tecnologias; barateamento de processos produtivos; lançamento de novo produto; desenvolvimento econômico de uma região; meios de comunicação mais efetivos; facilidades de recursos.

Quando se estuda um novo mercado é preciso questionar sobre: O que o mercado compra? Por que compra? Quem compra? Onde compra? Como compra? Quanto compra? Quando compra? Em que níveis de preço e de qualidade compra? Muitas são as barreiras para se desenvolver um mercado. Mas, a maior delas é manter seus preços de venda, continuadamente, acima dos custos sem atrair novos concorrentes.

Embora todas as empresas se esforcem para desenvolver certas vantagens competitivas, poucas conseguem persistir em uma boa estratégia durante um longo período. Uma atividade inovadora é quase sempre seguida por ondas de imitadores. São poucos os que conseguem manter a posição inicial.

É crescente a tendência de os consumidores discriminarem mais sobre o que compram. As pessoas estão aprendendo a valorizar aonde vai o seu dinheiro. A ideia tradicional do mercado de massa, no qual foram construídas tantas fortunas, está morrendo aos poucos. Ela está sendo substituída por um novo mercado, dominado por um novo consumidor e muito diferente.

Por menor que seja a empresa, ela precisa estar atenta ao que ocorre no mercado, porque mudanças ambientais influirão nos resultados da organização, podendo ocorrer prejuízos.

As principais tendências do mercado, hoje, são:

- Aumento da concorrência de preços e do papel do atendimento ao consumidor.
- Produtos de melhor qualidade, com muito valor agregado e inovações constantes, a preços baixos.
- Mudança de hábitos e volatividade dos desejos e necessidades dos consumidores.
- Surgimento de novos segmentos de mercado e crescentes canais de distribuição de produtos.
- Cerrada regulamentação governamental, principalmente, para o ambiente.
- Aumento do custo de comunicação do produto.
- Impacto no preço e na qualidade, em função da criação de blocos de países.
- Novas tecnologias de: produção, comunicação, venda, distribuição, cobrança e crédito.
- Recrudescimento da informalidade.

1.4 GLOBALIZAÇÃO

O novo século se apresenta para as pessoas que, cada vez mais, vêem o futuro com desconfiança e incerteza. Livros recentes preconizam o fim do trabalho e da abundância, promovendo, desta forma, ameaças como desemprego e deterioração do poder de compra. As transformações nas economias nacional e internacional são rápidas demais e frequentemente violentas.

Hoje, nenhum país pode permanecer isolado do resto do mundo. Se fechar seus mercados à concorrência estrangeira, os consumidores pagarão mais por bens e serviços de qualidade inferior. Mas, se abrir totalmente seus mercados, enfrentará concorrência selvagem e predatória, porque muitas empresas (mesmo conglomerados) nacionais não aguentarão o tranco e irão à falência. A isto chamamos globalização.

A globalização se refere a ambientes cada vez mais amplos, devido à integração econômica, política, populacional e tecnológica. Globalização significa a internacionalização dos negócios e do sistema produtivo e financeiro, fazendo com que o ambiente organizacional se torne imenso, complexo, mutável e incerto.

Paradoxalmente a globalização e os avanços tecnológicos abrem muitas oportunidades em detrimento de empresas que não conseguem promover as mudanças de adequação.

As empresas operam num mercado altamente seletivo, onde os mais capacitados vencem, isto é, quem é rico fica mais rico e quem é pobre fica mais pobre. O sucesso é conquistado pelas empresas mais ajustadas ao imperativo ambiental e tecnológico. Portanto, passa a ser de extrema importância saber "ler" o cenário. Por tal, é que existe um movimento contra a globalização, patrocinado, em muitos países pela direita, dita democrática.

Os países querem opinar sobre seu próprio destino e não ser comandados por outros, cujos valores, costumes e hábitos são totalmente diferentes, principalmente, os interesses econômicos e financeiros.

No processo de globalização as empresas crescem, ganham escala, baixam custos e aumentam a competitividade ou desaparecem. A globalização é um jogo de comparação de todos com todos, e os perdedores costumam ser duramente castigados. Ela promove uma espécie de seleção natural, na qual só os melhores sobrevivem, exatamente como na Teoria das Espécies de Charles Darwin.

Teste de Aferição de Conhecimento

01 – Mercado é o mesmo que:

a) Um prédio onde as pessoas se reúnem para negociar
b) Lugar onde compradores e vendedores transacionam preços, qualidades e quantidades de produtos
c) Supermercado
d) Lugar onde são praticadas atividades de consumo

02 – Potencial de mercado é o limite que tende a demanda de mercado?

a) Sim
b) Não
c) Depende do mercado

d) Potencial e demanda são sinônimos

03 – Conhecer os elementos básicos do mercado:

a) Ajuda a ter êxito
b) É irrelevante
c) Ajuda a minimizar os riscos

04 – Quais mercados são imprescindíveis numa sociedade organizada?

a) Mercado produtor
b) Mercado consumidor
c) Mercado intermediário
d) Mercado governamental
e) Mercado de recursos.

05 – É possível dominar o mercado?

a) Sim, sendo inovador o tempo todo.
b) Nenhuma das respostas anteriores
c) Não, devido à globalização
d) Sim, mas muito improvável

06 – A globalização se refere a:

a) Internacionalização dos negócios
b) Economia de rede
c) Globalismo
d) Ambientes amplos

07 – Coloque em ordem cronológica o que deve a empresa fazer com relação ao mercado:

a) Domínio do mercado
b) Participação no mercado
c) Criação do mercado
d) Desenvolvimento do mercado
e) Posição de mercado

Capítulo 2

AMBIENTE

"Para podermos entender o universo precisamos estudar, primeiro, a matemática e, segundo, valorizarmos seu conhecimento como a única ferramenta que explica tudo fisicamente".

Galileu Galilei

OBJETIVOS DO CAPÍTULO

- Mostrar a influência, cada vez maior, que o ambiente exerce sobre as pessoas e as organizações.
- Mostrar os diversos tipos de elementos ambientais.
- Mostrar a importância da leitura do cenário, com suas oportunidades e ameaças.

2.1 CONCEITO DE AMBIENTE

Ambiente é todo um espaço (contexto) que envolve externamente uma organização de forma direta e indireta. É constituído de: pessoas, sistemas, recursos, grupos, famílias e organizações que formam a sociedade. Alguns autores ainda consideram que existem dois ambientes: externo e interno (a própria organização).

As organizações modernas são vistas como sistemas abertos que precisam responder, de forma efetiva, às pressões externas ou ao que se chama de imperativo ambiental, para que tenham sucesso. Apesar de se poder afirmar que essas pressões ambientais sempre existiram em todas as organizações, é preciso, hoje, prestar maior atenção à transação ambiente-organização.

O ambiente é um fator incontrolável que pode causar prosperidade ou desastre em um mercado. Mas, com esforço e resolução, pode-se conseguir considerável controle sobre o mesmo. As empresas não vivem no vácuo, isoladas e totalmente autossuficientes, mas funcionam dentro de um contexto, do qual dependem para sobreviver e crescer. É do ambiente que as empresas obtêm os recursos, para poderem agir, devolver e conferir resultados, bens, serviços e ideias.

O ambiente empresarial (corporativo, organizacional ou unidade de negócio) não é um conjunto estável, uniforme e disciplinado, mas um conjunto bastante dinâmico em que atua, constantemente, grande quantidade de forças de diferentes dimensões, naturezas e direções, e que muda a cada momento, tendo em vista a interação das mesmas.

A organização retira os recursos que precisa do ambiente em que foi inserida, com a finalidade de sobreviver. Uma empresa é uma organização de finalidade econômica. A velocidade e descontinuidade das mudanças ambientais fazem com que a política organizacional não possa ser formulada com base na evolução, continuidade ou adaptação natural da organização ao ambiente.

Essa adaptação é causada por inúmeros fatores, como o rápido desenvolvimento da tecnologia, a expansão mercadológica e as rápidas mudanças sociais e econômicas, que produzem pressões constantes para que a organização mude.

As relações entre as organizações e os ambientes são altamente complexas, uma vez que as organizações vivem em um mundo humano. A complexidade interna, atingida pelas organizações, diminui à medida que os problemas externos são solucionados.

As empresas constituem organizações sociais inventadas pelo homem, para se adaptarem às circunstâncias ambientais, a fim de alcançarem determinados objetivos. Se essa adaptação é conseguida e os objetivos alcançados, a empresa terá condições de sobrevivência e de crescimento.

2.2 TIPOS DE AMBIENTE

É difícil estabelecer uma classificação para os ambientes, tendo em vista se poder associar ambiente a quase tudo, como para mercado, estratégia e política. A seguir, alguns tipos de ambiente:

Ambiente Homogêneo – Ambiente de pouca diferenciação entre seus elementos. O ambiente homogêneo é simples, permitindo à empresa pequena diferenciação de atividades e, portanto, uma estrutura organizacional com poucos departamentos para lidar e, ao mesmo tempo, centralizada. É o caso das empresas que têm consumidores, fornecedores e distribuidores pouco diferentes entre si e que podem ser tratados, com certa uniformidade de critérios, por parte da empresa.

Ambiente Heterogêneo – Ambiente de muita diferenciação de mercados. No ambiente heterogêneo, os consumidores são altamente diferenciados entre si, o mesmo ocorrendo com os fornecedores, os concorrentes e os órgãos regulamentadores do governo. Por outro lado, o ambiente heterogêneo impõe à empresa necessidade de unidades descentralizadas, para poder planejar e controlar as reações em seu específico segmento.

Ambiente Estável – Este ambiente apresenta estabilidade quando não há mudanças relevantes de comportamento. Normalmente, é conservador, previsível e rotineiro.

Ambiente Instável – Ambiente de constantes mudanças, gerando incertezas. Uma das características do ambiente instável é que ele potencializa as oportunidades e as ameaças à empresa. É crucial, portanto, que os empresários aprendam a reconhecer os solavancos ambientais e a lidar com eles.

Ambiente Incerto – Ambiente onde faltam informações e conhecimentos para a consecução dos objetivos empresariais e onde o risco é grande. Para sobreviver em um ambiente incerto e para lidar com tecnologias de difícil domínio, a empresa precisará estabelecer estratégias de sobrevivência.

Ambiente Turbulento – Ambiente onde as estratégias passadas são suspeitas, a rentabilidade não acompanha o crescimento, o futuro é muito incerto e cheio de surpresas.

Ambiente Geral – Ambiente comum a todas as organizações (macroambiente). Também conhecido como ambiente externo.

Ambiente de Tarefa – Ambiente operacional e específico de cada organização. Corresponde ao segmento do ambiente geral mais imediato e próximo da empresa. É constituído por pessoas e seus recursos com as quais são mantidos contatos diretos para poder operar. É o contexto mais relevante para a empresa poder cumprir sua missão.

Ambiente Tecnológico – Ambiente que fornece o desenvolvimento de novos produtos e processos, função dos avanços tecnológicos.

Ambiente Cultural – Ambiente traduzido pelos usos e costumes da região. Uma organização poderá mudar hábitos culturais ou não. As diferenças culturais são assustadoras, baseiam-se, em grande parte, nas tradições: religiosa, social e econômica. Para os americanos, a pontualidade e o estabelecimento de datas limites são procedimentos comerciais normais. Mas, no Oriente Médio, tal atitude é considerada rude, atrevida e exigente.

Ambiente Econômico – Ambiente que retrata o poder de aquisição da população. O poder de compra existente em uma economia depende da renda atual, preço, poupança, empréstimo e disponibilidade de crédito. As empresas devem prestar muita atenção às principais tendências nos padrões de renda e de gasto em bens de consumo.

Ambiente Legal – Ambiente que mostra à organização restrições legais, para a sua criação e desenvolvimento. A sociedade reconhece que se criam desigualdades quando os sistemas social e econômico ficam entregues a si mesmos. Teoricamente, o governo representa os desejos e necessidades de seus cidadãos e promulga leis em seu benefício.

Assim como as pessoas não podem dizer que não conhecem a lei, os empresários precisam estar conscientes das leis e regulamentações governamentais que afetam seus mercados, produtos, projetos e negócios. A legislação comercial, por exemplo, tem o propósito de proteger: as empresas da concorrência predatória; os consumidores dos abusos da propaganda enganosa; a sociedade do comportamento do mercado; o ambiente da degradação; os agentes do governo da corrupção.

Ambiente Demográfico – Ambiente que mostra à organização o crescimento da população e suas faixas etárias. As tendências demográficas são altamente confiáveis a curto e médio prazos. Há pouca justificativa para uma empresa ser repentinamente surpreendida por desenvolvimentos demográficos.

2.3 ELEMENTOS AMBIENTAIS

O administrador irá se defrontar com problemas cada vez mais diferentes e mais complexos do que os anteriores. Portanto, sua atenção será disputada por pessoas e grupos situados dentro e fora da organização, que lhes proporcionarão informações contraditórias que complicarão o seu diagnóstico e a sua visão dos problemas a resolver, bem como as decisões a tomar. Como qualquer empresa está dentro de um ambiente, é preciso que examinemos os elementos atuantes desses ambientes:

Restrição – As restrições causam impactos muito desagradáveis às organizações e são, de toda maneira, contornadas. Às vezes, as restrições podem revelar oportunidades ainda não visualizadas. Portanto, nem sempre dificuldades, restrições e ameaças devem ser vistas de maneira negativa.

Limite – As organizações precisam mapear o ambiente em que operam para não se perderem. Como os limites são identificados por seres humanos, os mesmos estão sujeitos à subjetividade.

Informação – O entendimento do ambiente estará em função das informações coletadas e seus meios de busca. Mas estas informações são interpretadas, em função do nível de percepção do analista. Assim, é difícil dizer se a interpretação é a melhor possível.

Adaptação – A adaptação é o movimento que o sistema empresa executa, através de reações ou respostas, para atender as modificações do ambiente a fim de não prejudicar a consecução de seus objetivos.

Congruência – As organizações precisam agir de forma congruente com o ambiente onde habitam, porque correm um risco muito grande de entrarem em dissonância com este ambiente, o que, em geral, é catastrófico para a empresa, isto é, a organização deve dançar conforme a música.

Desafio – Os desafios que o ambiente trará serão cada vez mais difíceis de serem aceitos e resolvidos, porque exigirão um alto grau de complexidade tecnológica. Um fato é evidente: As empresas terão de ser mais ágeis do que antes e deverão estar mais bem preparadas para mudar de rumo, de acordo com as circunstâncias e contingências ambientais.

Tecnologia – Existe uma tendência para uma crescente sofisticação da tecnologia. Os novos processos e ferramentas introduzidas nas empresas sempre causaram impacto sobre sua estrutura e sua estratégia. A tecnologia proporcionará, cada vez mais, uma maior eficiência, fazendo com que o ser humano tenha mais tempo para pensar sobre tarefas complicadas, que exijam planejamento e controle.

Aspiração – Toda e qualquer organização possui aspirações, retratadas em objetivos, propósitos, desafios e metas. Mas, a organização não pode aspirar altos níveis, se não possui recursos para atingi-los.

Dinâmica – O ambiente não é uma massa homogênea e estável, uniforme e bem disciplinada, mas um campo dinâmico, onde atua uma multidão de diferentes forças, de diferentes naturezas e dimensões, em direções e sentidos diversos, mudando a cada momento, pois cada uma dessas forças interfere, influencia e interage com as demais.

Mudança – Na medida em que o ambiente sofre mudanças, todo o quadro habitual das operações das empresas é tremendamente influenciado por essas mudanças, pois as condições ambientais externas às empresas contribuem fortemente para o que acontece dentro delas.

Qualidade – A qualidade é definida como sendo aquilo que vá de encontro às necessidades de alguém, proporcionando satisfação. É o atendimento das exigências do consumidor, usuário, paciente. Também é entendida como a adequação à finalidade e ao uso. O nível de qualidade está em função do público-alvo. Geralmente, a definição de qualidade se fundamenta nos parâmetros: segurança, desempenho, garantia, preço, custo, confiabilidade, economia, risco, aparência, facilidade de uso, por exemplo.

Rendimento – Desnecessário dizer que o ambiente físico, onde se trabalha, é extremamente importante, pois em condições adversas, o ser humano tem um rendimento muito baixo, se irritando com facilidade, exacerbando conflitos e baixando a produtividade.

Iluminação – A má iluminação, causa de 15 até 25% dos acidentes de trabalho, afeta o rendimento. Mas, será que se aumentar a iluminação, aumentará o rendimento? Não, pois há um ponto ótimo a partir do qual ele começará a decrescer. O estudo da fisiologia dos olhos mostra que a acomodação da pupila à claridade do ambiente provoca esforço e fadiga. Pequenas variações, se forem frequentes, cansarão.

Para ser boa, uma iluminação deve satisfazer às seguintes condições:

- O foco luminoso deve fornecer toda a luz que a pessoa necessita.
- O foco deve ser constante e uniformemente distribuído.
- O foco não deve ser resplandecente, porque ofusca a vista.

Também é preciso evitar as oposições de claro e escuro e os contrastes violentos de luz e sombra, bem como as superfícies polidas e brilhantes que atrapalham a visada do operador.

Temperatura e Umidade do Ar – Experiências demonstraram que, numa temperatura de 8 até 13° C os acidentes eram 34% mais numerosos do que o eram nas temperaturas entorno de 20° C, quando atingiam o seu mínimo. À medida que a temperatura se elevava, os acidentes aumentavam. As condições extremas de temperatura sempre afetam o rendimento do trabalho. Uma temperatura demasiadamente elevada deprime o trabalhador, enquanto uma excessivamente baixa provoca inibição para o trabalho. Em ambos os casos, o organismo é obrigado a gastar energia que não é aproveitada pelo trabalho. Uma temperatura de conforto proporcionará maior rendimento.

As condições do ar do ambiente de trabalho devem satisfazer aos seguintes requisitos:

- O ambiente deverá ser tão fresco quanto exija o conforto.
- O ambiente deve ter adequada circulação de ar.
- A umidade relativa do ar não deve exceder a 70% e nem ficar aquém dos 25%.
- O ar, ao nível da cabeça, não deverá ser distintamente mais quente do que próximo ao chão, e vice-versa.
- O ar deverá estar isento de odores desagradáveis, de poeiras, de gases tóxicos, de fungos, de ácaros e de bactérias.

Ruído – Fator que não pode ser desprezado, quando se deseja melhorar as condições do ambiente de trabalho, são os ruídos. Estes provocam fenômenos de intolerância acústica, os quais criam atritos entre os funcionários. Diminuindo-se os ruídos do ambiente de trabalho, evitam-se problemas de relações humanas, de acidentes, de baixa produtividade.

Para que haja conforto acústico, algumas medidas devem ser tomadas: eliminação ou atenuação dos ruídos na fonte, por meio de lubrificação de máquinas; reaperto de peças frouxas, amortecedores, silenciosos; isolamento da operação ruidosa, com paredes e tetos de material absorvente de som; proteção individual do trabalhador.

Cor – Embora seja difícil determinar com exatidão os efeitos das cores, o interesse cada vez maior pela aplicação inteligente das cores nos ambientes de trabalho e na pintura dos equipamentos vem confirmar a sua importância. As cores têm poder diferente de reflexão. A branca tem 84% e a mais baixa tem 7%, caso da cor azul-marinho. Os efeitos fisiológicos das cores são os representados pela ação sobre o funcionamento dos sistemas do nosso corpo. O vermelho, por exemplo, aumenta a tensão muscular, a pressão sanguínea e o ritmo respiratório.

Os efeitos psicológicos das cores são os mais discutidos e também os que maior interesse vem despertando. A cor laranja provoca sensação de calor, sendo reanimadora e estimulante, também reduz a fadiga. A cor rosa tem um efeito calmante no corpo. O azul-claro tem efeito calmante e tranquilizador. Se quiser estimular a memória o amarelo é a cor ideal. Para se lembrar de algo, escreva em um papel amarelo.

A cor amarela tem um efeito energizante, pode ajudar a diminuir a depressão, aumenta a pressão e a pulsação, mas em menor grau do que a cor vermelha. Verde é a cor da primavera e de novos começos, é atraente para quem está de regime, é a cor das pessoas idosas.

2.4 PRESERVAÇÃO AMBIENTAL

Os empresários precisam acostumar-se à ideia de que os resíduos de embalagens e outras formas de poluição constituem um problema de saúde pública, como o são as doenças contagiosas, e que o povo, o governo e a empresa precisam ajudar a encontrar soluções. É por isso que as pesquisas são muito importantes para resolver os problemas suscitados pelas embalagens depois de seu uso.

Informações sobre tecnologia de resíduos sólidos, programas de pesquisas, desenvolvimento de novos materiais, avaliação e programa de assistência técnica podem muito bem orientar os dirigentes das empresas, quando pensarem em novos produtos.

Garrafas quebradas, caixas de papelão amarrotadas, latas amassadas e embalagens de plástico espalham-se por nossas ruas e lotam os depósitos e incineradores de lixo de nossas prefeituras. Para muita gente, os resíduos de embalagem passaram a representar um perigo. O fato é que tem havido problemas persistentes e efeitos secundários negativos em quase todos os métodos de ação na preservação ambiental.

Afetam o ambiente a ampliação de uma rodovia, a implantação de uma hidroelétrica, a escavação de uma mina, passaram a pagar um percentual sobre o valor do investimento aos órgãos ambientais. Na prática, a compensação só serviu para alimentar batalhas judiciais entre empresas e órgãos do governo, desestimulando investimentos e com poucos benefícios à natureza. É comum parar uma obra de milhões de dólares, porque a mesma está arriscando a extinção de uma perereca.

2.5 CENÁRIO

Segundo Michael Porter, "Um cenário é uma visão internamente consistente daquilo que o futuro poderia vir a ser. Com a maior necessidade de uma abordagem explícita da incerteza no planejamento, algumas empresas começaram a utilizar cenários como instrumentos para que pudessem compreender as implicações estratégicas da incerteza de um modo mais completo".

Com a construção de cenários, uma empresa pode explorar, sistematicamente, as possíveis consequências da incerteza para a sua opção de estratégia. O uso de cenários, embora sempre tenha sido utilizado, passou a ser intensificado a partir da segunda metade do Século XX.

Os cenários tradicionalmente empregados no planejamento estratégico enfatizam macrofatores. Hoje, os cenários são construídos de forma global. Eventos sociais, econômicos, financeiros e políticos mundiais podem ter um efeito sobre o sucesso de uma empresa, haja vista a volatilidade dos mercados de capitais no mundo inteiro.

Não só a construção, bem como a análise dos cenários, possui caráter lógico, mas com muita subjetividade, que chega às raias da intuição. Eles permitem que uma empresa se afaste de previsões perigosas de um único ponto no futuro, em casos que não pode ser previsto. Por outro lado, ajudam a fazer escolhas mais inteligentes acerca das incertezas.

Um cenário não é uma previsão, e sim uma estrutura futura possível. O conjunto completo de cenários, e não o mais provável, é então empregado para projetar uma estratégia competitiva. O período de tempo usado em cenários deve refletir um horizonte possível. Para se construir um cenário basta seguir uma simples metodologia, como:

- Identificar as incertezas que podem afetar a estrutura organizacional.
- Determinar as causas que geram as incertezas.
- Fazer uma série de hipóteses sobre cada causa da incerteza.
- Combinar hipóteses com cenários consistentes.
- Analisar qual estrutura sobreviveria a cada cenário.
- Determinar as fontes de vantagem competitiva sob cada cenário.
- Prever comportamentos da concorrência.
- Delinear cenários.
- Escolher cenário mais favorável.

Ler o cenário significa não só ler o presente, mas também ter uma dose de previsão do futuro. Saber ler o cenário é fundamental, porque aquele dirigente que não observar as mudanças e tendências ambientais perderá tempo, dinheiro, esforço e recursos até conseguir acompanhar o novo contexto. É claro, se conseguir.

O empreendedor que não encontrar espaço na empresa em que trabalha, certamente procurará outra. Pode até abrir seu próprio negócio se tiver coragem e conhecimento. É preciso que o empresário descubra, a tempo, que cabe, basicamente, a ele abrir este espaço e esta oportunidade para sua empresa. E não esperar milagrosamente por um anjo salvador que apareça a partir de anúncios de emprego.

As organizações precisam saber ler os cenários e buscar alternativas de enquadramento, através de novas estratégias. Quando uma organização não consegue mais ler os parâmetros de seu cenário é porque ela está em declínio.

A leitura do cenário objetiva prever futuros desejados, isto é, caracterizar situações futuras que não têm, necessariamente, ligação com situações presentes e passadas. Como o problema, normalmente, apresenta várias hipóteses de solução, é comum a necessidade da construção de cenários para momentos diferentes no futuro. Além das técnicas, o executivo deve considerar os cenários, sob alguns aspectos. Um dos aspectos seria a maneira como o cenário representa o fato considerado, de forma abrangente ou de forma específica. Isto é, este pode ser macro ou microcenário.

Os problemas de leitura do cenário advêm da falta de hábito de ler e pela incapacidade de filtrar aquilo que é principal do acessório. Assim, o leitor do cenário precisa possuir as seguintes características: imaginação, capacidade de leitura crítica, capacidade de ouvir, capacidade analítica, vontade para falar e escrever, inovação, criatividade, mediação, liderança, negociação, persistência, clareza de raciocínio, visão sistêmica, visão estratégica, visão holística, espírito de equipe, humildade, satisfação profissional, capacidade de comunicação.

2.6 OPORTUNIDADE

A oportunidade pode ser considerada como um acontecimento que favorece a ação ideal. É uma espécie de "força" ambiental incontrolável que pode favorecer na consecução dos objetivos organizacionais. Já as ameaças criam obstáculos. A oportunidade é vista como algo que consolida condições, que darão à empresa uma vantagem concreta.

Uma oportunidade de inovação, por exemplo, requer grandes esforços e recursos em planejamento e desenvolvimento, apresentando grande risco para a empresa. Tradicionalmente, as empresas definem oportunidade como chance de: conquistar fatias de mercado, gerar mais lucros, absorver os concorrentes, expandir para novos territórios.

Como a oportunidade é um acontecimento que favorece a ação estratégica, o problema está em identificar aquilo que seja uma oportunidade, bem o que seja uma ameaça. A questão é como aproveitar a oportunidade. A identificação e aproveitamento de uma oportunidade transcendem, em geral, o conhecimento comum de um gerente.

A seguir, algumas premissas sobre oportunidade:

- As oportunidades desaparecem com a mesma rapidez com que são detectadas.
- As oportunidades aparecem do inesperado, da disparidade setorial, da vulnerabilidade dos processos, da incongruência, da transformação, da mudança, da percepção, do novo conhecimento.
- As oportunidades raramente são compatíveis com os métodos tradicionais de atuação, em relação aos negócios existentes, exigindo novas abordagens.

A oportunidade é avaliada pela ponte que faz dos recursos da empresa com o mercado, no momento e lugar certos. A avaliação da oportunidade leva o analista a traçar um paralelo entre as hipóteses e realidades daquilo que parece ser uma oportunidade. Uma oportunidade é algo que deve ser explorado em seu favor. A maioria dos negócios inicia-se por meio de uma oportunidade, à medida que a empresa tenta entrar em um mercado de alto crescimento onde já existe um líder.

A avaliação da oportunidade leva o analista a traçar um paralelo entre as hipóteses e realidades daquilo que parece ser uma oportunidade. Uma oportunidade é algo que deve ser explorado em seu favor. Ela pode ser uma de suas potencialidades ou uma das fragilidades de seu concorrente. Pode advir de um mercado em expansão (formação) ou de um nicho de mercado.

A maioria dos negócios inicia-se por meio de uma oportunidade, à medida que a empresa tenta entrar em um mercado de alto crescimento onde já existe um líder. Um negócio de oportunidade exige grande investimento, porque a empresa precisa gastar recursos para acompanhar o mercado de rápido crescimento, uma vez que deseja se aproximar do líder. O termo oportunidade é apropriado, porque a empresa precisa refletir muito antes de colocar dinheiro em um negócio que pode dar certo ou errado.

Na busca de oportunidade, o empreendedor deve ser ambicioso e não ter preconceito. Se assim o for, não verá, por exemplo, as brechas que se abre com o sucesso alheio. Copiar é, nesse caso, um caminho saudável e seguro, da mesma forma que montar um negócio a partir da experiência acumulada, como empregado, ajuda. Geralmente, a oportunidade está disfarçada no próprio conhecimento (percepção, visão, intuição).

Teste de Aferição de Conhecimento

01 – As relações entre ambiente e organização são:

a) Complexas
b) Simples
c) Instáveis
d) Abertas

02 – O fator que caracteriza a diferença entre ambiente homogêneo de heterogêneo é:

a) Tecnologia
b) Diferenciação
c) Contexto
d) Sistema
e) Consumidores

03 – Por que uma empresa precisa ser congruente com seu ambiente?

a) Risco
b) Desafio
c) Sobrevivência
d) Expectativa

04 – Por que a cor branca é muito utilizada em pinturas do ambiente interno de uma empresa?

a) Por seu poder de reflexão.
b) Por ser a mais barata.
c) Por ser uma cor neutra.
d) Porque combina com todas as demais cores.

05 – A oportunidade pode ser considerada como?

a) Um acontecimento favorável.
b) Um benefício perfeitamente identificado.
c) Início de um negócio.
d) Uma vantagem competitiva de longo prazo.

06 – A leitura do cenário ajuda a:

a) Economizar recursos.
b) Fazer previsões de vendas.
c) Observar mudanças.
d) Não perder tempo.

Capítulo 3

PRODUTO

"Poucas são as coisas menos agradáveis e menos produtivas do que uma empresa que elabora lindos projetos para o produto errado".

Peter Drucker

OBJETIVOS DO CAPÍTULO

- Capacitar o leitor a entender, realmente, o que seja um produto.
- Mostrar os diversos valores associados ao produto.
- Mostrar que qualquer produto nasce, cresce e morre, pois nada é para sempre.

3.1 CONCEITO DE PRODUTO

Um produto é tudo aquilo que, oferecido ao mercado, seja capaz de satisfazer a um desejo ou uma necessidade. O mais importante de um produto é o serviço que ele presta. O produto não é somente o que o vendedor diz dele, mas, também, o que está implicado por sua concepção, embalagem, distribuição, preço, qualidade, garantia.

Um produto é a síntese do que o vendedor pretende que o consumidor perceba. O produto pode ser um bem, um serviço ou uma ideia. Uma ideia, se for paga, é um produto.

Produto é algo que as pessoas compram. Se não vende, não é produto. As pessoas não compram produtos e sim as expectativas de seus benefícios. Em vestuário, não são os vestidos que são vendidos, mas a moda. O produto é tudo aquilo com que se acha cercado, elaborado, reforçado e que tem o poder de afetar a escolha do consumidor.

As empresas estão sempre supondo que os consumidores reagirão, favoravelmente, aos seus produtos. Mas, se um produto não for fundamentalmente bom ou necessário, até o mais glorioso esforço de marketing do mundo estará fadado ao fracasso.

As características do produto são:

Características Intrínsecas do Produto – Nas características intrínsecas do produto devemos observar: composição, forma, tamanho, desenho, peso, cor, facilidade de manutenção, portabilidade, aparência, embalagem, resistência do material, validade para consumo, por exemplo.

Características Extrínsecas do Produto – Nas características extrínsecas do produto a produção deve se ater ao seguinte: gosto dos consumidores; quem consome o produto; como estocar e armazenar produtos; quais os riscos do produto; como determinar as formas e tamanhos econômicos.

Um sistema econômico pode ser definido como um sistema de organização da produção, distribuição e consumo de todos os bens e serviços que as pessoas utilizam, buscando uma melhoria no padrão de vida e bem-estar. Os bens, além de úteis, hão de ser escassos em face dos usos a que se destinam, para que possam ter preço.

O ar atmosférico, por exemplo, embora indiscutivelmente útil para todo ser humano, não alcança preço, porque se acha livremente disponível. É útil, mas não escasso. O ar, por exemplo, é considerado bem livre.

O bem aqui tratado é o bem econômico, isto é, aquilo que, além de escasso, é produzido com esforço humano, sendo objeto de compra e venda.

Embora os bens e serviços procurem satisfazer aos desejos e necessidades dos consumidores, existem algumas diferenças importantes entre estas duas classes de produto. Essas diferenças se assentam nas seguintes características:

- Tangibilidade (tangibilidade de um bem se refere ao grau em que este proporciona satisfação das características que podem ser fisicamente percebidas através da visão, audição, tato, gosto ou olfato).
- Perecibilidade (perecibilidade de um bem se refere à vida útil e seu grau de armazenamento).
- Demanda (demanda se refere à elasticidade do bem)
- Necessidade (necessidade se refere àquilo que é realmente de valor em um bem).
- Comprador (comprador de um bem pode ser: industrial, comercial ou de consumo final).

A seguir, serão conceituados os principais tipos de bens:

Bens de Capital – Bens, tais como: máquinas, equipamentos e instalações, mas não matérias-primas e insumos, consumidos no processo produtivo. São, usualmente, classificados no ativo fixo das empresas e uma de suas características é contribuir para a melhoria da produtividade da mão de obra.

Bens de Investimento – Bens comprados, cuja finalidade é a geração de rendimentos. A compra de um galpão para fabricação é um exemplo de bem de investimento.

Bens Públicos – Bens econômicos consumidos e custeados de forma coletiva. Bens públicos têm por principal característica a impossibilidade de excluir determinados indivíduos de seu consumo.

Bens de Consumo – Bens econômicos que se destinam ao atendimento das necessidades humanas, como aquelas embutidas nos processos de fabricação e que, geralmente, não são consideradas. Estes bens podem ser: Bens de Consumo Durável e Bens de Consumo Não Durável.

Bens de Produção – Bens que se destinam a produção de outros bens. São também chamados de bens industriais (matéria-prima, insumo).

Todo e qualquer produto é desenvolvido partindo-se de uma ideia inicial. Tanto que as ideias são consideradas soluções plausíveis para atender uma ou mais necessidades, desde que sejam confrontadas com a realidade.

Uma ideia pode ser: singular, particular, geral, universal, transcendental (metafísica). As ideias atraentes devem ser aperfeiçoadas em conceitos de produtos.

A ideia de produto representa o possível produto que a empresa pode oferecer ao mercado, já que o conceito de produto é uma versão elaborada da ideia expressa em termos significativos para o consumidor.

Para levar uma ideia adiante, o empreendedor deverá ponderar sobre alguns fatores decisivos para o futuro de seu negócio, como: a sazonalidade, a situação econômica da sociedade, o controle governamental, a própria disponibilidade financeira, o custo do investimento e a lucratividade, por exemplo. Eleita a ideia mais adequada, o futuro empreendedor/empresário deve transformar a mesma num conceito de negócio.

3.2 CICLO DE VIDA DO PRODUTO

O ciclo de vida do produto é o tempo em que o produto existe desde a sua concepção até seu abandono (uso final) pelo consumidor. O ciclo pode ser considerado como uma série de eventos, etapas ou processos que se repetem numa ordem determinada.

Os ciclos de vida para o produto:

- Ciclo de Vida Consumível – Período de tempo em que um produto atende às necessidades de um cliente.
- Ciclo de Vida Produtor de Receita – Período de tempo em que um produto gera receita.

O ciclo de vida de um produto pode ser muito bem retratado por uma curva que cresce, se mantém e depois entra em declínio. É comum caracterizar o ciclo de vida de um produto em estágios:

- Introdução (produto é levado ao mercado pela primeira vez).
- Crescimento (demanda pelo produto aumenta).
- Maturidade (demanda nivela-se e as vendas são para reposição).
- Declínio (produto começa a perder atração para o consumidor e as vendas despencam).

O ciclo de vida de um produto é uma tentativa de se reconhecer os estágios distintos no seu histórico de vendas. Correspondentes a esses estágios existem oportunidades e problemas distintos. Um problema crucial para os analistas é saber em que estágio de vida se encontra o produto e como antecipar-se às transições entre os estágios. Para tal é necessário questionar:

- Como e em que medidas podem ser previstos a forma de crescimento e o tempo de duração de cada fase?
- Como aumentar a vida de um produto? Uma breve análise de cada estágio será útil.

A seguir, uma apreciação sobre as fases do ciclo de vida de um produto:

Introdução – A introdução de um produto no mercado é cheia de incertezas e, frequentemente, de riscos imprevisíveis. Geralmente, a demanda precisa ser criada durante o estágio de desenvolvimento de mercado do produto. Quanto tempo isso demora depende da complexidade do produto, de seu grau de novidade, seu ajustamento às necessidades do consumidor e da presença de substitutos competitivos de uma ou outra forma. Já um remédio comprovado contra o câncer, virtualmente, não exigiria o menor desenvolvimento de mercado e obteria apoio imediato.

Crescimento – A característica usual de um produto bem-sucedido é a gradual ascensão de sua curva de vendas durante o estágio de desenvolvimento de mercado. A certa altura dessa ascensão, ocorre acentuado aumento na demanda do consumidor, e as vendas decolam. A luta que se segue pela preferência do consumidor cria para o produtor original um conjunto inteiramente novo de problemas. Em lugar de procurar meios de fazer consumidores experimentarem o produto, a empresa se defronta com o problema mais premente de fazer com que eles prefiram sua marca.

Maturidade – Este estágio é o da saturação de mercado. Isto significa que a maioria dos compradores potenciais já tem ou usa o produto. As vendas agora crescem, mais ou menos, na mesma proporção que a população. Não há outros canais de distribuição a serem ocupados. A concorrência de preços torna-se agora intensa. Os competidores procuram diferenciações. Este estágio força o produtor a concentrar esforços na conservação dos distribuidores cativos. O estágio de maturidade exige tentativas de criar e promover sutis distinções do produto por meio de embalagens e publicidade, por exemplo.

Declínio – Quando a maturidade termina, o produto entra em declínio. À medida que a demanda diminui, poucas empresas são capazes de aguentar a tempestade competitiva. Alguns produtores percebem o declínio, mas acham que podem sobreviver com fusões e aquisições, o que nem sempre dá certo. Preços e margens diminuem. Os únicos casos, em que há algum alívio, são aqueles segmentos de mercado onde o estilo e a moda são determinantes.

3.3 CICLO MERCADOLÓGICO DO PRODUTO

O ciclo mercadológico é, na realidade, o ciclo operacional de um produto. O estudo do ciclo operacional é muito importante, tendo em vista que, quanto menor este for, maior é o giro do produto e, consequentemente, mais rápido é o retorno do investimento.

Quando estudamos o ciclo mercadológico (ciclo operacional), constatamos que o mesmo é composto das seguintes fases: planejamento da produção e da venda, período de vendas, compra de matéria-prima e insumo, pagamento a fornecedores, produção, distribuição dos produtos e recebíveis. Tais fases se superpõem, em função dos períodos de tempo preestabelecidos e/ou aprazados.

O ciclo financeiro está contido no ciclo operacional e se compõe basicamente das seguintes fases: pagamento a fornecedores e contas a receber.

O estudo do ciclo financeiro mostrará qual é o período a descoberto da empresa e a inadimplência. A figura a seguir, mostra os ciclos operacional e financeiro do produto:

Planejamento
////////////////////
Período de Vendas
///////////////////////////////
Compra M. P. Insumos
//////////////////////////////////
Fornecedores
//////////////////////////////
Produção
///
Distribuição
//
Contas à Receber
///

Ciclo Financeiro

//

Ciclo Operacional

//

Figura 3.1: Ciclos Operacional e Financeiro do Produto.

O giro do produto é definido como o número de vezes que determinada quantidade do produto é fabricada e vendida num exercício. O exemplo, a seguir, consolida este assunto:

Ciclo Operacional do Produto A = 60 dias
Ciclo Operacional do Produto B = 180 dias
Ciclo Operacional do Produto C = 90 dias
Giro Operacional do Produto A = 360 dias / 60 dias = 6
Giro Operacional do Produto B = 360 dias / 180 dias = 2
Giro Operacional do Produto C = 360 dias / 90 dias = 4

Análise: O produto A gira 6 vezes ao ano, o produto B gira 2 vezes ao ano e o produto C gira 4 vezes ao ano. Entre os produtos, o produto A é que apresenta um maior retorno do investimento.

Chama-se período a descoberto a diferença entre o início do pagamento das faturas dos fornecedores e o início do recebimento das duplicatas, quando utilizam capital de giro próprio. Tal período deve ser o menor possível e de preferência negativo, quando é utilizado capital de terceiros.

3.4 COMPOSTO MERCADOLÓGICO

Composto mercadológico pode ser definido como sendo a seleção e combinação de fatores que uma empresa resolve adotar para alcançar os seus objetivos de mercado, dentro de um prazo determinado. A maior dificuldade dessa tarefa não consiste em encontrar elementos, mas em coordenar os mesmos com racionalidade, a fim de não sobrecarregar o orçamento de marketing, prejudicar a venda do produto e baixar a lucratividade da empresa.

A determinação do composto mercadológico estará em função do produto e do mercado. Mas, muito mais, em função dos recursos da empresa. Os elementos do composto mercadológico são os seguintes:

Produto: custo de fabricação, matéria-prima, insumo, mão de obra direta, mão de obra indireta, embalagem, cor, rótulo, estilo, moda, garantia, assistência técnica, serviço pós-venda.

Comercialização: marca, imagem, atendimento, prazo de pagamento, desconto, custo de comercialização, intermediário, ponto de venda.

Preço: determinação, política, crédito, financiamento.

Logística: distribuição física, controle, transporte, armazenagem, risco, canal de comunicação, modal, prazo de entrega.

Comunicação: publicidade, propaganda, promoção, treinamento da força de vendas, relações públicas.

Produção: tempo de pesquisa e desenvolvimento, prazo de fabricação, tempo de espera, imprevisto, risco, quantidade ótima a produzir, capacidade instalada, tecnologia, produtividade, recurso.

As alterações do composto mercadológico devem ser aplicadas em etapas progressivas, a fim de criar um efeito multiplicador. A rapidez com que uma alteração do composto pode ser levada a afeito no mercado, se comparada à velocidade com que os compradores e concorrentes a ela reagem, pode ser decisiva para o sucesso da empresa.

A provável reação dos concorrentes, em face de uma alteração do composto mercadológico, deve ser avaliada sempre. A comunicação de uma inovação radical, para um mercado, deve ser grande e precisa causar impacto.

3.5 VALOR DO PRODUTO

O valor pode ser considerado como crença, qualidade ou mérito a respeito de algo importante, sendo um dos pilares que norteia a filosofia de uma organização ou de um indivíduo. Assim, é preciso compreender o valor do produto sob a perspectiva do consumidor, pois o valor de um produto, muitas vezes, é dado por aquilo que o consumidor percebe nele. Há uma preocupação da empresa em saber que valor o consumidor dá a um determinado produto, sendo muito comum se falar na relação custo/benefício.

O valor do produto é dado pelo comprador, principalmente, pela finalidade, uso, novidade, custo, performance, status, percepção. Sua fórmula é:

Valor do Produto = Preço do Bem + Valor do Serviço Prestado + Valor da Imagem Adquirida

Os principais tipos de valores atribuídos a um produto são:

Valor Entregue = Valor do produto - Valor da aquisição (compra)

Valor Entregue ao Consumidor = Preço de Mercado + Valores Agregados - (Preço Pago + Gastos de Aquisição)

Valor Residual: Diferença entre o que um cliente recebe (realização) e o que o cliente entrega (sacrifício).

Valor de Compra: Soma do preço pago, gasto com tempo e gasto de energia física e psíquica.

Valor de Mercado: Valor dado em função do equilíbrio entre a oferta e a procura. Assim, os preços caem quando a oferta aumente, e vice-versa. Da mesma forma, quando a procura aumenta os preços sobem, e vice-versa.

Valor Líquido: Diferença entre o valor bruto e o desconto.

Valor Concorrente: Valor que se diferencia, em função do grau de concorrência. Teoricamente, são possíveis quatro graus de concorrência: Pura (perfeita); Monopólio; Imperfeita; Oligopólio.

Valor Agregado: Valor que ajuda o produto a crescer, em função de valores que se podem agregar ao mesmo, tais como: maior durabilidade, melhor serviço prestado, maior tempo de garantia, melhor utilização, melhor desempenho, melhor tecnologia de construção. Todo e qualquer valor que se agregue a um produto é traduzido por uma maior confiança do consumidor.

Valor Realizado: É o valor da transação ocorrida entre o vendedor e o comprador.

Valor Justo: Valor que pode ser entendido como o valor líquido da negociação, obtido numa situação normal de oferta e procura.

Valor de Venda: Valor que considera o custo acrescido de uma margem de lucro, para constituir o preço de venda do produto.

Valor Contábil: Valor da diferença entre o custo e a depreciação acumulada de um ativo.

Valor Empresarial: A empresa vê o produto sob determinados enfoques:

- Enfoque Econômico (Oferta, Demanda, Custo, Lucro).
- Enfoque Financeiro (Liquidez, Retorno do Investimento).
- Enfoque Operacional (Produção, Produtividade, Otimização).
- Enfoque de Mercado (Consumidor, Venda, Satisfação).

Valor Percebido: Valor percebido é um conjunto de características passadas ao consumidor por força da imagem da empresa. Os consumidores e suas percepções influenciam o mercado, e vice-versa. Ser mais bem percebido, em geral, é a chave para ser mais caro e mais rentável, isto é, ser capaz de fazer jus a melhores fatias do mercado. É muito comum usar-se de artifícios, que se chamam *apelos*, para fazer com que o consumidor veja o produto de forma aumentada.

Este valor é facilmente mostrado no Quadro 3.1.

Produtos	Apelos
Cosmético	Promove beleza, Aparência, Preserva a pele
Vitamina	Saúde, Evita doença, Maior vigor
Bebida Alcoólica	Potência sexual, Alegria, Descontração
Vestuário	Moda, Conforto, Status, Aparência
Livro	Conhecimento, Horas de prazer, Informação
Sapato	Comodidade, Prazer em caminhar
Mobiliário	Conforto, Ambiente aconchegante, Estilo

Quadro 3.1: Apelos para Produtos.

Além das características do produto em si, o valor percebido pelo consumidor depende, cada vez mais, da maneira como ele se relaciona com a empresa e da extensão em que controla o resultado final. A construção de um relacionamento continuado é valida, mesmo à medida que as interações pessoais são aos poucos substituídas pelas transações no ciberespaço.

3.6 LINHA DE PRODUTOS

A linha de produtos é constituída por um grupo de produtos diretamente relacionados e que desempenham funções similares. Tais produtos são vendidos aos mesmos grupos de consumidores, comercializados pelos mesmos canais ou vendidos dentro de uma faixa de preço específica.

Os gerentes de linha de produtos precisam conhecer as vendas e os lucros de cada item de sua linha, para determinar quais devem ser desenvolvidos, mantidos, revisados, inovados, explorados ou eliminados. Precisam também conhecer o perfil do mercado de cada produto.

Obviamente, o planejamento da linha de produtos baseia-se na compreensão completa do consumidor, do mercado e de todas as forças que nele atuam. Por isso, a própria natureza do problema da política de produtos faz com que esta seja uma área de interesse vital.

Já que o planejamento da linha de produtos tem influência tão visível na posição futura da empresa, o chefe executivo da organização (CEO) tem a responsabilidade particular de esperar que os departamentos lhe forneçam os dados e conselhos necessários para que ele tome decisões fundamentadas sobre o que se deve produzir agora e no futuro.

Há vários motivos para a construção da linha de produtos, tais como: lucro, capacidade ociosa, insatisfação dos distribuidores (intermediários), preenchimento de lacunas, imagem de linha completa, novas características, desequilíbrio qualitativo/quantitativo entre linhas. Em algumas empresas, é o centro dinâmico da atividade mercadológica.

Suas principais atribuições são: acompanhar o ciclo de vida do produto; recomendar estratégias competitivas; fixar objetivos mercadológicos; elaborar planos, orçamentos e previsões; coordenar as atividades relativas aos seus produtos; acompanhar o trabalho da força de vendas; reforçar a imagem da empresa; acompanhar atividades de pesquisa e desenvolvimento; administrar propaganda, promoção e mensagens da mídia; detectar necessidades de melhoria do produto e da imagem da marca.

A maior preocupação do gerente de produto deve ser para com a Pesquisa & Desenvolvimento de um Novo Produto. Para tal, recomenda-se o seguinte questionamento:

a) Existe a necessidade do produto?
b) O produto pode ser criado?
c) Existem recursos disponíveis?
d) Marketing, produção e finanças chegaram a um acordo quanto ao preço de venda?
e) O *design* atende ao mercado?
f) Podem ser feitos tantos protótipos quantos necessários?
g) Serão distribuídas amostras?
h) Há uma preocupação no estabelecimento de procedimentos que assegurem qualidade?
i) É boa a posição matricial que o produto ocupará em relação aos demais?
j) O ciclo de vida do produto já está bastante definido?
k) Existem canais de comunicação e distribuição já definidos?

3.7 PADRONIZAÇÃO DO PRODUTO

A padronização é a aplicação de padrões com a finalidade de uma uniformização e redução de custo. Ela conduz à simplificação dos processos, à medida que a uniformidade reduz a variabilidade e o desvio. Padrão é uma unidade de medida (ou modelo) adotada e aceita comumente como critério para avaliação de desempenho. Os padrões representam o desempenho desejado e estão sempre relacionados com o resultado que se deseja alcançar. Em resumo, o padrão é uma norma, ou critério, contra o qual o desempenho pode ser medido.

A padronização (normalização) ajuda a resolver problemas quanto à quantidade, qualidade e composição do produto; facilita, ou mesmo permite, a produção em massa, pela repetição de operações com os mesmos materiais e mesmas ferramentas; proporciona economia de materiais, equipamentos, energia e espaço; permite o intercâmbio de peças e órgãos de máquinas de um lugar para outro; diminui a variedade de coisas que têm a mesma utilidade ou finalidade; facilita o treinamento; facilita a otimização do tempo.

Por se estar acostumado, muitas vezes, não se percebe a quantidade enorme de coisas padronizadas que estão à disposição. Quando queima uma lâmpada em casa, é suficiente ir a uma loja que vende lâmpadas, de qualquer marca, com a potência que desejamos, sem nenhum embaraço. Os pinos dos cabos elétricos de qualquer aparelho se casam em todas as tomadas de nossa casa, e, quando se vai para outra casa, não é preciso levar as mesmas. Quando quebra uma peça do automóvel ou de qualquer máquina ou aparelho, o procedimento é semelhante.

Em linhas gerais, o processo de padronização se realiza através das seguintes fases:

a) Estabelecimento de Padrões – Nesta fase são estabelecidos padrões (resultados desejados) de desempenho como base de comparação com os resultados obtidos. Os padrões podem ser expressos em tempo, dinheiro, qualidade, custo, quantidade, índice, indicador. Podem ser tangíveis, intangíveis, vagos, específicos, explícitos e implícitos.

b) Simplificação – Esta fase consiste em reduzir a variedade ou diversidade, tanto de bens quanto de materiais ou serviços e, também, para processos, tarefas e movimentos, embora haja uma inexplicável pressão esmagadora para que tudo se complique.

c) Especificação – Esta fase consiste em fazer uma descrição detalhada das características e propriedades de bens e serviços. Muitas vezes, a especificação depende de ensaios em laboratórios.

d) Adoção do Padrão – Esta fase consiste em adotar um padrão, podendo implicar em substituição de equipamentos e treinamento de recursos humanos. A padronização do produto é a ação de determinar limites (especificações) para os produtos com o intuito de atender melhor o mercado. Ela ajuda a empresa a ter um referencial como mecanismo de comparação de valores, relativos à eficiência, eficácia e efetividade. A adoção de padrões para produtos visa dois aspectos básicos:

Aspecto Quantitativo – Os aspectos quantitativos referem-se a tamanho, peso (bruto e líquido), portabilidade, temperatura, pressão e resistência do material.

Aspecto Qualitativo – Os aspectos qualitativos referem-se a: cor, cheiro, gosto, sabor, aparência, validade para consumo, grau de amadurecimento.

O controle dos padrões é realizado por fabricantes, intermediários, consumidores, governos, laboratórios e associações de normas técnicas. Como há confusão entre padrão e protótipo, segue o conceito deste último. Protótipo é uma versão funcional de um determinado produto, que não dispõe, ainda, de todas as suas características, mas que estarão presentes em sua versão final.

Os padrões podem ser físicos e representar quantidades de produtos, unidades de serviço, homens/hora, velocidade, volume de rejeições ou podem ser formulados em termos monetários, tais como custos, rendas ou investimentos. Podem ainda ser expressos em quaisquer outros termos que medem o desempenho. Expressam-se, em geral, por unidades específicas, mas isto nem sempre é possível. Mas, como estabelecer padrões de lealdade e moral se eles contêm aspectos altamente subjetivos?

3.8 DIVERSIFICAÇÃO DE PRODUTOS

Na busca do crescimento, muitos se lançam nas diversas direções, exibindo um ecletismo nem sempre verdadeiro e quase sempre fatal. O exemplo vale também para empresas e países. Se número de braços significasse força, o polvo reinaria absoluto. O pato é uma ave que nada, voa, corre e canta, mas faz tudo de forma desajeitada. E isso tem custado caro para grandes e pequenos. Somando-se isso à falta de planejamento sério, em alguns casos, e a ambição ingênua em outros, temos a receita perfeita do fracasso. Estranha mania essa, não se sabe se hereditária ou adquirida, que nos compele à noção falsa de que grandeza implica saber tudo, fazer tudo, vender tudo. Os verdadeiramente grandes não pensam e nem agem assim.

Por experiência própria e pela análise de muitos casos, sabe-se que somente é possível diversificar e crescer com segurança dentro de um leque limitado de vocações. No mundo empresarial moderno, o conhecimento enciclopédico é, historicamente, uma inconsistente colcha de retalhos, salvo raríssimas exceções. Devemos nos ater à realidade de nossa cultura específica, aprofundá-la e especializá-la, para crescer e evoluir.

Poucos conseguirão, ao mesmo tempo, fabricar calcinhas e parafusos com igual competência. Pode-se tentar, mas o resultado estará muito próximo do obtido por um professor de literatura que leciona educação física. Então, "cada macaco no seu galho" também na atividade empresarial. Esse ímpeto tentacular, misto de miopia e ingenuidade, tem-se mostrado desastroso, pois, se alimenta da mediocridade, enfraquece posições, gera desconfiança, agride e afasta o consumidor. Ao tentar dominar, por exemplo, a produção de prendedores de roupas e computadores, a empresa estará, na melhor das hipóteses, desprezando um dos mercados.

Avancemos por etapas, segundo os nossos recursos, conhecimentos e disponibilidades. Por maior que seja nossa disposição e vontade de fazer e aprender, isso demanda tempo, troca de experiências e recursos. Esse avanço deve ocorrer dentro de uma lógica estratégica que considere a rentabilidade, a escala do mercado, a tecnologia, as necessidades dos consumidores e o potencial dos produtos.

No mundo atual, os detentores de experiências consagradas se tornam cada vez mais fortes, pois crescem dentro de seus seguros conhecimentos, impondo a sua competência, qualidade, marca e imagem.

3.9 COR DO PRODUTO

A ideia de que a cor pode determinar vida longa, ou morte prematura, para uma mercadoria que não se vende em butiques de moda não faz parte dos compêndios empresariais e soa, para muitos, como coisa de lunáticos. Basta, porém, uma visita atenta aos supermercados para se ter noção de que a cor pode ser uma poderosíssima arma de marketing. Em meio a uma infinidade de artigos expostos nas gôndolas, o que chama primeiro a atenção da dona de casa, frequentemente, tem um lugar garantido no seu carrinho.

A cor do produto chama a atenção do comprador e é uma vantagem competitiva para quem quer exportar, pois cada povo tem suas preferências por cores.

Mas, é no mercado internacional que a questão da cor assume contornos mais cruciais. O que tem um significado conhecido e estabelecido por séculos para um brasileiro pode dizer exatamente o contrário para um árabe, por exemplo. Nos países temperados, existem amaciantes de roupa amarelos, porque esta cor lembra o cheiro do limão e do ar puro da natureza. Uma necessidade, enfim, para quem tem de secar suas roupas dentro de casa por meses a fio, em função do inverno, mas que não faz o menor sentido num país tropical.

À parte as teorizações sobre um assunto ainda pouco explorado, quem está interessado em conquistar novos mercados de exportação deve ficar atento às peculiaridades de cada um. Na África, por exemplo, o segredo é vender tudo muito colorido. Roupas e objetos não devem ter apenas uma cor. Apesar da influência européia, eles gostam de cores não habituais. Disparates para os conceitos ocidentais, como vender carne em pacotes azuis, podem ser absolutamente corriqueiros do outro lado do mundo.

Hoje é inadmissível lançar um produto sem pensar na cor. É uma pena que a maioria das empresas ainda prefere escolher a cor de seus produtos pelo método: Aquele que agrada mais o chefe e não a que agrada o consumidor.

3.10 EMBALAGEM DO PRODUTO

Todo produto necessitará de embalagem para protegê-lo e melhorar a sua própria aparência. A embalagem inclui todas as atividades em planejamento de produto que se relacionam a desenhar e produzir o recipiente ou envólucro para um produto. Conquanto a embalagem de um produto possa parecer que não tem consequência, na realidade ela é tão complexa como qualquer outra parte do pacote de utilidades, e muitas vezes determina a diferença entre sucesso ou fracasso do produto.

Criar embalagem, que seja resistente, facilite o manuseio, identifique o conteúdo, seja padronizada, tenha instruções para o transporte, possibilite reaproveitamento, defina a personalidade do produto e dê instruções para evitar poluição ambiental, é básico para a marca e a imagem da empresa. Para as indústrias a embalagem significa vendas a um número crescente de consumidores, porém ela pode significar sujeira e poluição, problemas cada vez maiores de acúmulo de resíduos sólidos, causando uma ameaça ao ambiente.

Pesquisas são importantes para resolver os problemas suscitados pelas embalagens depois do seu uso. Assim, a empresa quando desenvolver uma embalagem não deve só se preocupar com o visual e custo, deve saber o que acontecerá com a mesma, depois do produto ter sido consumido.

Algumas empresas de embalagens estão tentando se associar a fabricantes de alimentos e varejistas para fornecer embalagens personalizadas. Isso será mais fácil de conseguir se todas as unidades empresariais, ao longo da cadeia de fornecedores, estabelecerem vínculos entre si, focalizando o consumidor final. A solução de problemas em conjunto, entre fabricantes, transportadores e distribuidores, talvez, produza soluções integradas, oferecendo transporte eficaz, redução de produtos danificados, armazenamento otimizado e risco mínimo.

O rótulo representa um subconjunto da embalagem. Os produtos, portanto, devem ser rotulados. O rótulo desempenha várias funções: identifica, classifica, descreve e promove o produto. Eventualmente, os rótulos tornam-se antiquados e devem ser renovados. O governo exige, por exemplo, que os fabricantes de alimentos processados, incluam informações sobre proteínas, gorduras, carboidratos, calorias, além de vitaminas e sais minerais e as porcentagens recomendadas para uso diário.

Ultimamente, os rótulos contêm palavras como light, diet, alto teor de fibras, baixo colesterol, baixo nível de açúcar, data de validade, percentagens dos componentes e outras informações que ajudam a vender aos consumidores, cada vez mais exigentes, diversificados e instruídos.

3.11 ESPECIFICAÇÕES TÉCNICAS

Especificação é a descrição de um produto (projeto) por palavras, desenhos, amostras, modelos. As especificações técnicas definem tarefas e tolerâncias que devem conduzir os programas de qualidade. As tolerâncias de fabricação estabelecidas nas especificações devem ser determinadas, levando-se em conta o custo da precisão a ser adotada e o valor desta precisão. Este custo pode ser estimado pelo seu efeito nos custos de equipamentos necessários, instrumentos e mão de obra adicional para a fabricação do produto. O valor da precisão pode ser estimado pelo seu efeito na melhoria do desempenho do produto.

As especificações podem incluir: materiais (componentes, insumos); processos de fabricação (otimização de recursos); ensaios e critérios para rejeição (nível de qualidade técnica); usos do produto (métodos e limites).

Toda atividade ocasiona algum tipo de variação. É importante determinar os limites dentro dos quais essa variação pode ser aceita como normal. Nem toda variação exige correções, mas apenas aquelas que ultrapassam os limites de tolerância. Um bom sistema de controle deve proporcionar rápidas comparações, localizar possíveis dificuldades ou mostrar tendências significativas para o futuro.

Não é possível modificar o passado, mas a sua compreensão propicia auxílio para, a partir do presente, criar condições para obter melhores resultados no futuro". Os limites, tanto para mais como para menos, determinam a margem de tolerância.

3.12 OBSOLESCÊNCIA DO PRODUTO

Obsolescência é a ação decorrente do aparecimento de novas tecnologias, que reduzem o valor do produto. A taxa de obsolescência é dada pela fórmula:

Taxa de Obsolescência = Produtos Descontinuados / Total de Produtos

Hoje, a obsolescência é programada e existe sob quatro formas: Técnica; Adiada; Física e de Estilo. Para rejuvenescer um produto, adote os seguintes procedimentos:

- Determine as razões para o abandono (declínio, descontinuidade).
- Examine se as forças do macroambiente apóiam a estratégia de rejuvenescimento.
- Examine o que o nome do produto comunica para os consumidores.
- Explore se há um segmento potencial a ser atingido, bem como forças e fraquezas dos concorrentes nesse segmento.
- Examine as possibilidades de criar valor para os consumidores.
- Modifique características de estilo.
- Aumente o desempenho funcional.

Muitas empresas não conseguem estabelecer com precisão o momento exato de retirar um produto do mercado. Os critérios mais comuns para retirar um produto do mercado são baseados em volume de vendas, geração de lucro, potencial de mercado, devoluções, defeitos, reclamações, encalhes, posição do produto no mercado

Teste de Aferição de Conhecimento

01 – Produto é:

a) Aquilo que as pessoas compram.
b) Uma mercadoria.
c) Um bem ou serviço.
d) Um item de estoque.

02 – O conceito de econômico atribuído a um bem se deve ao fato de ele ser:

a) Escasso
b) Livre
c) Barato
d) Caro

03 – Por que estudamos o ciclo de vida de um produto?

a) Para determinar o estágio em que o mesmo se encontra
b) Para determinar sua permanência no mercado
c) Para satisfazer consumidores
d) Para construir o ciclo mercadológico

04 – A determinação do composto mercadológico está em função:

a) Dos recursos da empresa.
b) Do mercado.
c) Do preço.
d) Da concorrência.
e) Da tecnologia

05 – Qual valor do produto é o mais importante?

a) Valor agregado.
b) Valor entregue ao consumidor
c) Valor percebido.
d) Valor de mercado

06 – Um padrão serve para:

a) Avaliar desempenho.
b) Comparar uma medida.
c) Normalizar um procedimento.
d) Ajudar a aperfeiçoar o produto.

07 – Para que serve uma embalagem?

a) Para poluir o ambiente.
b) Para proteger um produto.
c) Trazer dados sobre a composição do produto.
d) Melhorar a imagem da marca.

08 – Qual a maior vantagem do código de barras?

a) Acelerar a fila do caixa da loja.
b) Controlar estoque
c) Mostrar o preço do produto.
d) Identificar a posição do produto na prateleira.

Capítulo 4

MARCA

"Um produto é algo manufaturado em uma fábrica; uma marca contém algo comprado pelo consumidor. Um produto pode ser copiado por um concorrente; uma marca é exclusiva. Um produto pode ficar rapidamente obsoleto; uma marca bem-sucedida é quase eterna".

Sthephen King

OBJETIVOS DO CAPÍTULO

- Mostrar a diferença entre marca e produto.
- Mostrar os principais critérios de decisão pela marca.
- Mostrar como as marcas de sucesso dominaram o mercado.
- Mostrar que marcas são verdadeiros ativos da empresa.

4.1 CONCEITO DE MARCA

Marca é um nome, termo, sinal, símbolo, desenho, logotipo ou a combinação dos mesmos, que tem o propósito de identificar um produto, uma imagem ou uma empresa. Pode significar qualidade, atendimento, preço, desempenho, status, garantia, estima, confiança, perpetuidade, atualidade e prestígio. Ela é o instrumento de relacionamento entre a empresa, o mercado, o produto e o consumidor.

Uma marca forte é uma grande vantagem competitiva. Um logotipo é aquela parte da marca que pode ser reconhecida, mas não é pronunciável, tais como um símbolo, um desenho, um colorido, letras distintas. Uma grife é uma assinatura registrada como marca.

Provavelmente, os primeiros exemplos de marca ocorreram na arte. Assim, não é de admirar que produtos comuns como: açúcar, sal, bacon e roupas não tenham usado marcas, durante grande parte da história. O produtor enviava seus produtos ao distribuidor que os vendia em barris, conchas, caixas, fardos, lotes e outras medidas, sem que houvesse a marca do fabricante e nem a sua própria marca.

Uma marca é um conjunto de benefícios funcionais, econômicos e psicológicos para o consumidor. Alguns consideram a marca como o valor acrescentado ao produto, isto é, a imagem sem incluir nela o produto.

A seguir, os elementos fundamentais que integram o conceito de marca:

Capital da Marca – O capital da marca é o ativo que o responsável pelo marketing acumula para garantir a continuidade da satisfação do consumidor e o lucro da empresa. Adrede a este conceito estão: relação do consumidor com a marca; comportamento de compra do consumidor; informações passadas ao consumidor; distribuição da marca.

O capital da marca existe, porque as empresas que o detêm ganham mais do que as que não o possuem. Ele pode ser considerado como reserva de lucro da empresa.

Importância da Marca – A importância da marca, no âmbito do consumo, resulta no fato de que a distinção final de um produto se dá pelo valor da marca, ou seja, o que ela é e o que ela representa. A marca traduz, portanto, de forma marcante e decisiva, o valor do uso para o comprador de determinado produto. É, também, o principal recurso do marketing para criar fortes apelos que estabeleçam a melhor relação possível entre o consumidor e o produto.

Vantagens da Marca – As principais vantagens são:

- A marca bem organizada é facilmente identificada.
- A marca protege os consumidores por lhes garantir qualidade sempre igual.
- Uma marca também garante aos consumidores qualidade comparável, não importando onde um produto seja comprado
- A marca pode proporcionar um incremente de satisfação psicológica que de outro modo não pode ser encontrada
- Uma marca ajuda os vendedores em termos de diferenciação, pois lhes dá algo diferente para fazer propaganda e promoção.
- Uma marca ajuda seu possuidor a estimular vendas repetidas e formar lealdade dos consumidores.
- Uma marca é capaz de criar diferenças entre dois produtos semelhantes.
- Uma marca pode ajudar a empresa a expandir sua linha de produtos.

Algumas desvantagens da marca podem ser citadas, tais como: a criação de uma marca nominal é cara; a marca exige manutenção da qualidade, o que nem sempre é possível; a marca do fabricante pode entrar em conflito com a marca do varejo (distribuidor).

4.2 PRODUTO X MARCA

Quem numa farmácia pedirá uma caixa de curativos, em vez de dizer: Dá um band-aid. São marcas que acabaram virando sinônimo de produtos, como por exemplo: Brahma, Cotonete, Modess, Catupiry, Durex, Gillette, Chiclettes, Xerox, Havaianas, Omo, Nescau, Skol, Derby, Johnson, Colgate, Coca-Cola, Fanta, Marlboro, Pepsi-Cola, MacDonald's, Kibon, Bob's, Singer, Fleischman, Toddy, Tupperware, Ketchup.

Mas como uma marca se torna sinônimo de produto? Geralmente, pelo pioneirismo. Quem chega na frente com uma novidade tem mais chances de ver sua marca espalhar-se de boca em boca como sinônimo de uma nova categoria de produto. Depois que a mania pega, é difícil largar. Desde a década de 1950, a 3M não vende mais fita adesiva com a marca Durex, no Brasil, o nome oficial é Fita Scotch, usado em todos os países em que a empresa atua. Nem por isso a 3M saiu perdendo. O consumidor nem sequer notou a mudança e em qualquer papelaria se pede Durex sem qualquer constrangimento. Mesmo na 3M, os funcionários se esforçam para pedir fita adesiva.

A história das marcas que viraram sinônimos de produtos é quase sempre a mesma. São normalmente novos produtos, sem similares no mercado, que o consumidor acostuma chamar pela marca. O resultado dessa confusão que acaba acontecendo é que o consumidor passa a esquecer de que a marca significa determinado produto e, consequentemente, um fabricante específico. Pedir Chicletes na padaria e ter em troca um Ping-Pong pode parecer normal para qualquer um.

Mas, Chiclete é marca da Adams e Ping-Pong da Kibon. O primeiro produto é uma goma de mascar voltada principalmente para o público adulto. O segundo é para crianças. Portanto, a diferença entre um e outro é enorme.

Se estas marcas sobrevivem a gerações, nem sempre essas marcas famosas se impõem à custa de uma propaganda intensa junto ao consumidor. Da primeira fábrica, aberta em 1911, até hoje, a Laticínios Catupiry nunca pagou um níquel para promover seu produto, que leva o mesmo nome. Assim, mesmo, ele virou sinônimo de um tipo de queijo, classificado formalmente como requeijão.

Entre as donas de casa, no entanto, requeijão é mesmo aquele de copo e Catupiry é o de caixinha. Graças a um segredo até hoje indecifrado pelos concorrentes, Catupiry se encontra em muitas das melhores receitas culinárias com a expressão: "Use um queijo do tipo Catupiry". A seguir, são colocadas algumas marcas e seus correspondentes produtos:

Marcas	Produtos	Marcas	Produtos
Band-Aid	Curativo Adesivo	Durex	Fita Adesiva
Brahma	Cerveja	Xérox	Cópia
Gillette	Lâmina de Barbear	Chicletes	Goma de Mascar
Catupiry	Requeijão	Toddy	Chocolate em Pó
Tupperware	Pote de Plástico	Kettchup	Molho de Tomate

Quadro 4.1: Marcas e Correspondentes Produtos.

4.3 MARCAS E PATENTES

Os comerciantes identificam e distinguem seus produtos pelo uso de marcas nominais e marcas registradas. Estas marcas se acham entre os bens mais valiosos de uma empresa. Elas podem proporcionar uma propriedade única a um produto que, em si próprio, não seja muito glamuroso, como a marca registrada. Algumas marcas nominais são mais notáveis que as marcas registradas.

Marca registrada refere-se a uma marca que recebeu proteção legal, porque se tornou propriedade exclusiva de uma pessoa (física ou jurídica). Todas as marcas registradas são marcas, mas nem todas as marcas são marcas registradas. Uma marca registrada pode incluir tanto a marca nominal como o desenho. Algumas pessoas acreditam erroneamente que uma marca registrada seja somente o desenho de uma marca.

A palavra Ford é uma marca nominal. Mas quando ela é impressa numa certa forma de letra (grife), torna-se uma marca registrada. Não é preciso que uma marca registrada seja vinculada a um produto, nem tem de ser um nome. O simples ato de registrar um nome não concede propriedade. Para alegar posse, uma empresa tem de ter um produto com marca registrada, no Instituto Nacional de Propriedade Industrial.

As empresas se dão a grandes trabalhos para proteger suas marcas e marcas registradas para que estas não caiam em uso genérico. A Coca-Cola tem um departamento que monitora o uso não autorizado das palavras Coke e Coca-Cola. Se qualquer meio da mídia impressa utilizar estas palavras em letra minúscula será advertido pala Coca-Cola Company.

O direito de propriedade é feito por meio de marcas registradas, patentes e dispositivos para ajudar a estabelecer direitos de propriedade. As patentes são basicamente opções. Estabelecem direitos associados à rentabilidade de uma ideia específica, mas têm de ser aplicadas pelo titular da patente. Embora algumas delas tenham provado lucros fantásticos, a maioria tem resultados pouco significativos e muitos titulares de patentes nunca exerceram a sua opção, exigindo esse tipo de proteção.

Patente é um documento que confere a seu titular o direito exclusivo da sua exploração por prazo determinado, sendo um monopólio legalmente constituído e protegido. O registro de patentes e marcas confere ao seu titular os mesmos direitos que a patente. As leis de patentes, criadas em 1836, atuam em duas direções: como uma recompensa pelos esforços de pesquisa; como penalidade pela imitação de algum outro trabalho patenteado, ainda que desconhecido do imitador.

A lei de patentes é destinada a proteger o inovador.

4.4 DECISÃO PELA MARCA

As decisões pela marca serão tomadas depois de ter respostas para as seguintes perguntas:

Ter ou não ter marca? Usar a sua própria marca? Usar a marca do distribuidor? Manter marcas de família? Usar a marca do varejista? Por que o produtor se apressa em definir marcas, já que a marca claramente envolve um custo? Se a marca do produtor não satisfizer o distribuidor e o consumidor?

Há alguns objetivos para mover o produtor a ter uma marca própria:

- Poder ter uma marca para fins de identificação, manuseio e busca do produto.
- Poder ter uma marca registrada e uma patente para proteger contra imitação.
- Poder acrescentar qualidade e imagem ao produto.
- Poder ver a marca como uma oportunidade para dotar seu produto de uma história e reputação únicas.
- Poder criar uma base para a diferenciação de preço.

Às vezes, a pressão para a determinação da marca não vem do vendedor, mas do varejo (distribuidor), que deseja marcas que o ajude a identificar seus respectivos produtos e facilitar a vida dos consumidores. Criar e manter o nome de uma marca também é custo fixo. No caso de muitos produtos, o nome da marca não tem valor algum, se o reconhecimento dessa marca ficar abaixo dos níveis de qualidade impostos pelo mercado. Uma marca com pequeno apoio promocional é pior do que não ter marca.

Para alguns produtos é melhor usar o dinheiro da propaganda em benefício do preço baixo. Os fabricantes que colocam marcas em seus produtos têm várias escolhas: marca individual por produto, marca global, marca separada por linha de produtos, marca combinada, marca própria, marca do fabricante, marca do distribuidor.

Os distribuidores escolhem os locais mais visíveis para suas próprias marcas e não deixam de manter bons estoques. Por essas e por outras razões, é que está terminado o anterior domínio das marcas dos fabricantes. Na realidade, alguns estudiosos de marketing predizem que as marcas dos distribuidores irão, eventualmente, destronar a maioria das marcas dos fabricantes. Fato que, aliás, já está acontecendo.

Segundo Kotler: Uma das vantagens principais de se trabalhar com marcas próprias é de que a empresa não vincula a sua reputação com a aceitação, ou não, do produto. Se o produto falhar, isto não será um ponto negativo para o fabricante; ou se o novo produto for de qualidade inferior, a empresa não terá sua reputação diminuída.

No lado positivo da estratégia de nomes de marcas individuais, permite-se à empresa procurar o melhor nome para cada novo produto. Outra vantagem é que um nome novo permite a formação de uma expectativa positiva.

4.5 MARCAS DE SUCESSO

Uma marca de sucesso, na verdade, é um patrimônio tão valioso para uma empresa, que esta não pode deixar de investir na manutenção de seu conceito, mesmo após o fim do período de ouro. Muitas marcas, que escorregam da liderança do mercado para um patamar mais baixo, se estabilizam em posições confortáveis e cobiçadas, e, se tratadas com atenção, podem ajudar as empresas a encher seus cofres por anos e anos a fio.

Algumas poucas marcas tradicionais, imbatíveis na preferência do consumidor, podem dispensar esforços de rejuvenescimento sem comprometer seu futuro imediato. Trata-se de produtos que vendem como "água", parados ou não no tempo, com ou sem campanhas publicitárias de apoio. Aos olhos do consumidor a marca estará sempre à altura do que dela se espera.

As supermarcas estão entre aquelas marcas que parecem ímãs que geram tráfico nas lojas e não podem faltar nas prateleiras, sob o risco de o distribuidor perder a clientela. Por isso, vale a pena estudar as estratégias destas marcas, que resistem anos e anos, com crise ou sem crise. Como estão fortemente estabelecidas, as supermarcas conseguem resistir mesmo num ambiente hostil. Como a Maizena, um seleto time de marcas tem sobrevivido no mercado por décadas, com muito vigor, passando por pouca ou nenhuma transformação, enquanto a maioria dos lançamentos perde o fôlego após alguns anos de vida e depois desaparece.

A seguir, uma pequena cronologia de marcas famosas, que se tornaram verdadeiros sucessos de mercado: Maizena (EUA – 1850); Leite Moça (Suíça – 1870); Leite de Magnésia de Philips (Inglaterra – 1890); Biotônico Fontoura (Brasil – 1930); Sonho de Valsa (Brasil – 1940); Ray-Ban (EUA – 1940).

4.6 GERÊNCIA DA MARCA

A gerência da marca relaciona-se com a equipe de vendas, intermediários, público consumidor, compradores, fornecedores, projetistas, serviços acessórios, propaganda, promoção, produção, pesquisa, desenvolvimento, tributação, mercado de recursos. Em algumas empresas, a gerência da marca é o centro dinâmico da atividade mercadológica.

Suas principais atribuições são: acompanhar o ciclo de vida do produto; recomendar estratégias competitivas; fixar objetivos mercadológicos; elaborar planos, orçamentos e previsões; coordenar as atividades relativas aos seus produtos; acompanhar o trabalho da força de vendas e reforçar a imagem da empresa; acompanhar atividades de pesquisa e desenvolvimento; administrar propaganda, promoção e mensagens da mídia; detectar necessidades de melhoria do produto e da imagem da marca.

Ao decidir se deve ou não introduzir uma nova marca, o gerente de marca deve considerar:

- Pode uma ideia inédita ser criada para uma nova marca?

- Será a marca bem aceita?
- Quanto que a nova marca irá abocanhar do mercado?
- Será o custo de desenvolvimento e promoção da marca justificado pelo retorno esperado sobre o investimento?
- É necessário identificar as linhas gerais que a empresa pretende seguir para atender a um nicho de mercado?
- É o posicionamento em que a empresa apresenta uma razão específica para a criação da marca?
- A empresa deve procurar mostrar aos consumidores que sua marca é melhor do que a da concorrência em diversos aspectos?

A criação de uma marca não se limita a colocar um nome numa etiqueta. As marcas criam um valor perceptível ao consumidor. Por meio de uma marca efetiva, o fabricante promete e entrega ao cliente um valor superior e difícil de equiparar.

As marcas, quando bem construídas, têm a capacidade de expressar sentimentos e estabelecer relacionamentos de grau afetivo com os consumidores.

Estar na mente dos consumidores é um dos elementos mais críticos para a formação do valor da marca. Os valores culturais e sociais nesse caso são fundamentais, para obter apelos intuitivos que possam proporcionar associações espontâneas pelo consumidor. Nestes casos, o preço do produto poderá até ser superior aos demais, que a marca se sustentará.

As principais resultantes das influências exercidas pelas marcas no público consumidor são, entre outras: diferenciar o produto, compensar preços altos, gerar novos desejos e necessidades, criar novas identidades.

Se você está pensando em criar uma marca, siga as seguintes orientações:

- Escolha o nome da marca, de forma que seja fácil pronunciá-lo e que represente o benefício do produto.
- Desenvolva associações e promessas fortes para o nome da marca.
- Administre todos os contatos dos consumidores com a marca, de modo que esses contatos atendam ou superem as expectativas geradas em relação a ela.

4.7 ESTRATÉGIAS DE MARCA

Qual a estratégia adequada para que uma marca dispute o mercado com a concorrência? É bom lembrar que a concorrência não é mais local. O que sua empresa faz afeta seus concorrentes e aquilo que seus concorrentes fazem afeta o que sua companhia faz e fará. Os produtos, o estabelecimento de preços e muitos outros fatores são influenciados por aquilo que a concorrência faz. Mesmo a empresa líder de mercado não pode ser complacente na leitura do cenário.

A estratégia é o caminho para uma organização (pessoa, grupo, time, empresa) alcançar, preferencial e diferentemente, os objetivos e desafios em um ambiente mutável, cambiante, complexo e altamente competitivo. Imagine você se é possível sobreviver sem uma estratégia sequer. A seguir, serão feitas considerações sobre os mais importantes tipos de estratégias de marca:

Estratégia de Extensão da Marca – Esta estratégia é um esforço para se utilizar a marca nominal bem-sucedida, a fim de processar modificações no produto ou acrescentar produtos adicionais.

Estratégia de Marcas Múltiplas – É a estratégia que utiliza duas ou mais marcas, aparentemente, concorrentes, mas que pertencem a um mesmo fabricante.

Estratégia de Parceria de Marca – É a utilização da marca de outra empresa.

Estratégia de Divulgação da Marca – É a estratégia de criar canais que tornam pública a marca, por meio de sistemas de comunicação e informação para vendedores e compradores.

Estratégia de Rejuvenescimento da Marca – Marcas de sucesso, que parecem não envelhecer, são casos raros. A conquista da liderança, em muitos casos, limita-se a busca por inovação e o retardamento dos movimentos de mudança. Com o tempo, empresa e consumidor se descolam e isso aparece nos resultados. Desta forma, o desafio é conter o processo de envelhecimento da marca. É importante observar que o envelhecimento de uma marca ajuda a envelhecer outras marcas ou linhas de produtos.

Estratégia de Preservação da Marca – A preservação de uma marca exige muito esforço. Jogar as energias da empresa na busca de uma programação seriada que repita o mesmo brilho de um lançamento de sucesso, através de inovações constantes, parece ser o caminho mais seguro para permanecer na trilha da prosperidade. O perigo não está em mudar uma fórmula de êxito, está em cruzar os braços e saborear a vitória com a inércia.

De uma coisa ninguém escapa: a concorrência não ficará parada. Poucas marcas tradicionais, imbatíveis na preferência do consumidor, podem dispensar esforços de preservação sem comprometer seu futuro imediato.

Teste de Aferição de Conhecimento

01 – As marcas se tornaram tão importantes, no Século XX, em função:

a) Da vantagem competitiva.
b) Dos benefícios.
c) Do produto.
d) Daquilo que representa.

02 – Faça a correspondência:

a) Brahma.
b) Requeijão
c) Chicletes.
d) Goma de marcar
e) Catupiry.
f) Cerveja

03 – O sistema de patentes está associado principalmente:

a) Marca registrada.
b) Direito de propriedade
c) Desenho da marca
d) Uso genérico

04 – Por que fabricantes utilizam marcas dos varejistas?

a) Custo de criação de uma marca.
b) Custo de propaganda da marca.
c) Custo de manutenção da marca.
d) Comodidade
e) Para facilitar a vida dos varejistas.

05 – Qual o principal elemento que caracteriza o sucesso de uma marca?

a) Produto(s) associado(s).
b) Propaganda maciça
c) Página da internet.
d) Sorte.
e) Preço muito barato.

06 – Qual elemento de análise da marca é o mais importante?

a) Valor da marca.
b) Liderança da marca.
c) Confiança na marca.
d) Não há um elemento preponderante sobre os demais.

07 – Qual das estratégias de marca é a mais barata?

a) Extensão.
b) Marcas múltiplas.
c) Rejuvenescimento.
d) Preservação.

Capítulo 5

CONSUMO

"O consumo é a atividade mais constante do homem. É bom que ele se conheça como tal, pois o paraíso não é uma sociedade de bens gratuitos. Até o fruto proibido teve o seu preço".

Eugene Kelley

OBJETIVOS DO CAPÍTULO

- Mostrar que o consumidor é, hoje, o centro das atenções de todo fabricante e distribuidor.
- Mostrar os elementos básicos que caracterizam o consumo e o consumidor.
- Mostrar a importância de se conseguir determinar, antecipadamente, quem é o consumidor que se pretende atingir com nossos produtos.
- Mostrar que comprar não é a mesma coisa do que consumir.

5.1 CONCEITO DE CONSUMO

O consumo pode ser considerado como o uso de bens e serviços. Mas, não equivale à simples compra de um produto. Consumir um produto é usar o mesmo até que deixe de atender às necessidades ou que o seu valor tenha sido anulado ou reduzido. O maior problema no consumo é o conflito entre a verdade e o sonho. O propósito de um produto não é o que o vendedor, explicitamente, diz ser, mas o que o consumidor, implicitamente, exige que seja.

O aumento do consumo faz crescer o investimento industrial, dando mais emprego às pessoas, que retornarão ao mercado de consumo. Todavia, é possível que as pessoas poupem parte de suas rendas e a conservem sob a forma monetária, não gastando nem em bens de consumo e nem em bens de investimento.

A propensão a consumir dependerá de três forças: das atitudes subjetivas do indivíduo que compra; dos dados sobre produtos; dos preços praticados. O dispêndio que faz o consumidor num bem qualquer faz supor que o mesmo varie somente como resultado da oscilação do preço. Quando se consideram todos os bens, o preço se torna menos importante.

As variações de gosto podem alterar a demanda de produtos, bem como ganhos e perdas de capital. Quando falamos que vivemos numa sociedade de consumo, é quase inevitável que a constatação seja acompanhada de uma carga negativa. Esta expressão é, frequentemente, associada a um materialismo banal.

Hoje, comprar um carro esportivo de dois lugares ou uma minivan com capacidade para sete passageiros representa uma afirmação sobre o que somos e o que não somos. Isso ajuda a nos diferençar de um vizinho.

As características do consumo mudaram ao longo da história, de modo que o consumo foi associado aos seguintes valores: liberdade, status, razão, progresso, individualidade, alienação e tédio, por exemplo.

O problema do consumo é um desafio constante, mas, infelizmente, não muito consciente nas pessoas, que precisam ser responsáveis pelo uso dos recursos, quer naturais ou não, e pelo consumo de bens e serviços.

A Lei de Pareto diz: "20% dos consumidores respondem por 80% da receita da empresa". Na realidade, esta lei observa: "Somente 20% dos eventos/acontecimentos respondem por 80% dos resultados".

5.2 TIPOS DE CONSUMO

Consumo de Energia – À medida que a energia foi se tornando escassa e o governo resolveu praticar uma política mais realista de tarifas, essa postura de indiferença começou a modificar-se. O fantasma do racionamento e contas cada vez mais salgadas impôs uma revisão de hábitos. Precedidos pela indústria, também o setor de serviços, onde os gastos com energia representam em média 4% dos custos operacionais, despertou para o problema.

Cada vez mais se verifica que o simples gerenciamento do consumo de eletricidade e a adoção de expedientes corriqueiros, como a substituição de lâmpadas ou o uso mais adequado do ar condicionado, diminuem sensivelmente as despesas.

Um plano de performance energética envolve também mudanças na rotina do pessoal da limpeza, passando pelo escalonamento no uso de elevadores. Grande parte do desperdício de energia é resultado da prevalência dos critérios estéticos em detrimento da funcionalidade.

Consumo de Recurso – É bom lembrar que uma empresa é uma organização de finalidade econômica. Ela utiliza e elabora recursos para facilitar o seu desenvolvimento e a sua rentabilidade, assegurando-lhe as melhores condições operacionais. Sem recursos atuais e modernos a empresa se tornará lenta, cara e não competitiva, porque, hoje, existem máquinas, equipamentos e sistemas que facilitam o trabalho das pessoas, tendo em vista apresentarem resultados rápidos, com qualidade suficiente para atender os desejos dos consumidores mais exigentes.

Consumo Final – Quem diz, se o consumo é final, é a pessoa que compra. Os gastos com consumo podem ser divididos em três componentes. O primeiro, é formado pelos bens não duráveis, como os alimentos e roupas, por exemplo, cuja vida útil é curta. O segundo, é denominado serviços e compreende as despesas feitas com aluguel, saúde, transporte, lazer, por exemplo. O terceiro, corresponde aos bens de consumo duráveis, como automóveis, eletroeletrônicos, por exemplo, cuja vida útil é muito maior do que os outros bens, mas que se depreciam e se destroem ao longo do tempo e do uso.

Consumo Industrial – Além dos recursos que uma indústria consome, é preciso destacar os conceitos de insumo, matéria-prima e mão de obra, recursos básicos para seu funcionamento:

Insumo – Material que contribui para a obtenção do produto, mas nem sempre faz parte da composição final do mesmo. Necessário para o processo de manufatura, o insumo não pode ser prontamente identificado com qualquer produto em particular, cujo custo é muito irrelevante para medir.

Matéria-Prima – Matéria utilizada na fabricação do produto final, e que pode ser prontamente identificada no produto.

Mão de Obra – Trabalho feito por uma pessoa; fator de produção remunerado pelo salário. A mão de obra pode ser: mão de obra direta (trabalho cujo tempo pode ser identificado com a produção, produto ou centro de custo); mão de obra indireta (trabalho cujo tempo não pode ser claramente identificado). Os custos da mão de obra não especializada tendem a ser mais baixos em locais mais remotos, devendo ser considerados como um agregado, que inclui, também, os encargos sociais, benefícios e prêmios.

5.3 CONSUMIDOR

Quem consome um produto é chamado de consumidor. Por isso, é importante observar que o consumidor deve ser o propósito da empresa. Assim, nunca o questionar, porque ele tem sempre razão. A satisfação dele proporciona lucro para a empresa. O consumidor é quem determina o que o negócio é, o que produz e se prosperará.

No entender de Peter Drucker, o cliente consumidor é protagonista e comandante do espetáculo. O consumidor não é mais um receptor passivo de produtos, mas, sim, alguém envolvido no projeto e na melhoria do produto.

A abordagem econômica diz que os consumidores são os agentes da demanda, isto é, aqueles que se dirigem ao mercado com o intuito de adquirir um conjunto de bens e/ou serviços que lhes maximize sua função utilitária. Por outro lado, o conhecimento sólido das necessidades e desejos dos consumidores proporciona a base de informação para que haja maiores e melhores vendas, bem como resultados promissores.

A seguir, algumas premissas sobre consumidores:

- O consumidor só está interessado em seus próprios valores, suas próprias necessidades e sua própria realidade.
- Cada consumidor define uma empresa diferentemente das demais, pois suas expectativas e valores são singulares.
- A realidade do consumidor deve ser considerada, já que esta é diferente da do fornecedor.
- Como o consumidor é que paga, depende do que faz mais sentido para ele, do que faz por ele.

A relação das empresas com os consumidores é resumida da seguinte forma:

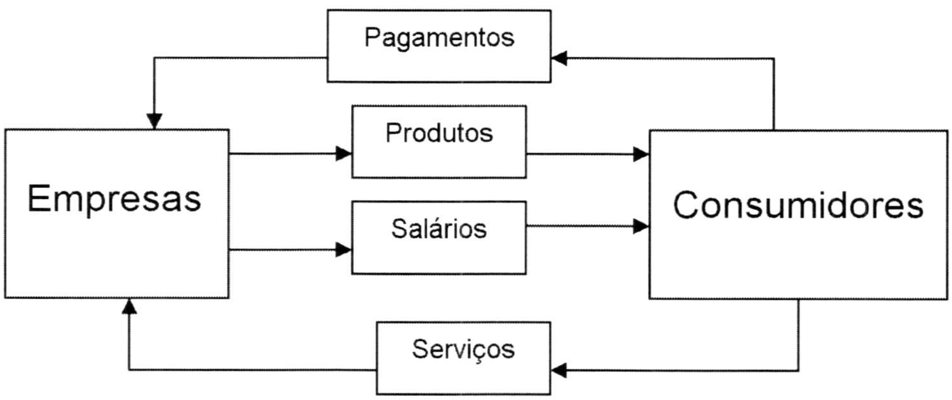

Figura 5.1: Diagrama de Trocas entre Empresas e Consumidores.

5.4 CONSIDERAÇÕES SOBRE CONSUMIDORES

O consumidor desempenha um duplo papel no mercado. Em primeiro lugar, ele atua como comprador. Em segundo lugar, elabora um estudo crítico daquilo que compra, como, também, dos métodos de comercialização. A empresa que quiser atuar em qualquer mercado terá de fazer algumas considerações sobre o consumidor:

Movimentação do Consumidor – As facilidades de locomoção do consumidor fizeram com que o mesmo adquirisse maior grau de observação quanto a preço, qualidade e características do produto. O consumidor começou a entender que os custos da distribuição são repassados aos preços de venda dos produtos. O movimento do consumidor tem levantado assuntos que são de grande efeito sobre as atividades mercadológicas.

Queixa do Consumidor – Cada vez mais, o consumidor participa com dados para as estratégias empresariais. As queixas dos consumidores são muitas, tais como: produto de qualidade inferior; ineficiente serviço pós-venda; baixo nível de qualidade no atendimento; campanhas publicitárias malfeitas; falta de calor humano, devido ao alto grau de automação; produtos não disponíveis, apesar da propaganda; preços elevados; vendas impessoais; peso adulterado; propaganda enganosa; exploração de crianças; falsificação do produto; embalagem pouco informativa; falta de dados sobre o produto; produtos inseguros; produtos que nada valem; maus serviços; realce na quantidade e não na qualidade; complexidade tecnológica; obsolescência programada; recusa em devolver o dinheiro; altos juros no crediário; falta de concorrência; fraude contra os pobres; falta de canais diretos de comunicação.

Julgamento do Consumidor – Para que as empresas possam manter consumidores, se faz necessário abordar o modo como o consumidor julga os produtos que recebe. Os critérios são muitos, pois dependerá do próprio consumidor. Em geral, ele destaca mais os erros do que os acertos. Quer ver suas necessidades atendidas e não está preocupado com os problemas internos da empresa. Esquece todas as mensagens de propaganda depois de uma única grosseria de qualquer funcionário. Julga ter sempre razão. Aumenta suas exigências em razão do preço que pagou ou está pagando. Se satisfeito, passa a ser um divulgador do produto, da marca e da empresa.

Motivação do Consumidor – A motivação do consumidor deve ser construída pelo vendedor, desde que este atenda as necessidades e desejos daquele.

Comportamento do Consumidor – Pesquisar tendências sobre o comportamento e o hábito do consumidor ficou complicado. Hoje, o consumidor é menos rígido, mais propenso a experimentar novidades, mais educado, cético, eclético, esperto e seletivo. São difíceis de persuadir e agem de maneira contraditória. Foi-se o tempo em que era possível dividir a população entre engajados, constantes e alienados.

O comportamento de cada indivíduo é afetado por hereditariedade e pelo ambiente em que a pessoa cresceu e no qual vive. Estas forças moldam o comportamento de compra e os distribuidores as levam em consideração antes de tomarem uma decisão.

Papel do Consumidor – Em muitas facetas do mercado, os consumidores desempenharão papéis ativos e reativos. Eles se tornarão diretamente envolvidos no projeto e na personalização dos produtos que compram. Assumirão as funções de suporte e de serviço que normalmente são desempenhadas pelas empresas. Por outro lado, há consumidores que não estão nem aí para o mercado, tendo uma atitude passiva para com vendedores. Estes consumidores dão pouco trabalho, mas não ajudam as empresas a progredir.

Lugar do Consumidor – O consumidor vem sempre em primeiro lugar? Alguns autores discordam deste bordão e acham que o consumidor deve vir em segundo lugar. Cabe o primeiro lugar ao time do negócio, pois não há como agradar consumidores sem contar com funcionários comprometidos com a qualidade e felizes com o trabalho. Às vezes, os consumidores fazem queixas descabidas ou destratam os elementos da equipe.

Ouvir o consumidor é importante, mas não implica aceitar tudo o que vem dele. Pense em oferecer ao consumidor um bom ambiente, atendimento, preço e qualidade que ele agradecerá e com certeza voltará. Faça parecer que ele vem em primeiro lugar.

Avaliação do Consumidor – A avaliação de um produto pelo consumidor requererá um padrão ou um referencial anterior já conhecido. O consumidor na realidade avalia um produto mais pelos aspectos subjetivos do que por outra coisa. Uma avaliação de produto só poderá ter valor, se for feita por métodos estatísticos e para um universo significativo de pesquisados.

5.5 PERFIL DO CONSUMIDOR

O perfil do consumidor nada mais é do que a descrição rápida daquilo que o consumidor representa para o mercado, a empresa e o vendedor, cujos elementos básicos são:

Classe Social e Renda – A classe social e a renda do consumidor são preocupações constantes da empresa que está de olho no mercado. Hoje, o poder dos consumidores de baixa renda está no centro da estratégia das maiores companhias do mundo.

Poder Aquisitivo – O poder aquisitivo do consumidor representa aquilo que o mesmo pode comprar para satisfazer suas necessidades básicas e não seus desejos. Este poder está associado ao progresso de uma pessoa numa sociedade, pois quanto mais poder aquisitivo ela tem mais status possui. Toda empresa se preocupa com o poder aquisitivo de seus consumidores, a fim de se adaptar ao sobe e desce da economia e do mercado.

Nível Econômico – Em que níveis econômicos os consumidores podem ser, predominantemente, classificados? Baixa renda, média ou alta? Que tipo de trabalho eles fazem?

Alocação da Renda – Como o consumidor gasta seu dinheiro? Em necessidades, como comida? Em entretenimento? Em produtos que dão status e prestígio? O preço é realmente um problema? Onde gasta dinheiro? Em que lugar faz compra? Faz por telefone, catálogo, porta a porta, correio, internet ou pessoalmente? Que fatores são fundamentais para sua compra? A compra é feita, em função de análise, pesquisa ou impulso? A compra concentra-se em que hora, dia, semana, mês?

Sexo – Quem faz a maioria das compras, os homens, as mulheres ou as crianças? Quem toma a decisão real de comprar? Quais os produtos preferidos?

Estado Civil – A maioria dos consumidores é casada ou solteira? Tem filhos?

Idade – Que grupo de idade predomina?

Local – Onde moram os consumidores?

Estilo de Vida – Qual o estilo de vida dos consumidores, sua autoimagem? Que tipo de vida aspiram ter? Há uma preocupação com lazer? Com educação e aprendizado? Com ascensão na escala social? Há tendências de uma vida ativa e saudável? Quais são alguns dos valores, interesses, atividades e preocupações dominantes?

Conhecimento do Consumidor – Apesar de se esforçarem ao máximo, muitas empresas continuam a desperdiçar o que talvez seja seu ativo mais precioso no atual contexto – aquilo que o consumidor conhece, isto é, quais são seus níveis de intelectualidade, educação, percepção, cultura, instrução e informação, por exemplo.

Hoje, mais do que nunca, o conhecimento adquiriu caráter estratégico.

5.6 TIPOS DE CONSUMIDOR

Consumidor Final – O consumidor final desempenha um duplo papel no mercado. Em primeiro lugar, ele atua como comprador. Em segundo lugar, elabora um estudo crítico daquilo que compra, como, também, dos métodos de comercialização.

Consumidor Potencial – O consumidor potencial é alguém disposto e habilitado a se engajar em uma troca de valores. Não se pode vender um produto a menos que se encontre um comprador. Por isso, a prospecção de localizar e classificar consumidores potenciais é o primeiro passo no processo de venda. Os vendedores de sucesso são aqueles motivados à acumulação de fatos e informações úteis na aproximação e apelo aos consumidores em perspectiva, que variam de pessoa a pessoa.

Consumidor Consciente – O mundo dos negócios vem se preocupando cada vez mais com uma figura, em muitos aspectos, ainda insondável: O consumidor consciente. O problema, porém, é definir exatamente quem é ele, como pensa e age na hora de escolher entre um e outro bem ou serviço.

Segundo pesquisas, os consumidores conscientes adotam os seguintes comportamentos: 93% pedem nota fiscal quando fazem compras; 90% lêem os rótulos das embalagens atentamente antes de comprar: 89% escrevem no verso de folhas já utilizadas; 79% separam o lixo para reciclagem; 72% compram produtos orgânicos, há menos de seis meses; 59% já recorreram a órgãos de defesa do consumidor; 42% deixam de comprar um produto para punir o fabricante; 26% deixam o carro em casa pelo menos uma vez na semana.

Consumidor Atento – É o tipo mais fácil de se vender. Para ele não se pode desculpar a perda de uma venda.

Consumidor Apático – Você terá que ser cuidadoso e dar informações concisas e absolutamente corretas sobre as mercadorias e condições gerais de venda.

Consumidor Vaidoso – É um tanto fácil de ser atendido, contanto que você saiba que ele é vaidoso e atenda à sua vaidade.

Consumidor Nervoso – Aqui entra uma boa dose de simpatia e paciência do vendedor que o reconheceu. Uma vez conquistada a sua confiança, se transforma em um consumidor cativo.

Consumidor Orgulhoso – O orgulhoso, quando tratado com respeito e consideração (aparentemente especial), transforma-se e sente-se importante, passando a comprar tudo aquilo que se lhe queira vender.

Consumidor Indiferente – O trabalho é procurar descobrir o que realmente deseja. Não se iluda com esse tipo de consumidor, porque mesmo aparentando desinteresse, no fundo ele deseja crescer psicologicamente e ele o faz comprando.

Consumidor Taciturno – Tratar esse tipo com calma e paciência. Deve-se tomar uma atitude de confiança e entusiasmo para equilibrar a personalidade do consumidor que é oposta, daí procurar ajudá-lo a comprar.

Consumidor Despreocupado – Atenda bem esse tipo de consumidor, oferecendo-lhe cadeira e deixando-o bem à vontade. Não seja, pois, apressado, dê atenção e prepare seu futuro consumidor, mesmo perdendo um pouquinho do seu tempo.

Consumidor Cativo – Aquele que compra constantemente na mesma loja (freguês).

Consumidor Malcriado – Tome um grande cuidado para não se irritar ou zangar-se com ele. Deixe que ele brigue sozinho. Procure ser cordato, peça desculpas e lembre-se: o cliente é aquele que paga o seu salário. Não confunda tipo malcriado com o abusivo e impertinente. Neste caso, convém chamar o gerente.

Consumidor Globalizado – Usuário da Internet que atua no varejo virtual, tende a explorar primeiramente as páginas de marcas conhecidas, devido à confiança e credibilidade adquiridas no varejo real. Não critique economia de rede e sistemas automatizados, porque este consumidor achará que você é cafona.

Consumidor Hostil – Consumidor sobrecarregado, atira para todo lado; não ataca apenas o produto, mas também a empresa, porque ele pensa que a vida é matar ou morrer. Brigar o faz se sentir vivo. A pior abordagem do vendedor é deixar-se intimidar.

O vendedor deve se posicionar a favor do consumidor hostil, dando a ele espaço e não esquecer de chamá-lo pelo nome. Usando algumas técnicas de venda, este consumidor deixa de ser hostil e passa a ser cativo.

Consumidor Reclamão – É aquele que reclama de tudo e de todos. Põe o vendedor na defensiva em poucos segundos. O vendedor deve ouvi-lo com atenção e parafrasear sua reclamação, concordando com aquilo que faz sentido.

Consumidor Silencioso – Este consumidor é conciso, breve, sucinto, difícil de decifrar. Evita riscos e mantém-se imperturbável em sua estratégia de compra e negociação. O vendedor não deve interromper o seu silêncio, deve ser calmo na sua apresentação ao consumidor. Se o consumidor ainda continuar sem se manifestar, a melhor coisa é marcar outro dia, em um ambiente favorável e informal.

Consumidor Sabichão – Aquele que julga saber muito. É cabotino e se julga um especialista em qualquer coisa. O vendedor deve se ater aos fatos, utilizando muita objetividade e solicitando ajuda ao sabichão para o processo de venda.

Consumidor Procrastinador – Aquele que não consegue chegar a uma decisão. O vendedor deve ajudá-lo a resolver seus problemas. Procure saber que tipo de atitude (decisão, solução) o mesmo tomou para resolver problemas semelhantes.

Consumidor Sofisticado – É um participante chave nos processos de experimentação e de avaliação de um novo produto.

Consumidor Interativo – Aquele que interage com o fabricante ou prestador de serviços. O consumidor não contribui apenas com dinheiro, mas também com informações e ideias. Um dia, os consumidores terão total interatividade com produtores, fornecedores e distribuidores.

5.7 CRÉDITO

Desde os primórdios da civilização humana, as emergências com morte, doença e incêndio, por exemplo, têm exigido do indivíduo maior soma de bens do que ele eventualmente possui no momento. Daí a figura do crédito. Os créditos mais comuns, que o mercado utiliza, são: crédito mercantil e crédito ao consumidor. O crédito pode ser considerado como cessão de mercadoria, serviço ou dinheiro para pagamento futuro.

Também é dito que uma pessoa tem crédito pela sua capacidade de levantar empréstimos em instituições financeiras. Tanto que o crediário é um crédito aberto em troca da promessa de reembolso do valor com juros, em prestações iguais pagas dentro dos intervalos especificados.

O empréstimo é o capital tomado de terceiros, cujo ressarcimento se faz, geralmente, com acréscimo de juros. Para facilitar o processo de concessão de empréstimos e reduzir a papelada e o desperdício de tempo nas negociações. Os bancos colocam à disposição linhas de crédito de determinadas quantias para serem utilizadas nas empresas. A seguir, algumas considerações sobre os seguintes créditos:

Crédito Mercantil – Valores que uma empresa concede a outra na venda de mercadorias a serem comercializadas pelo tomador, sendo pagas dentro de prazos contratados. É, na verdade, um empréstimo indireto ao consumidor final. No crédito mercantil o vendedor fornece os bens e espera pelo pagamento após um prazo predeterminado.

Esse crédito aparece como contas a receber na contabilidade do vendedor e como contas a pagar na contabilidade do comprador. Este crédito é dado ao comprador, representando capital que ele não precisa desembolsar até a data do pagamento.

No momento em que o fornecedor remeter as mercadorias, o mesmo enviará uma fatura, onde se acham especificadas as mercadorias, seus preços e condições de pagamento. Em alguns casos ainda se utiliza o aceite. Quando nos utilizamos do crédito comercial, o custo está relacionado com o fato de aceitarmos, ou não, o desconto para pagamento à vista. Quando não houver o benefício do desconto para pagamento à vista, o crédito mercantil é, frequentemente, uma das mais dispendiosas fontes de fundos.

A utilização de crédito comercial em excesso é, muitas vezes, causa direta de falência. Visto ser mais facilmente obtido do que a maior parte dos outros créditos, existe a tendência de alavancar uma empresa com crédito mercantil do que com capital próprio.

O aumento da utilização desta modalidade de crédito é inadequado para acompanhar o aumento dos ativos de uma empresa, isto é, as contas se tornam perigosas, fazendo com que os fornecedores suspendam a concessão de novo crédito. Uma situação em que a empresa pode não ter a quem recorrer.

Crédito ao Consumidor – Crédito ao consumidor é a facilidade que é dada a um indivíduo para que ele obtenha bens e serviços com a finalidade de consumo, sob a promessa de pagar o equivalente num prazo futuro combinado. O crédito ao consumidor, como é entendido em nossos dias, só se tornou acessível, à grande maioria, no Século XX. Um modelo comum de crédito ao consumidor envolve o consumidor, o lojista, a financeira e o investidor. A mais recente modalidade de crédito ao consumidor é o cartão de conta corrente da própria loja, onde o mesmo tem um máximo de crédito e um mínimo a debitar mensalmente.

O crédito ao consumidor traz vantagens e desvantagens, tanto para a empresa quanto para o consumidor.

CONSUMIDOR	Aumenta aparentemente seu poder aquisitivo
	Faz uma poupança forçada
	Melhora seu padrão de vida
EMPRESA	Aumenta o volume de vendas
	Aumenta o tráfego na loja
	Cadastro atualizado dos consumidores

Quadro 5.1: Vantagens do Crédito ao Consumidor.

CONSUMIDOR	Preços mais caros
	Estímulo à compra de produtos supérfluos
	Risco de desabastecimento
EMPRESA	Aumenta serviços e custos
	Riscos de inadimplência dos consumidores
	Necessidade de maior capital de giro

Quadro 5.2: Desvantagens do Crédito ao Consumidor.

5.8 FINANCIAMENTO

O financiamento é o valor dado a uma pessoa (física ou jurídica) para obtenção de: bens, capitais, instalações, máquinas, equipamentos. Suas duas figuras mais importantes são leasing e alienação fiduciária. O consumidor quando adquire um bem durável pode utilizar o financiamento, através da alienação fiduciária (o vendedor é dono do produto até a quitação pelo comprador) e do *leasing* (o vendedor faz um contrato de locação para um determinado período que, quando terminado, dá direito ao comprador de adquirir o bem). O leasing também é conhecido como contrato de locação com opção de compra.

O leasing é um arranjo entre o detentor de um equipamento ou bem e um arrendatário para que o último possa usá-lo. Durante o período de leasing, o arrendatário faz pagamentos regulares, como se fosse um aluguel. No fim do período, o bem ou equipamento é vendido pela diferença ao arrendatário, devolvido ou arrendado outra vez.

O sistema de leasing pode ser recomendável quando a renda a ser paga é próxima a de um aluguel, quando o bem ou serviço é caro em relação ao orçamento do projeto ou quando há vantagens em termos de taxação e impostos. Normalmente os preços de leasing são bastante vantajosos.

O leasing oferece várias vantagens: manutenção do capital de giro, obtenção de equipamentos de última geração, incentivos governamentais. Frequentemente, a empresa que pratica leasing permanece com maior renda líquida e com chances de vender aos clientes que não podem enfrentar a compra direta.

Linhas de crédito são fornecidas por: Banco Nacional de Desenvolvimento Econômico e Social; Banco do Brasil; Caixa Econômica; Banco Central; Sebrae; Programas Governamentais; Bancos Particulares. Alguns cuidados básicos no financiamento de um empreendimento devem ser seguidos, tais como:

- O custo financeiro é de extrema importância, devendo ser muito bem estudado.
- O custo de cada financiamento deve ser o menor possível, nunca superior ao custo de mercado e bem abaixo da taxa interna de retorno do negócio.
- O prazo de cada financiamento deve ser negociado, em função do fluxo de caixa do empreendimento, isto é, os vencimentos devem coincidir com as disponibilidades de caixa geradas pelo negócio.

As garantias de pagamento devem ser as menores possíveis para não comprometer, excessivamente, a capacidade de obtenção de recursos adicionais. Em casos de emergência, devem ser, particularmente, evitadas as garantias pessoais do empreendedor. Um grande empreendimento só se torna algo próspero e viável quando a captação de recursos é criteriosa. Isso não significa que a falta de capital possa funcionar como pretexto para o abandono de um bom plano de negócio.

É bem mais fácil e barato conseguir financiamento de um fornecedor, para uma máquina, do que de um banco. As formas de financiamento mais comuns são: compra de ativos a prazo, com carência; aluguel ou leasing de ativos; crédito de fornecedores através de prazos de pagamento; crédito de clientes sob a forma de adiamento por conta de entregas futuras; desconto de duplicatas; cheque especial (saque a descoberto, disponibilidade além do saldo real).

Só no caso de esgotamento de todas essas fontes de pequenos financiamentos e na eventualidade de se necessitar de recursos financeiros é que se deve procurar financiamento nos bancos.

5.9 COMPRA

Comprar resume-se em trocar um ativo por outro. Em geral, o fator de troca é o dinheiro. A compra feita por consumidor é fácil de entender. Mas, quando a compra é feita por uma empresa, se torna mais difícil. Seus principais elementos estão baseados nos seguintes aspectos: o processo decisório de compra, a situação econômica e a modalidade da compra. As principais figuras do processo de compra são:

- Pessoa que sugere a ideia de comprar (iniciador da compra).
- Pessoa que abaliza a decisão de comprar (influenciador da compra).
- Pessoa que decide o que, como, quanto e quando comprar (decisor da compra).
- Pessoa que autoriza a compra (autorizador da compra).
- Pessoa que realiza a compra (comprador)
- Pessoa que vai dispor da compra (usuário, consumidor).

A situação econômica determina como o comprador da empresa deve agir, função do mercado:

- Em um mercado em alta inflacionária, o comprador deve evitar a tentação de comprar em excesso.
- Em um mercado de baixa inflação é aconselhável comprar em pequenas quantidades.
- Em um mercado estável, a compra deve ser baseada na média de movimentação do estoque.

A modalidade de compra deve se fundamentar nas condições de negociação, como: preço, quantidade, desconto, prazo de recebimento, crédito (prazo e forma de pagamento), local de entrega. Hoje, é prática comum que microempresários se associem, através de centrais de compra, para a aquisição de recursos a preços bem mais baratos. O cargo de comprador exercido numa empresa deve ser preenchido por uma pessoa com total conhecimento do mercado de recursos.

À medida que os grandes varejos assumem o comando do mercado, o gerente de compras adquire maior status, porque as compras, muitas vezes, são maiores que a metade dos custos da empresa. Este gerente terá de ter um banco de dados para: fornecedores, produtos, materiais e marcas. Precisará ser um hábil negociador para as variáveis: quantidade, qualidade, preço de compra, prazos de recebimento e de pagamento. Precisará estar envolvido com estratégias de descentralização, diferenciação de produtos, promoção cooperativada e enxovais para novas lojas.

A empresa prospera não porque seus preços sejam mais baixos, suas entregas pontuais ou porque seus vendedores são mais rápidos. Ela tem tido êxito, porque analisou cuidadosamente os problemas globais de seus clientes potenciais e, a seguir, fez algo imaginativo que descobriu. Em resultado, deu aos consumidores um conjunto especial de razões para preferir seus produtos/marcas em relação aos concorrentes e, de certo, ofertou um produto com benefícios novos e superiores àqueles que os consumidores estão acostumados.

Nas lojas de varejo, muitas vezes, a atmosfera, o sortimento, a rapidez dos serviços de entrega, a qualidade no atendimento importa tanto quanto os próprios produtos. É senso comum nas empresas de que, hoje em dia, um produto é tudo aquilo com o que se acha cercado, elaborado, reforçado e que tem o poder de afetar a escolha do consumidor.

Os problemas que se apresentam a um comprador são de uma diversidade incontestável, como: dificuldade para encontrar o material, melhores condições de pagamento, localização de fontes de suprimento confiáveis.

Compradores são aqueles que têm autoridade formal para selecionar o fornecedor e preparar as condições de compra. Podem ajudar a delinear as especificações do produto, mas desempenham papel importante na seleção de fornecedores e na negociação de compra. Em compras mais complexas, os altos executivos são chamados a opinar. O poder de barganha dos compradores aumenta quando eles se tornam mais concentrados e organizados.

O valor do produto é, geralmente, diretamente proporcional aos seus custos. É importante observar que os compradores mudam de fornecedores, em função dos custos. Os preços influenciam muito quando eles podem alavancar os lucros. Os compradores tentarão forçar os preços para baixo, exigir mais qualidade dos serviços, colocar os concorrentes uns contra os outros, diminuir a margem do vendedor.

5.10 SATISFAÇÃO DO CONSUMIDOR

Consumidores satisfeitos são como ativos. O mesmo raciocínio se aplica em toda atividade empresarial. Esse é o motivo pelo qual faz pouco sentido lidar com o consumidor de maneira restritiva e rígida que interfere com a sua satisfação e enfraquece a sua lealdade. A reclamação do consumidor, o pedido de devolução do pagamento, a troca, o favor especial, adquirem um significado muito maior quando se considera o consumidor como ativo que se valoriza a longo prazo.

Cada contato individual com o consumidor é uma parte importante do produto e desempenha um papel fundamental no processo de valorização desse ativo.

Segundo Deming, não é suficiente ter consumidores meramente satisfeitos. Um consumidor insatisfeito pode mudar, mas, infelizmente, um consumidor satisfeito também pode mudar, com base na hipótese de que não perderia muita coisa e poderia até ganhar. O lucro num negócio advém de consumidores ativos, isto é, aqueles que estão comprando constantemente, e que trazem seus parentes e amigos.

Os custos plenamente avaliados podem demonstrar que o lucro de uma transação com um consumidor que volta a comprar voluntariamente pode equivaler a 10 vezes o lucro realizado com um consumidor que responde à propaganda e outros instrumentos de persuasão.

Algumas empresas criaram Comitês de Satisfação dos Consumidores. Eles se reúnem, semanalmente, para analisar os principais problemas com consumidores. No marketing moderno, a empresa vai atrás do consumidor para saber o que ele quer, o que acha de certo ou errado nos seus produtos. Um poderoso instrumento utilizado é a montagem de linhas gratuitas de telefone para acolher sugestões e queixas, além de prestar informações aos consumidores. É o disque 0800, ou seja, Serviço de Atendimento ao Cliente (SAC).

Naturalmente, que ao procurar satisfazer os consumidores, será preciso ter a seguinte visão:

- Ponha-se no lugar do consumidor (empatia).
- Assegure-se de ter transmitido a todos os funcionários a missão do negócio (treinamento).
- Acompanhe o relacionamento entre os funcionários para sentir se eles, realmente, tratam uns aos outros da mesma forma como tratam os consumidores (comportamento).
- Ouça todos da cadeia de distribuição/intermediação de produtos (logística).
- Não deixe que a burocracia da empresa se transforme num obstáculo entre o consumidor e a empresa (relações públicas).
- Permaneça acessível ao consumidor depois da venda (serviço pós-venda).
- É o cliente que define o serviço ótimo (qualidade).
- Divida seu tempo, não sua atenção (atendimento).
- Os clientes precisam e querem um relacionamento duradouro (interação).
- Um cliente insatisfeito pode obliterar uma centena de clientes satisfeitos (boca a boca).
- Não custa muito fazer o cliente feliz (simpatia).

Um dos grandes mitos nos negócios é que se tem que dedicar o tempo todo ao cliente para que ele fique feliz. A crença de que dar o melhor ao cliente, o tempo todo, é admirável, aconselhável e preferível, mas não é necessariamente verdadeira.

O que todos os consumidores querem, na realidade, é ter bens e serviços que funcionem; que sejam melhores do que os da concorrência ou, pelo menos, diferentes, ou, então, que ninguém os tenha. Os gestores precisam definir que desejos dos consumidores, em seus mercados alvos, ainda não foram satisfeitos e, em seguida, determinar se podem, ou devem avançar para oferecer valor.

Ao desafiar constantemente a organização a oferecer novas respostas a essas questões e ao promover uma cultura de respeito pelo consumidor, a gerência se mantém atualizada em relação às circunstâncias dinâmicas que determinam as necessidades e influenciam as decisões de compra. Esse conhecimento e cultura conferem lógica ao que do contrário poderia ser visto como comportamento irracional ou inexplicável por parte do consumidor.

Teste de Aferição de Conhecimento

01 – O que não pode faltar no consumo industrial?

a) Matéria-prima

b) Insumo
c) Mão de obra
d) Energia

02 – A empresa deve dar mais atenção a qual aspecto do consumidor?

a) Movimentação
b) Queixas e reclamações
c) Julgamento
d) Conhecimento
e) Comportamento

03 – Quando damos um determinado valor a uma pessoa física, para obtenção de um equipamento, estamos praticando?

a) Empréstimo
b) Crédito mercantil
c) Financiamento
d) Capital de giro

Crédito ao consumidor

04 – Num mercado inflacionário, o comprador deve:

a) Evitar comprar em excesso.
b) Comprar para manter estoque.
c) Comprar em pequenas quantidades.
d) Comprar em função da movimentação do estoque.

05 – Qual fator é o mais decisivo para comprar?

a) Oportunidade
b) Necessidade
c) Preço
d) Propaganda

06 – Para movimentar a economia qual o comprador mais importante?

a) Comprador distribuidor.
b) Comprador consumidor
c) Comprador revendedor.
d) Comprador institucional

07 – Para fidelizar um consumidor deve-se ter:

a) Empatia

b) Atendimento
c) Interação
d) Simpatia
e) Carisma

08 – O consumidor vem em primeiro lugar?

a) Sempre
b) Nem sempre
c) Em segundo lugar.
d) Não dou a mínima para o consumidor.

Capítulo 6

COMERCIALIZAÇÃO

"Não há qualquer dúvida de que a função da empresa é colocar bens econômicos e serviços à disposição do consumo. Nem existe qualquer questão quanto à magnitude e complexidade dessa tarefa. Essa é uma das três históricas funções da sociedade, as outras são governo e religião".

Harold Koontz

OBJETIVOS DO CAPÍTULO

- Mostrar que a prosperidade da empresa depende tanto da função comercial quanto da função técnica, pois saber comercializar é tão importante quanto saber fabricar. Às vezes, até mais.
- Mostrar o papel da comercialização e seus elementos básicos.
- Mostrar os principais tipos de sociedade.
- Mostrar como se faz a análise de um ponto comercial.

6.1 CONCEITO DE COMERCIALIZAÇÃO

A comercialização, bem como a produção, é vista como um processo que envolve diversas atividades mercadológicas, em várias etapas. A comercialização será sempre considerada como um processo, pois engloba, por exemplo: pesquisa de mercado, desenvolvimento de produtos, vendas, comunicação do produto, previsão de vendas, distribuição, determinação do preço de venda, armazenagem, plano de vendas, necessidade e alocação de recursos, treinamento de vendedores, acompanhamento pós-venda...

Mesmo a empresa industrial precisa ter preocupações com as atividades mercadológicas, porque, se não conseguir vender seus produtos, terá problemas de sobrevivência, fato já observado por Fayol na década de 1920. Todas as atividades comentadas acima são executadas quando do planejamento e da preparação de um programa mercadológico.

Numa economia existem dois grandes blocos voltados para os negócios:

A produção, como a agricultura, cria bens, serviços e ideias.

O comércio, como o serviço, se ocupa da transferência (movimentação, distribuição, compra, venda) e propriedade dos produtos. Pode-se conceituar a comercialização, segundo três enfoques, a saber:

Conceito Descritivo – A comercialização é toda atividade voltada a transferir e orientar o fluxo de produtos dentre os mercados.

Conceito Legal – A comercialização é toda atividade que causa mudança na posse e propriedade de um produto.

Conceito Econômico – A comercialização é a atividade que trata das satisfações dos seres humanos através de produtos.

Que mudanças básicas ocorreram, recentemente, na comercialização e em sua estrutura? A maneira de comercializar mudou em duas formas principais:

Integração Vertical – A integração vertical tem sido especialmente sentida na comercialização direta. A cadeia de lojas, o supermercado, a loja de departamentos, a superloja aumenta cada vez mais suas compras, assumindo, assim, as funções dos atacadistas. Por outro lado, o fabricante tem absorvido certas funções atacadistas pela abertura de filiais.

Além do mais, tem havido uma tendência para a distribuição seletiva, na qual o fabricante escolhe cuidadosamente os canais atacadistas e varejistas, sendo este um tipo de distribuição que tem levado os fabricantes a coordenar a promoção de vendas e a propaganda do produto.

Integração Horizontal – A integração horizontal também se expandiu, como se vê pelo crescente número e volume de vendas dos grupos em cadeia, inclusive supermercados e filiais. Parte deste crescimento se deve ao aparecimento de shoppings, que acompanham o deslocamento da população do centro para os subúrbios.

Como resultado do crescimento da integração horizontal, o volume das vendas em dinheiro vem concentrando, cada vez mais, em um menor número de estabelecimentos de venda. Na verdade, mesmo este tipo de concentração vem tornando o varejo, cada vez mais, uma atividade de grande escala.

A comercialização é muito importante, porque presta os seguintes serviços: vende, compra, distribui, retalha, transporta, armazena, registra, codifica, financia, assume riscos, emprega, empresta, treina, avalia, desenvolve, negocia, estoca, promove, padroniza, classifica, sistematiza, comunica, planeja, controla, organiza, pesquisa, prevê. Existem dois tipos básicos de comercialização: a direta e a indireta.

A comercialização direta ao consumidor diz respeito à distribuição do produtor ao comprador (consumidor final), sem a participação de intermediários no processo. Hoje, o melhor exemplo disso é a Internet, onde o consumidor faz o pedido e ainda paga com cartão. Se a empresa adotar tal tipo de comercialização, deve questionar em que circunstâncias este processo pode ser bem-sucedido.

No questionamento, a organização terá de considerar a natureza: da Mercadoria; do Produtor; do Mercado; do Intermediário; do Serviço; do Canal de Distribuição; da Concorrência. Como qualquer processo, a comercialização direta ao consumidor tem vantagens e desvantagens:

Vantagens: Comercialização mais rápida; Redução dos gastos de comercialização; Destaque da venda especializada; Possibilidade de controlar preços; Melhor controle da prestação de serviço; mais estreito contato com os consumidores.

Desvantagens: Maior investimento e imobilização de capital em estoque e instalação; Aumento do pessoal de escritório (mão de obra indireta); Preocupação maior com a propaganda e promoção.

A comercialização indireta é feita por meio de intermediários.

O papel futuro da comercialização, em nossa economia, dependerá da eficiência das operações, como um meio de resolver problemas específicos de movimentação de produtos. Verdadeiro progresso poderia haver no aumento da eficiência da comercialização, contribuindo, pois, para a evolução da sua teoria, se a técnica de análise do custo da distribuição fosse usada com maior liberalidade.

Embora possam parecer relativamente simples, os inúmeros produtos e canais de distribuição tornam, praticamente, difícil determinar o preciso custo da distribuição por produto ou por tipo de ponto de venda. Em muitos casos o problema é de custo conjunto, ficando, assim, não muito fácil determinar corretamente o exato rateio do custo fixo a ser atribuído a cada produto.

A questão do preço é um problema fundamental, devido à incapacidade de mensurar com exatidão os resultados das campanhas promocionais de venda, desde o fabricante até o varejo. Estamos apenas começando a compreender alguns dos fatores que motivam as compras do consumidor. Talvez nunca cheguemos a definir o papel da comercialização, já que a mesma muda, a cada ano, de forma, de estrutura e de organização, por exemplo.

Há três modelos de tratamento da comercialização, sendo todas não excludentes entre si:

Tratamento pelo Produto – O tratamento pelo produto diz respeito à distribuição de produtos e a coleta de informações completas sobre cada um.

Tratamento Institucional – O tratamento institucional encara a comercialização do ponto de vista da propriedade e do canal de distribuição dos produtos.

Tratamento Funcional – O tratamento funcional analisa os custos dos serviços envolvidos no fluxo dos bens do produtor ao consumidor final.

Existem premissas que ajudam a entender a comercialização, tais como:

- A empresa deve ter uma atitude proativa em relação à comercialização, como meio de sobrevivência.
- A empresa deve reconhecer o marketing como filosofia empresarial e a comercialização como atendimento às necessidades dos consumidores.
- A comercialização deve ter um caráter integrativo na empresa.
- As técnicas de comercialização devem estar relacionadas à busca e análise de informações.
- A comercialização tem como razão estimular a demanda pelos produtos da empresa.
- A comercialização precisa ajudar a empresa a desenvolver recursos humanos próprios e especializados na arte de vender.

6.2 EVOLUÇÃO DA COMERCIALIZAÇÃO

A comercialização é uma atividade muita antiga e precedeu a atividade industrial em milhares de anos, pois o que havia antes era economia extrativista. A comercialização, como hoje é conhecida, foi inspirada no modelo americano que se dividiu em fases:

a. Primeira Fase (até a Revolução Industrial): Destaque para a atividade agrícola; poucas diferenças entre produtor, intermediário e consumidor; Início do estudo e análise de problemas de compra, venda, armazenagem, transporte, crédito e distribuição.

b. Segunda Fase (até a década de 1920): Destaque da produção industrial; Desenvolvimento do transporte ferroviário; Abundância de matérias-primas; Eficiência da mão de obra.
c. Terceira Fase (após a grande depressão): Destaque para a distribuição; A superprodução; Crédito ao consumidor; Lojas de departamentos.
d. Quarta Fase (após a década de 1960): Destaque para o marketing; Vendas concentradas em shoppings; Qualidade no bem produzido; Qualidade no serviço; Preocupação em ter funcionários felizes; Tratamento personalizado; Ênfase no planejamento estratégico.
e. Quinta Fase (após a década de 1980): Qualidade total; Aplicação da tecnologia da informação; Aplicação da automação e robótica; Globalização do comércio mundial; Internet; Marketing direto on-line.

6.3 COMÉRCIO

Comércio é o conjunto de atividades voltadas para a distribuição das riquezas no mercado. Ele se efetiva na medida em que as riquezas, após serem produzidas, chegam até seu destino, ou seja, até o consumidor final que as retira do mercado (varejo). Essa distribuição se dá por meio de intercâmbios de compra e venda de bens, serviços e ideias.

O comércio pode ser interno ou externo. O comércio interno se refere às compras e vendas realizadas dentro do território nacional de um país, entre produtores, intermediários e consumidores. O comércio externo se refere às compras e vendas realizadas além-fronteiras de um país, entre vendedores e compradores de países diferentes.

Se olharmos uma empresa comercial como um sistema aberto, diremos que as entradas do sistema são feitas de atos de compra, enquanto as saídas são feitas de atos de venda. O objetivo fundamental da organização comercial é comprar e vender bem, isto é, obter lucros que a mantenha viva, funcionando e prosperando. A organização comercial é o ponto de interseção entre o mercado, o fornecedor e o comprador.

Alguns elementos, que serão estudados, a seguir, ajudarão a fundamentar o conceito de comércio:

Âmbito – Quanto mais amplo for o âmbito comercial, mais será a oportunidade de especialização e maior a produtividade. Daí a defesa do maior âmbito possível de livre comércio e, consequentemente, da maior eficiência possível da mão de obra.

Serviços Auxiliares – As empresas utilizam uma enorme variedade de serviços auxiliares do comércio para as suas operações cotidianas. Estes serviços se encontram no mercado e estão sujeitos às regras da oferta e da procura. Isto significa que, em certas ocasiões, esses serviços auxiliares podem ser oferecidos intensivamente às empresas, por preços competitivos.

Segurança de Pagamento – Com a expansão do crédito ao consumidor, com boa oferta de recursos, onde a modalidade de pagamento das compras de bens duráveis ficou facilitada, o consumidor se lançou nas compras a prazo, causando um alto grau de comprometimento de sua renda e gerando um endividamento, muitas vezes, difícil de pagar.

Protecionismo – Nas décadas de 1970/80, a competitividade industrial debilitou sensivelmente o livre comércio. Renovaram-se os apelos por um maior protecionismo. Com isso veio uma nova política industrial no mundo, um eufemismo para proteger com tarifas, cotas e outras formas de subsídio às industrias dos países desenvolvidos.

Pirataria – Turbinado pela liberalização dos mercados e por invenções revolucionárias, como computadores, celulares e caixas de correio eletrônico, que implodiram fronteiras, facilitando o transporte de recursos, produtos e pessoas, o comércio ilícito explodiu. Ele representa uma ameaça inédita, pois está distorcendo a economia global.

O crime organizado costuma ser visto como uma praga externa, vinda sobretudo dos trópicos. Tal mentalidade só enxerga uma ponta do mercado, a da oferta, cujos estereótipos clássicos são linhas de montagem asiáticas, traficantes de drogas hispânicos e africanos. Mas na ponta da demanda estão, principalmente, os países ricos, consumidores com imensa avidez para tudo que é produzido ilegalmente.

Para entender o comércio ilícito, é preciso reconhecer que essa não é uma questão de baixo senso de ética e de moralidade, mas de altos lucros que corrompem os seres humanos.

Liberalismo – Os países que conseguiram elevar rapidamente seu padrão de vida no decorrer de períodos prolongados pautaram-se pelo liberalismo. O problema do liberalismo comercial é focado em dois aspectos: a desigualdade entre pobres e ricos e a possibilidade de os pobres saírem da miséria, através do crescimento econômico. Provavelmente, isto é discussão para mais de um século.

Comerciante – Comerciante é aquela pessoa que faz comércio ou negocia, visando lucro. Normalmente, compra produtos para revendê-los com margem para cobrir custos de comercialização e sua própria mão de obra. O custo de comercialização diz respeito à aquisição de recursos para que o comerciante possa exercer o seu trabalho.

Ser comerciante, hoje, significa ter de enfrentar: inflação, deflação, tributação, violência urbana, informalidade, roubo, incêndio, assalto, acidente natural, seguro, calamidade pública. Ter coragem para empregar pessoas e para investir em novas tecnologias e instalações.

Os sinônimos que um comerciante tem são: varejista, lojista, exportador, importador, intermediário, atacadista, distribuidor, negociante, corretor, representante, agente, especulador, cambista, fornecedor.

6.4 PONTO COMERCIAL

Na escolha do ponto comercial a empresa deve ser criteriosa para definir o endereço do novo negócio. A seguir, algumas observações do ponto comercial que são úteis para o empreendedor:

- Público-Alvo – Para conhecer o público a ser atendido é preciso levantar aspectos de demografia, perfil do consumidor (renda, idade, hábito), padrões de consumo, concentrações comerciais e poder da concorrência.
- Visibilidade – O ponto precisa ser visível e identificável pelo consumidor potencial a tempo e distância suficientes. Só assim um transeunte pode ser induzido a parar e entrar numa loja, ainda que por mera curiosidade.
- Acesso – A chegada a um estabelecimento comercial, assim como a saída, deve ser facilitada pelas vias de acesso. Se houver muitas dificuldades, o consumidor procurará outro lugar.
- Funcionalidade – É um fator que diz respeito especialmente ao projeto de construção. Adaptações em edificações antigas podem sair mais caras do que a montagem de uma loja em local projetado para esse fim.
- Tamanho da Área – É indispensável avaliar o local de acordo com o tipo de negócio. Certos empreendimentos exigem grande fachada, outros podem requerer profundidade, outros precisam de estacionamento. Não se pode esquecer também da possibilidade de expansões futuras.
- Infraestrutura – Pode parecer prosaico, mas nenhum estabelecimento comercial funciona bem, se não houver

disponibilidade de serviços públicos no próprio local, como: energia elétrica, sistema de telefonia, água encanada e potável, esgoto, gás, posto de saúde, hospital, escola, correio, banco, policiamento, transporte e segurança.
- Tipo de Solo – Trata-se de critério especialmente importante quando se vai construir. Os custos de construção podem ser multiplicados se as fundações toparem com rochas no subsolo ou se precisarem ser muito profundas, pela inconsistência do terreno.
- Planejamento Urbano – Devem-se conhecer previamente os planos e projetos de desenvolvimento, ou renovação urbana, que influenciarão o local. A criação, por exemplo, de uma rua de pedestres pode ser uma bênção para alguns e uma desgraça para outros.
- Planejamento Viário – O desconhecimento do projeto de construção de um viaduto, ou um anel viário, da inversão de mão de tráfego, da implantação de vias expressas, ou corredores de ônibus, pode inviabilizar o negócio.
- Restrições Legais – Ninguém deve escolher um ponto sem estudar antes, em detalhes, as leis de zoneamento da cidade, para evitar alguma surpresa.
- Recursos Naturais – Recursos que podem ser utilizados sem precisar de gastos adicionais, tais como: luz natural, ventilação, umidade, vegetação, água, solo.

Ainda relativo ao ponto comercial, ou ponto de venda, devemos questionar sobre:

- Qual a movimentação de pedestres e de tráfego de automóveis?
- Existe concorrência próxima?
- Quais são as vias de acesso ao local?
- A área destinada às vendas é suficiente?
- Existe estacionamento próximo?
- Quais são as condições de limpeza e saneamento da vizinhança?

Quais são os fatores de atração da clientela: Estacionamento? Jardins? Fachadas, marquises e toldos? Iluminação? Banheiros? Pisos? Lances de escada? Climatização e ventilação? Higiene, limpeza, conservação e pintura? Áreas de circulação? Decoração?

6.5 SOCIEDADE COMERCIAL

Sociedade é uma organização dinâmica de indivíduos autoconscientes que compartilham objetivos comuns e são capazes de ação conjugada. A sociedade humana é um conjunto de pessoas que vivem em certa faixa de tempo e de espaço, seguindo normas comuns, e que são unidas pelo sentimento de consciência de grupo.

Definir uma sociedade é tão difícil quanto definir a vida, pois as características simples e básicas desaparecem sob uma massa complexa e atordoante de detalhes. Em sua vida social e política o ser humano precisa de uma sociedade que funcione. Mas o fato de que o homem precise de uma sociedade não significa necessariamente que ele a tenha.

Uma massa humana desorganizada não é uma sociedade, mas um grupo de pessoas. Sociedade e civilização, no mínimo, só são possíveis com a ajuda de algum mecanismo ou regra que gere ordem e acomodação. É aí que entram os costumes, as culturas, os valores, as filosofias, as religiões, as ideologias e as leis.

Sócio é aquele que participa de uma sociedade (organização) da qual espera auferir lucro (social ou financeiro), isto é, algum benefício mesmo que tenha de pagar (investir) para entrar. Os sócios recebem cotas ou ações da sociedade, que representam frações do capital social. Essas cotas passam a integrar o patrimônio do sócio.

As cotas são as contrapartidas dos bens de um sócio transferidos à sociedade. Sendo titular de cotas sociais, o sócio mantém, em relação a esta, direitos e obrigações.

A empresa é apenas uma faceta da sociedade, pois é uma concessão desta última.

Procede-se à constituição de uma sociedade, por meio de instrumento público ou particular, firmado por todos os sócios, no qual se declaram as condições básicas da entidade, inclusive nome, domicílio, capital social, cota de cada sócio, objeto social, forma de administração, prazo de existência e processo de liquidação. Esse ato constitutivo deverá ser arquivado num órgão público. Os tipos de sociedades comerciais são as seguintes:

Sociedade por Firma – É uma associação de duas ou mais pessoas, operando sob nome ou firma comum, seja comercial ou industrial, ficando os sócios responsáveis, solidariamente, pelos direitos e obrigações da firma, sem qualquer limite.

Sociedade de Capital e Indústria – É uma associação de dois tipos de sócios. Os sócios capitalistas, que respondem, solidariamente e ilimitadamente, pelas obrigações da sociedade, pois contribuem com o capital. Os sócios industriais contribuem com mão de obra especializada, não respondendo pelo capital social.

Sociedade por Quotas de Responsabilidade Limitada – Nesta forma jurídica, a responsabilidade dos sócios está limitada ao valor do capital social como registrado no contrato que constituiu a sociedade. Pode funcionar com o nome de algum sócio ou adotar uma denominação social.

Sociedade Anônima – É uma associação na qual o capital social é dividido em ações de um mesmo valor nominal e constituído através de subscrições. Ou seja, cada pessoa adquire (subscreve) o número de ações que lhe convier, tornando-se acionista desta sociedade. A pessoa, ou grupo, que tiver o maior número de ações pode eleger os dirigentes da empresa. A sociedade anônima, como qualquer pessoa jurídica, manifesta-se através de órgãos aos quais compete produzir à vontade social.

Sociedade em Comandita Simples – É uma associação na qual o capital social é formado pelas contribuições de duas classes de sócios: os sócios comanditários ou capitalistas, que respondem limitadamente ao capital subscrito, e os sócios comanditados, que respondem solidária e ilimitadamente pelas obrigações sociais, empenham seu patrimônio, seu trabalho e são os sócios comerciantes da sociedade.

Esta sociedade é uma forma jurídica através da qual o empresário obtém capital, vinculando os investidores ao limite proporcional à importância por eles aplicada.

Sociedade Cooperativada – Trata-se de uma associação voltada exclusivamente para suprir necessidades e interesses dos associados. O objetivo desta sociedade é amparar os associados por meio de uma cooperativa. O capital é formado por cotas partes que não podem ser transferidas a terceiros alheios à sociedade. As decisões são tomadas em assembléia por meio do voto.

Sociedade por Conta de Participação – É a forma jurídica que ocorre quando duas ou mais pessoas, sendo pelo menos uma delas comerciante, se reúnem, sem firma social, em uma ou duas operações comerciais previamente determinadas, com o objetivo de lucro comum, trabalhando uma, algumas ou todas elas, em seu nome individual para o fim social.

Neste tipo de associação, existem dois tipos de sócios: o ostensivo que é o único que se obriga com terceiros e o oculto, que fica obrigado somente com o outro sócio pelos resultados das transações e obrigações sociais, nos termos daquilo que ficou acordado. Esta sociedade não está sujeita às formalidades legais prescritas para a formação das demais sociedades.

Sociedade de Economia Mista – É uma associação de capital privado e público, em forma de sociedade anônima. O estado subscreve 51% do capital e canaliza o restante (49%) do capital, por meio da participação privada. Desta forma o controle é exercido pelo governo e sua constituição depende de autorização do Congresso. As empresas mistas são mais conhecidas como empresas estatais.

A escolha da espécie de firma de sociedade depende de um conjunto de fatores relacionados entre si, tais como: a capacidade financeira dos sócios, o volume de capital necessário, o tipo de mercado, o que será produzido, o risco envolvido, a estratégia, a estrutura.

6.6 LEGALIZAÇÃO DA EMPRESA

Um estudo divulgado pelo Banco Mundial afirma que o processo de abertura de uma empresa no Brasil, em geral, é muito mais lento que no resto do mundo. Os levantamentos lidos sobre o tempo de abertura de uma firma variam de 80 até 100 dias. Para evitar prejuízos ou problemas, é conveniente, antes de alugar ou comprar um imóvel ou realizar qualquer registro de documento de uma nova empresa, verificar previamente se não existe restrição para o exercício da atividade empresarial.

Em função do investimento, verificar se o capital social disponível é compatível com o porte da empresa. É importante definir o tipo de sociedade a ser configurada. Para pequenos negócios, o recomendado é que seja Sociedade Comercial por Cotas de Responsabilidade Limitada.

A seguir as etapas a serem cumpridas para a legalização da empresa e seus respectivos problemas a enfrentar:

Passo 01 – Consulta prévia do local onde a empresa funcionará (endereço) na Prefeitura Municipal.
Passo 02 – Consulta sobre o nome da empresa na Junta Comercial da localidade.
Passo 03 – Redigir um contrato social, no qual ficam estabelecidos as condições do regime jurídico, o funcionamento e a liquidação da sociedade.
Passo 04 – Registro do contrato social na Junta Comercial da localidade.
Passo 05 – Inscrição no CNPJ (Cadastro Nacional da Pessoa Jurídica) após o registro na Junta Comercial.
Passo 06 – Certificado de aprovação e laudo de exigências do Corpo de Bombeiros.
Passo 07 – Inscrição estadual na Secretaria de Estado de Fazenda, para fins de recolhimento do ICMS (Imposto sobre Circulação de Mercadorias e Serviços).
Passo 08 – Inscrição no INSS (Instituto Nacional do Seguro Social).
Passo 09 – Requisição à Inspetoria Regional de Licenciamento e Fiscalização do alvará de licença para estabelecimento e a inscrição municipal.
Passo 10 – Aquisição e autenticação de livros fiscais.
Passo 11 – Definição e confecção de documentos fiscais (cupom fiscal, nota fiscal eletrônica).

Os regulamentos e controles governamentais têm produzido grandes efeitos, porque afeta tanto a compra quanto à venda, já que se trata, simplesmente, de dois aspectos do mesmo processo. A história das regulamentações, em todo o mundo, revela os seguintes objetivos: manter a concorrência, repelir monopólios e oligopólios, estimular interesse para projetos especiais, cuidar para que a população tenha maior poder de compra, coibir propaganda enganosa, criar mecanismos de defesa do consumidor, proteger a propriedade de marcas e patentes.

A regulamentação do comércio afeta tanto quem compra como quem vende. Esta regulamentação visa à defesa do consumidor, a defesa da verdade na propaganda de um produto e as restrições legais de instalações comerciais.

A legislação comercial, como já abordado, visa proteger: as empresas da concorrência desleal, os consumidores de práticas comerciais injustas e os interesses da sociedade contra o comportamento desenfreado das empresas. Um importante propósito dessa legislação é cobrar das empresas os custos sociais gerados por seus produtos ou processos de produção.

6.7 DOCUMENTOS COMERCIAIS

Documento é o registro material de determinado conhecimento que se possa utilizar para consulta, estudo ou prova. Assim, só se pode avaliar, de forma solidamente estruturada, se temos uma documentação pertinente, quando a mesma ajudar na ação administrativa.

Um documento pode ser considerado como qualquer informação, sob a forma de: textos, imagens, sons, sinais, gravações, pinturas, por exemplo, que fundamenta um determinado estudo. Como tudo na vida, os documentos têm suas vantagens e desvantagens, tais como:

Vantagens do Documento:

- O documento, por ser escrito, dá mais segurança e formaliza o ato, a ação, o objetivo, a missão, a filosofia, a decisão, a estratégia, a tática, a estrutura, o plano, a política, o procedimento, o projeto.
- O documento serve de guia para a dissipação de dúvidas, conflitos e restrições legais.
- O documento serve para registrar informações, conclusões, tendências, pesquisas, previsões, negociações.
- O documento serve de instrumento de poder sobre a propriedade de qualquer objeto.
- O documento determina quem é quem na organização, estabelecendo limites de atuação e poder.

Desvantagens do Documento:

- O documento burocratiza a empresa, castrando o contato pessoal e a criatividade.
- O documento escraviza o ser humano a regulamentos, colocando de lado a figura do líder e exaltando a do chefe.
- O documento centraliza o poder de decidir.
- O documento pode tornar o usuário apenas um meio e não um fim.
- O documento traduzido enfoca um ambiente diferente, fazendo com que o administrador tenha os pés no país de origem e a cabeça no exterior.

Os principais tipos de documentos comerciais são relativos à: compra, gestão de recursos, venda e registro contábil.

Teste de Aferição de Conhecimento

01 – A comercialização é toda atividade voltada a transferir e orientar o fluxo de produtos dentre os mercados é um conceito:

a) Descritivo
b) Legal
c) Econômico
d) Financeiro

02 – Qual o papel da Comercialização?

a) Distribuir produtos.
b) Ganhar dinheiro.
c) Custear a distribuição.
d) Ajudar a empresa a ter muito lucro.
e) Além de vender produtos, buscar conhecer os consumidores.

03 – É possível olhar a empresa comercial como um sistema aberto?

a) Sim
b) Não
c) O que é isso?
d) Talvez
e) Sistema fechado
f) Uma empresa comercial é um sistema fechado.

04 – O que causa o conflito entre protecionismo e livre comércio?

a) Tecnologia
b) Imperialismo
c) Pirataria
d) Degradação ambiental

05 – O comércio sobreviverá sem intermediários no futuro?

a) Sim
b) Não
c) Muito difícil.
d) Facilmente com a Internet.

06 – Qual a grande diferença entre exposição e feira?

a) A compra feita pelo consumidor final
b) Não há diferença, porque são a mesma coisa
c) Sua complexidade

d) As diversas marcas

07 – Relativo ao ponto comercial, qual o fator mais importante a ser observado?

a) Visibilidade
b) Área
c) Restrições legais
d) Recursos naturais
e) Potencial de mercado

08 – O que é tributo?

a) Pagamento compulsório ao governo.
b) Tarifa do comércio
c) Pagamento de impostos com prazo determinado.
d) Qualquer obrigação para com o governo.

Capítulo 7

MARKETING

"Marketing é tão básico que, por isso, não pode ser considerado uma função separada na organização. É o negócio total do ponto de vista de seu resultado final, isto é, do ponto de vista do consumidor".

Peter F. Drucker

OBJETIVOS DO CAPÍTULO

- Mostrar a importância que tem a função organizacional marketing numa empresa.
- Mostrar que marketing deve ser visto como uma filosofia a orientar a organização.
- Mostrar os diversos tipos de marketing, bem como seus objetivos e funções.
- Mostrar as tendências do marketing atual.

7.1 CONCEITO DE MARKETING

Marketing é uma espécie de filosofia dirigida à ação administrativa da empresa que se inspira na pesquisa de mercado. Portanto, uma visão consolidada do processo empresarial inteiro. É a atividade humana dirigida para a satisfação das necessidades e dos desejos dos consumidores, através de processos de troca.

Um conceito ampliado de marketing pode ser considerado como uma orientação da direção da empresa, baseada no entendimento de que a tarefa primordial da organização é determinar: necessidades, desejos e valores de um mercado alvo de forma efetiva.

As transformações nas economias nacional e internacional são rápidas demais e frequentemente violentas. Os mercados atuais assistem à transferência de poder das grandes fábricas para os varejistas gigantes. Há também crescimento e aceitação de novas marcas e novas formas de varejo. Uma grande movimentação de consumidores, em função do preço, do valor agregado ao produto, da propaganda, dos meios de comunicação e da Internet, é outro desafio.

Etimologicamente, marketing significa "com mercados". Quando se faz uma pesquisa bibliográfica, os conceitos de marketing se multiplicam. É comum conceituar marketing como sendo um conjunto de métodos para aumentar as vendas e gerar lucros para a empresa, através de uma ou mais estratégias. O marketing é um "continuum". Não é algo que se faz num determinado ponto e depois se abandona e nem é uma arte maliciosa de enganar o consumidor incauto e não se destina unicamente a especialistas.

Segundo Mark H. McCormack: "Marketing é o processo por meio do qual você vai determinar as necessidades dos consumidores e depois os convencer de que seu produto vai, legitimamente, ao encontro dessas necessidades".

O professor Theodore Levitt, da Universidade de Harvard, estabeleceu um contraste claro entre os conceitos de venda e de marketing. "A venda focaliza-se nas necessidades do vendedor; marketing nas necessidades do comprador. A venda está preocupada com a necessidade que o vendedor tem em transformar seu produto em dinheiro;

marketing com a ideia de satisfazer às necessidades do consumidor, por meio de um conjunto de valores associados ao produto".

A seguir, algumas considerações sobre marketing:

Papel do Marketing – O marketing desempenhou três importantes papéis: Primeiro, controlou o caráter das necessidades emergentes dos consumidores, traduzindo-as em produtos apropriados. Segundo, contribuiu para o crescimento dos valores de consumo através de despesas maciças em propaganda e promoção. Terceiro, criou novas formas de distribuição em massa, a fim de garantir que os bens e serviços estivessem disponíveis e pudessem ser adquiridos por grandes grupos de pessoas.

Composto de Marketing – Os elementos do composto de marketing são, em linhas gerais, todos aqueles relacionados ao: produto, marca, capacidade instalada, preço, serviço pós-venda, crédito, financiamento, distribuição, comunicação com consumidor, divulgação e armazenagem. Assim, a combinação ótima do composto de marketing é alcançada quando não é mais possível obter lucro por unidade produzida, por melhor que seja a utilização e arranjo de seus elementos (lucro marginal tende a zero).

Aspecto Social do Marketing – Pergunta-se se o conceito de marketing ainda é uma filosofia organizacional apropriada, em uma época de deterioração do ambiente, escassez de recursos, excessivo crescimento populacional, especulação desenfreada e serviços sociais deficientes. A questão é: As empresas, que fazem um excelente trabalho podem sentir, servir e satisfazer os desejos dos consumidores, estão, necessariamente, agindo, no longo prazo, segundo os melhores interesses de toda a sociedade?

Filosofia de Marketing – Hoje, o marketing é visto como filosofia empresarial que obtém, com este foco, vantagens, tais como: Obriga a empresa a formular claramente o negócio em que está e que orientação deve seguir; Possibilita uma linha de avaliação acerca dos esforços despendidos; Dá a empresa uma escala para ajudar a determinar até onde ela já conseguiu chegar; Reconhece o fato de que diferentes pessoas e diferentes grupos têm diferentes responsabilidades e níveis de poder de controle; Estimula, em cada função dentro da organização, especialmente, nos níveis mais elevados, a reflexão acerca do apropriado grau de mistura dos interesses do consumidor e da empresa.

Objetivos de Marketing – Os principais objetivos de marketing são:

- Buscar, avaliar e fazer render mais os produtos, as pessoas e as tecnologias disponíveis, como lograr resultados em termos de inovação e imitação.
- Analisar as exigências do mercado, verificando se a empresa tem recursos que possa utilizar neste atendimento.
- Determinar a direção e o sentido para onde se deve concentrar esforços e recursos para atrair, criar e manter consumidores.
- Conhecer e compreender tão bem os clientes (potenciais e cativos), quanto os produtos que vende.
- Levar o consumidor a desejar o que a empresa tem e esta a ter um consumidor satisfeito.
- Fazer com que a empresa aprenda a usar a sua força de vendas com eficiência.
- Buscar equilibrar as forças externas com as forças internas da empresa.
- Constituir-se nos olhos e ouvidos da empresa para o mundo.
- Recomendar o que deve ser produzido.
- Procurar criatividade para enfrentar a concorrência.

É interessante observar que os objetivos são importantes, tendo em vista que: fornecem às pessoas elementos necessários e suficientes para que exerçam seus respectivos papéis; permitem o trabalho em equipe e eliminam as tendências egocêntricas de grupos existentes na organização; servem como referências para avaliar decisões, estratégias, táticas, políticas e planos; orientam a reflexão sobre a missão (finalidade) da empresa; estimulam o empenho das pessoas para resultados positivos; ajudam a utilização e otimização de recursos próprios.

Objetivos mal formulados levam a empresa ao fracasso.

7.2 ADMINISTRAÇÃO DO MARKETING

A função organizacional marketing é a função relativa à identificação das necessidades de mercado, bem como a colocação de bens, serviços e ideias junto ao público, devendo, ainda, criar e manter consumidores. Ela busca desenvolver ferramentas, cada vez melhores e mais rápidas, para a comunicação com consumidores, isto é, desenvolver, cada vez mais, o nível de interatividade da empresa com o consumidor; obriga a empresa a formular uma definição clara do negócio em que está e que orientação deve seguir; estimula, em cada função dentro da organização, especialmente nos níveis mais elevados, a reflexão acerca do apropriado grau de mistura dos interesses da clientela e da empresa.

É uma função que, através dos resultados com vendas (receitas), ajuda a empresa a avaliar: a força de vendas, a pesquisa de mercado, a aceitação do produto, a previsão de vendas, a distribuição de produtos e materiais, a tomada de decisão, a política de venda, o planejamento dos produtos, a estratégia de divulgação e a comunicação com consumidores.

A separação das funções de venda e de marketing pode criar dificuldades para o pessoal da área de vendas, quando este precisar se envolver no planejamento de marketing.

A administração do marketing é um conjunto de atribuições voltado aos seguintes conceitos:

Eficiência de Marketing: Eficiência é a habilidade de produzir o desejado com o mínimo de esforço. É a melhor maneira pela qual as coisas devem ser feitas, a fim de que os recursos sejam aplicados de forma mais racional possível, isto é, significa agir de acordo com o que foi preestabelecido. Eficiência é o melhor uso de recursos e processos. É comum a empresa adotar como eficiência de marketing a seguinte fórmula:

Eficiência de Marketing = Receita com Vendas / Gastos com Marketing

Eficácia de Marketing: Eficácia é uma medida normativa do alcance de resultados (objetivos, propósitos, metas, desafios), isto é, refere à capacidade de satisfazer uma necessidade da sociedade através do suprimento, pela empresa, de bens, serviços e ideias. A eficácia relaciona-se com os fins almejados. A eficácia de marketing é avaliada quando se mede: o resultado do período em relação ao faturamento e despesas com venda em relação ao lucro.

Efetividade de Marketing: Efetividade é o somatório da eficiência mais a eficácia, visando buscar a satisfação do consumidor dentro de um período de tempo mais curto possível. A efetividade de marketing está relacionada à velocidade de resposta que o consumidor dá aos produtos de uma empresa.

7.3 ESTRUTURA DO MARKETING

A estrutura é o conjunto integrado de elementos suportes, que formam o arcabouço sobre o qual repousam as demais partes componentes de um organismo, e que se relacionam no tempo e no espaço. A estrutura é a forma de combinar as partes; configurar um arranjo que represente uma composição. Ela representa a integração das unidades operantes e a forma pela qual é exercida.

Nos últimos anos, com a aceitação de que a empresa deve ser, integralmente, orientada a atender as exigências do mercado, notamos que a estrutura da organização sofreu algumas modificações que são reflexo dessa atitude. Em virtude dessa tendência, notamos que as funções, relacionadas com marketing, vêm sendo objetos de estudo cada vez maiores.

A estrutura organizacional é a rede através da qual as atividades administrativas fluem para atingir os objetivos, metas ou propósitos. As estruturas são adaptadas em função da estratégia da empresa. Ela é função da natureza do negócio e das características peculiares de cada empresa. Por isso, empresas de porte aproximado e do mesmo ramo de atividade, dificilmente, têm estruturas semelhantes.

O marketing engloba todas as coisas que têm de ser feitas na organização, para que possa levar até o final a missão empresarial de atrair e manter clientes. Isto significa que marketing não é apenas uma função empresarial. É uma visão holística do processo mercadológico. A produção, por exemplo, tem padrões de custo e de operação, tem grande controle sobre seu ambiente interno, processos, máquinas e empregados. Estas coisas são organizadas e dirigidas de maneira a produzirem o máximo de eficiência.

Em contraste, o marketing está inteiramente sobre um ambiente externo e tem muito pouco controle sobre o mesmo. As condições externas impõem, constantemente, novas e inesperadas exigências. Em consequência, o impulso principal de marketing é menor quanto à eficiência do que quanto ao volume de vendas.

Para atrair consumidores é preciso mais do que ter preço e modo de agir corretamente. Também é necessário ter o produto certo. Porém, não é o marketing que dirige os departamentos de: engenharia, produção, qualidade, pesquisa & desenvolvimento. E nem deve mesmo dirigir. Tampouco, o marketing dirige as finanças e contabilidade de custos, que tanto têm a ver com os orçamentos.

O departamento de marketing da empresa pode ser estruturado por cargos, processos, funções, regiões, clientes, produtos, marcas, mercados ou estrutura mista. Este departamento não existia nas empresas, há alguns anos atrás. Ele derivou do departamento de vendas (ou comercial). Este grupo constitui os olhos e os ouvidos da empresa para o mundo. Quando na empresa, ele defende os interesses dos consumidores e, quando no mercado, defende os interesses da empresa. A evolução do departamento de marketing, ao longo dos anos, foi a seguinte:

1ª Fase: Departamento de Vendas.
2ª Fase: Vendas com funções de Marketing.
3ª Fase: Marketing separado de Vendas.
4ª Fase: Departamento de Vendas passa a ser uma função do Departamento de Marketing.

O desenho do departamento de marketing pode ser representado por um organograma:

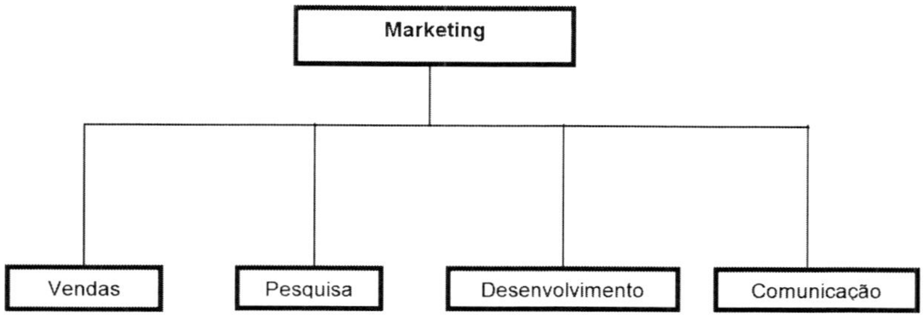

Figura 7.1: Organograma Funcional do Departamento de Marketing.

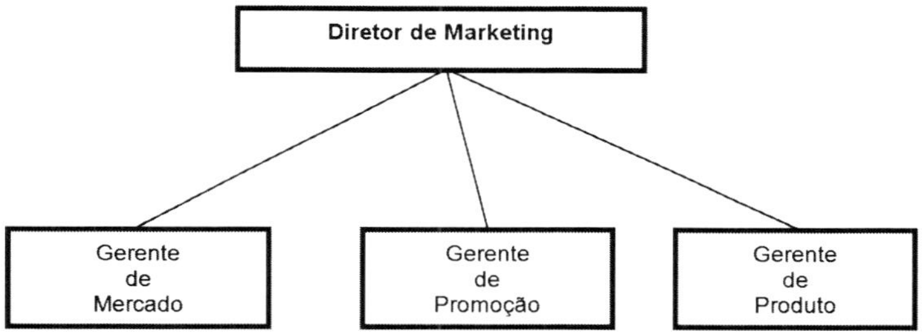

Figura 7.2: Organograma de Cargos do Departamento de Marketing.

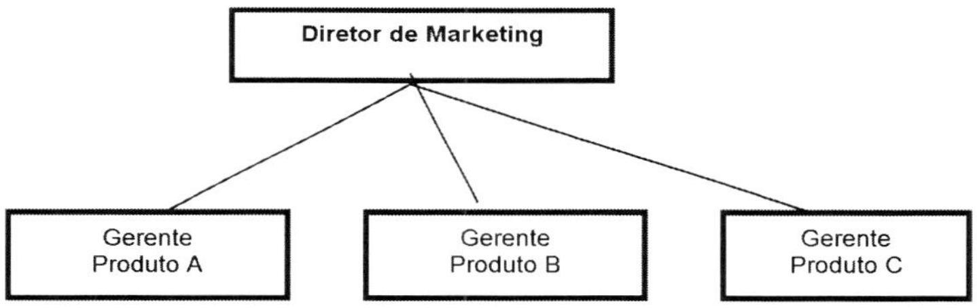

Figura 7.3: Organograma por Produto do Departamento de Marketing.

Os desenhos organizacionais das empresas vêm sofrendo mudanças significativas, tais como: estrutura enxuta (reengenharia); estrutura com redução dos níveis hierárquicos (downsizing); estrutura descentralizada com autonomia de ação e poder de decisão (polos de negócios); estrutura em rede (pequenas empresas conectadas eletronicamente); estrutura por equipes (parte do pessoal é permanente e parte é móvel); estrutura matricial (existe enquanto durar o projeto), congregando especialistas de forma multidisciplinar.

7.4 PLANEJAMENTO DE MARKETING

Planejar significa traçar uma rota que poderá ser reformulada e ajustada para se alcançar determinado (s) resultado (s). O planejamento disciplina a pessoa a colocar suas ideias, recursos, métodos e decisões de uma maneira lógica, racional e inteligente, levando a mesma a não perder tempo.

Planejamento de marketing implica idealizar meios para conseguir atrair e manter consumidores para os bens e serviços que a empresa produz. Ele precisa estar integrado ao planejamento global da empresa. A expressão "planejamento estratégico de marketing" caiu em desuso e foi substituída por estratégias de marketing, assunto a ser explorado mais adiante.

Quando do planejamento de marketing é preciso levar em consideração fatores específicos que afetam o ambiente de vendas que envolve a empresa, pois ajudam a diagnosticar como o mercado se mantém em equilíbrio, através do estudo das preferências dos consumidores, das políticas governamentais, do comportamento da concorrência, das mudanças tecnológicas, das leis restritivas, dos canais de distribuição e da escassez de recursos.

As etapas básicas do planejamento são descritas a seguir:

a) Análise ambiental (ler cenário).
b) Missão da empresa (finalidade do negócio).
c) Identificação de oportunidades e ameaças.
d) Diagnóstico estratégico (definir problemas de responsabilidade da empresa).
e) Determinação de objetivos básicos (um a três).
f) Determinação de objetivos secundários (dois a quatro).
g) Definição dos recursos necessários.
h) Formulação de alternativas e modelos.
i) Estudo da relação custo/qualidade/preço/lucro.
j) Estudo das vantagens, desvantagens, pontos fortes e pontos fracos.
k) Análise do fluxo de decisões.
l) Escolha da estratégia global.
m) Determinação das informações necessárias.
n) Desenvolvimento de planos estratégicos, táticos e operacionais.
o) Montagem da estrutura organizacional e sistemas de informação/comunicação.
p) Definição dos instrumentos prescritivos, quantitativos e qualitativos.
q) Definição dos padrões de desempenho compatíveis com os objetivos.
r) Estabelecimento de meios para controle, avaliação e feedback.
s) Implementação do planejamento (plano).
t) Correção dos desvios.
u) Decisões para novos planejamentos.

7.5 RELAÇÕES E CONFLITOS DE MARKETING

As relações do departamento de marketing com os demais setores da empresa se caracterizam pela troca de informações por meio de mecanismos de persuasão, motivação, integração e liderança, por exemplo. Assim, o departamento de marketing troca informações com:

- Presidência da Empresa: estratégias, planos, táticas, políticas, relatórios, conflitos.
- Recursos Humanos: necessidades de mão de obra, recrutamento, seleção, treinamento, normas de conduta, atendimento.
- Engenharia: novos produtos, tendências, tecnologias, níveis de qualidade, especificações.
- Vendas: faturamento, desconto, previsão, preço, demanda, serviço.
- Finanças: orçamento, crédito, cobrança, contabilidade, liquidez.
- Produção: custo, capacidade instalada, expedição, estoque, logística, tolerância, nível de qualidade.
- Ambiente: mercados, oportunidades, ameaças, incertezas, cenários.
- Pesquisa & Desenvolvimento: ideias, inovações, criatividades, mudanças.

O conflito é uma situação em que uma pessoa se coloca contra uma outra ou contra um grupo. Conflito significa a existência de ideias, sentimentos, atitudes ou interesses antagônicos e colidentes. No passado, os conflitos eram reprimidos. Hoje, são desejáveis, pois trazem mudanças e inovações, desde que não sejam constantes e permanentes, pois, se assim o forem, não deixarão a organização prosseguir na sua luta diária para sobreviver.

O conflito é uma das condicionantes dos seres vivos, sendo mais exagerado entre os seres humanos.

A seguir, os principais conflitos de marketing:

Pesquisa & Desenvolvimento	Marketing
Pesquisa Básica	Pesquisa Aplicada
Qualidade Intrínseca	Qualidade Percebida
Características Funcionais	Características para Vendas

Quadro 7.1: Conflito Marketing X Pesquisa & Desenvolvimento

Engenharia	Marketing
Projetos Demorados	Projetos Rápidos
Poucos Modelos	Muitos Modelos
Padronização	Personalização

Quadro 7.2: Conflito Marketing X Engenharia

Compras	Marketing
Leque Pequeno de Produtos	Ampla Linha de Produtos
Preço do Material	Qualidade do Material
Estoque Mínimo	Grande Estoque
Compras Regulares	Compra Contingencial

Quadro 7.3: Conflito Marketing X Compras

Produção	Marketing
Poucas Mudanças de Modelos	Mudanças Frequentes
Facilidades de Fabricação	Aparência e Estética
Controle de Qualidade	Qualidade Total

Quadro 7.4: Conflito Marketing X Produção

Finanças	Marketing
Orçamentos Fixos	Orçamentos Flexíveis
Racionalidade para Despesas	Despesas Intuitivas
Preço para Dar Lucro	Preço para o Mercado
Condições de Pagamento Padronizadas	Prazos e Descontos Especiais
Nenhum Risco de Crédito	Algum Risco
Cadastro Completo	Cadastro Resumido
Rigor nas Cobranças	Cobrança Amena

Quadro 7.5: Conflito Marketing X Finanças

7.6 TIPOS DE MARKETING

Os autores de livros de marketing associam a palavra marketing com qualquer palavra voltada para negócios. São incríveis os nomes de marketing encontrados nos livros, revistas, jornais e publicações especializadas. Qualquer pesquisa bibliográfica levantará perto de cem nomes diferentes de marketing, no mínimo. O problema é que criam uma confusão desmedida, pois associam marketing à estratégia, tática, função, tarefa, atividade, processo, finalidade, política, filosofia e muito mais.

São relacionados, a seguir, os principais tipos de marketing:

1. Marketing de Artes – É aquele voltado a desenvolver estratégias de demanda ao consumo dos diversos tipos de arte, utilizando a máxima: "Arte é Cultura".
2. Marketing Bancário – É aquele voltado a automatizar e informatizar o serviço prestado para minimizar custos, no atendimento de massa. Para clientes especiais, a estratégia usada é a da segmentação de mercado. Hoje, o banco busca cultivar a imagem de um banco forte, seguro, agradável e eficiente na mente do cliente.
3. Marketing Básico – É aquele voltado a apoiar o produto que vende, recompensando os melhores vendedores. Neste marketing, o vendedor, simplesmente, vende o produto.
4. Marketing Boca a Boca – Aquele que se vale da satisfação do consumidor para recomendações de um determinado produto. Neste caso, a mensagem passada é: bom, barato e com qualidade.
5. Marketing Business to Business – É aquele voltado a informar dados do perfil do consumidor por vendedor, tais como: produtos que compra, volume das compras e preços praticados, nomes dos contratos chaves, situação dos pedidos, valor estimado para compras, avaliação do atendimento.
6. Marketing Contemporâneo – É aquele voltado a estudar a economia mundial, perguntando: "O Que Está Por Vir?".
7. Marketing Concentrado – É aquele voltado a aplicar grande volume de recursos para promover produtos num espaço de tempo reduzido. Também conhecido como aquele que procura servir a um único segmento (estratégia de segmentação).
8. Marketing Competitivo – É aquele voltado a criar fatores competitivos para os produtos, na intenção de enfrentar a concorrência.
9. Marketing Corporativo – É aquele que dá assessoria de marketing aos demais departamentos da empresa. Algumas organizações possuem uma pequena equipe com a função de assessorar os dirigentes naquilo que diz respeito ao marketing da empresa. Existem empresas que suas divisões possuem seu próprio órgão de marketing.
10. Marketing Criativo – É aquele voltado a descobrir novos produtos, não declarados pelas pesquisas genéricas.
11. Marketing Cooperativo – É aquele desenvolvido por rede em que os clientes trocam informações, bens, serviços e ideias.
12. Marketing Compartilhado – É aquele voltado a compartilhar uma atividade de valor, objetivando alcançar uma economia de escala e reduzir, consequentemente, custos.
13. Marketing de Catálogo – É aquele voltado a enviar por mala direta ofertas de produtos a consumidores previamente selecionados.
14. Marketing de Comunicação – É aquele voltado a desenvolver ferramentas cada vez melhores e mais rápidas para a comunicação com os consumidores.
15. Marketing de Consumo – É aquele voltado a obter informações sobre o mercado potencial e como conseguir aumentar a carteira de pedidos.
16. Marketing de Conversão – É aquele voltado a reverter uma demanda negativa.

17. Marketing de Carreira – Aquele voltado a desenvolver um plano para conseguir alavancar a carreira.
18. Marketing de Causas – É aquele voltado a defender causas sociais que trazem um incremento à imagem da empresa. É uma versão do marketing societal. É um componente importante no mercado para que os indivíduos expressem suas preferências morais, políticas e éticas.
19. Marketing de Desenvolvimento – É aquele voltado a descobrir demandas latentes.
20. Marketing de Distribuição – É aquele voltado à distribuição física de bens para estimular demanda.
21. Marketing de Desempenho – É aquele voltado à qualidade dos produtos e das pessoas envolvidas em negociá-los.
22. Marketing de Eliminação – É aquele voltado a destruir uma demanda indesejada.
23. Marketing de Estímulo – É aquele voltado a converter uma demanda negativa ou inexistente em demanda positiva.
24. Marketing de Esportes – É aquele voltado a fazer propaganda de marcas famosas no vestuário dos atletas.
25. Marketing de Guerra – É aquele voltado a utilizar práticas de guerra por considerar o mercado como um campo de batalha.
26. Marketing de Globalização – É aquele que considera a Terra como um grande e único mercado.
27. Marketing de Guerrilha – É aquele voltado a desenvolver estratégias e táticas para fustigar concorrentes. É uma espécie de divulgação que aproveita um evento para fazer propaganda, sem permissão e nem contrato para tal.
28. Marketing de Informação – É aquele que seleciona informações relevantes que viabilizem projetos e produtos. As fontes são: Relatórios do Governo e de Bancos Mundiais; Revistas e Jornais.
29. Marketing de Lazer – É aquele que vê o lazer como produto.
30. Marketing de Lugar – É aquele a trabalhar a imagem de um lugar como se fosse de um produto.
31. Marketing de Localização – É aquele que mostra ao consumidor onde encontrar fornecedores para determinados produtos.
32. Marketing de Marca – É aquele que desenvolve estratégias para que a marca sobreviva.
33. Marketing de Mala Direta – É aquele que, por correio, faz uma oferta, anúncio ou sugestão a uma pessoa num determinado endereço. E isto pode ser feito pelo envio de: carta, folheto, folder, prospecto, catálogo, por exemplo.
34. Marketing de Massa – É aquele voltado a ajudar a empresa a produzir, com custos menores, poder vender mais barato.
35. Marketing de Nicho – É aquele voltado a descobrir fatias do mercado não atendidas ou mal atendidas. Nicho é um grupo mais restrito de compradores que não está sendo bem atendido. As empresas identificam um nicho pelas características comuns de seus participantes. Um nicho é considerado atraente quando: seus consumidores possuem um conjunto distinto de necessidades e estão dispostos a pagar mais para serem mais bem atendidos; a empresa obtém alguma economia de escala; tem potencial de tamanho, lucro e crescimento.
36. Marketing de Objetivos – É aquele voltado a criar um setor na empresa para coordenar estratégias aplicadas para atingir objetivos.
37. Marketing de Produto – É aquele voltado a criar mecanismos para ampliar a vida do produto.
38. Marketing de Posicionamento – É aquele voltado a induzir as pessoas, por diversos meios, a comprar seus produtos pela qualidade que têm e a ver a imagem da empresa como excelente no mercado.
39. Marketing de Parceria – É aquele voltado a ajudar o varejo (distribuidor) como gerir seus negócios. Neste marketing a empresa trabalha com os consumidores para descobrir maneiras de ajudá-los a usar o produto economicamente.
40. Marketing de Ponto de Venda – É aquele voltado para o setor de serviço com o objetivo de agregar valores de exclusividade e de privacidade no atendimento.
41. Marketing de Qualidade – É aquele voltado a desenvolver na empresa a necessidade da implantação, de forma sistêmica, de um programa de qualidade total.

42. Marketing de Relacionamento – É aquele voltado a criar laços tão fortes com os consumidores para que estes passem a ser leais aos produtos e marcas da empresa. É a prática da construção de relações satisfatórias a longo prazo com consumidores, fornecedores e distribuidores. O resultado buscado com este tipo de marketing é uma rede de interesses comuns. Manter relacionamento forte com os consumidores exige que a empresa esteja preparada para enfrentar mudanças de cultura, alterações na forma de treinar recursos humanos e aperfeiçoar o estilo de liderança. É um processo de ida e volta.
43. Marketing de Rede – É aquele voltado a criar um forte sistema de informação-comunicação entre seus clientes e a empresa, para agilizar a velocidade das negociações. É uma variante da venda direta, por meio de distribuidores independentes, que recrutam subdistribuidores e pessoas para vender. Os locais de venda, em geral, são clubes, igrejas, condomínios, residências.
44. Marketing de Recursos – É aquele voltado a melhorar o relacionamento da empresa com os mercados de recursos naquilo que diz respeito, principalmente, a preço, qualidade, prazo de entrega e disponibilidade.
45. Marketing de Reciprocidade – É aquele voltado a dividir, ou trocar, recursos entre as partes envolvidas na comercialização de um produto.
46. Marketing de Resposta – É aquele voltado a desenvolver mecanismos para que a resposta do consumidor seja a mais rápida possível. Este marketing é muito confundido com marketing direto.
47. Marketing de Segmentação – É aquele que dirige esforços a grupos selecionados de consumidores. A empresa que pratica marketing de segmentação reconhece que os compradores diferem em seus desejos, poder de compra, locais de residência, atitudes e hábitos de compra. A segmentação é um ponto entre o marketing de massa e o marketing individual, pois oferece vários benefícios, tais como: criar uma oferta de produto mais ajustada ao público-alvo; cobrar preços mais próximos do poder de compra do consumidor; escolher canais de distribuição e de comunicação diferentes dos utilizados pelos concorrentes.
48. Marketing de Serviço – É aquele voltado a implantar qualidade no atendimento do consumidor. Este atendimento começa na fábrica e termina no balcão da loja, casa ou escritório. É importante entender que os princípios e premissas que orientam os bens são os mesmos para os serviços, porque o que muda é a aplicabilidade das ações. A fidelização do consumidor é de vital importância.
49. Marketing de Valor – É aquele voltado a conhecer o valor que os consumidores dão aos bens e serviços que recebem em troca de dinheiro, esforço, tempo e espaço.
50. Marketing de Varejo – É aquele voltado a criar espaços atraentes e confortáveis. O varejo realizado em shopping é diferenciado, devido às facilidades dadas aos consumidores.
51. Marketing Direto – É aquele voltado, através de um sistema qualquer, a obter uma resposta imediata de um consumidor.
52. Marketing Diferenciado – É aquele voltado a fazer com que a empresa opere em diversos segmentos de mercado, desenvolvendo metodologias de ação diferentes para cada segmento.
53. Marketing em Linha – É aquele voltado a utilizar tecnologias da informação e da comunicação interligadas, para criar um consumidor a partir do usuário do sistema. É o marketing do Século XXI.
54. Marketing Estratégico – É aquele voltado a criar caminhos para se atingir um mercado alvo, no longo prazo.
55. Marketing Ético – É aquele voltado a fazer com que a pesquisa e a propaganda não sejam instrumentos invasores para o consumidor. Muitos vêem a pesquisa de marketing como invasão de privacidade ou tentativa velada de vender algo. De fato, muitos estudos de pesquisa parecem ser nada mais do que veículos para lançar os produtos do patrocinador.
56. Marketing Externo – É voltado a desenvolver boas relações com pessoas de fora da organização.
57. Marketing Integrado – É aquele que utiliza todos os recursos e meios possíveis da empresa para atender os interesses dos consumidores.
58. Marketing Internacional – É aquele voltado a estudar os fatores que facilitam a empresa a atuar no exterior. É um marketing muito arriscado.

59. Marketing Individual – É aquele voltado a atender as exigências do consumidor. Este trabalho é facilitado com um banco de dados.
60. Marketing Interativo – É aquele voltado a treinar funcionários a bem atender os consumidores. Também é voltado a registrar as reações e características dos consumidores, prevendo com isso uma nova abordagem. Compreende grande variedade de atividades, todas voltadas a bem atender o consumidor de maneira integrada.
61. Marketing Interno – É aquele voltado a preparar os funcionários para a filosofia de marketing.
62. Marketing Legal – É aquele voltado a aprimorar o estudo da mudança de posse e propriedade de um produto.
63. Marketing Mix – É aquele que combina as variáveis do composto mercadológico.
64. Marketing Multicanais – É aquele que utiliza vários canais de comunicação e de distribuição para atingir um ou mais segmentos de consumidores.
65. Marketing Orientado – É aquele voltado a desenvolver uma embalagem que oriente o consumidor na utilização do produto.
66. Marketing Personalizado – É voltado a desenvolver banco de dados sobre perfil de consumidores.
67. Marketing Político – É aquele voltado a criar uma boa imagem do candidato a cargo político. A imagem é passada como o candidato sendo incorruptível e que vai se dedicar a combater as injustiças sociais e a impunidade; melhorar a qualidade de vida dos cidadãos e a distribuição de renda.
68. Marketing Proativo – É aquele voltado a fazer com que o vendedor oferte novos produtos como uma grande oportunidade para o comprador.
69. Marketing Religioso – É aquele voltado a criar novas vertentes de religiões já consagradas para atender descontentes.
70. Marketing Reativo – É aquele voltado a estimular o consumidor a responder sobre o produto, como fazer comentários, reclamações e questionamentos.
71. Marketing Responsável – É aquele voltado a solicitar informações, logo após a entrega do produto, se o mesmo atende as expectativas do consumidor.
72. Marketing Regional – É aquele voltado a, baseado em pesquisa, divisar o potencial de uma região.
73. Marketing Responsivo – É aquele criado para atender reclamações de consumidores. Algumas empresas fazem distinção entre marketing responsivo e marketing criativo. Uma empresa responsiva encontra uma necessidade declarada e a atende. Uma empresa criativa descobre e produz soluções que os consumidores não declaram, mas que respondem positivamente.
74. Marketing Social – É aquele voltado a satisfazer, em conjunto, seus consumidores e a sociedade como um todo. O primeiro passo é dado em direção à comunidade, onde se insere a empresa.
75. Marketing Tático – É voltado a criar atividades para apoiar ou corrigir determinada estratégia.
76. Marketing Teste – É aquele voltado a se especializar em teste de aceitação de um novo produto, em áreas geográficas limitadas.
77. Marketing Um a Um – É aquele voltado a criar no consumidor a ilusão de que ele é o único.
78. Marketing Virtual – É aquele em que as empresas mantêm diálogo com os clientes e atendem suas reivindicações e pedidos. O contato é virtual, o que agiliza a comunicação. Embora não havendo um contato pessoal entre as partes envolvidas, essa forma de comercialização assemelha-se à moda antiga, pois o vendedor conhece, às vezes, detalhes da vida do comprador.
79. Telemarketing – É uma espécie do marketing direto que utiliza, principalmente, o telefone para acessar consumidores.

O leitor não deve ficar impressionado com tantos nomes de marketing, que, afinal, dizem a mesma coisa: "Marketing é todo esforço para criar e manter consumidores de um determinado mercado".

7.7 TENDÊNCIA DO MARKETING

O marketing evoluiu como resultado da aplicação dos conceitos de administração à distribuição e à venda. E, acima de tudo, já em meados da década de 1920, alguns pioneiros da administração começaram a questionar a forma de organização da atividade manufatureira. Eles concluíram que a linha de montagem era um compromisso de curto prazo.

Apesar da maior produtividade da linha de montagem, era economicamente deficiente, em razão da sua falta de visão estratégica, de flexibilidade, de efetividade. Até de má engenharia. Com a chegada da automatização, telemática e robótica, a tecnologia da informação passou a gerenciar todos os recursos, inclusive os recursos humanos. Isto levou a reforçar o conceito de marketing.

Por outro lado, prever o futuro é tarefa bastante difícil. Afirmar quais os novos rumos do marketing não fogem à regra, em virtude dos avanços tecnológicos que afetam com muita intensidade a forma de comercialização. No entanto, percebemos algumas modificações que já estão começando a acontecer no mercado. Essas modificações estão muito mais vinculadas ao relacionamento com os consumidores e às diferentes formas de lidar com o composto de marketing tradicional.

As tendências do marketing são as seguintes:

- O marketing de fidelização tem importante papel no desenvolvimento dos negócios.
- O relacionamento com os clientes passa a ser o principal elemento do composto de marketing.
- Os serviços serão fundamentais para a diferenciação das ofertas dos produtos.
- O marketing digital alcançará um desenvolvimento acelerado, obrigando muitas empresas a entrar nessa forma de comercialização.
- As marcas passam a ser importantes para a fidelização e a diferenciação da oferta em certos segmentos.
- As empresas otimizarão recursos para melhorar seus preços. O marketing em tempo real passará a ser uma necessidade.
- Os consumidores passam a valorizar as empresas que se preocupam com o serviço pós-venda.
- As causas sociais e ambientais, cada vez mais, são valorizadas.
- O marketing do terceiro setor passa a ter importância à medida que os governos se omitem.
- A empresa necessita, cada vez mais, de estratégias com diferenciais competitivos.
- As empresas já perceberam o potencial do consumidor idoso e vêm atraindo-os com foco na qualidade de vida, saúde, embelezamento e longevidade.
- As pessoas, quando não têm opinião formada, se orientam pela mídia, sites de busca, redes sociais. Elas querem informações rápidas e filtradas.
- As pessoas dão mais valor à satisfação com o produto do que com sua verdadeira posse.
- O design não é visto como luxo pelos jovens, mas como padrão.
- A participação é outra necessidade do consumidor. Ele quer ter sua opinião e seu trabalho chegando a um número cada vez maior de pessoas.
- O jovem tem pressa e quer comprar tudo sem se prender a estilos ou crenças. Sua mente é global, mas seu corpo é regional.

7.8 MARKETING DIRETO

O marketing direto é um sistema interativo que usa uma ou mais mídias de propaganda para obter uma resposta e/ou transação tangível em qualquer lugar. Ele beneficia os consumidores de várias maneiras: comprar no local que desejarem; fazer encomendas para si ou para outros; comparar por meio de catálogos aquilo que querem.

Compradores industriais também citam inúmeras vantagens. Uma das grandes vantagens do marketing direto é a possibilidade de se testar eficiência, eficácia e efetividade da empresa no trato com o consumidor.

O crescimento do marketing direto se deve, principalmente, a:

- Custo da movimentação do consumidor até o varejo.
- Problemas de tráfego e de estacionamento.
- Falta de tempo das pessoas.
- Vendedores mal treinados.
- Discagem gratuita por telefone.
- Possibilidade de comprar a qualquer hora e dia.
- Explosão do comércio eletrônico.
- Desenvolvimento de softwares sobre banco de dados.

Os bancos de dados ajudam à administração do marketing, porque podem atender a diversas finalidades.

Então, é necessário observar que marketing direto e marketing baseado em banco de dados não são sinônimos, apesar dos profissionais de marketing direto, há muito tempo, usarem banco de dados. À medida que se expandem às capacidades tecnológicas, as empresas têm acesso ilimitado aos dados e aos canais multimídia interativos de comunicação de banda larga com seus clientes.

Os canais de comunicação utilizados pelo marketing direto podem se, por exemplo:

Visita de Vendas – As empresas utilizam vendedores, agentes, representantes, corretores.

Mala Direta – As empresas oferecem, através de cartas, folders, prospectos, folhetos e catálogos, enviados pelo correio, bens e serviços. O correio evoluiu do papel aos meios eletrônicos.

Telemarketing – As empresas abordam o consumidor em potencial através do telefone, televisão e rádio. O telemarketing feito através do telefone é o mais direto, porque, geralmente, se fala com a pessoa desejada. Mas, atenção, telemarketing não é sinônimo de "malho".

Marketing On-line – O marketing direto de canal on-line está sendo considerado pelas empresas como o melhor meio de encontrar, atingir, comunicar e vender bens e serviços a consumidores potenciais, reais e cativos.

Internet – Uma grande rede mundial de comunicação com prestação de diversos serviços. O acesso é livre, mas o usuário dependerá de um provedor, que poderá ser pago, ou não, para se conectar com a rede.

Teste de Aferição de Conhecimento

01 – Qual o conceito mais próximo de marketing?

a) Filosofia que orienta o mercado

b) Criar e manter consumidores
c) Propaganda de marca e de produto
d) Mercadologia

02 – São objetivos de marketing:

a) Enganar consumidores desavisados
b) Pesquisar o mercado
c) Ser os olhos da empresa para o mercado
d) Montar estratégias para a concorrência

03 – Relacionar os seguintes conceitos:

a) Eficiência
b) Qualidade
c) Eficácia
d) Objetivo
e) Efetividade
f) Velocidade
g) Gerência
h) Produtividade

04 – Enumere as fases de evolução do departamento de marketing:

a) Marketing separado de vendas
b) Vendas como parte de marketing
c) Somente um departamento de vendas
d) Vendas com funções de marketing

05 – Qual a mais importante função do órgão de marketing?

a) Vender
b) Analisar
c) Pesquisar
d) Interagir

06 – O conflito deve ser:

a) Evitado
b) Administrado
c) Desejado
d) Necessário

07 – Qual o maior desafio do marketing?

a) Internet
b) Mala direta
c) Consumidores conscientes

08 – Faça a correlação:

a) Marketing
b) Necessidades dos consumidores
c) Vendas
d) Necessidades do mercado

Capítulo 8

SERVIÇO

"Não existe o que se chama indústria de serviços. Há apenas setores industriais, cujos componentes de serviços são maiores ou menores em relação a outros setores. Todos estão na área de serviços".
Theodore Levitt

OBJETIVOS DO CAPÍTULO

- Mostrar as diferenças básicas entre bens e serviços, como também os setores da economia em que o serviço está presente.
- Mostrar as características e os elementos que ajudam a conceituar o serviço.
- Mostrar os tipos básicos de serviço.
- Mostrar os documentos de suporte ao serviço.

8.1 CONCEITO DE SERVIÇO

Serviços são atividades, benefícios ou satisfações oferecidas à venda, ou proporcionados, em conexão com as vendas de bens e ideias. É bom lembrar que, hoje, a venda de um produto é considerada como a finalização de um processo de serviço, que começa com a persuasão do vendedor e termina na entrega do produto ao consumidor, que, em contrapartida, paga pelo mesmo.

Serviço é qualquer ato, ou desempenho, que uma parte possa oferecer a outra e que seja essencialmente intangível e não resulte na propriedade de nada. A abordagem que o proponente faz do serviço, como algo feito por indivíduos e não por máquinas, pode apresentar distorções conceituais.

O serviço será considerado como algo residual e será tratado como tarefa puramente humana. Já no serviço mecanizado o ser humano deve se comportar como extensão da máquina. Mas, precisamos enfatizar que estas distinções nem sempre são nítidas. Por exemplo, um restaurante, um supermercado e uma locadora de automóveis podem apoiar-se em uma combinação de bens e serviços para oferecer satisfação.

O ponto importante é que, quando um produto tem mais características de serviço do que de bem econômico, isso pode afetar a maneira como o consumidor percebe e julga o produto.

Os serviços, em geral, são executados por pessoas distantes da direção da empresa, que trabalham em condições altamente variáveis e incertas. Presume-se, com razão, que essas diferenças explicam por que os bens produzidos na fábrica são, geralmente, mais uniformes, em suas especificações de qualidade do que os serviços executados no campo.

Ademais, pessoas diferentes têm necessidades diferentes. Atualmente, a maioria das empresas reconhece a importância do bom serviço ao cliente e o efeito que isso representa no resultado final. Mas, como empresas, elas também têm de levar em conta os recursos necessários para um bom desempenho. Daí as seguintes questões: As empresas podem arcar com os custos? Como podem fornecer serviço eficaz?

A diferença entre um serviço efetuado em um dia e o serviço efetuado em uma hora, provavelmente, não será o mais importante para a maioria dos clientes, mas envolveria custos, consideravelmente, mais altos para a empresa que oferece esse último tipo de serviço.

É preciso descobrir um equilíbrio entre os custos e os benefícios envolvidos no serviço ao cliente. Os custos da disponibilidade extra não devem exceder a receita adicional que será obtida como resultado.

A verdadeira chave para um bom serviço ao cliente não é tecnologia, e, sim, diálogo. Tanto que, muitos autores argumentam que seu uso deve ser feito de modo criterioso e adequado ao público-alvo.

O serviço não apenas liga os clientes mais intimamente as suas corporações, como também esta interação íntima lhes fornece informações importantes de mercado.

8.2 SETOR DE SERVIÇO

O setor de serviço não compreende apenas as chamadas empresas de serviços, tais como: bancos, transportadoras e seguradoras. Inclui, isto sim, toda a abundância de serviços ligados aos bens fornecidos pelas indústrias e os serviços ligados à venda fornecidos pelos varejistas. Noções contraditórias referentes a serviços podem ter consequências ruins para as empresas.

Os fornecedores de serviços, por seu turno, acreditam que eles e seus problemas sejam, fundamentalmente, diferentes de outros tipos de negócio. Para eles, o setor de serviço depende de muita mão de obra, enquanto o restante da economia de muito capital. Mas essas diferenciações são em grande parte falsas.

Não há propriamente empresas de serviços. O que existe são empresas cujos componentes de serviços são maiores ou menores do que os de empresas de outros tipos. Todas, invariavelmente, prestam serviços, já que o conceito de produto embute: bem, serviço e ideia.

O setor de serviços é o maior empregador de trabalhadores em tempo parcial e, também, para eventuais (temporários) na economia. O trabalho em tempo parcial paga menos e dá muito menos benefícios marginais (pensões, assistência médica, seguro de vida, folgas, férias remuneradas, feriados), que são partes importantes de um bom emprego. Os trabalhadores eventuais, muitas vezes, recebem bons salários, mas quase sempre saem perdendo no contexto geral.

Embora os salários em serviços variem amplamente, os salários da indústria são, geralmente, 30% mais alto. A maior parte dos salários mais baixos está no comércio varejista, cuja diferença entre salários é cada vez maior, embora seja o setor que mais dê emprego. As horas trabalhadas por semana em serviço também são menores que em fabricação.

Os serviços diferem dos bens industriais e de consumo no sentido de que numa empresa de serviços, não há nenhum produto tangível, fato muito importante que influi na maneira como os serviços são transacionados. As empresas do setor de serviço fornecem valores intangíveis a seus clientes, isto é, não possuem estoque tangível no final do período contábil. Os gastos com mão de obra são, na maioria das vezes, os mais expressivos, chegando a ser 70% dos gastos totais.

Numa empresa de serviços muitas das atividades funcionais são diferentes daquelas existentes numa empresa manufatureira. Uma vez que não há nenhum bem, não há a necessidade de armazenagem, distribuição e outras atividades de suporte. A empresa de serviço, mesmo não tendo todas as funções organizacionais de uma fábrica, precisa ter algumas dessas funções, para poder operar. Elas vendem benefícios como se fossem materiais.

O sucesso no setor de serviços depende de: imagem, atendimento e qualidade. A comunicação do produto e a comunicação com consumidores são básicas para o sucesso do negócio.

8.3 CARACTERÍSTICAS DO SERVIÇO

As principais características do serviço mais relevantes são:

Simplicidade – Um serviço precisa ser suficiente na sua explanação e necessário na sua execução.

Decisão – A decisão do serviço diz respeito ao seu composto mercadológico. Principalmente, sobre preço, local e divulgação.

Benefício – Na oferta de um serviço o proponente deve apontar o problema central a ser atacado e quais benefícios o serviço trará para o cliente.

Custo – Consideraremos custo de um serviço ao somatório dos dispêndios com mão de obra e materiais na consecução do mesmo.

Evolução – O serviço evoluiu na sua importância à medida que o mesmo começa a ser terceirizado.

Inseparabilidade – Normalmente, os serviços são produzidos e consumidos simultaneamente.

Estoque – Empresas de serviço são as que têm pouco ou nenhum estoque. Um restaurante, por exemplo, não manteria a maioria dos itens de alimentos por mais de um ou dois dias.

Variabilidade – Os serviços são altamente variáveis, uma vez que dependem de quem os executa e onde são prestados. Os compradores de serviços estão conscientes dessa alta variabilidade e, frequentemente, conversarão com outras pessoas antes de selecionar um prestador de serviço.

Intangibilidade – Um serviço é um benefício intangível, como cuidados pessoais, transporte e entretenimento. Diferentemente dos bens, materiais, insumos e objetos, não podem ser vistos, provados, sentidos, ouvidos ou cheirados antes de serem comprados.

Credibilidade – A credibilidade (crédito de confiança) que o cliente dá ao fornecedor do serviço é de fundamental importância para a continuidade de futuras negociações.

Valor Econômico – Todo serviço possui um componente econômico que é toda remuneração pelo desejo atendido e a formação de uma estrutura rentável para funcionamento constante do serviço. O valor econômico é formado pelo estímulo a pagar por um serviço de alto valor agregado.

Perecibilidade – A perecibilidade dos serviços é um fato inexorável. Até mesmo os bens têm vidas curtas de prateleira, como flores e derivados do leite, e não são altamente perecíveis quando comparados à maioria dos serviços. Por outro lado, a satisfação proporcionada pelo serviço não pode ser armazenada. O que fica é a lembrança da boa imagem causada, o que não pode ser medido, a não ser para um universo de consumidores muito grande.

Participação – Cada vez mais, o consumidor participa e se compromete no desenvolvimento e execução do serviço. A participação pode ter vários significados, tais como: fazer parte de algo, tomar parte em algo ou ter parte em alguma coisa.

8.4 RACIONALIZAÇÃO E DESPERDÍCIO

A racionalização pode ser encarada como o esforço que se faz no sentido de dar um tratamento científico, e por isso mesmo racional, tanto aos métodos quanto aos processos, isto é, produzir cada vez mais e melhor, com custos mínimos. A racionalização é o processo mental básico, presente em todas as fases da organização, constituindo o seu principal instrumento.

O ideal racional presume a impossibilidade de existir o "urgente" e a possibilidade de dizer "não". Infelizmente muitas pessoas sofrem da mania do urgente o que leva você a parar o que está fazendo para atender um pedido urgente. Por outro lado, evite o abuso do urgente para com os outros. O tempo deles é tão precioso quanto o seu.

Problemas de racionalização podem acontecer, tendo em vista a diferenciação entre meios e objetivos. A escolha dos meios, entre as várias alternativas possíveis, pode ser submetida a um teste de racionalidade. Uma decisão é sábia se ela escolhe bem os meios que conduzem à realização de determinado objetivo. Assim, um homem que decide beber água para saciar a sede tomou uma decisão racional.

A grande maioria dos problemas de racionalização está fundamentada nas palavras desperdício, otimização, método e processo.

Taylor dizia: "Vemos e sentimos o desperdício das coisas materiais. Entretanto, as ações desastrosas, ineficientes e mal orientadas dos homens não deixam indícios visíveis e palpáveis. A apreciação delas exige esforço de memória e imaginação. Por isso, ainda que o prejuízo diário, daí resultante, seja maior que o decorrente do desgaste das coisas materiais, este último nos abala profundamente, enquanto aquele apenas levemente nos impressiona". Ele queria dizer que nós fazemos muitas coisas que representam desperdício, mas quase não sentimos o tempo que se perde.

Um dos fatores do alto custo da produção, geralmente não percebido, é o desperdício. Um exame, não muito profundo, revelará que não há atividade sem desperdício. Algumas formas de desperdício são facilmente percebidas, como acontece com o material. Outras são menos notadas, como acontece quando os funcionários gastam mais tempo e realizam mais movimentos do que os realmente necessários para fazer o serviço (Lei de Parkinson).

Toda vez que se consome mais material, tempo, energia e espaço do que realmente seria necessário, se o trabalho fosse realizado racionalmente, é desperdício e encarece a produção. O desperdício é um fenômeno mundial. A maneira correta de combater qualquer mal é combater as suas causas. Assim, se houver um desejo de combater os desperdícios em todo e qualquer trabalho, é necessário, primeiro conhecer as suas razões.

Examinando as causas dos desperdícios, verifica-se que algumas podem ser atacadas através de medidas de caráter administrativo, de caráter cultural e de caráter educativo. Várias são as medidas administrativas, pois o corretivo dependerá da causa do desperdício. As medidas culturais estarão fundamentadas na formação de uma mentalidade, na doutrinação e no treinamento constante.

As sugestões para minimizar o desperdício podem ser: campanhas educativas, cartazes, projeções de filmes, reuniões, palestras, e-mails e prêmios para ideias inovadoras e efetivas.

8.5 UNIDADES DE SERVIÇO

Quando se estabelece e aperfeiçoa uma organização é útil distinguir unidades operacionais e unidades de serviços, criadas para ajudar e facilitar o trabalho operacional. Uma indústria, por exemplo, possui uma divisão de tráfego, para que os departamentos de produção e logística não tenham de se ocupar de detalhes na movimentação de mercadorias. Na realidade as unidades de serviço funcionam como assessoria para os demais departamentos, tendo a bordo gente especializada.

Uma Unidade de Pesquisa & Desenvolvimento pode dar suporte ao gerente de venda, ao gerente de publicidade, ao engenheiro que planeja um novo produto. Serviços de documentação, informática, correio, portaria, conservação são exemplos de unidades de serviço. O vulto e a natureza das atividades é que justificam a criação de unidades de serviço.

A conveniência de separar das operações básicas as atividades de serviço constitui, na verdade, um caso de departamentalização. As razões estão voltadas para: especialização, custo, resultado, padronização, comunicação, qualidade, atendimento, eficiência, eficácia e efetividade, por exemplo.

O estabelecimento de unidades de serviço requer, por conseguinte, um cuidadoso exame de cada caso específico. Na maioria das empresas, qualquer que seja o tamanho, existem diversas dessas unidades, mas a conveniência de adotar determinado tipo de serviço requer muita análise em separar aquilo que é operacional e o que é apoio.

A decisão de separar, das operações básicas, determinada atividade de apoio levanta a questão: Onde situá-la na estrutura organizacional? Às vezes, esse serviço é centralizado, descentralizado ou até terceirizado. Em geral, tais serviços estão próximos à atividade principal, recebendo desta uma coordenação para evitar maiores problemas.

8.6 TIPOS DE SERVIÇO

É difícil estabelecer uma tipologia para serviço, bem como para marketing, estratégia e política, devido ao enorme número de serviços que, ademais, se superpõem, em função das contingências. A seguir, alguns dos tipos de serviço:

Serviço Interno – Serviço que objetiva ampliar a visão sobre o que, por que e como se faz um trabalho.

Serviço Externo – É tudo aquilo que foi dito sobre serviço interno mais a prestação de serviço propriamente dito, no domicílio do cliente.

Serviço de Apoio – Serviço que ajuda pessoas a mais bem desempenhar aquilo que estão fazendo.

Serviço em Casa – As fronteiras da casa e do local de trabalho estão se tornando, rapidamente, indistintas.

Cada vez mais pessoas trabalham, pelo menos, meio período em casa. Mas o perigo de trabalhar somente em casa é a alienação e a obsolescência tecnológica. Não dá para você sozinho ter acesso a todos os canais de comunicação. Por outro lado, nada substitui o efeito sinergético, quando trabalhamos em grupo, sem falar da desatualização do vocabulário especializado.

Serviço Público – Serviço voltado a atender o público (sociedade), que pode ser feito pelo governo ou pela iniciativa privada. Muitas pessoas que trabalham em órgãos públicos, consciente ou inconscientemente, julgam estar em posição de mando em relação ao público e não à disposição do público, como deve ser a norma. Também é senso comum que os serviços públicos, por trabalharem com margens muito pequenas, são negligenciados.

Serviço Especializado – Serviço executado por mão de obra especializada, onde primam o conhecimento, a informação e a comunicação.

Serviço Automatizado – Serviço cada vez mais atuante na sociedade vem substituir o trabalho humano.

Serviço Pós-Venda – Serviço que, conforme o nome diz, ocorre após a venda do produto. O mais importante é que as empresas devem decidir como pretendem oferecer serviços pós-venda aos consumidores e usuários. É muito comum que estes serviços sejam feitos por empresas terceirizadas.

Serviço de Segurança – Serviço voltado a resguardar a integridade física das pessoas, dos produtos, dos recursos. Este serviço controla, estatisticamente, doenças, acidentes, roubos, incêndios, violências, assaltos, riscos de armazenagem, por exemplo. A violência e a sensação de insegurança afetam os negócios e a economia. Assim, é preciso que o serviço de segurança desenvolva e atualize, constantemente, um manual de regras, como bem treinar as pessoas.

Serviço Bancário – O serviço bancário, auxiliar prestimoso do sistema financeiro, faz a custódia de valores, bem como capitar dinheiro, a fim de emprestar a clientes selecionados. Este serviço também ajuda a pagar contas, duplicatas, faturas, dando liquidez ao mercado, isto é, tem sido o canal de transações financeiras.

Serviço de Consultoria – O consultor não vende certeza e nem sabedoria, apenas fornece uma parte da receita de sucesso. Embora tenha claro que o cliente é o patrão, sabe manter seus pontos de vista, mesmo que contrariem àqueles de quem o contratou. Serviço, que além de fazer um diagnóstico (relatório) dos problemas do cliente, elabora um plano (programa, projeto) de ação para superá-los. Se a empresa não estiver preparada, a contratação da consultoria será puro dinheiro jogado fora.

Serviço de Distribuição – O serviço de distribuição representa um dos benefícios mais importantes que uma empresa pode oferecer aos clientes. Este, na ótica do comprador, deve ter determinadas características, tais como: rapidez no atendimento dos pedidos; disposição do fornecedor para atender as necessidades urgentes; cuidado com a entrega da mercadoria; compromisso de trazer de volta bens defeituosos e repô-los imediatamente; várias alternativas de embarque. O serviço de distribuição pode ser feito pelo produtor ou entregue a um intermediário.

Serviço de Instalação – Serviço relativo à instalação de máquinas e equipamentos, associando ao treinamento do usuário na manutenção e conservação dessas instalações. Pode incluir, também, projetos de: exaustão, climatização, força e luz, esgotamento sanitário, hidráulica, decoração e embelezamento, gás, sistemas de comunicação e informação e informática.

Serviço de Entrega – Serviço prestado ao cliente com rapidez, pontualidade, precisão, confiabilidade e cuidado na entrega de um objeto (bem, documento).

Serviço de Entretenimento – Serviço que requer um público específico, isto é, não é de caráter geral como alimentação e saúde, por exemplo. Muitas vezes é um serviço caro, pois demanda pesquisa de conteúdo, preço, programação, acessibilidade e transporte. Uma excursão marítima precisa de um planejamento meticuloso e uma coordenação maior, porque congrega muitos serviços a bordo.

Serviço de Comercialização – Um serviço de comercialização é considerado de qualidade quando pode proporcionar confiabilidade, rapidez, segurança, atenção, beleza, eficiência e informação. Na elaboração de um modelo de qualidade do serviço de comercialização, a empresa deve questionar sobre: Como o consumidor chegou até a empresa? Com que experiência ele se apresentou? Como o consumidor reagiu ao atendimento? O consumidor se manifestou espontaneamente ou precisou ser induzido a dar uma resposta?

Para otimizar o serviço na comercialização, os atendentes devem ser muito bem treinados, a comunicação deve fluir com facilidade, porque é necessário não só criar, mas, também, manter os consumidores. Os vendedores precisam dominar as informações sobre os produtos que vendem. Além de controlar e avaliar, deve a empresa mais bem recompensar os bons funcionários.

8.7 TERCEIRIZAÇÃO

O comportamento do mercado de trabalho está passando por um período de mudanças, e observa-se que as empresas estão procurando acompanhar este processo de modernização de suas ações e operações, voltadas, exclusivamente, à qualidade e produtividade. Um bom exemplo é a redução da folha de pagamento de pessoal das empresas, desativando grande parte da área de serviços gerais.

No Brasil, desde a década de 1950, a indústria automotiva terceirizou partes de sua produção a indústrias menores, chamadas de indústrias de autopeças.

A forma de organização do trabalho nos diversos países levou as empresas a terem de se adaptar a uma maior competitividade e a uma maior flexibilidade na utilização de recursos, principalmente os recursos humanos, já que a concorrência e a competitividade da mão de obra deixavam de ser um problema de um país para ser de um conjunto de países, como ocorreu na Europa (Mercado Comum Europeu).

Assim, a estrutura da empresa passou a ser mais flexível e voltada a desenvolver as atividades essenciais, deixando para terceiros aquilo que lhe era indireto, secundário e lateral. Em geral, a empresa não faz investimentos nas terceirizadas, exceto para casos especiais. A prestadora de serviços de terceirização necessita dispor de um efetivo de pessoal, formado por profissionais competentes, que atenda a demanda e a expectativa de seus clientes.

A terceirização, entre as diversas estratégias, é a que teve o maior sucesso. Mas, em alguns casos, a terceirização tem sido aplicada de forma inadequada em muitas empresas. Sobretudo, quando o objetivo não está voltado para a competitividade e sim para a redução de custos.

Não há como fugir da terceirização. As necessidades de baixar custos, aumentar produtividade, diminuir os níveis hierárquicos, reengenharia, conhecimento aprofundado naquilo que faz (ou produz), encargos sociais com pessoal, satisfação, ou não, com o serviço prestado, qualidade, rapidez na aplicação, descentralização, modernidade, necessidade de treinamento, custos de demissão, flexibilidade, distribuição, fornecedores de recursos e maior competitividade são alguns fatores que contribuíram para a criação deste mercado.

Outra vertente a ser considerada é a legislação trabalhista de alguns países, que pode inviabilizar o próprio trabalho, porque cria mais obstáculos do que facilidades. A terceirização proporciona vantagens, tais como:

- Permite direcionar melhor os investimentos.
- Divide riscos do mercado.
- Proporciona elevada agilidade decisória e administrativa pela maior flexibilidade nos processos.
- Provoca redução na cadeia de custos indiretos.
- Ameniza o impacto dos encargos trabalhistas em seus custos fixos.
- Proporciona melhor qualidade pela atuação de empresas especializadas, contribuindo para a melhoria do produto.
- Permite redução dos serviços de apoio.
- Simplifica a organização e incrementa a produtividade.

Uma grande desvantagem é o desemprego na empresa que terceiriza.

Como, hoje, se terceiriza tudo, desde a gerência de sistemas até a fabricação, parte da motivação para isso vem da natureza da economia que se pratica na atualidade. Devido ao avanço da tecnologia, o conhecimento necessário ao desempenho de qualquer atividade relevante tornou-se altamente especializado, sendo cada vez mais dispendioso e difícil manter sob controle uma massa crítica de gente, para cada tarefa específica.

Tendo em vista que o conhecimento se deteriora rapidamente, manter pessoas contratadas sem reciclagem gera ineficiência. Mas como reeducar recursos humanos, continuadamente, sem alterar custos de produção?

Porém, é bom observar que a terceirização traz os seguintes problemas: qualificação do terceirizado, expectativas e contratos não cumpridos, indefinição do objetivo (competitividade ou redução de custos?). Na essência, os benefícios da terceirização transparecem nas declarações de empresários, executivos e gerentes de empresas que a utilizam. Há aqueles que dizem ter concentrado energias em áreas estratégicas; há os que dizem ter agilizado a produção; há alguns que se capitalizaram com a redução do ativo imobilizado.

Como tudo na vida tem ônus e bônus, a seguir, algumas premissas que ajudarão você a não cair nas armadilhas da terceirização:

- A redução de custos não deve ser a finalidade principal da terceirização.
- Nem sempre é mais econômico desenvolver uma atividade que não seja a principal.
- Uma regra importante da terceirização é a definição das áreas que, por segurança ou segredo tecnológico, devem permanecer na empresa.
- Alguns executivos não querem um enxugamento da estrutura da área sob o seu comando.
- As empresas devem evitar superestruturas para administrar empresas terceirizadas.
- A terceirização não é o remédio para todos os males.
- Um diagnóstico preciso das atividades a serem terceirizadas se faz necessário.
- O exagero pode trazer complicações.
- A empresa não deve criar laços paternalistas com o terceirizado.
- Para transformar o terceirizado em parceiro é preciso dar atenção a: diálogo, conveniência, confiança e identificação cultural.

8.8 GARANTIA

A garantia é uma promessa que dá a segurança aos compradores de que o produto fará aquilo que se espera e que seja razoável. O tipo de garantia oferecida e sua duração estão descritas em contrato. A garantia de um serviço talvez seja o seu maior valor agregado, porque é uma comunicação explícita de dizer que o serviço será feito conforme contrato. Como existe muita confusão entre certificado de garantia e termo de garantia, aí vai:

Certificado de Garantia – É um documento que atesta a garantia de um produto, tanto na origem como no consumo. Assim, é possível encontrarmos certificados, credenciados por organismos, tais como: Internacional System Organization (ISO); Associação Brasileira de Normas Técnicas (ABNT); American Standards Association (ASA); Instituto Nacional de Metrologia (IMETRO); Instituto Oswaldo Cruz; Vigilância Sanitária; Instituto Vital Brasil, que dão garantia de qualidade de fabricação, distribuição, armazenagem, consumo, uso e emprego.

Termo de Garantia – O termo de garantia é um documento que assegura a autenticidade e/ou a boa qualidade de um produto (bem, serviço), que assume o vendedor junto ao comprador (consumidor, usuário), o compromisso de ressarci-lo em caso de ineficiência ou fraude comprovada. Os itens abordados neste termo são, geralmente: Definição da garantia; Produto em garantia; Período (prazo) de cobertura da garantia; Utilização do serviço de garantia; Responsabilidade da garantia; Cessação da garantia; Limitações da garantia; não cobertura dos serviços de manutenção; Exclusão da garantia; Garantia complementar; Uso do produto; Casos particulares ou fortuitos; Recomendações especiais; Serviços autorizados; Índice analítico.

8.9 PRESTAÇÃO DE SERVIÇO

A prestação de serviço se caracteriza pelo alto grau de integração entre o contratante e o contratado. Na prestação de serviço o grande desafio é a diferenciação, a inovação, a criatividade e o atendimento, por exemplo, já que tudo é muito parecido. Dado o grande número de prestadoras de serviço, é improvável querer que seus dirigentes sejam "gênios" da administração. Portanto, as empresas de serviço, em geral, são ingovernáveis, isto é, é preciso dirigir pessoas normais, que são simplesmente esforçadas, e transformá-las em especialistas em prestar bons serviços.

Os prestadores de serviço tipicamente não encaram o processo como um fluxo único de experiências interligadas. Eles o visualizam em termos de suas tarefas e responsabilidades individuais. Cabe ao cliente vê todo o processo do serviço. Às vezes, nem este consegue enxergar todo o processo.

Assim, o prestador de serviço deve levar em consideração os seguintes obstáculos: apatia, dispensa, frieza, condescendência, anomia, ação reativa, automatismo, excesso de normas, procedimentos burocráticos, lentidão, políticas, regulamentos, ineficiência, ineficácia.

Programa de serviço é aquele capaz de envolver as pessoas que controlarão os meios, definindo claramente, com simplicidade, os objetivos do serviço voltado a atrair consumidores. Tal programa é fundamentado no espírito de equipe. Antes da montagem de um programa de serviço é preciso questionar sobre:

- O serviço está vinculado à produção de um bem ou uma ideia?
- O serviço prestado não tem concorrentes no mercado?
- O serviço dá uma larga garantia e assistência técnica?
- O serviço pode ser utilizado como uma marca, desenho ou imagem?

- O serviço é complexo, dificultando o entendimento do usuário?
- O serviço pode ser acelerado?
- O serviço pode ser financiado?

Os contratos de prestação de serviço podem ser: contratos de trabalho, contratos de serviços públicos, contratos de fabricação, contratos particulares de serviços domésticos, contratos de serviços profissionais, contratos particulares de reportagem ou de serviços artísticos, contratos de seguro, contratos de empreitada, contratos de administração, contratos de representação comercial, contratos de instalação, por exemplo.

Teste de Aferição de Conhecimento

01 – Qual a importância do serviço pós-venda?

a) Fidelizar consumidor.
b) Criar uma imagem de excelência.
c) Ajudar o consumidor a utilizar o produto que comprou.
d) Não tem importância alguma

02 – Qual o melhor modelo de serviço?

a) Modelo da qualidade
b) Modelo da comunicação
c) Modelo de compra
d) Modelo de custo

03 – A qualidade do serviço é baseada em quê?

a) Lucro
b) Satisfação do usuário
c) Atendimento
d) Ecletismo empresarial

04 – Faça a correspondência:

a) Termo de Garantia
b) Contrato de qualidade assegurada
c) Contrato de Garantia
d) Instruções de uso
e) Certificado de Garantia
f) Atestado de credibilidade

05 – Um programa de serviço deve ser:

a) Relevante
b) Inútil
c) Fundamental

d) Necessário e suficiente

06 – Por que os serviços públicos são deficientes?

a) Ambiente demográfico é incontrolável
b) São difíceis de orçar
c) Eles esbarram em muita regulamentação e burocracia.
d) Há muito desvio de recursos.

07 – Qual o maior obstáculo ao serviço?

a) Falta de tempo
b) Falta de dinheiro
c) Falta de racionalização
d) Falta de conhecimento
e) Falta de qualidade

08 – As soluções dos problemas de serviço estão nas:

a) Pessoas
b) Procedimentos
c) Políticas
d) Orçamentos
e) Estratégias

09 – Os desvios encontrados nos serviços são detectados com:

a) Facilidade
b) Muita dificuldade
c) Não são detectados.
d) Muita pesquisa e análise.

Capítulo 9

ATENDIMENTO

"Os empregados podem ser nosso maior passivo, mas as oportunidades da empresa são descobertas por este passivo".
Peter F. Drucker

OBJETIVOS DO CAPÍTULO

- Mostrar que o atendimento está sendo considerado como a primeira bandeira da estratégia empresarial.
- Mostrar os mais importantes elementos e valores agregados do atendimento.
- Mostrar as principais ferramentas de atuação e de avaliação de desempenho no atendimento.
- Mostrar que as pessoas que lidam com o público devem possuir certas habilidades de relacionamento humano.

9.1 CONCEITO DE ATENDIMENTO

Toda prestação de serviço tem, obrigatoriamente, uma forma qualquer de atendimento (pessoal ou impessoal). A visão tradicional leva-nos a pensar que um bom cafezinho, cortesia, fala mansa e simpatia faz parte principal do atendimento. Contudo, são complementos do verdadeiro atendimento, que pode ser o grande diferencial no negócio. Pelo atendimento o consumidor e/ou usuário percebe a filosofia da empresa.

Atendimento é toda atividade de contato da empresa com o cliente da qual resulta uma proposta, um contrato, uma venda. Para fins de análise, o atendimento é a forma em que a empresa se relaciona com seus clientes, tendo como conteúdo o serviço propriamente dito. O atendimento pode ser feito por máquinas. Que uma empresa deve estar sempre junto a seus clientes parece uma afirmação tão inocente quanto banal.

Surge, então, a pergunta: Por que o cliente é simplesmente ignorado ou considerado uma amolação?

Não podemos mais nos dar ao luxo de negligenciar o atendimento, tão estratégico e crucial para sobreviver num mercado globalizado, cada vez mais difícil de atuar.

A peça central dessa estratégia deve ser a conscientização do papel do pessoal que lida com o público responsável pelo atendimento, ferramenta que deve merecer a atenção da empresa. Portanto, os atendentes devem aumentar sua dedicação ao consumidor. O atender bem continua sendo uma das razões que leva à fidelização do consumidor a quem lhe vende um produto.

Em períodos de elevada inflação, o consumidor toma o preço do produto como referência, mas, em baixa inflação, é a qualidade do atendimento que conta. Muitas vezes, o consumidor não volta a comprar num determinado varejo, mesmo tendo bom preço e boa qualidade nos produtos, por causa de um mau atendimento.

Não raro as pessoas acharem que o atendimento falho é um problema da organização, na prática, sabemos que depende muito mais das pessoas do que da própria organização. Se cada um fizer um esforço para bem atender, quem lucrará com isso são estas pessoas e a própria empresa.

O atendimento de qualidade é um exercício constante de relacionamento humano. Se o atendente não estiver preparado pode causar grandes estragos.

O bom atendimento começa com palavras de cortesia, de forma calorosa e empática, dando atenção a quem se procura atender as suas necessidades de compra.

Muitos fatores contribuem para um atendimento falho, tais como: pouca concorrência, aumento eventual do poder aquisitivo das pessoas, períodos sazonais, baixo nível de profissionalismo do atendente, aumento do nível de percepção do consumidor, exigências cada vez maiores do consumidor, terceirização feita por empresas sem qualidade assegurada, redução de custos.

9.2 VALORES AGREGADOS AO ATENDIMENTO

É possível agregar diversos valores ao atendimento, para que o mesmo atinja um bom nível de excelência. A seguir, alguns valores agregados ao atendimento:

Atenção – É muito importante manter a atenção no consumidor, principalmente, quando este falar. Responder ao seu questionamento é fundamental. Por outro lado, não se iluda em atrair a atenção do consumidor, pois é muito difícil que este responda aos estímulos do atendente e/ou vendedor, se os dois não tiverem um repertório de conhecimentos compatível.

Contribuição – O atendente deve contribuir sob a forma de trabalho, tempo, esforço, dedicação, pontualidade, assiduidade, compromisso, esmero e participação, para que o consumidor se sinta satisfeito em estar na organização.

Colaboração – O atendente deve assumir diante do cliente uma postura, primeiramente, de colaborador e não aquele que quer, apenas, vender algo. Muitas vezes, o consumidor não sabe, realmente, o que quer. Ajudá-lo a definir seu problema, desejo ou necessidade é função do atendente.

Empatia – É definida como sendo a compreensão intelectual, ou imaginativa, de assumir o papel de outra pessoa. Na maioria dos casos, é uma característica adquirida. Alguns acham que a empatia é a capacidade de projetar-nos dentro das personalidades de outras pessoas. A empatia é um dos mais importantes elementos influenciadores do atendimento.

Flexibilidade – A necessidade de flexibilização é cada vez mais importante num mundo onde as turbulências se acentuarão em escopo, espaço, tempo, velocidade e complexidade. O atendente, que não tiver uma flexibilidade na sua programação diária, deixará de atender problemas urgentes e oportunidades.

Prontidão – Designa a atenção sobre a capacidade e o desejo do indivíduo de se comunicar.

Credibilidade – É o crédito, a confiança, a honestidade, a competência, a correção e a fé que o consumidor deposita nas palavras e atos do vendedor ou do atendente.

Motivação – A motivação das pessoas depende basicamente de: Estímulo (causa); Necessidade (desejo) e Objetivo (meta, propósito, desafio). A motivação do atendente se faz por comunicação, treinamento, remuneração, recompensa, realização, satisfação.

Objetividade – Capacidade que têm certas pessoas de não se perderem em meandros e ir ao âmago do assunto, de maneira concisa. O atendente objetivo deve: ter presente a ideia de finalidade; determinar as causas reais dos resultados; saber chegar sem se perder a meio caminho; distinguir o essencial do acidental; ter inteligência treinada para resolver problemas.

Entendimento – Para enfrentar obstáculos de comunicação, atendente e consumidor precisam desenvolver meios para darem um cunho performático ao processo de atendimento. Considera-se neste processo: empatia, neutralidade, sentimento, tendência, erro, certeza.

Relevância – A relevância deve ser considerada para atendimento de pedidos de compra, quando se determina o que realmente deve ser atendido. Os atendentes devem selecionar os aspectos importantes e analisar, cuidadosamente, as exceções, para evitar a administração por crise, muitas vezes dramatizando as situações e buscando grandes soluções para problemas menores. As soluções espetaculares e geniais, muitas vezes, produzem consequências desastrosas no futuro.

Rapidez – Nos dias de hoje, em um mundo mais globalizado e com uma economia de rede, a rapidez (velocidade) no atendimento ganhou uma dimensão cada vez maior, na estratégia empresarial. Mas, o leitor não deve esquecer que rapidez significa ação imediata e também abandono imediato. Ser rápido não significa ser eficiente e eficaz.

Envolvimento – O atendente, para progredir em suas atividades, precisa se envolver com os demais funcionários, assumindo compromissos com processos, políticas, planos e projetos.

Compreensão – A relação atendente/consumidor é muito prejudicada quando não há compreensão de ambos os lados. Assim, tentar compreender o interlocutor é de fundamental importância, principalmente, quando se está fazendo um pedido por telefone. Mesmo por e-mail, às vezes, a compreensão é prejudicada, porque não é um canal instantâneo de duas vias. É preciso ler para depois responder, o que não acontece, no mesmo instante, quando usamos o telefone (rádio).

Resposta – A resposta é definida como uma reação necessária e suficiente, embora nem sempre seja a solução do problema do consumidor. Porém, o atendente deve ter sempre uma resposta verdadeira e transparente aos olhos do consumidor.

Resultado – O resultado de uma empresa é ter consumidores satisfeitos; de um hospital é ter pacientes curados e de uma escola é ter alunos mais bem preparados para enfrentar a vida. O resultado leva o indivíduo (a organização) a avaliar se as decisões foram apropriadas, ou não, para continuar sobrevivendo e competindo na sociedade (mercado).

Ética – A prática da ética é uma das responsabilidades sociais dos homens de negócios. Este é problema universal. A cultura não ética recebe muita publicidade, sempre que descoberta, mas a maioria das práticas "sutis" permanece oculta dentro das estruturas organizacionais. Portanto, qualquer empregado de uma empresa, principalmente aquele que faz o atendimento, deve ter uma conduta ilibada para não comprometer a própria organização.

Comprometimento – O atendimento precisa se comprometer com os interesses, satisfações e participações do consumidor no processo de compra e venda para que tenha sucesso. Também é importante ressaltar que o compromisso precisa ser congruente com os interesses da empresa e os do atendente. Caso contrário, não haverá comprometimento ou este será falso.

Tratamento – O tratamento aos consumidores deve ser precedido de respeito e dignidade. Tratar pessoas como parceiras é uma boa tática. Um bom tratamento entre atendentes ajuda alcançar resultados positivos, reforçando a produtividade.

Atitude – A atitude é uma predisposição pessoal de responder de maneira positiva ou negativa ao ambiente, situação ou objeto. Assim, o atendente deve evitar a rejeição, submissão, rivalidade e domínio. Deve sempre estar preparado para cooperar e respeitar o próximo.

Privacidade – O atendimento deve respeitar a privacidade do consumidor, bem como dos demais atendentes. O que está em jogo é a privacidade, tanto física quanto psíquica, dos indivíduos, o respeito, a salvaguarda de sua autonomia e liberdade pessoal.

Disciplina – Disciplina é um processo, ou forma de pensar, que ajuda o ser humano a desenvolver autocontrole, tornando-se alguém mais efetivo. Na realidade a disciplina é uma habilidade que ajuda a analisar situações e determinar qual decisão tomar. Todos os dirigentes devem estar preparados para lidar com situações desagradáveis.

A disciplina é necessária aos atendentes, independentemente, do seu nível de responsabilidade. Será considerado indisciplinado aquele que não obedecer: ordens, programas, políticas e procedimentos; não cooperar, utilizando letargia, negligência e mau exemplo; revelar informações confidenciais; promover insubordinação.

9.3 ELEMENTOS DO ATENDIMENTO

A seguir, examinaremos os elementos básicos que reforçam o conceito de atendimento:

Feedback – O sistema de feedback (realimentação) faz ajustes onde necessários. Tais ajustes podem provir do próprio equipamento, da tarefa, da pessoa ou diretamente de um sistema de controle construído com esta finalidade. Estudos antigos provaram que a realimentação é necessária para permitir que as pessoas melhorem seu desempenho.

Os indivíduos que não recebem nenhuma realimentação apenas não sabem como modificar os seus esforços, ou mesmo se devem modificá-los. Outros estudos mostram que os indivíduos trabalham mais tempo e com mais dedicação quando recebem realimentação.

A Teoria da Fixação de Objetivos de Locke afirma que "a realimentação ou conhecimento dos resultados afetará a motivação e o desempenho somente no grau em que ela influi sobre a fixação de objetivos e na sua orientação. A realimentação pode levar a um objetivo mais elevado após atingir o anterior".

Num circuito de feedback as saídas do sistema são comparadas com valores desejados de saída. Os desvios são retornados à entrada do sistema até que as operações (tarefas) sejam ajustadas para proporcionar saídas coerentes aos padrões desejados.

O feedback que busca amortecer e reduzir as flutuações daquilo considerado normal ou padrão é chamado feedback negativo. O controle usando feedback negativo, normalmente, envolve quatro elementos: uma unidade censora, uma unidade para comparação, um padrão, uma unidade de correção.

O feedback positivo, por outro lado, reforça a direção do sistema em funcionamento e amplifica a ação de ajustamento. Não esquecer que o feedback num sistema em mudança não é a única operação que se faz para ajustar o sistema. Controlar um sistema, essencialmente, significa mantê-lo operando dentro de um limite de performance.

A realimentação é fundamental num sistema, porque fornece dados para uma nova tomada de decisão, caso seja necessária. Por outro lado, ela ajuda a incrementar a criatividade e a inovação; modela o comportamento, como também ensina e, além disso, realça nossa autoimagem.

"Gostei bom trabalho, valeu!" é exemplo de quão simples é fornecer o feedback positivo. Uma única palavra, ou uma simples tapinha nas costas, contém uma energia motivacional muitas vezes subestimada. O elogio representa uma força que pode até mudar a eficiência e eficácia de sua equipe.

Quem ganha com a manifestação do feedback positivo: O executivo? A organização? A pessoa, alvo do elogio? O próprio líder? O dirigente? Todos se beneficiam.

A organização ganha energia positiva, que, consequentemente, tende a redundar em maior produtividade. A pessoa alvo ganha uma massagem no ego que a estimula a trabalhar mais e melhor do que antes.

Quando é transmitida com sinceridade, a mensagem chega à pessoa alvo acompanhada de bons fluidos. Se for usada de forma manipuladora, sem sinceridade, o elogio será visto com suspeita, e não produzirá o efeito benéfico desejado. Há oportunidade para tudo. Procure escolher, portanto, a ocasião que promoverá maior impacto (quanto mais próximo ao ato merecedor do elogio, melhor).

Equipe – Equipe é uma dessas palavras, excessivamente, utilizadas no campo da administração. Sugere uma coesão de pessoas entorno de uma unidade de trabalho que você raramente obtém e talvez não queira que, realmente, aconteça o tempo todo. O trabalho em equipe é a combinação de diferentes indivíduos, trabalhando ao longo de rotas independentes e colaborativas para objetivos comuns.

As equipes não podem ser formadas da noite para o dia. É necessário um longo período antes que possam funcionar. Elas são baseadas na confiança mútua e no entendimento recíproco, e isso leva anos para se conseguir.

Embora não seja muito fácil definir o que seja uma equipe, ela possui certas características que tornam possível a sua identificação e que são: finalidade e estrutura. Finalidade, porque sempre existe um motivo básico que reúne pessoas que formam um grupo. Estrutura, porque a formação do grupo estabelece posições, mais ou menos, determinadas dos seus membros.

Uma equipe não é simplesmente o somatório de indivíduos. Cada um, com as suas propriedades e traços diferentes, é um elemento que influencia o grupo e que por este se deixa influenciar. Essas interações dão ao grupo um caráter ativo e dinâmico. A convivência grupal cria sentimentos, laços de simpatia e amizade, por exemplo, que dão ao grupo certa força interna, formando uma verdadeira trama de tensões.

As pessoas sozinhas fazem perguntas, vêem problemas, formam metas e ideias, transcendem seu estado presente, superam obstáculos, alteram modelos de pensamento, criam ambientes, formam unidades e seguem causas comuns. Mas, quando colocadas em equipe, estas mesmas pessoas apresentam um rendimento bem maior, tendo em vista o efeito sinergético que a equipe promove.

No trabalho em equipe, as barreiras hierárquicas e os interesses específicos de cada departamento são minimizados, proporcionando uma predisposição para a colaboração e a inovação.

Imagem – Toda empresa famosa tem sua imagem na cabeça do público consumidor. Muitas vezes, o consumidor possível se torna impossível, porque a imagem não ajuda ou porque esta deixou de ser favorável por alguma razão. O valor da clientela cativa que volta sempre a comprar e a imagem da empresa, que tanto custa construir, são arranhados. É razoável, pois, ficar em pânico, sabendo que todo dispêndio com inteligência, esforço, tempo, energia e dinheiro está nas mãos daqueles que lidam com o público e que não avaliam, certamente, a tremenda responsabilidade que lhes é confiada.

Os meios e instrumentos de comunicação são fundamentais para construir e fortalecer a imagem de uma empresa/marca/produto. A fim de melhorar a imagem, a organização utilizará:

- Instrumentos (publicidade, propaganda, promoção, treinamento, relações públicas)
- Meios Visuais (aparência moderna, cores compatíveis, logomarca bonita, arquitetura da loja, página agradável na internet, embalagem, etiqueta, rótulo, cor).
- Serviços (atendimento na venda, atendimento pós-venda, atendimento no crediário, sinalização dos produtos, apoio à comunidade).

Só uma pesquisa pode responder, perfeitamente, às perguntas referentes ao que o público pensa de determinada empresa. Mas, sem fazer pesquisa, sabe-se muito bem que só se terá uma boa imagem à medida que a empresa for capaz de tratar o consumidor como alguém muito importante para a organização.

Um dos ramos onde a imagem empresarial pode ter sua importância devidamente aquilatada é o de transportes aéreos. Em nenhuma outra atividade comercial, a oferta de aviões, rapidez, escalas, serviços de bordo e tarifas é tão idêntica. Neste caso, a empresa deve projetar sobre o público suas características qualitativas, como: segurança, confiabilidade, pontualidade, precisão, progresso tecnológico, diversificação de produtos, a fim de destacar-se das demais.

A empresa moderna necessita desses predicados, não somente para seus produtos, mas também para alcançar uma importância no conceito público, que representa a sua finalidade essencial, devendo encontrar um perfil capaz de criar na comunidade uma imagem definida, pois o anonimato não inspira confiança.

Uma crise de imagem, antes de tudo, é uma crise de confiança, de credibilidade e de reputação. As empresas comercializam bens e serviços, mas vendem, na verdade, confiança. Isso vale para bancos, hospitais, empresas aéreas, escritórios advocatícios, clínicas médicas, floriculturas, oficinas mecânicas e até governos.

Não importa o tamanho da organização, o cliente só a procura com base na percepção de que pode ser bem atendido e de que está seguro com a opção feita. Por isso, a crise de imagem é tão devastadora. Ela atinge a companhia em seu ponto mais sensível, ou seja, sua capacidade que tem de fazer com que os outros confiem nela.

Satisfação – Uma satisfação crescente se reflete numa maior capacidade de trabalho e no aumento da produtividade. Mesmo em rotinas de trabalho rigidamente hierarquizadas é possível encontrar pessoas satisfeitas. A qualidade se traduz como satisfação do consumidor. Reconquistar posições perdidas é muito mais difícil do que ganhar novas posições. É mais barato manter do que construir um novo cliente.

O corpo a corpo com o cliente vale mais do que 1.000 pesquisas. Mas, nem sempre isso é possível. Naturalmente, ao insistir em melhorar seus vínculos com os consumidores, as empresas gastam dinheiro. Porém, o retorno é multiplicativo, pois o que se perde com a má qualidade no atendimento é muito grande, e, principalmente, porque o nível de conscientização do consumidor aumenta dia a dia.

Cada vez mais os prestadores de serviços entendem que a satisfação do consumidor e a qualidade do produto é o único caminho que pode diferenciá-lo da concorrência. Satisfação garantida ou seu dinheiro de volta é a máxima do atendimento, cuja qualidade está definindo quem fica ou quem sai do mercado, isto é, sucesso ou fracasso.

Conhecimento – Conhecimento é o ato, ou processo, pelo qual o sujeito se coloca no mundo e, com ele, estabelece uma relação. Como entendimento do mundo, não é, pois, um enfeite ou uma ilustração da mente e da memória, mas um mecanismo fundamental para tornar a vida mais desejável e mais plenamente realizada. Só tem seu sentido pleno quando há um relacionamento com a realidade. Entender e fazer são duas faces do mesmo ato de conhecer.

Sem o conhecimento de métodos e técnicas de racionalização e de otimização de recursos você será pego no contrapé. O conhecimento capacita o indivíduo a ter novas ideias, criar leis, princípios, teorias e abstrações. Só quem possui conhecimento tem o poder da análise, maior ferramenta na solução de problemas.

Produzir conhecimento é uma capacidade e uma necessidade humanas. Certos princípios devem orientar aqueles que se dedicam a descobrir, discutir e divulgar o conhecimento. Assim, devem orientar-se pelo espírito crítico, pelo senso de realidade, pela humildade, pela moralidade, pela participação, pela cooperação, pelo questionamento criativo, pela perseverança e pela tenacidade.

Na Era da Informação, o recurso mais importante deixou de ser o capital financeiro para ser o capital intelectual, baseado no conhecimento. Este ficou na dianteira de todos os demais recursos organizacionais, pois todos passaram a depender dele.

As organizações de sucesso motivam as pessoas a conquistar e aplicar conhecimento. Como este não ocupa espaço físico, ele é considerado um ativo intangível.

O conhecimento, como considerado hoje, é comprovado por meio da ação. De fato, o grupo de maior crescimento em toda empresa é dos especialistas em tecnologia, reparadores de computador, tributaristas e engenheiros de sistemas. Como é especializado, o trabalho do conhecimento é muito fragmentado, mesmo em grandes organizações.

A tarefa mais crítica com que se defronta a direção da empresa em cada exercício é a de encontrar um novo conjunto de métodos, modelos e técnicas que se torne a base para administrar com sucesso. Por mais curioso que pareça, essas novas ferramentas, com o tempo, dão origem as suas próprias sementes de decadência. Por conseguinte, as empresas sofrem a ironia de ver uma genial solução de agora se tornar um grave problema amanhã.

Personalidade – Em geral, a ideia popular de personalidade envolve o comportamento observado de alguém. Trata-se de um fenômeno social. Sem outras pessoas não haveria personalidade, já que não haveria alguém para servir de referencial. Embora se use o termo com frequência, há pouca concordância a respeito de seu significado exato ou sobre o que forma uma personalidade.

A definição comum vê a personalidade como o padrão constante de respostas de uma pessoa. Por causa dessa constância de comportamento, é possível categorizar as pessoas como: egoístas, arrogantes, prepotentes, humanistas, vaidosas, amigas, pensadoras, ambiciosas, esquizofrênicas, paranóicas, depressivas, pessimistas, otimistas...

A personalidade revela-se mais intensamente quando estamos sob constrangimento mínimo, isto é, quando somos livres para escolher como agir ou reagir. Isso significa que, quando somos obrigados a nos comportar de forma igual aos que nos rodeiam, a personalidade se revela. Idade, cultura, educação, intelectualidade, experiência, país, lugar de nascimento, classe social e família, por exemplo, são elementos que moldam a personalidade do ser humano. Mas aquilo que faz mover essas forças leva a marca da individualidade desde que nascemos.

Personalidade e modos próprios de agir são coisas enraizadas. Muitos anos de condicionamentos que se acumularam, tornam impraticável uma conversão eficiente. A única recomendação que parece adequada é a do dirigente tentar todo e qualquer dispositivo ou método novo que esteja inclinado a empregar, desde que não procure mudar sua personalidade ou método próprio, natural e básico de procedimento.

As pessoas têm diferentes, intuitiva ou racionalmente, maneiras próprias de obter e analisar informações. Algumas são pensadoras sistemáticas e outras são imprevisíveis. Esses modos de agir parecem ser inerentes e se acham bastante enraizados quando as pessoas atingem a maioridade.

Mais revelador ainda é que todos esses modos afetam, em muito, a maneira de as pessoas executarem o trabalho que escolheram. Não se pode afirmar que a boa administração se deve exclusivamente a um determinado conjunto de atributos ou fruto da personalidade de uma pessoa.

Não há dúvida de que sempre existe um modo melhor de se fazer todas as coisas, mas quando essas maneiras negam ou rejeitam o que é natural e normal ao temperamento ou modo de agir de um dirigente, este estará irremediavelmente arranjando encrenca.

Treinamento – O treinamento é a ação (processo) que visa ajudar o subordinado a organizar suas ideias e aptidões de modo a poder usá-las com vantagem em suas relações. É o processo educacional, que aplicado de maneira sistemática e organizada, as pessoas adquirem: conhecimentos, atitudes, deveres, responsabilidades, altos padrões de desempenho e habilidades, em função de objetivos definidos.

O objetivo do treinamento é capacitar o indivíduo a alcançar níveis de performance para cumprir seus deveres e responsabilidades para com a organização a que pertence.

Quando o empregado não possui conhecimentos (habilidades) necessários ao bom desempenho de suas funções, há uma porção de consequências indesejáveis, baixa produtividade, gastos excessivos de material, tempo, energia e acidentes. Quando os empregados não produzem satisfatoriamente, apesar de serem boas as instalações, máquinas, ferramentas, possivelmente, a causa seja a falta de habilidade e de conhecimento. A solução é o treinamento.

Os principais objetivos de uma política de treinamento são:

- Preparar o pessoal para execução imediata das diversas tarefas peculiares à organização.
- Proporcionar oportunidades para o contínuo desenvolvimento pessoal, não apenas em seus cargos atuais, mas

também para outras funções para as quais a pessoa pode ser considerada.

- Mudar a atitude das pessoas, com várias finalidades, entre as quais: criar um clima mais satisfatório entre empregados, aumentar a motivação e tornar os funcionários mais receptivos à supervisão e à gerência.

Tudo o que se gastar em treinamento, desde que este seja bem feito, redundará em benefícios altamente compensadores para a organização. Inversamente, tudo o que se deixar de gastar, quando há necessidade de treinamento, redundará em prejuízos para a empresa, pois ninguém nasce sabendo e nem pode tudo saber, a menos que alguém lhe ensine.

Sozinho também se aprende, mas custa muito mais. Por isso, toda administração inteligente procura treinar bem seu pessoal para evitar problemas futuros. É como nos disse Pitágoras: "Eduque os jovens para não ter problemas com os adultos".

Treinamento é bom para os profissionais, mas a boa educação é fundamental para desenvolver a capacidade de absorção ou mesmo de criação de novos conhecimentos. Um ser humano treinado é capaz de assimilar rotinas e praticar as mesmas no seu dia a dia. Uma pessoa educada é capaz de questionar e/ou criar conceitos, contribuindo de forma ativa para o desenvolvimento das organizações.

Expectativa – A expectativa é a combinação de crença, chance, probabilidade e sorte que alguém tem em atingir determinado resultado (objetivo ou desempenho). Uma das variáveis mais importantes da motivação é a expectativa (Modelo de Vroom). A Teoria da Expectativa considera que pode ser necessário haver uma sequência de eventos interligados para que um resultado desejado se realize.

A maioria dos dirigentes, porém, trata seus subordinados de forma que os conduzam a um desempenho inferior ao que são capazes de conseguir. A maneira pela qual os dirigentes tratam seus subordinados é sutilmente influenciada pelo que esperam deles. A expectativa do consumidor pode ser traduzida como aquilo que uma pessoa espera de um bem ou de um serviço. Sua fórmula é a seguinte:

Expectativa do Consumidor = Necessidades + Desejos + Hábitos + Informações + Emoções

Se as expectativas de um dirigente são elevadas, o provável é que a produtividade seja excelente. Se elas são restritivas, a produtividade será provavelmente baixa. É como se existisse uma lei que fizesse o desempenho de um subordinado subir ou descer para acompanhar o progresso de seu superior. Albert Moll, médico e psicólogo, verificou que os indivíduos se comportam conforme aquilo que deles se espera. Mais ainda, a medicina há muito reconhece que a cura do paciente está diretamente ligada às expectativas do médico e do paciente.

Está claro que a maneira pela qual um dirigente trata seus subordinados, e não a maneira pela qual os organiza, é a chave das grandes expectativas e da elevada produtividade. Ao contrário do que se pode supor, as elevadas expectativas, dos dirigentes mais categorizados, baseiam-se, principalmente, naquilo que eles pensam de si próprios e de suas próprias habilidades. A aptidão em selecionar, treinar e motivar seus comandados, também conta.

Aquilo que um dirigente espera de seus subordinados e a maneira como os trata determinam em grande parte seu desempenho e o desenvolvimento de sua carreira. Uma característica ímpar dos dirigentes, altamente categorizados, é a sua capacidade de criar elevadas expectativas. Entretanto, os dirigentes medíocres não conseguem criar expectativas, e, assim, os subordinados fazem o que acreditam ser aquilo que se espera deles.

Incentivo – Os incentivos são contribuições (pagamentos) feitas pela organização aos seus participantes, tais como: prêmios, oportunidades de crescimento, seguro saúde, segurança no emprego, supervisão aberta, elogios, bom ambiente de trabalho, esforço significativo, desafios. Qualidade do atendimento significa uso inteligente de incentivos.

Sem incentivos não se consegue apelar para o desejo natural de crescimento dos empregados, da necessidade de desafios e do senso de propriedade com relação ao trabalho e à empresa. Não é somente o volume que determina o sucesso dos incentivos. É a forma como são organizados, isto é, precisam ser sistemáticos e não eventuais. Muito menos, em função do humor da direção.

Recompensa – As recompensas são classificadas em:

Recompensas intrínsecas – São aquelas inerentes à própria realização da tarefa (trabalho). As mesmas estão vinculadas a: realização de objetivos, resultados positivos, satisfação psicológica, sentimento de segurança, fatores de estima, realização e participação social.

Recompensas extrínsecas – São aquelas que não estão diretamente ligadas ao cargo, tais como: promoção (por tempo de serviço ou mérito), aumento salarial, por desempenho excepcional, e símbolos de status.

Remuneração – A remuneração está ligada ao desempenho, mas isto nem sempre acontece. O problema da remuneração deve levar em consideração os seguintes fatores: qualidade da mão de obra, nível de especialização, questão pessoal, satisfação das necessidades, valores intangíveis (criatividade, por exemplo), padrões de mercado, avaliação do cargo, política salarial, plano de carreira, remuneração indireta.

Atuação – Algumas questões sobre a atuação atormentam os cientistas há muito tempo, tais como: A especialização faz o indivíduo ser mais eficiente? A situação é fator determinante na atuação de uma pessoa? É possível ser sempre eficiente ou há um limite? O estudo da efetividade é recente? Por que a maioria das pessoas faz as coisas certas?

Avaliação – Os administradores não julgam apenas a mera capacidade de produzir resultados, mas também estão preocupados com o modo pelo qual os resultados são produzidos e com as implicações nos curto e longo prazos dos métodos utilizados. Embora nem sempre isto seja possível, a avaliação de desempenho, por confronto com o padrão deve, idealmente, ser feita numa base futura, de forma que os desvios possam ser descobertos antes de sua ocorrência real e evitados com remédios adequados. Entretanto, o administrador sagaz, que tem os olhos no futuro, pode, às vezes, predizer desvios do padrão.

A avaliação é importante para qualquer indivíduo e/ou organização, pois é através dela que se adquire senso crítico. Quando o superior reconhece a importância da avaliação e quando a avaliação não é encarada pelos subordinados como medida disciplinar, os benefícios podem ser grandes. O executivo avaliador também se beneficia com o processo. Ele é encorajado a analisar as responsabilidades de seus subordinados, as quais, afinal de contas, fazem parte de sua própria função.

9.4 HABILIDADES NO ATENDIMENTO

O sucesso do atendimento não está inteiramente correlacionado com a autoridade daquele que atende, nem com o cargo que ocupa. Assim, o atendente precisará de certas habilidades, tais como:

Habilidade Técnica – A habilidade que diz respeito ao conhecimento de métodos e técnicas; a racionalização de recursos para o bom desempenho no atendimento. Tal habilidade será adquirida através da leitura, do estudo e da experimentação. Uma das funções mais importantes do administrador é a de fazer o interfaceamento dos assuntos das diversas áreas da empresa, no sentido de evitar sobreposições e omissões de tarefas.

Habilidade de Relacionamento – A habilidade de relacionamento humano consiste na capacidade de saber se relacionar com as pessoas, através de mecanismos de persuasão, motivação e liderança. Um atendente deve naturalmente compreender que ele não é perfeito, que as pessoas que trabalham com ele não são perfeitas e que sua empresa não é e nem jamais será perfeita.

O bem-sucedido é uma pessoa que mantém alta média de acertos na avaliação precisa das forças, que determinam qual deve ser seu comportamento mais apropriado em determinado momento e, efetivamente, ser capaz de comportar-se de acordo com a situação.

Habilidade Cognitiva – A habilidade cognitiva se traduz na capacidade de reflexão crítica a respeito dos problemas que o atendente procura interpretar e descobrir as suas causas e seus efeitos. O fracasso na resolução de um problema vai revelar em que pontos se acham as dificuldades e as condições mínimas que uma solução deve satisfazer.

Saber definir e categorizar (classificar) o problema é de extrema importância, bem como cruzar informações em busca de soluções. Aquele que define bem um problema, já tem 50% da solução, porque difícil mesmo é saber qual é o real problema.

Habilidade Analítica – A habilidade analítica consiste em saber a utilidade e a potencialidade das técnicas administrativas, isto é, adquirir mais realismo, profundidade e criatividade na solução de problemas. Aprender a decompor, identificar variáveis fundamentais, estabelecer relações de causa e efeito, buscar novos caminhos, objetivos, prioridades e alternativas é a base da análise.

Habilidade Executiva – A habilidade executiva está voltada para o desenvolvimento de uma capacidade de interferir intencionalmente no sistema de administração, mudar objetivos, valores e processos, alterar táticas de ação, aprender sobre si próprio, sobre sua função e sobre as condições operacionais da organização. Esta habilidade está relacionada em comprometer-se com a missão da organização.

Habilidade Psicológica – A habilidade psicológica é uma característica em lidar com os erros das pessoas. Os erros são para servir de lição e de ponto de partida para novos rumos e não para serem rememorados. A eterna preocupação por causa de um erro é uma atitude estéril.

Habilidade Política – A habilidade política consiste na capacidade de usar estratagemas, às vezes maquiavélicos, para atingir seus objetivos. O atendente que quiser ser um profissional politicamente correto deve usar de cautela ao aceitar conselhos, evitar relação superior-subordinado muito íntima, manter jogo de cintura, usar resistência passiva quando necessária, limitar o que deve ser comunicado, reconhecer que raramente são guardados segredos na organização, aprender a não depender muito de um subordinado, a menos que veja nele lealdade, estar disposto a transigir em pequenas coisas, ser hábil em dramatização e ser um negociador persuasivo, irradiar autoconfiança, dando demonstração de sucesso material, ser receptivo em relação às opiniões diferentes das suas.

Habilidade de Falar – A habilidade de falar consiste na capacidade de falar em público, devendo prestar atenção para a postura, entonação da voz, gesticulação, correção no uso do microfone e preocupação com a câmera de TV.

Habilidade de Ouvir – A habilidade de ouvir consiste na capacidade de focalizar um único estímulo durante um período de tempo. Podem ser reclamações de consumidores, subordinados, superiores, colegas, fornecedores ou concorrentes. Ouvir além das palavras significa ajudar as pessoas a dar vazão aos seus sentimentos de uma forma construtiva, em vez de fechá-los através do negativismo e da crítica.

Para ouvir basta aprender a acompanhar e encorajar o outro a falar (habilidade de direção), aprender a manter a atenção em quem fala e aprender a responder ao assunto trazido para a discussão e não se desviar do tema em pauta. A arte de ouvir é uma habilidade que pode ser desenvolvida, e, por paradoxal que pareça, é uma excelente técnica para influenciar pessoas.

Habilidade de Ler – A habilidade de ler consiste na capacidade de aprender a conhecer o mundo e suas manifestações. Para que se possa tomar conhecimento e usufruir riqueza histórica construída e transmitida pelos homens é fundamental a prática da leitura. Esta dará ao executivo, além de grande conhecimento, um bom vocabulário, o poder de organizar as ideias, a velocidade de entendimento do texto e a capacidade de reproduzir as informações apreendidas. Ela é uma ferramenta poderosa de estudo.

Habilidade de Escrever – A habilidade de escrever consiste na capacidade de construir relatórios claros, objetivos, concisos e relevantes. Para que o executivo saiba escrever é preciso que redija com naturalidade, conheça a língua, saiba pensar, escreva para o leitor e não para si, demonstre acuidade para detalhes e possua capacidade de observação.

Habilidade de Decidir – A habilidade de decidir é fazer uma apreciação sobre uma linha de conduta a ser adotada (escolhida).

Habilidade de Diagnosticar – A habilidade de diagnosticar exige da pessoa a leitura do cenário, não só para si, mas também para o grupo do qual pertence. Esta capacidade é adquirida ao longo do tempo, em função do acurado poder de observação. A capacidade para diagnosticar problemas é um pré-requisito da tomada de decisão. De todos os desperdiçadores de tempo, a dificuldade de diagnosticar problemas é o mais grave.

9.5 RELAÇÕES COM CONSUMIDORES

Hoje, é comum se falar de CRM (*customer relationship management*) nas empresas como veículo de relações lucrativas para ambos os lados e um canal de integração-comunicação. Empresas de diversos setores passaram a gastar fortunas para aprimorar a gestão do relacionamento com o cliente. Para tal, as respostas, em geral, foram: telemarketing, serviço de atendimento a clientes (SAC) ou processo integrado de dados dos consumidores.

A promessa do gerenciamento das relações com o cliente é cativante, mas, na prática, pode ser arriscada. Quando funciona, o CRM possibilita que as empresas reúnam, rapidamente, os dados dos clientes, identifiquem os mais valiosos ao longo do tempo e aumentem a fidelidade oferecendo bens personalizados. Também reduz custo dos serviços e facilita a conquista de novos clientes. Mas, quando não funciona, o que ocorre com frequência, pode levar a desastres colossais.

As empresas gastam muito tempo e dinheiro na tentativa de aprofundar seu relacionamento com os seus consumidores. Assim, é necessário que o leitor entenda algumas premissas do CRM:

- A maioria dos administradores confunde tecnologia de CRM com estratégia comercial.
- O grau de importância do CRM varia em função dos objetivos empresariais.
- A implementação do CRM deve vir a reboque de uma estratégia de abordagem do consumidor.
- A implantação do CRM exige mudanças comportamentais e estruturais.
- É um erro imaginar que o CRM sempre exige tecnologia de última geração.
- O consumidor deve ser cativado e não conquistado.
- As empresas não mudam na mesma velocidade dos consumidores.
- O sucesso do CRM depende mais da estratégia do que do investimento feito em tecnologia.
- O CRM não deve ver informática como corolário da Administração Moderna.

9.6 TIPOS DE ATENDIMENTO

Embora seja difícil criar uma tipologia para atendimento, a seguir, alguns tipos:

Atendimento Profissional – Para se ter um atendimento profissional é preciso muito treinamento e conscientização do conceito de qualidade. É preciso ter um plano de ação bem elaborado, munir-se de informações e cercar-se de gente competente. Mesmo quem já está com seu negócio em andamento, precisa se atualizar e profissionalizar o atendimento. Quem quer montar uma loja não pode economizar no visual, porque esta tem de ser agradável, moderno e limpo. Hoje, é preciso dar muita importância à qualidade ambiental, tendo em vista a conscientização, cada vez maior, do consumidor.

Atendimento de Contingência – Este atendimento leva em consideração a situação, o momento, o ambiente e, principalmente, os recursos tecnológicos, que a empresa pode dispor, isto é, será preciso se curvar aos imperativos tecnológico e ambiental para poder sobreviver.

Autoatendimento – O autoatendimento é cada vez maior em supermercados, bancos, restaurantes. Mas, a qualidade e o contato pessoal deixam a desejar. Muitas pessoas preferem pagar mais para serem mais bem atendidas. Quanto mais a automação cresce, mais o atendimento se distancia do ser humano, que precisa de convívio social e comunicação pessoal, devido a sua necessidade de autoestima. O restaurante a quilo sobreviveu, porque é barato. Mas quem não gosta de ser servido à "La Carte".

Atendimento da Carteira – A carteira de pedidos é um controle que dá uma visão clara se a empresa tem capacidade para atender ao mercado, e, também, ajuda a observar como está sendo feito o atendimento dos pedidos de sua carteira. As vendas representam um elemento significativo para avaliação do êxito empresarial. Mas não basta apenas vender, é necessário atender os pedidos colocados em carteira pela Força de Vendas. Quando se compara, mês a mês, os pedidos: em execução, recebidos, entregues e pendentes, temos uma noção mais clara da utilização dos recursos.

Atendimento da Reclamação – A reclamação é o ato escrito, ou verbal, que uma pessoa faz de alguém, de um grupo ou de uma organização, geralmente, amparado na lei, para reivindicar algo não atendido. O número de reclamações mostra a imagem que um produto tem diante de seus consumidores e intermediários.

Atendimento de Varejo – O consumidor valoriza, em primeiro lugar, o atendimento. Só depois é que vem o preço. Bom atendimento significa: gentileza, paciência, interesse e conhecimento do produto. Atendentes que avançam no consumidor e que atendem mais de uma pessoa ao mesmo tempo, ou que julgam pela aparência, às vezes, se dão muito mal. O atendimento deve ser organizado e o rodízio bem controlado para que cada consumidor receba a atenção que merece.

Quanto mais diversidade de produtos a loja tiver, mais fácil será atender às necessidades da clientela. Se possível faça do atendente um "encantador" de consumidores. Uma troca pode significar uma fidelização do cliente. O atendente que fizer cara feia para trocar um produto, pode se despedir do consumidor. Ao contrário, deve agir com naturalidade para conquistar a simpatia do cliente.

Não esqueça que a concorrência está de olho nos mesmos consumidores que a loja trabalha. Portanto, crie diferenciais, agregue valor ao seu serviço, treine a equipe de atendentes, conheça muito bem seu público-alvo. Você depende dele para sobreviver.

9.7 TEMPO DE ATENDIMENTO

O tempo é cada vez mais um recurso escasso, inelástico, não estocável, mas ele não é importante apenas como recurso. O efeito que seu uso provoca em nós também é fundamental. Pressa, ansiedade e frustração provocam má qualidade de: produtos, relações e resultados. De todos os recursos ao alcance de um indivíduo, o tempo é o mais pessoal e o mais comumente desperdiçado. Aquele que se propõe a usá-lo de forma efetiva e inteligente terá de conhecer profundamente as funções administrativas.

Assim, podemos considerar que tempo é recurso, cujo significado é intrínseco a cada indivíduo. Os dirigentes que sabem aproveitar bem o tempo são aqueles que estão dispostos a pensar antes de agir. A seguir, trataremos de assuntos que darão uma verdadeira dimensão do tempo de atendimento:

Prazo – É o espaço de tempo durante o qual deve realizar-se algum evento, processo, atividade, tarefa, por exemplo. A primeira condição para disciplinar o trabalho é estabelecer com antecedência prazos certos para cada meta ou tarefa através de cronogramas, mesmo que tenham de ser reformulados, posteriormente, e exigir prazos dos subordinados. Todavia, é difícil para o chefe impor datas precisas para serem cumpridas.

Importante – A tarefa importante precisa ser executada no mesmo dia ou durante a semana.

Urgente – A tarefa urgente exige providências imediatas, exercendo uma pressão interminável a toda hora. A dificuldade é distinguir entre urgente e importante, porque as pessoas têm realidades próprias.

Prioridade – As prioridades são níveis de valores relativos, e estes só podem ser estabelecidos quando comparados com outros. Já que o tempo é, por definição, inelástico, cada indivíduo opta em empregar o seu tempo da maneira que mais lhe convenha. Habitue-se a fazer sua lista diária e procure estendê-la para uma semana e depois um mês. Não se esqueça de deixar um período disponível para imprevistos. Respeite suas prioridades e observe que, com o tempo, o urgente diminuirá de proporção. Com isso você ficará menos tenso e se sentirá menos oprimido e mais competente.

Estimativa – Sempre que as técnicas e os métodos se revelarem ineficazes, insuficientes ou inaplicáveis, faz-se necessário utilizar estimativas. Isso é verdade, particularmente, quando se enfrenta a tarefa de levantamento de dados, referentes a volume de trabalhos ou de custos operacionais de uma seção, departamento ou empresa. Neste caso, deve-se fazer estimativas quanto às quantidades consideradas e procurar meios e processos que permitam verificar a precisão das mesmas.

9.8 COMPORTAMENTO NO ATENDIMENTO

Comportamento pode ser traduzido como uma conduta, maneira de agir, uma reação, uma atitude diante de uma pessoa, organização ou ambiente. Se uma pessoa reage contra uma decisão organizacional, por exemplo, diz-se que ela tem um comportamento negativo. Mas, um comportamento negativo nem sempre é um problema, pode ser inovador.

Os problemas comportamentais de um indivíduo podem advir da falta de atendimento das necessidades humanas (fisiológicas, de segurança, social, de estima, de independência, de realização, de poder, de atuação, de afiliação).

Quando se estudam os indivíduos e os grupos dentro de uma organização, está-se estudando o comportamento da organização, em função de um estilo administrativo, que, se mudado, pode alterar o comportamento organizacional. Hoje, afetado pela tecnologia digital da informação, o comportamento humano na organização está sendo redefinido. Cada vez mais, se exige das pessoas velocidade em suas atividades.

O comportamento, a atitude e a reação de um indivíduo no grupo de trabalho são influenciadas pelos motivos que levam o indivíduo a trabalhar ou ter gosto pelo trabalho. A alguns pode parecer que as pessoas trabalham somente por causa do dinheiro. Isso é falso.

Existem outros motivos que levam o indivíduo a trabalhar, tais como: manter-se ativo, descarregar tensões emocionais, adquirir prestígio junto ao grupo, ganhar poder, realizar-se, encobrir outras atividades, exibir-se, competir, colocar o grupo acima de si mesmo e, principalmente, ter prazer no que faz.

As variações desses motivos dependem, em grande parte, da posição do indivíduo dentro da empresa, isto é, do seu nível hierárquico, do cargo que ocupa, do poder que possui e das atividades que desenvolve. Os motivos que levam as pessoas a não cooperarem são de natureza: orgânica, ambiental, psicológica e social.

A compreensão dos fatores que levam os indivíduos a trabalhar, ou que os inibem, é de grande importância, tanto para os dirigentes como para os subordinados, pois se os chefes precisam compreender as causas da pouca produtividade do trabalho, para tomar providências acertadas, também os empregados devem compreendê-las, visando a colaboração. O esforço deve ser recíproco, porque os benefícios de um maior rendimento do trabalho são do interesse não somente do empregador, mas também do empregado.

Teste de Aferição de Conhecimento

01 – Qual a maior razão de bem atender?

a) Ganhar dinheiro.

b) Fidelizar clientes.
c) Melhorar a imagem.
d) Dar mais trabalho ao atendente.

02 – O feedback positivo serve para:

a) Reforçar a ação.
b) Constatar desvios.
c) Realimentar um sistema de atendimento.
d) Fazer elogios.

03 – O que mais reforça a imagem da empresa?

a) A marca
b) A publicidade
c) A transparência
d) A ética

04 – Por que a mão de obra do atendimento é, em geral, de baixo nível?

a) Falta conhecimento de sua importância por parte da direção
b) Falta treinamento dos atendentes
c) Falta de planejamento
d) Falta recrutamento inteligente e seleção adequada

05 – Qual fator ajuda o atendente ter um bom desempenho?

a) Incentivo
b) Recompensa
c) Expectativa
d) Remuneração

06 – Uma estratégia de atendimento é boa na medida em que:

a) Deixa o consumidor satisfeito.
b) Dá bastante lucro para a empresa.
c) É muito difícil uma estratégia para o bom atendimento.
d) A empresa precisa de táticas flexíveis de atendimento, pois a estratégia é muito geral.

07 – Por que a preocupação com o tempo de atendimento?

a) Porque o tempo é um recurso inelástico.
b) Porque saber administrar o tempo é para poucos.
c) Porque, em geral, as estimativas que fazemos sempre dão errado.

08 – Qual sua opinião sobre serviço de atendimento ao cliente?

a) Uma embromação.
b) É muito deficiente na sua maioria.
c) Cria expectativas não atingidas
d) É muito generalizado e igual em todas as empresas

Capítulo 10

VAREJO

"As pessoas que não conseguem fazer nada, muitas vezes, trabalham muito. Elas subestimam o tempo para qualquer tarefa, porque esperam que tudo dê certo, esquecendo que a única coisa que se pode esperar é o inesperado".

Peter Drucker

OBJETIVOS DO CAPÍTULO

- Mostrar os elementos que determinam o sucesso do varejo.
- Mostrar os diversos tipos de varejo.
- Mostrar o atual poder do grande varejo.

10.1 CONCEITO DE VAREJO

Varejo é o espaço (real ou virtual) onde o consumidor compra um determinado produto. É no varejo que são executadas todas as atividades ligadas à venda ao consumidor final. A ênfase que se vem dando em conhecer melhor o consumidor e como bem atendê-lo parece reforçar a ideia de que já estamos na Era do Consumidor.

As vendas de varejo são feitas, principalmente, por unidades, ou pequenos lotes, cabendo ao varejista manter o estoque dos produtos que comercializa, bem como oferecer uma variedade de bens e serviços aos consumidores. Além de vender, o varejo agrega valor aos produtos que negocia, pois, seus atendentes precisam orientar os consumidores para que estes façam boas compras.

Formas organizadas de expor os produtos auxiliam na decisão do consumidor, além de criar um ambiente agradável na loja. Adrede a isso, é possível coletar dados, para mais bem atuar junto a seus consumidores e também como agir junto a seus fornecedores de recursos.

O ponto onde termina a distribuição e inicia o consumo pode ser o balcão, a prateleira, a gôndola, a casa ou o escritório do consumidor. A distribuição maciça no setor varejista cresceu rapidamente, desde o início do Século XX, embora o grosso do varejo esteja ainda em mãos de pequenos negociantes. Mas, nas megalópoles esta tendência está se invertendo.

Historicamente os modelos de varejo evoluíram na seguinte ordem: bazar, loja geral, loja de linha única, loja especializada, loja de departamentos, supermercado, hipermercado, superloja, varejo de fábrica, varejo de liquidação, loja de desconto, cooperativa de consumo, loja de conveniência, varejo sem loja (internet) e varejo com visual de depósito.

10.2 TIPOS DE VAREJO

A seguir, os principais tipos de varejo:

Loja – A loja, varejo de loja ou loja de rua como também é conhecida, é, em geral, uma pequena empresa que atende ao consumidor final, naquilo que diz respeito a bens e serviços. De diferentes modalidades, as lojas buscam uma localização estratégica, em função dos seguintes fatores: visibilidade, atratividade, infraestrutura, acesso, segurança, tráfego, perfil dos consumidores, por exemplo.

A maioria das lojas é de varejistas independentes. Estes são seus próprios patrões. Podem desenvolver relacionamentos pessoais íntimos com seus consumidores, respondendo com rapidez às necessidades do mercado. Muitas butiques, cabeleireiros, padarias, restaurantes, açougues, farmácias e livrarias, por exemplo, se acham nesta categoria.

Loja de Bairro – As lojas de bairro são pequenos estabelecimentos de autosserviço ou de atendimento personalizado, onde as pessoas compram rotineiramente bens de consumo diário, em pequenas quantidades. São exemplos: padaria, sorveteria, lanchonete, café, quitanda, hortifruti, papelaria, copiadora, armarinho, farmácia, barbearia, perfumaria, mercearia.

Loja de Departamento – Vende várias linhas de produtos, como: roupas, móveis, utensílios, utilidades. Cada linha é operada como um departamento, tendo compradores especializados. Mas, a melhor qualidade e preços baixos dos produtos, permitidos com as importações, tornaram algumas dessas organizações competitivamente inviáveis.

Loja de Variedades – Lojas que vendem produtos populares, a preços muito baixos, apresentando novidades. Suas linhas de produtos são descontinuadas com facilidade, para evitar a concorrência dos camelôs.

Loja de Desconto – Vende mercadorias padronizadas a preços baixos, porque trabalham com pequenas margens e grandes volumes de vendas. Embora venda a preços baixos, seus produtos não são inferiores. É comum se encontrar lojas de desconto trabalhando com produtos de marca e não, como seria lógico pensar, com produtos de qualidade inferior.

Loja de Conveniência – Estas lojas são, relativamente pequenas, localizadas próximo às áreas residenciais, permanecendo abertas além do horário chamado comercial e sete dias na semana. Vendem produtos de alta rotatividade, atendendo compras de última hora, apesar de ter preços mais altos do que a média do mercado.

Consumidores desse tipo de loja são pessoas afobadas, que esquecem de tudo e vivem correndo por não saberem administrar seu tempo. Elas estão dispostas a pagar mais caro pela conveniência e também pela economia de tempo para buscar preços menores em outros lugares. Elas operam num horário especial, sendo que o maior movimento é depois das 22 horas. Seu estoque pode chegar até 1.200 itens.

Loja de R$ 1,99 – Estas lojas, atrativos do passado, acabaram, porque não conseguiram manter uma política de preço baixo. Os custos fixos são elevados, para lugares de grande movimento de consumidores.

Loja Especializada – As lojas especializadas são estabelecimentos varejistas para os quais os consumidores criam uma forte aliança e preferência. A decisão de comprar nessa loja pode ter por base a seleção de produtos de qualidade e alta tecnologia, como também um atendimento de alto nível, embasado em confiança e excelente reputação.

Estas lojas exigem venda personalizada e mão de obra especializada para produtos, em geral, únicos. Alguns analistas acreditam que estas lojas crescerão num ritmo rápido, devido à vantagem das crescentes oportunidades de segmentação de mercado.

Supermercado – Relativamente grandes, os supermercados operam com custo baixo, margem pequena, volume elevado, autosserviço projetado para atender às necessidades totais dos consumidores em termos de alimentação, higiene e limpeza. Operam com lucro operacional de apenas 1% sobre as vendas e obtêm lucro de 10% sobre o patrimônio líquido. Apesar da concorrência eles são, atualmente, os mais visitados varejos que existem.

O supermercado alterou a comercialização, porque eliminou o balconista, o consumidor passou a decidir livremente o que comprar, o sortimento de mercadorias é muito grande, os produtos vendem-se por si mesmos, a embalagem do produto passou a ser mais atrativa, os preços, em geral, são mais baratos, maior espaço de circulação entre gôndolas, ambiente limpo e climatizado, estacionamento para automóveis, o consumidor compra produtos desnecessários, a competição é por marca e não por produto, o arranjo interno da loja é agradável.

O primeiro supermercado foi criado em Paris, em 1825, e se chamava "Au Bon Marché".

Hipermercado – Combinam os princípios do supermercado, das lojas de descontos e dos varejos de fábrica. Seu sortimento de produtos vai além de bens rotineiros. São ofertados móveis, eletrodomésticos e utensílios. A exposição é de grande quantidade de itens para impressionar os consumidores, que, se estiverem dispostos a carregar em seus próprios veículos, recebem descontos.

Uma inovação do hipermercado é o conjunto de lojas satélites ao seu redor e a sua localização fora dos centros de grande concentração de pessoas. Geralmente, estão colocados às margens de rodovias de grande movimento, oferecendo, além daquilo que é normal em supermercados, produtos de lazer, lanches rápidos e comidas do tipo self-service.

Lojas em Cadeia – Lojas em cadeia são organizações varejistas que constituem duas ou mais unidades sob um único proprietário. Estas operações, geralmente, lidam com as mesmas linhas de produtos ou similares, são desenhadas e decoradas do mesmo modo e se apóiam em compradores centralizados para a escolha de mercadorias.

Estes varejistas desfrutam de grandes descontos dos fornecedores, forte posição no mercado, propaganda massificada, alto nível de produtividade com uma atuação gerencial muito eficiente. Possuem logística própria e serviço de crédito ao consumidor independente de transportadoras e financeiras, respectivamente. Mesmo com todas estas vantagens operacionais não dominam o varejo.

Showrooms – Vendem um leque amplo de produtos de marca, que permitem markup elevado, giro rápido dos itens e descontos nos preços. Em geral, estes tipos de varejo oferecem novidades em bens e serviços. Os consumidores escolhem os produtos em catálogos virtuais para depois serem retirados na área de expedição. Sua filosofia é ter retorno rápido do investimento, para cobrir custos elevados do aluguel e instalação.

Feira Livre – As feiras livres respondem por significativa parcela das vendas de produtos como: frutas, legumes e verduras, sendo fontes de suprimento de todas as classes sociais. Nas feiras tudo é permitido. Senhoras ricas e elegantes barganham preços e provam de tudo. Todos pechincham. Talvez esta seja a razão de sua continuidade e encanto.

As características das feiras são: todos os consumidores estão representados nas feiras; agregam, relativamente, poucos serviços ao produto; atuam com preço baixo, praticamente, atendendo a todos; atraem pela conveniência de estar próximo de onde vivem os consumidores; oferecem contato direto entre comprador e vendedor, proporcionando liberdade de negociação e escolha.

Loja de Luxo – As ruas especializadas no comércio de luxo surgiram na Europa no Século XIX. No início, reuniam fabricantes de produtos de altíssima qualidade, sendo alguns feitos à mão por grandes artesões. Mas, as mudanças que estão ocorrendo no varejo de luxo é o fato de que, no passado, eram empresas familiares que garantiam certa exclusividade. Hoje, elas se tornaram grandes corporações.

Por isso que lugares como a Quinta Avenida (New York) e o Champs-Élysées (Paris) e a Rua Serrano (Madrid) são cartões postais de cidades importantes e ícones do consumo de alto padrão desde os anos de 1930. Nestes lugares transitam consumidores de alto poder aquisitivo. A rua de luxo é uma tentativa de recriar a Belle Epoque, lugar para se fazer compras sem nenhuma correria, apreciando o lugar, a beleza, o glamour e a boa gastronomia.

Varejo de Liquidação – Compram por preços abaixo do atacado e transferem parte da vantagem aos consumidores. Trabalham com sortimento variável de produtos, frequentemente, pontas de estoque, números e modelos esparsos obtidos a preços reduzidos de fornecedores. São, em geral, dirigidos por empreendedores, proprietários ou por divisões de corporações varejistas maiores.

Outlets de Fábricas – Operados pelos próprios fabricantes, normalmente, vendem sobras e mercadorias descontinuadas ou irregulares. Tais estabelecimentos estão, cada vez mais, operando com dezenas de lojas que oferecem preços com grandes descontos e com uma ampla variedade de itens.

Varejo de Serviço – Os consumidores que gostam de ser bem atendidos preferem este tipo de varejo. É um varejo de custo elevado, porque tem um giro baixo, possuem uma filosofia de bem atender mesmo com prejuízos ocasionais, entregam as mercadorias sem cobrar frete, facilitam o consumidor com crédito fácil, possuem instalações com banheiros e lanchonetes para poucos itens comercializados.

Varejo de Atacado – Vende uma seleção limitada de produtos. Opera com grandes volumes, possui despesas muito baixas, por estar em armazéns e oferece poucos produtos. Seu estoque está na própria loja, não possuindo depósito. Não faz entrega e não aceita cheques. Dá desconto para pagamentos em dinheiro.

Varejo Ecológico – O varejo ecológico é aquele que se preocupa com a poluição ambiental, fazendo todo o possível para mostrar esta preocupação, como também demonstrar com ações que previnam a contaminação, a degradação e a sujeira do lugar em que está estabelecido.

O varejista deve manter seu negócio sempre limpo, higienizado e agradável.

10.3 ORGANIZAÇÕES VAREJISTAS

Embora muitas lojas de varejo sejam independentes, crescente número delas está tomando alguma forma de varejo corporativo. As organizações de varejo obtêm economia de escala, em função de maior poder de compra, reconhecimento de marca mais ampla e funcionários mais bem treinados.

A seguir, tipos de organizações varejistas:

Shopping Center – A partir dos anos de 1950, quando teve início a mudança das pessoas do centro para bairros distantes, criou-se a necessidade de lojas mais próximas de suas casas. O primeiro shopping center no Brasil foi o Shopping Iguatemi, na cidade de São Paulo. No início do Século XXI, estes empreendimentos passaram a movimentar U$ 20 bilhões, gerando mais de 300 mil empregos e desempregando em outros lugares.

Os shoppings centers são grandes áreas de compra localizadas nos subúrbios das cidades, contendo de 40 até 100 lojas, em um raio de 8 até 15 km do centro da cidade. Normalmente, apresentam uma ou duas lojas âncoras reconhecidas nacionalmente por sua marca e imagem.

Um shopping center é um agregado de atividades de serviços, sendo também considerado uma estratégia diferenciadora em relação ao varejo de rua. Como resultado, vemos um consumidor que, além de comprar aquilo que necessita, tem lazer, alimentação, ambiente limpo e climatizado, estacionamento com segurança, decoração para datas festivas, entretenimento, sinalização de primeira, banheiros, cinemas, teatros, cafés, feirinhas, quiosques de liquidação, funcionários prontos a orientar o consumidor e muitos outros atrativos. Tudo isso faz do shopping a grande maravilha que leva um público cada vez maior a frequentá-lo.

Seu leque de ofertas é uma vantagem competitiva inegável. As lojas são locadas mediante o pagamento de luvas. A administração do shopping estabelece como pagamento, a título de aluguel, um valor mínimo mais um percentual sobre o faturamento da loja. Em função das características apontadas e do elevado público que gravita ao redor desses empreendimentos, os mesmos terminam por se constituir em referenciais para novos investimentos imobiliários no seu entorno.

Segundo pesquisa, alguns fatores precisam ser considerados, tais como:

- Apenas 38% das pessoas vão ao shopping para comprar.
- Tempo médio de permanência no shopping por pessoa é de uma hora e meia.
- Consumidores com menos de 20 anos visitam 5 lojas na média. Já as mulheres visitam 4 lojas.
- A média em geral é de 3,6 visitas a lojas por consumidor.
- O gasto médio é de cerca de trinta dólares.
- Vinte por cento não gastam.
- Maiores consumidores: 40 a 49 anos; mulheres; consumidores sem filhos.
- Quanto mais atrativos tiver o shopping, maior o tempo de permanência e maior a probabilidade de gastos dos consumidores.

O shopping center foi o vetor de expansão do varejo com base numa estrutura de espaço mais racional, custos menores e maiores volumes de negócios. As grandes redes plantaram nos shoppings suas lojas âncoras para se expandir nos mercados regionais. Cada nova marca de franquia surgida no mercado também buscou um "ninho" em um shopping. Por outro lado, a concentração das vendas em um punhado de bandeiras deu um formidável e inédito poder ao grande varejo (grande rede), tanto que alguns abusos são cometidos.

As lojas de shopping compõem, com base nas diferentes modalidades de negócio, o universo varejista em amplos espaços de venda e prestação de serviços, caracterizado pelo poder de polarização de áreas primárias, que obedecem a uma política própria. A pluralidade de lojas suplantou de muito às antigas lojas de departamentos.

A concepção que se tem de um shopping é que o mesmo foi criado para abrigar, no mesmo espaço físico, pequenos varejos com grande diversificação de bens e serviços. Como os seres humanos são animais gregários e gostam de fazer as coisas em multidões, é possível que o shopping de entretenimento poderá concorrer com o eletrônico para alguns produtos, mas ninguém ainda sabe quais. Quem descobrir ficará rico.

Polo Comercial – A fim de buscar novas soluções para incrementar o comércio de uma determinada localidade, os varejistas de diversas ruas se integram para a formação de um polo comercial multifacetado, atraente e original. Entre as inúmeras vantagens que o polo oferece destacam-se: farto número de profissionais liberais, sedes de grandes empresas, prédios seculares e de belíssima arquitetura. Além, é claro, de lojas tradicionais que atendem a todos os gostos e necessidades.

Por tudo isso, além do lado comercial, os administradores do polo exploram o lado turístico e cultural da região. É possível encontrar nestes polos, como valor agregado, várias maneiras de abordar consumidores por meio de artistas (cantores, retratistas, palhaços) de rua, que com muita criatividade alegram a rua e relembram as coisas do passado e os antigos mascates que anunciavam suas mercadorias cantando prosa e verso.

O sucesso desses empreendimentos está calcado no: preço baixo, atendimento, variedade, segurança, higiene, limpeza, estacionamento, serviço de rádio, emissora de TV, atendimento médico, novidades, economia de tempo, por exemplo.

10.4 ELEMENTOS DO VAREJO

Vitrine – Pesquisas indicaram que aproximadamente 75% das vendas são motivadas por produtos expostos na vitrine, daí a importância da mesma, que simplificando a fachada valoriza os produtos. Onde se pratica a arte de vender e persuadir consumidores, uma de suas ferramentas preferidas é a vitrine. Seus acessórios devem ser congruentes ao exposto, em cores, forma e dimensão.

O merchandising visual é a venda sem palavras, com uma exposição objetiva que desperta o interesse dos passantes na rua (avenida, travessa, alameda, corredor).

Site – Site é o nome que se dá ao endereço eletrônico (ou página) da Internet. A criação de uma página na Internet não é um esforço isolado. A atual velocidade da inovação tecnológica no desenho e a crescente competitividade do meio exigem que os profissionais de marketing avaliem continuamente o valor percebido da página eletrônica. As páginas devem oferecer um conteúdo valioso, em constante mudança, que atrairá novos clientes.

Arquitetura – O primeiro elemento arquitetônico que se apresenta aos olhos do consumidor é a fachada da loja, que merece ser tratada com a importância devida. Atualmente, as fachadas das lojas estão se resumindo a enormes panos de vidro, permitindo a visualização total do interior, como se fosse uma continuidade da vitrine. Em shoppings é uma constante. As portas são amplas, facilitando o acesso dos consumidores, situação que valoriza ainda mais o ambiente da loja.

A entrada do varejo tem que ser convidativa, exercendo um fascínio sobre as pessoas, sem oferecer nenhum obstáculo que iniba sua acessibilidade. Assim, é cada vez mais comum, ter vitrines sem fundo que convidam o consumidor a entrar.

Sinalização – Sinalizar é comunicar. Para alívio das pessoas, os sanitários são sinalizados com os chamados glifos, representando o feminino e o masculino. Sinalizamos nossas ruas com cores convencionais (símbolos) de trânsito, mas isso não é suficiente para promover um bom tráfego na cidade. É preciso que todos sigam os mesmos referenciais.

A sinalização bem estruturada facilita bastante o nosso dia a dia e pode até nos tornar mais prósperos à medida que, rapidamente, identificamos um banco pelo seu letreiro, sua cor característica, seu logotipo ou logomarca.

Iluminação – Numa loja a quantidade e a qualidade da luz podem realçar o ambiente, aumentando o valor dos produtos expostos, ajudando a faturar mais. Assim, é importante dar valor a um bom projeto de iluminação. As normas disponíveis indicam os níveis de iluminamento satisfatórios para a realização de diferentes tipos de trabalho e de situações no varejo. Em alguns casos, faz parte da regulamentação governamental, cuja atenção o designer precisa estar atento.

A quantidade de luz incidente dentro de um ambiente não deve depender somente do trabalho a ser realizado pelo homem, mas também da interferência dos arredores imediatos, ou seja, a cor do local, o nível de reflexão do mesmo e dos demais objetos ali encontrados.

Arranjo Físico – A atmosfera da loja é outro elemento disponível no arsenal do varejista. Qualquer loja possui um layout que facilita, ou dificulta, a movimentação de consumidores e funcionários. Uma loja também pode ser suja, charmosa, ostentosa ou sombria. O arranjo físico deve ser congruente com a sua finalidade.

Segurança – É impossível aos cidadãos, ou a qualquer segmento da coletividade, viverem dentro do alto índice de violência (insegurança), estampado diariamente pela mídia. Mas, como esse massacre de fatos e situações afeta o consumidor? Para responder a esta pergunta basta analisar como mudaram os nossos próprios hábitos.

Formato – Há vários formatos varejistas no mercado. Muitos desses surgem ou desaparecem com as mudanças ambientais e também alguns deles existem em certos mercados com diferenças conceituais. Devido à variedade de produtos, mercados, ambientes e sortimentos, muitos autores chamam de varejistas aqueles comerciantes que, mesmo fazendo vendas ao consumidor final, também atuam como atacadistas, distribuidores, fornecedores, revendedores.

Uma razão para o surgimento de novos tipos de lojas para desafiar os varejos tradicionais é dada pela hipótese conhecida como roda de varejo. Um número cada vez maior de consumidores utiliza as lojas tradicionais para comparar preços com os demais tipos de varejo e, obviamente, decidir onde comprar.

Parece que esta hipótese explica o porquê de tantos tipos de varejo surgindo a cada ano, com suas estratégias e diferenciais de preço, qualidade, atendimento, serviço, ambiente e outros aspectos relevantes a sua sobrevivência no mercado.

10.5 PODER DO VAREJO

As relações entre grandes varejistas e fornecedores estão se complicando e os conflitos são cada vez mais acirrados. Varejo e indústria nunca viveram uma lua de mel, é certo. Trata-se de uma queda de braço que se mantém desde sempre. Nos anos de inflação elevada, quem esperneava eram os varejistas, compelidos a aceitar sucessivos reajustes nas viradas de tabela. Era pegar ou largar, quer dizer, ficar com as prateleiras desabastecidas.

O poder do varejo aumentou muitos nos últimos anos.

A situação começou a se inverter no começo da década de 1990. A abertura da economia e a estabilidade, que seguiu ao Plano Real, viabilizaram os investimentos estrangeiros no setor de distribuição, dando partida a um amplo, inédito e fulminante processo de fusões e aquisições.

A comercialização, como já visto anteriormente, é um processo que envolve diversas atividades mercadológicas, tais como: pesquisa, desenvolvimento, venda, comunicação, previsão, armazenagem, planejamento, política, treinamento, necessidade e alocação de recurso, acompanhamento pós-vendas. Mesmo a empresa industrial precisa ter preocupações com as atividades mercadológicas, porque, se não conseguir vender seus produtos, terá problemas de sobrevivência.

Os compradores do varejo forçam os preços da indústria para baixo, barganhando por melhor qualidade e mais serviços, jogando os concorrentes uns contra os outros. É importante ressaltar que o poder do varejo só é conseguido por meio da compra de grandes volumes de produtos, sendo, muitas das vezes, maiores do que seus custos operacionais.

10.6 ESTOQUE DE VAREJO

O estoque de varejo inclui todos os sortimentos de artigos e materiais que a empresa possui e utiliza na prestação de serviços. Já o estoque é o somatório de matérias-primas, insumos, produtos acabados e semiacabados. O valor do estoque é um valioso item (conta) do ativo circulante, porque mostra o giro de cada produto e o quanto o produto participa no valor total do estoque.

O sistema de controle de estoque é uma necessidade que ajuda a decidir quais os níveis de bens que podem ser economicamente mantidos. Tal sistema é utilizado para descrever inspeção, recebimento, movimentação, alienação de ativos, inventário, distribuição e armazenagem.

Controlar o movimento do estoque é uma das pedras de toque da administração do varejo. Tal sistema assegura o suprimento oportuno e conveniente, melhora o equilíbrio do capital de giro próprio, evita compras desnecessárias e facilita o ajuste da empresa às mudanças do ambiente e do mercado.

O ideal é que o empresário saiba, dia a dia, qual é o valor imobilizado no estoque, que quantidades estão disponíveis, qual a movimentação, qual é o custo da inflação na compra e outros detalhes.

O risco do descontrole não se limita apenas à superestocagem. Uma má administração de materiais pode prejudicar, econômica e financeiramente, a empresa. Em épocas de juros altos, prestar atenção na movimentação dos produtos evita encalhes.

Na administração do estoque, o varejista precisa saber os seguintes conceitos:

Nível de Estoque – Estoque que garanta o fluxo de vendas de forma contínua, sem interrupções e que minimize os custos de manutenção do mesmo.

Estoque Mínimo – Quantidade mínima de uma mercadoria que a empresa deve manter em estoque para atender às suas necessidades por determinado período, até reposição ao nível normal de operação.

Estoque Máximo – Quantidade máxima de uma mercadoria e/ou material que a empresa deve estocar para operacionalizar suas atividades durante determinado período. Uma fórmula prática é ter o estoque máximo igual ao dobro do estoque mínimo. Cada empresa possui um órgão especializado no recebimento, guarda, controle e distribuição de materiais e de mercadorias.

Giro de Estoque – É preciso prever, com certa antecipação, a movimentação dos materiais (itens) de uma empresa, isto é, aquilo que entra e aquilo que sai. A isto chamamos de giro de estoque, que é fluxo de entrada e saída de um determinado item, seja no almoxarifado ou no depósito. Entretanto, uma rotação relativamente alta poderá ser consequência de um nível de estoques excessivamente baixo e de frequentes faltas, com consequências negativas para os resultados da empresa.

Quando a rotação de um item do estoque é baixa, causa obsolescência e imobiliza dinheiro.

10.7 COMPETIÇÃO NO VAREJO

Competitividade é a palavra-chave que define o sucesso ou o fracasso de qualquer negócio. É uma espécie de adequação do empreendimento ao seu microambiente, consiste no bom atendimento das necessidades dos clientes, na diferenciação desse atendimento em relação aos concorrentes, no bom relacionamento com os fornecedores e também na existência de barreiras à entrada de novos concorrentes no setor.

Preço é a variável básica para a competitividade e resulta, por sua vez, do custo da operação. O mundo dos negócios é, por natureza, competitivo. Desde sempre as empresas tentam prever os passos dos concorrentes e se antecipar às suas ações. O fato é que a maioria tende a enfatizar muito mais o paradigma da guerra do que o da cooperação.

Todo negócio tem de ser rentável. Mas é preciso respeitar o tempo de maturação, ter paciência para colher os frutos e não comer tudo de uma só vez, lembrando que é preciso continuar plantando. O caminho é adotar a prática de avaliar causa e efeito, fazendo perguntas como:

- O consumidor está feliz?
- Por que ele compra meu produto?
- Onde estão problemas e desvios dos resultados esperados?

Na administração competitiva, a atividade mais importante é a obtenção de níveis de produção e produtividade cada vez maiores. É a administração da eficiência. Tal administração se preocupa com a estrutura organizacional e o desenvolvimento de recursos humanos, adequando-os às novas tecnologias.

O administrador competitivo é um indivíduo que absorve mudanças, assume riscos com cautela, resolve problemas através de modelos e políticas conhecidas, é hábil na coordenação, no diagnóstico e no controle de atividades complexas. Não é um aventureiro.

No mundo de hoje, e como sempre, o diferencial competitivo está nas pessoas. Portanto, não devemos ser tolos e confiantes naquilo que estamos fazendo, porque sempre existirá uma pessoa que estará realizando o mesmo do que você, com mais qualidade.

Os cenários de varejo se apresentam cada vez mais desafiantes e incertos. Ver oportunidades é muito difícil, quando não se tem conhecimento, fruto da leitura, da pesquisa, da análise e do estudo continuado.

10.8 GEOGRAFIA DO VAREJO

A análise da composição da população, seus hábitos e comportamentos, níveis de riqueza, trabalho, cultura, faixa etária, necessidades e desejos, propensão a consumir, nível de atendimento e carências são fatores determinantes daquilo que, hoje, chamamos – Geografia do varejo. Nesta geografia também são considerados: uso do solo, infraestrutura de transporte, legislação de zoneamento e topografia do terreno.

Além disso, os próprios acidentes e barreiras geográficas acabam por determinar as características de um território, facilitando ou dificultando acessos, com implicações diretas na geografia humana. Para o varejista, uma boa localização pode determinar o destino do negócio.

A importância da localização pode também ser avaliada pela maneira como os consumidores se comportam em suas compras de conveniência ou de consumo durável. No primeiro caso, procuram rapidez. No segundo, preço com qualidade.

Cidades planas, em geral possuem formatações quadradas e o mercado inicia de dentro para fora. O crescimento residencial pode se desenvolver em todas as direções, ocasionando uma descentralização comercial.

Cidades em vales crescem em duas direções, tendo suas residências localizadas distantes do centro.

Cidades à beira mar, em geral crescem em forma de leque, cujo porto é o centro inicial do comércio e as residências ficam cada vez mais longe.

Os fatores geográficos levados em consideração para a instalação de varejos podem ser: rios, lagos, mares, rodovias, ferrovias, hidrovias, barragens, pontes, hospitais, universidades, cinemas, teatros, shoppings, cemitérios, parques florestais, jardins botânicos e parques temáticos com suas vantagens e desvantagens. A topografia, a beleza, o traçado viário, a visibilidade, a infraestrutura do lugar são elementos determinantes do sucesso do varejo.

Um dos princípios básicos do varejo é buscar a melhor das localizações. É muito comum grandes varejos acharem que terão sucesso, em função de sua marca, preço baixo, imagem e produtos que vendem. Este é um raciocínio muito arriscado, pois não considerar a geografia do varejo pode redundar em fracasso.

Teste de Aferição de Conhecimento

01 – Qual o conceito de varejo?

a) O mesmo que loja
b) Venda em pequenos lotes
c) O ponto onde termina a distribuição
d) Comércio de rua

02 – Por que as lojas de departamentos acabaram?

a) Infraestrutura inadequada
b) Atendimento ruim

c) Falta de estacionamento
d) Juros muito altos no crediário

03 – Qual a principal organização varejista?

a) Rede de Lojas
b) Internet
c) Shopping Center
d) Cooperativa

04 – Qual o elemento do varejo se sobrepõe aos demais?

a) Vitrine
b) Arquitetura
c) Iluminação
d) Sinalização

05 – O poder do varejo está em função, principalmente, de quê?

a) Queda da inflação
b) Fusões e aquisições
c) Planejamento estratégico
d) Volume comprado

06 – Por que o giro do estoque é tão importante a ser observado?

a) Retorno do investimento
b) Evitar encalhes
c) Necessidade de capital de giro
d) Nível de estoque

07 – Por que a geografia do varejo não é levada muito a sério pelo incipiente empreendedor?

a) Falta de conhecimento
b) O empreendedor acredita no preço, associado a um bom atendimento
c) Porque os consumidores se movem para todos os lados
d) Importante é ter uma boa página na internet

08 – O que é mais importante para o varejista?

a) Ler o cenário
b) Conhecer as tendências do mercado
c) Ter um bom ponto comercial
d) Conhecer as técnicas da comunicação empresarial

Capítulo 11

VENDAS

"Já foi o tempo em que as pessoas compravam sapatos para manter os pés secos e aquecidos. Hoje, elas compram, em função de suas manias e idiossincrasias. Comprar tornou-se uma experiência emocionante. Assim, o negócio é vender emoção, em vez de produtos".

Francis C. Rooney

OBJETIVOS DO CAPÍTULO

- Mostrar a importância do setor de vendas em uma empresa.
- Mostrar os elementos básicos do processo de vender.
- Mostrar as principais ferramentas de vendas.
- Mostrar os tipos de venda encontrados no mercado.

11.1 CONCEITO DE VENDA

A mais clássica definição de venda foi formulada pela Associação Americana de Marketing e diz que: "Venda é o processo pessoal, ou impessoal, de assistir e/ou persuadir um comprador potencial a adquirir um bem ou serviço, ou reagir, favoravelmente, a uma ideia que tenha significado comercial para o vendedor".

A venda é a ação que precede a transferência de propriedade, ou utilização, de um bem ou serviço, representando uma atividade útil, necessária, difícil e desafiante, porque o vendedor tem a oportunidade de cumprir uma operação completa com início, meio e fim, refletindo responsabilidade e maturidade.

Vender é uma atividade que permite a quem vende uma autoavaliação diária do seu trabalho. Também testa a autorrealização, porque o sucesso depende do próprio vendedor. A atividade mercadológica vender se fundamenta no pressuposto de que os consumidores não comprarão os produtos, a menos que sejam estimulados para tal.

Quaisquer que sejam as mudanças que ocorram no social, econômico, político e ambiental de um país, as vendas permanecem notavelmente inalteradas em seus objetivos básicos: gerar receitas, criar consumidores cativos e desenvolver novas tecnologias de suporte. Resumindo, vender é a forma de comunicação dirigida, personalizada, persuasiva, interativa e eficaz realizada entre um vendedor e um comprador, visando eliminar as objeções deste e realizar as expectativas daquele.

Mas, nenhuma empresa, por maior e magnífica que seja, pode prescindir do setor de vendas. No final do dia, é o faturamento que conta; dá ânimo para enfrentar o dia seguinte. Em um negócio, é preciso que o comprador seja persuadido pelo vendedor a entender que o objeto da compra/venda satisfaz suas necessidades e desejos. Os consumidores, normalmente, mostram inércia e resistência para comprar. Para tal, precisam ser estimulados.

As funções de vendas e de marketing precisam ser combinadas para que os objetivos empresariais sejam alcançados mais facilmente. Deve haver um contínuo fluxo de informações entre estas funções organizacionais, caso contrário, haverá perda de esforço, tempo e recursos. Para muitas pessoas, a ideia de vender é, imediatamente, associada com a de marketing. Ideia enganosa.

Segundo Charles D. Schewe: "Historicamente, depois que os processos de produção foram suficientemente refinados, para que um enorme suprimento de produtos rolasse para fora das linhas de produção, passou a existir uma necessidade crítica de levar esses produtos às mãos dos consumidores. Em nenhuma outra época a figura do vendedor foi tão significativa".

O pessoal de vendas executa funções importantes, ajudando a empresa a sobreviver. Reconhece suas necessidades, provendo informações a respeito de produtos. Ainda promove trocas. Todavia, talvez a contribuição mais importante seja a de disseminar informações sobre inovações. Por suas próprias naturezas, as pessoas relutam em adquirir um novo produto, porque, muitas vezes, não sabem os benefícios que o mesmo pode proporcionar. Além do mais, são muito mal informadas.

Em termos de oportunidade para carreira, a maioria das empresas tem mais vagas em vendas do que em outras áreas. As posições de vendas proporcionam um profundo entendimento do mercado, e essa experiência pode ser inestimável para os que desejam erguer-se para os níveis superiores da empresa.

Os cargos em vendas têm muitas características atrativas. Embora, naturalmente, os vendedores tenham de prestar contas de seu tempo, eles não se acham sob supervisão constante. Por isso têm muita flexibilidade na alocação de seu tempo. A maioria pode determinar seu próprio horário e são poucos os que têm de bater um relógio de ponto. Outro aspecto a ressaltar diz respeito às informações colhidas no campo (mercados, organizações, ambientes), que, se bem trabalhadas, podem ajudar muito.

11.2 PROCESSO DE VENDA

O processo é um conjunto de fases (etapas) de forma sequencial, apresentando mudanças ao longo do tempo, tendo certa continuidade. Estas etapas ajudam a identificar o consumidor, chegar até ele e convencer o mesmo a comprar. Então este processo é antigo, porque sempre foi assim. O problema está em como: identificar, chegar e convencer o comprador.

No processo de venda se faz necessário analisar dois aspectos: as fases da venda e os elementos componentes. A seguir, as fases da venda:

Localização do Consumidor – Existem muitas maneiras de buscar indícios de consumidores potenciais. Obviamente, que a pesquisa de mercado é o melhor dos meios. Esta pesquisa procura obter informações sobre os consumidores dos produtos que a empresa pretende colocar no mercado; onde estão localizados, em que quantidades compram, seus hábitos, seu poder aquisitivo, seu perfil socioeconômico e como abordar o consumidor, por exemplo.

Pré-Venda – Antes de ser feito contato com compradores prospectivos, o vendedor precisa preparar-se apropriadamente. Isto significa que ele deve estar bem versado nas técnicas de vender e estar informado sobre os produtos que estão sendo colocados à venda. Mas a informação que sempre é facilmente obtida pode ser muito importante para se evitar começar com o pé esquerdo.

Apresentação do Produto – Armado de dados, o vendedor está pronto para fazer contato. O primeiro passo, é obter atenção para aquilo que quer vender. Um aperto de mão é de praxe. Depois o vendedor precisa dar uma explicação que ajude o comprador em perspectiva a compreender que o produto pode lhe ser bastante útil.

A dramatização, bem como um bom visual, tem demonstrado resultados positivos. O uso de projeções, figuras, amostras, modelos, demonstrações e testes são fundamentais. É a fase em que o vendedor procura posicionar: imagem, marca, utilidade, vantagem, ponto forte, frente aos concorrentes.

Venda – Não é fácil fechar um negócio. Muitos vendedores vão muito bem até a hora de realizar a venda propriamente dita. É a fase fundamental do processo de venda. Consiste na transferência do produto do vendedor para o comprador. É a etapa crucial da venda, pois significa que o negócio foi "fechado".

Pós-Venda – O trabalho do vendedor não fica completo depois de efetuada uma venda. São necessárias ações complementares que garantam a satisfação plena do consumidor. Muitas vezes, as negociações precisam ser reajustadas para que haja uma melhor combinação de fatores. É comum o consumidor (usuário ou paciente) necessitar de instruções adicionais para uso do produto, tendo em vista que os manuais nem sempre são, suficientemente, claros.

O vendedor arguto procura fazer amizade por meio de atos sinceros e sutis. Dar indicações de novos negócios para os clientes, trazer novas ideias para lucro, ajudar a obter pessoal capaz, mostrar interesse pelo negócio do comprador. Todos estes movimentos podem trazer bons dividendos. A seguir, os elementos do processo de venda:

Atenção – O vendedor precisa chamar a atenção do comprador para o produto, por todos os meios éticos que possa conseguir.

Interesse – O vendedor apresenta informações relevantes que busquem o interesse do comprador para com o produto.

Desejo – O vendedor precisa despertar o desejo de aquisição do produto, seja pelo preço, qualidade, marca, visual ou por seu trabalho indutor.

Ação – O vendedor ajuda o comprador a se decidir, sempre apontando vantagens e desvantagens e também o risco do investimento.

Tempo – O vendedor de sucesso é aquele que mais bem sabe administrar o seu tempo.

Conhecimento – O vendedor precisa não só parecer, como aparecer que conhece muito bem aquilo que está vendendo.

Problema – O vendedor precisa ajudar a buscar uma solução para problemas que afligem o comprador.

Compromisso – O vendedor só deve prometer aquilo que realmente pode cumprir.

Ouvir – O vendedor precisa ouvir as necessidades e ideias do comprador, cuja maior reclamação é sobre a incapacidade de ouvir do vendedor.

Relatório – O vendedor deve redigir relatórios concisos e objetivos.

11.3 TIPOS DE VENDA

Estabelecer uma tipologia para vendas é muito difícil. Basicamente, a venda pode ser classificada quanto ao relacionamento, lugar e meio:

Quanto ao relacionamento, pode ser:

- Pessoal – A venda pessoal, quando realizada por meio de um contato direto entre o vendedor e o comprador, seja na loja, seja na visita à empresa do comprador ou ainda no domicílio do consumidor. A venda pessoal faz com que o comprador se sinta obrigado a dar uma resposta.
- Impessoal – A venda impessoal é aquela que ocorre sem intervenção direta do vendedor, como no supermercado (restaurantes self-service); por atendimento automático (máquina).

Quanto ao local, pode ser:

- Venda de campo (vendedor visita o comprador).
- Venda de varejo (loja).

Quanto ao meio, pode ser:

- Venda eletrônica.
- Máquina de vender.
- Mala direta.
- Telemarketing (televisão e telefone).

A seguir, abordaremos os principais tipos de venda:

Venda Pessoal – É a tarefa fundamental da ação comercial que envolve o contato direto com o consumidor. Proporciona um toque humano de cuja falta a propaganda se ressente. A venda pessoal, muitas vezes, tem um impacto maior no encorajamento do intercâmbio entre as partes negociadoras.

Venda de Substituição – É a venda em que a mercadoria pedida é substituída por outra. As razões que podem motivar esta troca são:

- A objeção do cliente é tão forte que o vendedor sente que não pode defender o produto mostrado.
- O vendedor sente que se mostrar mercadoria diferente da pedida tem mais probabilidade de vender mais e melhor.
- Quando não há a mercadoria pedida.

Venda Adicional – É todo acréscimo de venda, feito sobre o pedido expresso pelo cliente comprador. Em outras palavras, é a contribuição do vendedor na venda.

Venda Direta – Ocorre quando a venda de produtos é feita fora do estabelecimento comercial físico. As vendas diretas são realizadas de pessoa a pessoa, individualmente ou não, sendo consideradas muito mais como um canal de distribuição do que uma realização de venda.

Venda Indireta – De acordo com a política empresarial, a venda pode ser feita, diretamente, ao consumidor ou não.

Venda de Tirar Pedido – Quando um produto tem uma demanda muito grande, o vendedor não passa de mero tirador de pedidos, pois seu produto é de consumo obrigatório e sua marca já está consagrada. Hoje, muitos pedidos são feitos por meios eletrônicos.

Venda Impessoal – É aquela realizada sem a interferência do vendedor e conseguida pela propaganda.

Venda de Promoção – É a atividade que visa estimular a compra pelo consumidor final e a eficiência do intermediário, através de cartazes, exposições, feiras, demonstrações, amostras e vários outros esforços não habituais ou rotineiros de vendas.

Venda Domiciliar – Rejeitando balcões e prateleiras, várias empresas dedicadas ao comércio estão se dirigindo ao próprio domicílio do consumidor. É a venda porta a porta.

Venda por Telefone – As vendas por telefone são compensadoras para as empresas, mas isso não quer dizer que sejam fáceis.

Venda por Consórcio – Diferentemente do crédito direto ao consumidor, que trabalha com taxas de juros de mercado, os consórcios fixam suas mensalidades de acordo com o preço à vista dos produtos. Esse preço poderá ser reajustado mensalmente.

Venda Eletrônica – Ter um terminal no próprio local é mais conveniente do que contar com um representante de vendas. As conexões eletrônicas entre produtores, fornecedores, varejistas e consumidores se multiplicam a cada dia.

Venda por Mala Direta – É importante dizer que a mala direta trata de um serviço de remessa, geralmente pelos correios, contendo promoções ou propaganda endereçada a grupos selecionados de consumidores potenciais. Suas funções são, basicamente, as seguintes:

- Encaminhar mensagens de venda e relações públicas.
- Provocar a ação do cliente através do correio (real ou virtual).
- Encaminhar questionários de pesquisa.
- Prestar serviços de encomendas.
- Usar todo tipo de serviço prestado pelos correios.
- Provocar contatos diretos de vendas.
- Fazer pagamentos.
- Autorizar fechamento de pedidos.
- Manter contato estrito com: agentes, filiais e representantes de vendas.

Venda de Época – Vendas realizadas em períodos festivos, como: carnaval, natal, fim de ano, páscoa, copa de futebol, dia das mães, dia dos pais, dia dos namorados, dia das crianças.

Venda de Utilidade – Venda em que o vendedor mostra a utilidade para o comprador daquilo que está negociando. O conceito de utilidade é muito utilizado na indústria, que compra, por exemplo: máquinas, ferramentas, materiais e equipamentos, como utilidades, para mais bem processar seus produtos.

Venda Faturada – As vendas faturadas são os valores faturados para produtos vendidos quando eles saem da fábrica, isto é, as vendas para fora. Se um produto tiver um prazo de entrega de seis meses ou mais, a diferença entre a entrada do pedido e a venda faturada pode ser significativo para a empresa. O ideal é que este espaço de tempo seja o mínimo possível.

Venda por Máquina – São máquinas, muito utilizadas em locais de grande fluxo de pessoas, para venda de produtos como refrigerantes, sanduíches, salgados, chocolates. A compra é feita automaticamente, com a inserção de moeda ou ficha. Estas máquinas são encontradas em todos os lugares, cuja vantagem é oferecer produtos de conveniência durante 24 horas, sem manipulação de terceiros.

Venda por Reunião – Venda também conhecida como reunião de venda, é aquela em que um vendedor (a) se dirige à casa de uma anfitriã, que convida vizinhos e amigas, para um lanche em que serão demonstrados os benefícios, as características e vantagens dos produtos ofertados. É interessante observar que quanto mais pessoas estiverem reunidas, tanto mais tempo será necessário para uma atuação conjunta, e tanto menos tempo se terá disponível para trabalhar, realizar funções e obter resultados.

Venda em Equipe – A venda em equipe conta com um grupo de profissionais compromissados com um trabalho coletivo de atendimento ao cliente. Essa equipe é formada, geralmente, por: gerente do projeto, vendedores, coordenadores de setor, representantes do comprador, bem como outros profissionais interessados na negociação.

Venda Tradicional – A venda tradicional caracteriza-se pelas ações em que o vendedor procura realizar a transação com mensagens sobre o produto e suas características, tentando impor ao comprador as vantagens que ele irá obter. Essa venda não se baseia no fator confiança e tampouco na satisfação das necessidades e desejos do comprador.

Venda pela Televisão – A venda é feita, em função da apresentação de um produto, ou uma loja, estimulando o consumidor a entrar em contato com o fornecedor. Obviamente que o anúncio só apresenta vantagens e benefícios do produto.

Venda Personalizada – A venda personalizada procura explorar a seguinte regra: Venda para pessoas pelo método que elas mesmas gostariam de comprar. Essa regra desenvolve no vendedor a habilidade de incorporar as características do comprador, pois a tendência humana é comprar de pessoas que sejam semelhantes a nós.

Venda por Catálogo – Trata-se da venda efetuada a partir de um catálogo ou folheto enviado pelo correio. Esse tipo de varejo costuma ser utilizado por empresas de turismo que oferecem viagens, como também revistas e jornais que oferecem assinaturas.

Venda de Reposição – Venda baseada numa programação acordada com o comprador, que estará, em função da situação econômica, fluxo de caixa e alternativas de produto para, além dos preços, condições de pagamento e esforço de venda da empresa com propaganda.

Venda por Contrato – É uma estratégia chave de marketing industrial em propostas para construção de projetos de grande porte, como: represas, siderúrgicas, reatores nucleares, centrais telefônicas, sistema de comunicação, sistema de irrigação, sistemas de esgotamento sanitário.

11.4 MATERIAL DE APOIO

Os materiais de apoio mais utilizados, como suporte de divulgação e operação pelo pessoal de vendas, são:

Mostruário – Conjunto de amostras de uma determinada coleção ou linha de produtos. A amostra deve ser representativa dos produtos a serem ofertados.

Portfólio – Material diverso, como: desenhos, estampas, gravuras, fotos, que mostram os produtos que um vendedor apresenta a um potencial comprador.

Piloto – Versão de um determinado produto que está sendo testado para colher e avaliar informações sobre: mercado, ambiente, consumidor, marca, imagem da empresa e estratégia de lançamento, por exemplo.

Cartaz – Anúncio ou aviso de grande formato, próprio para afixação em ambientes amplos ou ao ar livre, em geral, com acentuação no aspecto visual. Sua maior vantagem é a flexibilidade.

Banner – Uma espécie de cartaz menor, como uma bandeira, que depende de uma haste de sustentação. Um banner contém as atividades ou qualidades daquilo que se quer apresentar.

Folder – É um folheto dobrado, geralmente entregue pelos correios, ou em mãos, em que são relatados os serviços que se quer divulgar.

Prospecto – Pequeno impresso de propaganda com ilustrações, geralmente, distribuído de porta em porta e nos semáforos das ruas, ou, ainda, pelos Correios. É barato, mas poucas pessoas lêem.

Letreiro – Propaganda com letras luminosas. Vantagem: destaque à distância. Desvantagens: custo de manutenção.

Catálogo – Relação ou lista de: pessoas, endereços, serviços, bens, fornecedores e assinantes, por exemplo.

Tabela – É uma matriz de duas entradas em que são mostrados os valores, resultados, atividades, datas, assuntos, eventos, em função das condições, dos critérios e dos recursos utilizados.

Listagem – Listagem é um arquivo de nomes, endereços, telefones, e-mails.

Agenda de Trabalho – É uma lista sumária, geralmente, com data e hora marcadas, em que são feitas anotações de compromissos, transmissão de informações, apontamentos pessoais, questões a serem debatidas, tarefas a serem cumpridas, ações e decisões a tomar, por exemplo.

11.5 TÉCNICAS DE VENDA

Técnica é uma maneira, jeito ou habilidade especial para se executar ou fazer algo. A utilidade de uma técnica depende diretamente do método que a mesma emprega, e vice-versa. A técnica está ligada ao modo de realizar a atividade de maneira mais eficiente. Assim, podemos estabelecer que o método está relacionado à estratégia (caminho a ser percorrido) e à tática (mudança de direção do caminho, se o mesmo mostrar erro).

Existem muitas técnicas de abordagem apregoadas nos diversos livros sobre vendas, isto é, como o vendedor deve ter conhecimento da maneira de se aproximar do cliente consumidor. A seguir, são colocados alguns procedimentos de venda no trabalho de um bom vendedor:

a. Sorrir – O sorriso diz mil coisas e, entre elas: paz, amizade, boa vontade, simpatia, carinho, amor.
b. Ouvir – Quase tudo que está na nossa memória passou pelos sentidos. Depois dos olhos, são os ouvidos que mais informam.
c. Ler – A leitura do cliente comprador é importante, isto é, como ele se expressa, como decide, como se apresenta e como seu corpo se movimenta. A leitura corporal é fundamental, pois deixa transparecer como a pessoa reagirá a um fato, fenômeno ou juízo, por exemplo.
d. Informar – A informação é uma necessidade, não só para as pessoas, em geral, como, principalmente, para aquelas que trabalham com o público.
e. Estimular – O estímulo ajuda o cliente consumidor a se movimentar da atenção à ação.
f. Construir – Uma dificuldade que, frequentemente, aparece na venda é saber até onde ir, quando parar e quando continuar.
g. Contornar Objeções – A boa razão diz que se vive em um mundo de opiniões, porque nem sempre se conhece a verdade sobre os fatos e acontecimentos.
h. Fechar a Venda – É a fase decisiva, e só ela diz se valeu realmente todo o trabalho feito. O receio da não conclusão do processo começado é uma constante na vida do vendedor.

O estilo comportamental de um homem, no exercício de suas funções, é em grande parte determinado por sua formação e personalidade. O engenheiro é mais preciso e formal do que um homem com formação no setor de vendas. O vendedor será agressivo e, por natureza, será também sensível às sugestões dos outros, pois aqueles que sabem persuadir podem ser persuadidos.

Cada vendedor possui seu próprio estilo de vender, que não pode funcionar com todo mundo. Os profissionais de venda mais bem-sucedidos são aqueles que têm consciência de seu estilo. Eles conscientemente trabalham e aperfeiçoam um *modus operandi* que se mescla com sua personalidade e não entra em conflito com o produto que está vendendo. Sabem exatamente o que estão fazendo.

11.6 OBJEÇÕES EM VENDAS

Uma das queixas dos diretores, gerentes e supervisores de vendas é sobre a força de vendas, no que diz respeito às objeções. Na verdade, a maioria dos vendedores não sabe como tratar objeções, isto é, as razões para não comprar. As objeções nada têm a ver com realizar vendas, mas muito com o estilo do vendedor atuar, que carece de uma argumentação convincente e persuasiva.

Muitas vezes, durante a apresentação de vendas, um comprador em perspectiva fará objeções. Comportamento muito natural do ser humano. Ele pode indicar ao vendedor o quanto longe ele está de efetuar uma venda.

A objeção mostra onde há uma incongruência entre o desejável e o oferecido. Mas, os vendedores precisam ter certeza de que descobriram o motivo da objeção, muitas vezes, despercebido. As objeções proporcionam uma oportunidade para o vendedor mostrar-se capaz diante do comprador.

Existem muitas maneiras de tratar uma objeção. O método a ser usado depende da situação conforme o vendedor a perceba. Ninguém gosta que lhe contradigam diretamente e, por isso, uma negativa direta da objeção é tipicamente evitada.

O modo como um profissional de vendas lida com a aceitação e a rejeição diz muito sobre o seu potencial de vender. É imperioso que o vendedor encare e aceite com naturalidade a objeção. Depois de fechar uma venda o vendedor deve evitar falar qualquer coisa, pois é possível torpedear todo um trabalho com uma só palavra. A seguir, algumas premissas para contornar objeções em vendas:

- Não confunda falta de resposta com hostilidade.
- Faça muitas perguntas que venha ao encontro dos interesses do seu cliente comprador.
- Não fale muito depressa e não tão lento para cansar o cliente.
- Planeje a agenda do encontro, não faça nada de cambulhada.
- Demore tanto quanto possível para ouvir a argumentação do comprador potencial.
- Aprenda sobre a arte de ouvir.
- Evite repetições, redundâncias, vícios de linguagem, chavões e erros de construção verbal.
- Seja objetivo, não confundindo com objetividade e pragmatismo, pois são conceitos diferentes.
- Argumente sobre o que o produto pode ajudar e/ou agregar valor ao cliente.
- Nunca dê plena certeza de nada, e muito menos trate os negócios como "definitivos", pois tudo na vida é provisório e a única certeza que temos é a incerteza.
- Não assuma compromissos que não pode cumprir.

11.7 DIAGRAMA DE VENDAS

Diagrama é um gráfico, geralmente, em um espaço bidirecional, onde podemos representar, por meios de pontos, linhas e superfícies, resultados, estruturas, rotinas, relações, atividades, programas, controles, prazos, gargalos e programação, por exemplo. Os mais importantes diagramas utilizados são: organogramas, fluxogramas, cronogramas e congestionograma. Mas, o mais clássico dos diagramas é o fluxograma. A seguir, um fluxograma de vendas:

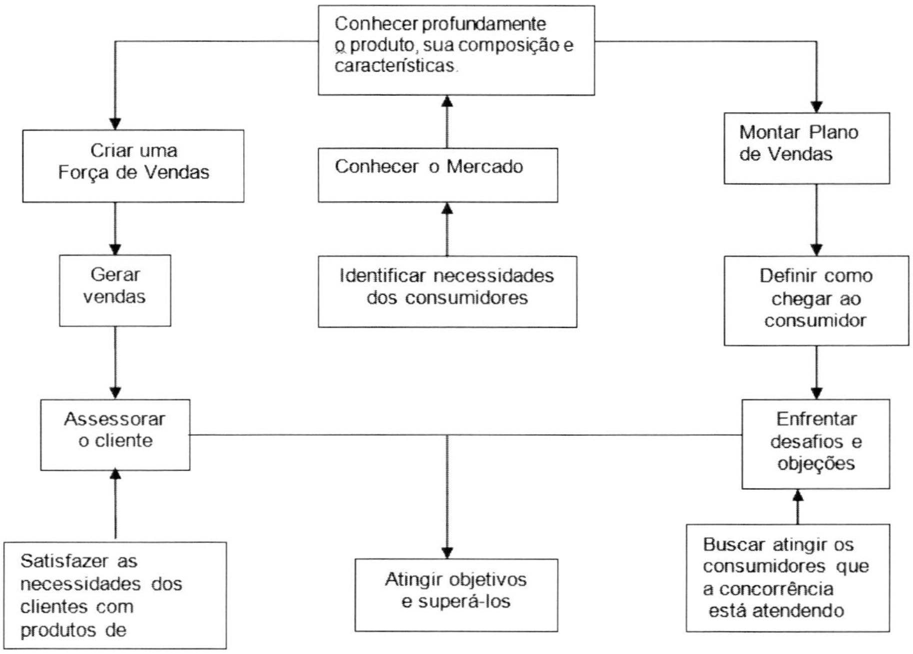

Figura 11.1: Diagrama de Vendas.

11.8 CONTROLE DE VENDAS

Controle do Faturamento – O controle do faturamento e seu desvio servem para acompanhar o desempenho da equipe de vendas e se a mesma está cumprindo as metas estabelecidas. Ele deve indicar o faturamento bruto diário e seu valor acumulado, num determinado período. Através desse controle pode-se verificar se as metas estão sendo atingidas. Tal controle deve conter os seguintes elementos: período, data, venda executada, venda faturada, venda entregue, rentabilidade, cota.

Controle do Perfil do Consumidor – Este controle é na verdade o cadastro geral dos consumidores, sendo atualizado diariamente. Ele deve conter: nome, endereço real, endereço virtual, telefones, identificação, qualificação, classificação do consumidor, média mensal de compras, limite de crédito.

Controle de Vendas por Vendedor – Este controle ajuda a premiar aqueles que mais venderam. É comum, em empresas, encontrar-se o quadro "Campeão de Vendas", como motivação e incentivo à força de vendas. Tal controle deve conter: nome do vendedor, data, vendas efetuadas (valor e volume), vendas canceladas, vendas acumuladas, clientes visitados, novos clientes.

O controle de vendas por vendedor mostra e compara o resultado mensal de cada vendedor com a média do grupo. Assim, fica claro, através do índice de performance, qual o vendedor que precisa de assistência da gerência de vendas.

Controle de Vendas por Produto – O controle de vendas por produto mostra qual produto está vendendo mais e qual está vendendo menos. Este controle é o fato gerador para se intensificar todas as forças no produto campeão e, também, servir de modelo de decisão para qual produto deva ser descontinuado ou mais bem trabalhado.

Controle da Conta do Consumidor – Este controle ajuda a demonstrar a liquidez do consumidor e sua capacidade de compra. Contém os seguintes elementos: nome do consumidor, qualificação, região, zona, data, nota fiscal, fatura, parcelamento, valor, quitação, saldo devedor, atraso, observações.

Controle de Devolução de Mercadorias – Uma preocupação em vendas é com a devolução de mercadorias, porque retrata a qualidade do produto e do atendimento. Este controle deve conter informações quanto aos defeitos, prazos de entrega não atendidos, especificações fora dos padrões, valores não contratados.

11.9 AVALIAÇÃO DE VENDAS

O setor de vendas será avaliado para verificar como as vendas foram efetuadas; qual contribuição de esforços despendidos em propaganda e promoção levou ao sucesso (fracasso); como os canais de distribuição e de comunicação afetaram a rentabilidade dos produtos. Não é suficiente ser um profundo conhecedor de técnicas de vendas, se você não tiver senso crítico e avaliar as dificuldades com que se defronta a empresa.

A gerência de vendas, bem como a direção da empresa, possui diversas ferramentas para obter informações e poder avaliar o desempenho do vendedor e da força de vendas, tais como: relatórios; visitas a clientes consumidores; observações de campo; reclamações de consumidores; reuniões. Para fazer uma boa avaliação de vendas devemos questionar sobre:

- Os vendedores tendem a promover produtos não lucrativos?

- Datas de entrega irreais são prometidas?
- Pouco esforço é desenvolvido para promover os artigos que se encontra em quantidade apreciável no estoque?
- O vendedor reluta em mudar a política de preços?
- São efetuadas verificações regulares para se saber quais os produtos que devem ser colocados em promoção?
- Há pouco caso na avaliação de custos?
- Atraso de novos modelos para a temporada que se inicia?
- Os ciclos operacionais dos produtos são muito longos?
- Alguns vendedores são mais bem tratados do que outros?
- Produção queixa-se de que o setor de vendas dá vazão a produtos menos lucrativos?
- Produção tem apreciação inadequada dos problemas de vendas e desconhece as necessidades dos consumidores?
- Vendedores aceitam pedidos de produtos que faltam no estoque?
- Vendedores conhecem realmente as necessidades dos consumidores?
- Vendedores atualizam seus conhecimentos tecnológicos?

Avaliar desempenho de vendas significa comparar os resultados obtidos com os previstos. Esta comparação se faz para volume de vendas, valor de vendas, novos consumidores, consumidores perdidos, gastos com vendas, visitas, performance do vendedor, movimentação de vendedores, tendência de mercado.

Assim, por exemplo, o objetivo da avaliação do vendedor é verificar: conduta no trabalho; competência administrativa; capacidade de decidir; habilidade de comunicação; vontade de crescer profissionalmente; conhecimento do produto, mercado, empresa, público-alvo e ambiente.

11.10 ATUAÇÃO EM VENDAS

A seguir, serão mostrados exemplos de eficiência e eficácia em vendas:

Eficiência de Vendas – A eficiência de vendas é conseguida quando comparamos receitas com vendas e despesas de comercialização, isto é, ela determina quanto uma unidade monetária de gasto corresponde ao montante de vendas. Sua fórmula é a seguinte:

Eficiência de Vendas = Receita com Vendas / Despesa de Vendas

Exemplo:
Receita com Vendas = R$ 500.000,00
Despesa de Vendas = R$ 5.000,00
Eficiência de Venda = 500.000 / 5.000 = 100

Análise:
No exemplo acima, para cada unidade monetária gasta com venda a empresa fatura cem unidades. Porém, todo esforço para aumentar a receita com vendas pode acabar, se as despesas também aumentarem.

Eficácia em Vendas – A eficácia em vendas é uma avaliação dos resultados relativos aos principais clientes e se tais resultados são de lucro ou prejuízo. A análise da avaliação mostra se alguns desses clientes devem ser descontinuados, ou se merecem alguma atenção especial. A seguir, um exemplo de uma análise da eficácia em vendas, tomando como referencial um demonstrativo de resultado:

Contas	A	B	C	Total
1 – Receita com Vendas	50.000 (50%)	30.000 (30%)	20.000 (20%)	100.000 (100%)
2 – Custos	20.000 (50%)	12.000 (30%)	8.000 (20%)	40.000 (100%)
3 – Lucro Bruto (1 - 2)	30.000 (50%)	18.000 (30%)	12.000 (20%)	60.000 (100%)
Despesas com Vendas:				
4 – Salários	4.000 (30%)	3.000 (40%)	5.000 (42%)	12.000 (100%)
5 – Comissões	7.500 (50%)	4.500 (30%)	3.000 (20%)	15.000 (100%)
6 – Viagens	1.500 (25%)	1.800 (30%)	2.700 (45%)	6.000 (100%)
7 – Outras	6.000 (33%)	6.000 (33%)	6.000 (33%)	18.000 (100%)
8 – Total (4 + 5 + 6 + 7)	19.000 (37%)	15.300 (30%)	16.700 (33%)	51.000 (100%)
9 – Lucro Líquido (3 - 8)	11.000 (122%)	2.700 (30%)	- 4.700 (-52%)	9.000 (100%)

Quadro 11.1: Análise Horizontal da Eficácia em Vendas.

Análise:

O cliente C precisa ser descontinuado, devido ao prejuízo. O cliente B merece uma análise sobre as despesas.

11.11 GERÊNCIA DE VENDAS

A palavra gerência (management) tem sido usada como sinônimo de administração, mas, na verdade, apesar de muitas pesquisas, este termo ainda continua um tanto ambíguo. Cabe à função gerência a arte de pensar, decidir, agir, fazer acontecer, prover recursos, atingir objetivos estabelecidos e obter resultados positivos. Resultados que podem ser projetados, previstos, analisados e avaliados, mas que têm de ser alcançados por pessoas dentro de uma interação constante.

A gerência precisa alocar recursos no tempo e espaço adequados, ou seja, é o exercício de uma atividade que exige mais de uma pessoa para exercê-la; precisa ter um objetivo comum; requer uma ação calculada; necessita de cooperação e coordenação entre pessoas.

A gerência de vendas é função executiva, coordenadora e ordenadora, cuja finalidade é avaliar os resultados da força de vendas.

A preocupação do gerente de vendas está relacionada, diretamente, com a maximização da receita com vendas, volume e entrega dos produtos faturados. Cabe a ele ultrapassar as metas estabelecidas, dividir as cotas entre vendedores, participar na elaboração de estratégias e políticas de abordagem do mercado e dos consumidores.

O gerente de vendas deve desenvolver programas de recrutamento, seleção e treinamento, criar mecanismos de motivação para os vendedores, trabalhar a marca e a imagem dos produtos da empresa, criando e mantendo consumidores. O treinamento deve estar voltado para as técnicas de venda, visitas aos clientes consumidores, preenchimento de pedidos e assistência ao consumidor.

O gerente de vendas deve criar sistemas de informação e comunicação, ajudar o pessoal de Pesquisa & Desenvolvimento, alocar recursos, desenvolver rotinas, procedimentos, arquivos e formulários. E, ainda, controlar a carteira de pedidos, avaliar o desempenho da força de vendas, redigir relatórios e controlar resultados, por meio de indicadores de gestão.

O papel do gerente de vendas é um dos mais vitais para a realização dos objetivos da empresa, bem como a sua sobrevivência. Atividades chaves deste gerente, além de serem congruentes com as estratégias de vendas, devem contribuir para que o seu próprio feedback ajude a reformular táticas de vendas. Por estarem junto aos clientes, os gerentes de venda trazem grandes contribuições às implementações de desenvolvimento de novos processos, novos projetos, novos produtos e novas marcas.

11.12 INDICADORES DE VENDA

Os indicadores representam um sistema peculiar de análise empresarial. Tal sistema consiste na comparação de dois ou mais elementos, de modo a se obter uma indicação (relação, medida) significativa da situação e, ao mesmo tempo, uma representação sintética da mesma. Um conjunto de indicadores bem estudado permite esclarecer a situação da empresa, através de elementos chaves.

Quando se compara elementos, pode-se chegar a duas respostas: uma avaliação da proporção existente entre os valores e uma avaliação do desenvolvimento de um valor em relação a outro tomado como base.

Os indicadores permitem comparar dois ou mais dados, de modo a se obter uma análise significativa da situação. O poder do administrador para analisar a situação de uma empresa é dado pelos seus registros históricos. Uma comparação dessa natureza é importante, pois não se pode esperar que uma empresa apresente indicadores e taxas menores que aqueles medidos de uma amostra de empresas de seu mercado.

Muitos indicadores levam o nome de taxa pela sua resposta em valores percentuais. Os indicadores de venda retratam a relação entre: consumidor, produto, preço e receita com vendas. A seguir, alguns dos mais importantes indicadores de venda:

Taxa de Devolução – Uma preocupação em vendas é com a devolução de mercadorias, porque retrata a qualidade do produto e do atendimento. Este controle deve conter informações quanto aos defeitos, prazos de entrega não atendidos, especificações fora dos padrões, valores não contratados.

A devolução de mercadorias é a ação em que o comprador devolve ao vendedor as mercadorias que comprou, em função de defeitos, qualidade do produto, especificações fora do padrão contratado, prazos de entrega fora do estabelecido, valores não contratados, atendimento deficiente. A taxa de devolução é dada pela fórmula:

Taxa de Devolução = Mercadorias Devolvidas / Mercadorias Vendidas

Exemplo:
Mercadorias Devolvidas = 300 peças
Mercadorias Vendidas = 50.000 peças
Taxa de Devolução = 300 / 50.000 = 0,006 = 0,6%

Análise:

A taxa de devolução ajuda a medir o controle de qualidade da empresa. Uma taxa de devolução de 0,6% é excelente.

Taxa de Defeitos – A taxa de defeitos é dada pela fórmula:

Taxa de Defeitos = (Produtos Defeituosos - Produtos Recuperados) / Total de Produção

Exemplo:
Produtos Defeituosos = 20
Produtos Recuperados = 5
Total de Produção = 500
Taxa de Defeitos = (20 - 5) / 500 = 0,03 = 3%

Análise:

Uma empresa deseja taxas de defeito muito baixas. Para tal, precisa implantar um programa "Zero Defeito", para motivar a não fabricação de produtos defeituosos. Deve haver premiações para os empregados que apresentarem qualidade, sob todos os aspectos.

Taxa de Reclamação – O controle de reclamação, ou taxa de reclamação, pode ser geral ou por produto. Se, por exemplo, os resultados apresentados pela empresa foram os seguintes:

Controle Geral de Reclamações					
N	Mês	Reclamações	Acumulado	Média	Taxa
1	janeiro	100	100	100	Zero
2	fevereiro	50	150	75	-33%
3	março	80	230	77	+ 4%
4	abril	70	300	75	- 7%

Quadro 11.2: Controle Geral de Reclamações.

Onde:
N = Número de meses
Média = Valor acumulado / número de meses

Cálculo da taxa de reclamação (TR) para o mês de março:

TR = [(Reclamações) / (Valor Acumulado / Número de meses)] - 1

Exemplo:
Reclamações = 80
Valor Acumulado = 230
Número de meses = 3

TR = [(80) / (230 / 3)] - 1 = (80 / 76,70) - 1 = 1,043 - 1 = 0,043 = 4,3% = 4% (aproximadamente)

Análise:

O controle de reclamações apresentado se refere a um curto período de tempo. Mesmo assim, os resultados apresentados, de janeiro até abril, mostraram que a empresa vem fazendo um esforço para diminuir as reclamações, cujo valor ideal é próximo de zero, o que é muito difícil de conseguir.

Taxa de Vendas por Vendedor – Taxa que ajuda a medir a capacidade proativa do vendedor na condução das atividades de vender, bem como a solucionar problemas, obstáculos e objeções. A taxa de vendas por vendedor (TVV) é dada pela fórmula:

TVV = Vendas do Vendedor / Total de Vendas

Exemplo:
Vendas do Vendedor = $ 5.000,00
Total de Vendas = $ 80.000,00
Taxa Individual de Vendas = 5.000 / 80.000 = 0,0625 = 6,25%

Análise:

Esta taxa mostra a participação do vendedor no montante de vendas e ajuda a premiar os melhores com incentivos.

Taxa de Inadimplência – A taxa de inadimplência é dada pela fórmula:

Taxa de Inadimplência = Contas de Liquidação Duvidosa / Contas a Receber

Onde:
Contas de Liquidação Duvidosa = Contas a receber, cujos valores, provavelmente, não serão liquidados
Contas a Receber = Levantamento que se faz numa data qualquer, ou aprazada, para determinar quanto, em dinheiro, a empresa tem a receber de seus devedores; recebíveis

Exemplo:
Contas de Liquidação Duvidosa = $ 24.000,00
Contas a Receber = $ 400.000,00
Taxa de Inadimplência = 24.000 / 400.000 = 0,06 = 6%

Análise:

É comum, hoje, se considerar o valor de 3% como limite máximo para a empresa começar a se preocupar. Assim, a mesma deve provisionar valores para devedores duvidosos. No exemplo acima, a taxa de 6% é um valor, relativamente, alto. A inadimplência é considerada como um atraso de pagamento acima de 90 dias.

Taxa de Cancelamento – O cancelamento do pedido é um ato solicitado pelo comprador, devido, principalmente, ao não cumprimento de prazo por parte do vendedor. Mas, também pode ser devido à falta de capital de giro para pagar mais uma dívida. A taxa de cancelamento é dada pela fórmula:

Taxa de Cancelamento = Pedidos Cancelados / Total de Pedidos

Exemplo:
Pedidos Cancelados = 20
Total de Pedidos = 240
Taxa de Cancelamento = 20 / 240 = 0,083 = 8,3%

Análise:

Uma taxa de cancelamento acima de 5% deve começar a preocupar a empresa.

11.13 PLANO DE VENDAS

Um plano é como um mapa, ele mostra à empresa como ela deve se conduzir, aonde deve ir e como chegar lá. O plano (produto do planejamento) é um curso de ação, onde se estabelece quem fará o que, onde, como e por que atingir objetivos. Se for adequadamente preparado, um plano conterá detalhes suficientes para a sua implementação, mas, se for feito às pressas e inadequadamente construído, pode causar muita perda de tempo, constrangimento e desconfiança quanto ao destino da organização.

Haverá problemas com um plano, se ideias, condições, recursos, métodos e objetivos não forem dispostos de maneira lógica, para poder ser seguido por outros. Um plano de venda estabelece objetivos; sugere estratégias e recursos para alcançá-los. Deve identificar as oportunidades de negócios mais promissoras para a empresa e esboçar como penetrar, conquistar e manter posições em mercados identificados.

O plano de vendas é uma ferramenta de comunicação que combina todos os elementos do composto mercadológico num plano de ação coordenada. Um plano de vendas é o documento que ajuda a empresa comercializar bens e serviços.

Pessoal de vendas de todos os níveis deve esforçar-se para entender este plano, porque ele inclui, geralmente, enfoques específicos e caminhos a seguir, para a identificação de clientes em potencial, determinando por que, onde, como e quando eles compram. Também é possível que o mesmo identifique como mais facilmente os consumidores serão atingidos e levados a comprar.

Um plano de venda deve analisar o seguinte:

- Situação atual do mercado.
- Situação dos produtos da empresa.
- Participação da empresa no mercado.
- Potencial do mercado.
- Situação da concorrência.
- Necessidades dos consumidores.
- Contingências ambientais.
- Tendências tecnológicas.
- Segmentação do mercado.
- Regulamentação governamental.
- Posição matricial de cada produto.
- Prognósticos e suposições sobre o ciclo de vida do produto.
- Previsão de vendas.
- Estratégias e táticas.

- Ciclo operacional de cada produto.

Embora os modelos de planos de venda variem de empresa para empresa, um bom modelo contém pelo menos os seguintes componentes: antecedentes do produto; projeções de vendas e lucros; desenvolvimento de estratégias de vendas; mecanismos de controle; tamanho, estrutura e comportamento do mercado alvo; posicionamento do produto e das vendas; participação no mercado; metas de vendas e de lucros a alcançar nos primeiros anos; território de atuação; preço previsto para o produto; estratégias de distribuição; orçamento; composto de marketing; tendências; leitura do cenário.

11.14 ORÇAMENTO DE VENDAS

O orçamento é um plano que especifica receitas e gastos antecipadamente, em um dado período. Previsões e orçamentos não podem ser considerados como sinônimos. Uma previsão é uma tentativa de determinação de futuros eventos.

O orçamento, pelo contrário, é a manifestação de uma vontade tendente a orientar os eventos futuros na direção mais oportuna. Também pode ser considerado como um documento que discrimina a origem e a aplicação dos recursos que serão utilizados para um determinado fim, ou, ainda como um mecanismo de controle, à medida que o plano estabeleça medidas para atingir objetivos a serem atingidos por cada um dos responsáveis.

Em muitas empresas, o orçamento acaba se transformando no principal instrumento de trabalho gerencial e tudo passa a ser expresso em termos de valores monetários, como: previsão de vendas, salários a pagar, encargos sociais e gastos com propaganda.

O orçamento não constitui um instrumento rígido de contenção de despesas, podendo ser bastante flexível a ponto de permitir uma variedade de ajustes, quando necessários.

Os orçamentos criam a premissa lógica para uma estimativa ponderada dos custos, porquanto permitem uma avaliação do nível operacional futuro da empresa e também oferecem a relação entre volumes de produção e despesas de operações. Partindo dos recursos financeiros necessários à execução, o orçamento deve especificar as estimativas dos resultados esperados. É importante que o orçamento seja congruente com os objetivos da empresa.

Muitos são os benefícios do orçamento trás, como os seguintes:

- Os orçamentos compelem os gestores a pensar no futuro pela formalização de suas responsabilidades no planejamento.
- Os orçamentos fornecem expectativas definidas, que são a melhor estrutura para julgar o desempenho subsequente.
- Os orçamentos ajudam os gestores na coordenação de seus esforços, de modo que os planos das subunidades da organização satisfaçam os objetivos da organização como um todo.
- Os orçamentos forçam a administração a planejar para o futuro; a desenvolver uma direção geral para a organização; a prever problemas e a desenvolver políticas.
- Os orçamentos possibilitam aos gerentes tomarem decisões mais acertadas. Se, por exemplo, um orçamento de caixa mostra déficit, o controlador aciona a Seção de Crédito e Cobrança.
- Os orçamentos servem para mostrar o papel de cada um dentro da organização e para encorajar o trabalho em conjunto.

O orçamento de vendas é uma estimativa conservadora do volume de vendas esperado e é usado, principalmente, para as decisões de compras, produção e fluxo de caixa.

Itens Orçados / Trimestres	1º Trim.	2º Trim	3º Trim,	4º Trim.	Ano Seguinte
1 – Unidades	2.000	6.000	6.000	2.000	16.000
2 – Preço de venda por unidade	0,70	0,70	0,80	0,80	0,75
3 – Total de vendas (1 x 2)	1.400	4.200	4.800	1.600	12.000

Quadro 11.3: Orçamento de Vendas.

Itens Orçados / Trimestres	1º Trim.	2º Trim.	3º Trim.	4º Trim.	Ano Seguinte
1 – Unidades produzidas	2.000	6.000	6.000	2.000	16.000
2 – Custo variável unitário do produto	0,05	0,05	0,05	0,05	0,05
3 – Despesas variáveis de vendas (1 x 2)	100,00	300,00	300,00	100,00	800,00
4 – Despesas fixas de marketing:					
5 – Salários	10,00	10,00	10,00	10,00	40,00
6 – Propaganda	10,00	10,00	10,00	10,00	40,00
7 – Depreciação	5,00	5,00	5,00	5,00	20,00
8 – Viagens	3,00	3,00	3,00	3,00	12,00
9 – Total das despesas fixas (5 + 6 + 7 + 8)	28,00	28,00	28,00	28,00	112,00
10 – Total de despesas de vendas (3 + 9)	128,00	328,00	328,00	128,00	912,00

Quadro 11.4: Orçamento de Vendas por Produto.

11.15 POLÍTICA DE VENDAS

Políticas são guias de raciocínio planejadas para a tomada de decisões repetitivas. Quando não existem políticas, já se sabe qual é o resultado: “Cada cabeça uma sentença”. A cada dia um caminho diferente. Uma organização, que tenha políticas bem definidas, utilizará seu tempo inteligentemente, tendo parâmetros que serão a base de sustentação do planejamento estratégico. São orientações para a ação que facilitam a tomada de decisão.

Uma política rege, mas não faz o trabalho. Seu propósito é guiar a ação para os objetivos pretendidos, mas não são objetivos em si mesmo. A função de uma política é aumentar as chances de os dirigentes, gerentes e funcionários fazerem escolhas semelhantes ao enfrentarem, independentemente, situações similares.

Quanto mais alto estiver um administrador na estrutura da organização, mais importante será o papel na formulação de políticas. Como os administradores nos níveis inferiores, em geral, têm de utilizar políticas fornecidas pelos superiores, há muito poucos gerentes que não tenham, alguma vez, formulado suas próprias políticas.

Uma política bem traçada ajuda a se cometer menos erros.

A política de vendas é uma política voltada a definir quais produtos devem ser oferecidos a determinado público-alvo, bem como que preços negociar e que recursos utilizar. Ajuda a empresa a decidir sobre que estratégia ou tática adotar, caso não haja venda de um determinado produto, e também como enfrentar a concorrência; determinar qual o capital de giro necessário para levar a empresa a atender o mercado, fazendo com que os recursos humanos da organização tenham uma atitude proativa em relação ao cliente consumidor, atendendo-o da melhor maneira possível.

11.16 RELATÓRIO DE VENDAS

Um relatório é uma apresentação escrita ou oral, para transmitir uma informação a um leitor determinado, sob uma forma completamente imparcial e sob o aspecto mais útil ao leitor, com o propósito de resolver um problema específico. Em essência, um relatório é uma narração descritiva, qualitativa ou quantitativa de uma determinada situação.

Alguns autores consideram que um relatório é um conjunto de informações organizadas para descrever uma situação, podendo ou não apontar, na conclusão, uma hipótese de solução para um determinado problema.

O passo final no processo de pesquisa é redigir o relatório. É importante que os pesquisadores expliquem seus processos de pesquisa e documentem o que ficaram sabendo, de maneira simples e direta. A primeira parte do relatório deve apresentar um sumário de seus pontos altos, para que os destinatários possam ver rapidamente que conclusões foram alcançadas.

O relatório deve mencionar quaisquer limitações que o estudo possa ter e quaisquer problemas que tenham sido identificados quando da coleta de dados.

Devido às especificações do relatório, esta passa a ser uma das melhores fontes de avaliação do clima, da cultura e do comportamento organizacional. Um bom relatório precisa ser atual, mostrar desvios relevantes, ser integrado ao sistema, ser facilmente interpretado, estimular soluções, ser de fácil confecção e distribuição. Um relatório pode marcar a presença de uma empresa ou não.

Assim, as características de um relatório são:

- Ter uma linguagem clara, concisa e objetiva.
- Ser padronizado.
- Conter recomendações e soluções para os problemas.
- Deixar clara a sua finalidade e a sua natureza.
- Usar a melhor técnica, disponível no mercado, de exposição, construção e análise.
- Ser feito sob medida para o leitor.
- Ser passível de verificação.
- Não embaraçar a imagem da empresa (organização).

- Ser esclarecedor.
- Seguir uma forma prescrita e obedecer a um plano.
- Ser escrito de maneira formal e impessoal.
- Conter informações úteis.
- Indicar as principais variáveis que ajudarão a solucionar o problema.
- Recolher do mercado modelos semelhantes.
- Definir recursos, custos, orçamentos, objetivos.
- Calcular retorno do investimento, resultado esperado, taxa de rendimento.

O autor do relatório deverá sempre lembrar que este está sendo escrito para o leitor e não para si mesmo ou para especialistas. Ele deverá ter em mente que um relatório é escrito para comunicar e não para impressionar com palavras difíceis ou detalhes técnicos.

Um bom relator deve: possuir a atitude cética da dúvida; possuir imaginação criadora baseada na experiência; compreender a natureza e a função de um relatório; possuir habilidade desenvolvida para a análise, classificação e conceituação; empregar o método mais adequado; compreender o seu leitor e colocá-lo em posição de destaque; possuir o conhecimento da língua.

Os relatórios de vendas, quanto ao seu objeto de estudo, podem ser sobre: Vendas do Período; Atuação do Vendedor; Consumo; Preço de Venda.

A seguir, exemplos de relatórios de vendas para medir o desempenho do vendedor:

Relatório do Vendedor		
Período de Vendas:		
Vendedor:		
Valor Total de Vendas:		
Número de Pedidos Tirados:		
Número de Visitas:		
Número de Novos Clientes:		
Nº	Problema	Encaminhamento
Observações:		
Data:	Assinatura:	
Resposta da Gerência:		

Formulário 11.1: Relatório do Vendedor.

<table>
<tr><th colspan="2">Relatório de Visita</th></tr>
<tr><td>Número/Ano do Relatório:</td><td>Data:</td></tr>
<tr><td colspan="2">Nome do Vendedor:</td></tr>
<tr><td colspan="2">Região:</td></tr>
<tr><td colspan="2">Gerente (área / produto):</td></tr>
<tr><td colspan="2">Empresa Visitada:</td></tr>
<tr><td colspan="2">Contatos (nome e cargo):</td></tr>
<tr><td colspan="2"></td></tr>
<tr><td colspan="2">Trabalho Executado:

o Pesquisa
o Primeira Visita
o Atendimento do Pedido de Compra
o Visita de Rotina
o Atendimento de Reclamação
o Visita Extraordinária
o Atendimento de Sugestão
o Cadastro
o Cobrança</td></tr>
<tr><td colspan="2">Comentários do Vendedor relativos ao cliente consumidor:

o Receptivo aos produtos apresentados
o Existe potencial para compras
o Já negocia com concorrentes
o Deixar para uma próxima vez
o Cliente se recusou a negociar com a empresa
o Cliente não tem boa imagem da empresa
o Cliente não tem boa imagem da marca
o Cliente não tem boa imagem dos nossos produtos.</td></tr>
<tr><td colspan="2">Assinatura:</td></tr>
</table>

Formulário 11.2: Relatório de Visita.

Teste de Aferição de Conhecimento

01 – Qual o elemento que é o mais importante no processo de venda?

a) Atenção
b) Conhecimento
c) Ouvir
d) Falar
e) Persuadir

02 – O que é mais atrativo na venda?

a) Determinação do próprio horário de trabalho.
b) Realização rápida do negócio
c) Desafio de superar objeções.
d) Responsabilidade

03 – Qual documento que o vendedor não pode prescindir?

a) Portfólio
b) Tabela de preços
c) Folder
d) Agenda de trabalho

04 – Coloque em ordem os procedimentos básicos no trabalho de vendas:

a) Construir
b) Ouvir
c) Sorrir
d) Contornar objeções
e) Estimular
f) Ler
g) Informar
h) Fechar a venda

05 – Avaliar desempenho de vendas significa:

a) Analisar resultados.
b) Prever resultados.
c) Medir resultados

06 – Qual a maior importância de se conhecer os indicadores de vendas?

a) Conhecer a real situação da empresa.
b) Dar suporte ao pessoal da contabilidade.
c) Conhecer o mercado.
d) Medir valores financeiros.

Capítulo 12

FORÇA DE VENDAS

"A maioria dos gerentes têm muita carência de habilidades em dinâmica de grupo. Esta falta de habilidade revela--se em: reuniões improdutivas, conflitos mal administrados e projetos que fracassam".

Edgar Schein

OBJETIVOS DO CAPÍTULO

- Mostrar a responsabilidade da força de vendas.
- Mostrar a importância de se ter recursos humanos congruentes com os objetivos de venda da organização.
- Mostrar a necessidade de reconhecer a equipe de vendas como vital à sobrevivência da empresa.
- Mostrar como políticas de pessoal de vendas, quando bem-feitas, ajudam a desenvolver bons vendedores.

12.1 CONCEITO DE FORÇA DE VENDAS

As organizações são compostas de pessoas. Assim, o estudo delas se constitui em matéria básica em vendas, como, aliás, em toda empresa. Ao se tratar do ser humano, é necessário entender o homem como um fenômeno multidimensional, sujeito às influências de uma enormidade de variáveis.

No passado, o conjunto de pessoas envolvidas diretamente com vendas era chamado equipe de vendas. Em função da influência americana, esta equipe passou a ser chamada de "Força de Vendas", como se fosse uma "Força-Tarefa" de um exército.

Intensa competição global, crescimento lento em muitos mercados e clientes exigentes estão forçando muitas empresas a mudar suas estruturas de vendas. Reinventar a equipe de vendas está se tornando um item de agenda, à medida que as empresas buscam reduzir custos, alavancar a produtividade, satisfazer cada vez mais o consumidor, atender o mercado, ser competitiva.

A missão da força de vendas deve ter como base a análise e o entendimento dos ambientes interno e externo da empresa. A análise interna envolve a revisão do negócio, das diretrizes, dos procedimentos, dos planos, dos processos, das táticas, das técnicas, das estratégias, das políticas, dos objetivos, das competências, das habilidades, dos recursos, por exemplo.

A análise externa implica identificar e avaliar os vetores que influenciam a empresa, como: mercados, consumidores, fornecedores, canais de distribuição e de comunicação, produtos, concorrentes, tecnologias, políticas públicas, governos, costumes, responsabilidades sociais.

As empresas devem definir cuidadosamente os objetivos específicos que esperam atingir com suas forças de vendas.

A grande maioria dos autores considera que o objetivo principal da força de vendas é ajudar os clientes a solucionarem problemas, mais do que vender, propriamente dito. Mais recentemente, alguns setores começaram a insistir que a força de vendas deve engajar-se no compromisso de vender.

Os vendedores, no início, não procuram vender um produto ou resolver um problema do cliente, mas mostram a ele como sua empresa pode ajudá-lo a melhorar a rentabilidade. Procuram mostrar como é vantajosa uma "parceria" para uma maior rentabilidade.

Segundo Kotler, os vendedores sempre desempenham as seguintes tarefas em vendas:

Prospecção – Procuram clientes potenciais ou indicações de bons negócios.

Tempo – Decidem como alocar seu tempo entre os clientes cativos e os potenciais.

Informação – Comunicam seus bens, serviços e ideias.

Venda – Conhecem o processo da arte de vender, caracterizada por: abordar, apresentar, argumentar, responder, contornar objeções, fechar a venda.

Serviço – Prestam consultoria, assistência técnica, orientação e entrega.

Coleta de Dados – Fazem, pesquisa e informam por relatórios.

A qualidade da força de vendas, embora imprescindível, não basta. É necessário um número de vendedores que corresponda ao número de consumidores que se deseja atingir. Os territórios demasiadamente grandes acabam abrindo flancos para a concorrência, enquanto os demasiadamente pequenos deixam o vendedor com muito tempo ocioso.

Todo vendedor representa uma unidade da mão de obra de vendas. Determinar o número ideal de vendedores significa determinar quantas unidades são necessárias para se atingir as metas de venda. Sempre que se incorpora um vendedor à equipe, espera-se um acréscimo no volume de vendas.

Quando o volume de vendas é menor do que a capacidade de produção da empresa, é muito comum se aumentar o número de vendedores, sem uma análise prévia.

12.2 VENDEDOR

Vendedor é a pessoa mais importante do processo de venda e que tem características natas, ou adquiridas, que o ajudam na abordagem de compradores potenciais. Ele deve ter comportamento adequado e utilizar técnicas de como abordar consumidores. Sua responsabilidade maior acontece no final do processo de venda, quando persuade o comprador a adquirir o produto.

O trabalho do vendedor se fundamenta em atuar nas interfaces do processo de venda. Assim, o vendedor deve atuar nas passagens: desatenção para atenção; atenção para interesse; interesse para desejo; desejo para ação e ação para satisfação. Aqueles que vão se dedicar à venda precisam ter: conhecimento do produto, aparência, simpatia, empatia, persuasão e habilidade de relacionamento.

Os mais eficientes vendedores são pessoas que podem criar qualquer estado de espírito que desejem, conforme a modulação, inflexão e "sabor" que imprimam a voz. Aproveitar-se da enorme gama de tons da voz humana não é um estilo de vendas que muitos adotam ou mesmo conheçam. Mas esse fato, por si só, deve fazer que isso se torne mais importante para você. Pense nisso da próxima vez que se preparar para um contato de vendas.

Assim que começar a falar, decida como quer parecer, se: forte, controlado, informado, confiante, seguro, curioso, ansioso, agressivo, desesperado, indiferente. Tudo isso pode ser transmitido através da fala, da escrita e do corpo.

Alguns profissionais de vendas não têm, absolutamente, nenhum estilo próprio, isto é, não no sentido plástico que normalmente associamos a um supervendedor. Por que os melhores vendedores dizem que não sabem vender?

Sua qualidade mais subestimada é, sem dúvida, o conhecimento. Se você tem dados relevantes sobre uma futura negociação e com quem irá negociar, a sua vantagem é muito grande. A maioria gosta de pagar para ver, infelizmente.

Sun Tzu nos deixou o seguinte pensamento: "Se o general não conhece o inimigo, lutará na escuridão". O profissional de vendas precisa enxergar colorido, ser otimista sem excessos e estar totalmente aberto às mudanças do cenário, se quiser tornar-se um vencedor. Ler romances policiais e livros de ficção científica ajudam.

12.3 TIPOS DE VENDEDOR

Os vendedores podem variar de empresa para empresa e mesmo dentro da própria organização. Em algumas, o vendedor tem trabalho mais restrito. Em outras, o vendedor possui formação técnica superior e realiza uma tarefa complexa. No mercado, encontramos os seguintes mais importantes tipos de vendedor:

Tirador de Pedido – Este vendedor adota uma postura passiva perante o cliente, dado que é o consumidor que compra e não o vendedor que vende. Exerce pouca influência sobre o cliente, cuidando das atividades operacionais para encaminhar a transação. Esse tipo de vendas não requer muitos conhecimentos e habilidades.

Vendedor Proativo – Esse vendedor conhece profundamente as expectativas do público-alvo, as aplicações dos produtos e o desenvolvimento de novos produtos.

Agente de Venda – Recebe autoridade contratual para vender toda a produção de um fabricante que não está interessado em assumir a venda ou sente que está despreparado para esta função. Funciona como um departamento de vendas, exercendo grande influência sobre preços e condições operacionais.

Corretor – Pessoa, cuja missão é aproximar compradores e vendedores, intermediando a negociação.

Atacadista – Empresa independente que assume a posse dos bens que vende. Recebe diversos outros nomes, como: distribuidor, intermediário, fornecedor, polo de suprimento.

Operador de Telemarketing – Vendedor que usa o telefone para identificar, qualificar e vender para novos clientes que ainda não compraram na empresa. Este vendedor pode conversar, diariamente, com 50 pessoas.

Assistente de Venda – Trabalha na retaguarda dos vendedores de campo, agendam e confirmam visitas, informam sobre crédito, entregas e respondem às dúvidas não dirimidas pelos vendedores.

Vendedor Independente – Vendedor autônomo (agente, representante) ou de firma individual, remunerado por comissões.

12.4 DEPARTAMENTO DE VENDAS

Cabe ao Departamento de Vendas dar apoio ao trabalho dos vendedores, bem como definir as atribuições de cada função:

Função Planejamento: definição dos objetivos, metas e cotas; técnicas de abordagem; quantidade necessária de vendedores; estratégias e táticas; estrutura mais conveniente; políticas de pessoal, de preço e de relacionamento com consumidores; zoneamento da região; frequência de visitas; programas, planos e orçamentos de vendas; procedimentos em recrutamento e seleção; conteúdos programáticos do treinamento; modalidade de venda; comissões; remunerações, incentivos, recompensas; carga de trabalho; procedimentos para venda, consignação.

Função Execução: atendimento e processamento dos pedidos; visitas à clientela; análise da carteira de pedidos; supervisão dos vendedores; pesquisa de mercado; assessoramento de vendedores; motivação de vendedores; aplicação de incentivos; avaliação de desempenho; capacitação de vendedores em negociação e relacionamento; distribuição de portfólios e mostruários; cadastramento de todos aqueles que se relacionam com a empresa; divulgação dos produtos, marcas e imagem da empresa; reuniões de avaliação com clientes e vendedores; gerência da mala direta e dos canais de comunicação.

Função Controle: venda por cliente; venda total; venda por vendedor; estoque; crédito; cobrança; expedição; recepção; entregas; faturamentos e desvios; resultados de desempenho; reclamações; devoluções; cancelamentos; atrasos de pedidos; turnover; número de visitas; perda de consumidores; taxa de clientela; taxa de compra.

Função Organização: sistemas de informação; sistemas de comunicação; comunicação de dados; alocação de recursos; meios auxiliares de treinamento; formulários, questionários de pesquisa; arquivos; rotinas; gráficos, diagramas; modelos; manuais; planilhas.

Função Estruturação – Vale lembrar que a estratégia da força de vendas, em geral, tem implicações em sua estrutura, e vice-versa. Se a empresa vende uma linha de produtos a um único setor, com clientes geograficamente disperso, seria adequado utilizar uma força de vendas estruturada por territórios. Se ela vende muitos produtos a diferentes tipos de clientes, pode necessitar de uma força de vendas estruturada por produto ou por mercado. As empresas estabilizadas precisam revisar a estrutura de sua força de vendas à medida que os mercados e as condições se modificam.

12.5 ATRIBUIÇÕES DO VENDEDOR

A empresa depende muito, para ter sucesso, de uma boa força de vendas. Desta forma, é necessário que os vendedores tenham determinadas tarefas específicas. A ela não cabe só a tarefa de vender, mas, também, promover, estabelecer relações, prestar serviços, cobrir seu território, administrar as vendas e ter habilidades de marketing.

A seguir, as principais atribuições do vendedor:

Atribuições de Venda do Vendedor: conhecer aquilo que seja relevante no produto; realizar regularmente visitas; vender a linha de produtos; introduzir novos produtos; responder as indagações; superar objeções; verificar o estoque do cliente; interpretar os produtos para o cliente; estimular o potencial e estimular a necessidade do cliente; ser o advogado de defesa da empresa; obter pedidos; atingir cotas de venda; mostrar credibilidade; acompanhar a solução de problemas.

Atribuições Promocionais do Vendedor: fazer demonstrações de produtos; descobrir e divulgar usos de produtos; informar os clientes sobre campanhas publicitárias; atrair e criar novos clientes; distribuir catálogos, folhetos, brindes e peças promocionais; acompanhar e treinar o pessoal intermediário; mostrar ao consumidor informações sobre o mercado.

Atribuições de Relações Públicas do Vendedor: manter relações amistosas com os clientes; difundir a imagem da empresa; recolher informações sobre o cliente consumidor; representar a empresa; manter rede de contatos; ter um banco de dados.

Atribuições de Prestação de Serviços do Vendedor: instalar material promocional; averiguar e relatar reclamações; providenciar substituições e devoluções; providenciar descontos e bonificações; acompanhar o fluxo de pedidos; providenciar pedidos de abertura de crédito; providenciar prioridades de entrega.

Atribuições de Cobertura Territorial do Vendedor: zelar por seu território; manter sua clientela; preparar roteiros de visita mais eficientes; acompanhar a instalação de prováveis clientes; verificar as mudanças e as descontinuidades dos clientes.

Atribuições Administrativas do Vendedor: prognosticar reações e objeções; usar o tempo racionalmente; estabelecer desafios; planejar o trabalho diário; organizar o trabalho de campo; preparar relatórios; analisar os clientes perdidos; preparar a lista de clientes potenciais; frequentar as reuniões de venda e convenções; frequentar as sessões de treinamento; realizar cobranças; manter atualizado e em ordem seu material; obter informações para abertura de crédito; obter informações sobre cancelamento de crédito e cobrança; informar a empresa sobre as atividades dos concorrentes; prestar contas de despesas; manter atualizado o arquivo de clientes; preparar pastas, amostras e material acessório.

Atribuições de Marketing do Vendedor: compreender a estrutura organizacional do cliente; ampliar o conhecimento profissional; ampliar o conceito de composto mercadológico; conhecer os fatores que condicionam o mercado; aumentar o conhecimento do mercado e do ambiente.

Todas estas atribuições, mostradas acima, servem para nortear o trabalho de recrutamento e seleção da equipe de vendas.

12.6 TURNOVER DE VENDEDORES

Um dos indicadores mais importantes da força de vendas é a taxa de turnover. A taxa de turnover (T) é dada pela fórmula:

$$T = |Q1 - Q2| / Q1$$

Onde:
Q1 = Quantidade inicial de empregados.
Q2 = Quantidade final de empregados.
|Q1 - Q2| = Valor absoluto da diferença (Q1 - Q2).

Exemplo:
Q1 = 200
Q2 = 150
T = |200 - 150| / 200 = 50 / 200 = 0,25 = 25%

Análise:

A taxa de turnover mostra a movimentação (entra e sai) de pessoal. Uma taxa elevada pode significar má administração ou um mercado desfavorável, onde os recursos humanos são difíceis e instáveis, como os que exigem criatividade. Por outro lado, um dos motivos de um turnover elevado é a constante contratação de pessoal de fora da empresa, não dando chance à "prata da casa".

12.7 QUANTIDADE DE VENDEDORES

Para se propor um método que determine o número ótimo de vendedores, devemos, antes de qualquer coisa, saber: Ótimo em termos de quê? Na verdade, não deve ser exclusivamente em termos de maiores volumes de vendas expressos em faturamento. É preciso considerar a margem de lucro.

Mas, qual indicador de gestão tomar? Receita com vendas ou retorno do investimento? Convém fixar algumas questões: O esforço feito pelo vendedor perante o consumidor pode ser otimizado? Um aumento substancial no volume de vendas não criará dificuldades com a concorrência, que pode revidar? O número de vendedores é suficiente para atender os consumidores?

O volume de vendas que se espera de um vendedor não é fácil de determinar. Colocamos dois vendedores numa zona onde existia apenas um. Desta forma, aumentamos a força de vendas em 100%. Porém necessitamos saber também qual o volume de vendas adicionais que obteremos. Não há uma resposta universal a esta pergunta, já que as variáveis a considerar mudam de região, de mercado e de público.

Supõe-se, também, que cada novo vendedor será, em média, tão eficiente quanto o vendedor médio que já se tem. Isto resulta correto, uma vez que o novo elemento foi treinado e ganhou certa experiência com base nos modelos de seleção e treinamento já utilizados há tempos.

Como ocorre nos casos de previsão em que se estuda a conduta de uma variável isolada, convém considerar todos os demais elementos como se fossem fixos. Neste caso, a variável que nos interessa é o número de vendedores, já que os elementos que consideramos fixos são os outros fatores da operação de vendas, desde que estes não variem em relação direta ao número de vendedores.

Os vendedores representam um dos ativos mais produtivos e caros da empresa. Mas, aumentando sua quantidade, aumentarão custos. O aumento de vendas é o que se espera, porém não há certeza. Tanto que, após definir o número de clientes que deseja atingir, a empresa pode usar uma abordagem de carga de trabalho para estabelecer o tamanho da força de vendas.

A empresa contrata vendedores, em função de necessidades imediatas, considerando dois aspectos fundamentais:

O número de vendedores, em função das visitas, é dado pela fórmula:

$$N = (T \times V) / P$$

Onde:
N = Número de vendedores
T = Total de clientes
V = Número de visitas ao cliente por ano
P = Número de visitas por ano por vendedor

Exemplo:
Número de clientes = 1.000
Número de visitas anuais por cliente = 6
Número de visitas/ano por vendedor = 200
N = (1.000 × 6) / 200 = 30

Análise:
A empresa deve manter uma média de 30 vendedores, durante o ano, para atingir seus objetivos de venda, levando em consideração o número de visitas traçado pela estratégia de relacionamento com o cliente. Não esquecer que um novo vendedor não trará, de antemão, mais vendas.

O número de vendedores, em função do turnover, é dado pela fórmula:

$$N = (V / P)\,(1 + T)$$

Onde:
N = Número de vendedores
V = Volume de vendas previsto
P = Média de vendas por vendedor
T = Taxa de turnover de vendedores

Exemplo:
Volume de Vendas Previsto = $ 1.000,00
Produtividade Média / Vendedor = $ 100,00
Taxa de Turnover = 40%
N = (1.000 ÷ 100) (1 + 0,40) = 10 × 1,40 = 14

Análise:
A taxa de turnover determinará a quantidade de vendedores para atender as metas de venda da empresa. Se a taxa de turnover de vendedores for elevada, será necessário reunir a equipe para saber se o problema está no: produto, preço, mercado, empresa, distribuidor, consumidor, vendedor.

12.8 AVALIAÇÃO DO VENDEDOR

Os vendedores podem ser avaliados em termos de habilidade para planejar o trabalho e executar o plano de venda. Muitas empresas exigem que seus vendedores desenvolvam um plano anual de vendas por território, no qual descrevem seus programas de desenvolvimento de novas contas e de fomentação de negócios com as contas existentes. Cabe aqui uma distinção entre a avaliação da força de vendas e a avaliação do vendedor.

A força de vendas será avaliada por: espírito de corpo, inovação, criatividade, sinergia, integração, interação, promoção, necessidade de treinamento, taxa de turnover, demissão, prêmio, transparência, aumento salarial, receita com vendas.

O vendedor será avaliado por: conduta no trabalho; competência administrativa; capacidade de decidir; habilidade de comunicação; vontade de crescer profissionalmente; conhecimento do produto, mercado, empresa, público-alvo e ambiente.

A avaliação de desempenho, tanto da equipe de vendas como do vendedor, pode muito bem ser realizada por meio de curvas, embutidas em referenciais cartesianos. Assim, é muito comum retratarmos o comportamento por meio de curvas.

As curvas ajudam a medir, por exemplo, sazonalidade e períodos de entressafra através de séries históricas. Quando houver pontos de inflexão (mudança abrupta na direção do comportamento da curva) muito acentuados, deve-se verificar o motivo e compará-los às curvas dos anos anteriores.

As curvas e os histogramas ajudam muito o planejamento estratégico não só por comparação anual como também mensal (semanal, diária). Se for possível, a empresa deve fazer estas curvas em cores e em meios transparentes (transparências impressas em computador) para permitir superposição e análise. Ao se fazer a superposição, tomar cuidado com as escalas que devem ser as mesmas para não mascarar resultados. A seguir, são apresentadas quatro situações relativas ao desempenho de uma equipe de vendas:

Desempenho Normal – Representa que a maioria dos vendedores vende em torno da média de vendas do grupo.

Desempenho Ótimo – Representa que a maioria dos vendedores atua acima da média, indicando um ótimo desempenho ou que a empresa subestimou suas metas.

Desempenho Ruim – Representa que a maioria dos vendedores atua abaixo da média, indicando um resultado ruim ou que a empresa superestimou suas metas. Pode ser que seja preciso melhorar o treinamento dos vendedores.

Desempenho Irregular – Representa que existem dois grupos de vendedores: um grupo que vende abaixo da média e que, portanto, precisa de treinamento ou pode ser um problema de supervisão ou de clientes consumidores e o outro grupo, que vende acima da média, devendo ser investigado o motivo de tal resultado.

12.9 MÉTODOS DE AVALIAÇÃO DE VENDEDORES

Existem diversos meios (métodos) para efetuar avaliações, tais como: observações, entrevistas, encontros, questionários, autoavaliação, sistemas de mérito, registros históricos, testes, exames, demonstrações, experimentos.

A seguir, serão abordados os principais métodos (ferramentas) de avaliação de vendedores:

Sistema Meritocrático: Como diferenciar a importância das pessoas e recompensá-las por seu mérito? Uma alternativa continua sendo a gratificação financeira, condição necessária, mas não suficiente. A falta de reconhecimento pode levar à perda de grandes talentos, ainda que bem remunerados.

A necessidade de reconhecimento público dos méritos é intrínseca ao ser humano, que sempre buscou criar símbolos para qualificar a diferença das pessoas dentro do mesmo contexto social. Surgiram, assim, hierarquias, títulos, cargos, sinalizando o grau de importância do indivíduo no grupo. No mundo corporativo tal retrato é mostrado na estrutura organizacional, isto é, quanto mais perto do presidente mais status tem o funcionário.

Dispor de um sistema de reconhecimento estruturado beneficia o profissional, seu grupo e toda a empresa, que tem a chance de exercitar seus valores e sinalizar, de forma transparente o que se espera de um funcionário. Nesse contexto, as promoções paralelas ganham nova conotação e devem ser entendidas como uma forma de avaliação.

A organização aprende e cria uma massa de conhecimentos, cujo efeito positivo é o estímulo dos recursos humanos, com o sucesso de alguns servindo de motivação, para que outros excedam as expectativas. Mas atenção, não deve haver estardalhaço neste movimento, para não causar inveja nos demais. Às vezes, muita transparência atrapalha.

Rol de Distribuição – O rol de distribuição é um método muito utilizado para se ter uma visão geral do que acontece com a força de vendas.

A seguir, um exemplo de resultados de venda de 80 vendedores:

Intervalo	Valores de Vendas/Vendedor	Frequência	F (%)	% A C
(55 – 59)	59,59,59	3	4%	4%
(60 – 64)	60,60,60,61,61,62,62,62,63,63	10	12%	16%
(65 – 69)	65,65,65,66,67,67,68,68,68,69,69	11	14%	30%
(70 – 74)	71,71,71,72,72,73,73,73,73,73,74,74,74	12	15%	45%
(75 – 79)	75,75,75,75,75,75,75,76,76,76,76,77,77,78,78, 78,78,78,79,79	21	26%	71%
(80 – 84)	80,81,82,82,83,84	6	8%	79%
(85 – 89)	85,85,85,86,87,88,88,88,89	9	11%	90%
(90 – 94)	90,93,93,94	4	5%	95%
(95 – 99)	95,95,96,97	4	5%	100%
Soma		80	100%	

Quadro 12.1: Rol de Distribuição.

Solução:
Maior valor = 97
Menor valor = 59
Amplitude total = 97 - 59 = 38
Amplitude útil = 100 - 55 = 45
Intervalo de classe = 5 (valor arbitrado)
Número de classes = 45 / 5 = 9

A média aritmética da distribuição está no intervalo (75 - 79) por compreender o percentual acumulado (AC) de 50%.

Análise:

A distribuição apresenta uma curva do tipo quase normal, porque a maioria dos vendedores está dentro da classe de maior frequência (21). Por outro lado, 45% correspondem a 75. O valor médio (50%) é encontrado da seguinte maneira:

50% (valor médio) = 45% + 5% =76

O valor de 5% acrescido é igual aos 26% divididos pelo intervalo de classe, ou seja, 26% / 5 (5% aproximadamente), isto é, a cada ponto a mais, no intervalo de classe, significa um acréscimo de 5%.

Observação – A observação deve ser sempre uma atividade humana para um aprendizado ativo com uma postura dirigida para um determinado fato. O método observacional é considerado o primeiro passo de um estudo de qualquer natureza, no entanto, a observação do indivíduo estará em função da sua percepção. Por isso, uns vêem coisas que outros nem desconfiam.

A observação é um método amplamente utilizado pelo homem desde as mais remotas eras. Este método ligado ao senso comum, geralmente, não é estruturado nem planejado. Na maioria das vezes, ocorre de forma casual, a partir de fatos da realidade que despertam determinado interesse.

12.10 RECRUTAMENTO DE VENDEDORES

As empresas sabem que não apenas o seu sucesso competitivo atual, mas também o futuro delas, depende de bons recursos humanos. Geralmente, o Departamento de Recursos Humanos de uma empresa é encarregado de procurar o pessoal do nível operacional. O recrutamento do pessoal de nível médio, em geral, é entregue a uma agência. O pessoal de alto nível fica a cargo do dirigente do empreendimento.

Dos recursos necessários à empresa, indubitavelmente, são os recursos humanos aqueles que causam maiores problemas. Assim, as organizações estão aprimorando cada vez mais as políticas de recrutamento e seleção de pessoal, chegando a ponto de radiografarem o cérebro dos recrutados, a fim de mapearem áreas cerebrais que serão usadas para diagnosticar, precocemente, tendências dos trabalhadores de sofrer de depressão, de ser abusivo ou violento, ou ainda, de possuir a capacidade cognitiva exigida para um emprego de alta tecnologia, por exemplo. No mesmo sentido, segue a identificação do DNA, para futuras doenças e predisposições.

Uma empresa que deseja um bom time deve começar a procurar os elementos adequados. Atrair bons candidatos a emprego não é coisa fácil e de pouca importância. Somente uma série de procedimentos administrativos, racionalmente orientados, poderá satisfazer à necessidade de recrutamento. A empresa deve checar tudo, mesmo aquilo que possa parecer irrelevante.

Uma contratação ruim pode causar sérios danos à equipe. Deixar-se levar pela primeira impressão de um candidato, e acreditar em tudo aquilo que está escrito no papel é o maior pecado do entrevistador.

O recrutamento parte da análise das necessidades de recursos humanos da empresa. Necessidades presentes e futuras. Diagnosticadas as necessidades, realiza-se o levantamento das fontes, dos processos e das fórmulas capazes de fornecer à empresa o pessoal necessário para atingir objetivos. Para desenvolver a atividade de recrutamento deve-se adotar alguns procedimentos essenciais, capazes de garantir o sucesso da operação, tais como: análise descritiva da tarefa a ser desempenhada e definição das características imprescindíveis à execução dessa tarefa.

O pessoal de recrutamento de vendedores deve estar de posse de uma série de informações que propiciarão um bom recrutamento, a saber:

- Linha de produto a ser vendida.
- Mercado a ser atingido.
- Tipo de trabalho de venda a ser realizado.
- Características da região de atuação.
- Política de remuneração.
- Requisitos culturais necessários ao desempenho do trabalho.
- Conhecimentos técnicos dos produtos.
- Volume e peso do material do vendedor.
- Relatórios e formulários a serem preenchidos.
- Desejável conhecimento anterior do mercado.
- Características da equipe em que será agregado.
- Tempo médio de duração da visita.
- Número de visitas por dia.
- Sistemas de comunicação e de informações.

São diversas as fontes de recrutamento que são utilizadas de acordo com a complexidade e o grau de urgência com que aparece a necessidade. O recrutamento pode ser feito, internamente, na empresa, ou através de associações patronais, universidades, agências de emprego (governo e particular), anúncios e indicações.

Depois que a direção da empresa desenvolver critérios gerais para o novo pessoal de vendas, terá a tarefa de atrair um número suficiente de candidatos. Os procedimentos de recrutamento de pessoal devem levar ao desenvolvimento de mais candidatos do que vagas. A tarefa do Departamento de Recursos Humanos é a de recrutar os melhores candidatos disponíveis no mercado.

12.11 SELEÇÃO DE VENDEDORES

A seleção é a atividade que vem em seguida ao recrutamento de pessoas. Todo trabalho exige de quem o executa, certos métodos e certas técnicas. Ao admitir um empregado para ocupar determinado cargo, a empresa precisa certificar-se de que ele possui as habilidades e os conhecimentos necessários ao desempenho das funções do cargo, ou, se não os possui, ou se tem condições de adquiri-los de forma satisfatória em tempo hábil.

Muitas vezes, nem mesmo a empresa deseja que os candidatos possuam os conhecimentos e habilidades, preferindo que apenas possuam as condições necessárias para adquiri-los, pois ela fará o treinamento conveniente, pois tem medo de importar vícios e desvios de conduta.

Admitir empregados sem seleção é agir de forma pouco inteligente e jogar com a sorte. A seleção diminui as incertezas sobre o provável sucesso dos candidatos e, quando a vaga é disputada por vários candidatos, é a forma justa de decidir qual deverá ser o escolhido. A seleção de pessoal tem vários objetivos, como:

- Escolher para cada vaga o candidato que oferece os melhores requisitos.
- Escolher a pessoa certa para o lugar certo.
- Aproveitar melhor as aptidões e as habilidades do candidato.

Uma boa política de seleção de pessoal, se fundamenta em determinadas premissas:

- Ao se preparar a seleção, deve-se saber para que selecionar, pois a seleção não visa saber simplesmente quem é o melhor, mas quem é o mais adequado para o cargo.
- Conhecimento do trabalho se obtém através de uma análise, enquanto o conhecimento do candidato se obtém através de entrevistas, testes e exames.

A seleção do candidato se faz através das seguintes etapas:

A) Pré-Seleção:

Ficha de Inscrição – Esta ficha é um formulário que o candidato preenche com o objetivo de fornecer inúmeras informações básicas, como: formação escolar e profissional; nível de instrução; gostos culturais; posição econômica; vida recreativa; empregos anteriores.

Curriculum-Vitae – Além dos dados pessoais, deve o currículo apresentar: vida escolar; vida profissional; atividades paralelas; experiência profissional; participações em projetos; referências.

Análise da Ficha – O selecionador examinará e analisará a ficha de inscrição e o currículo, confrontando-os e sublinhando os pontos básicos sobre os quais repousará a entrevista.

Exame das Referências – O candidato deve indicar algumas fontes de referências, isto é, pessoas que possam ser consultadas sobre o seu comportamento pessoal e profissional.

Entrevista Preliminar – A entrevista preliminar é o ponto mais explorado na seleção de pessoas. Seu propósito é avaliar de modo seguro os seguintes pontos: qualificações do pretendente, sua personalidade, experiências, pré-requisitos do cargo, atitudes do candidato, pretensões e confrontos de mérito.

B) Seleção:

O candidato deve ser submetido, nesta etapa, a algumas provas de habilitação, elaboradas de acordo com as exigências da empresa e com as necessidades do serviço. Esta parte da seleção pode envolver, pelo menos, o seguinte:

Testes de Conhecimento – Versarão sobre: redação, exercícios numéricos, teste de conhecimentos gerais, interpretação de texto.

Testes Específicos – Versarão sobre: conhecimento técnico, conhecimento especializado, capacidade profissional, habilidade gerencial, habilidade motora.

Testes Psicológicos – Versarão sobre: inteligência, percepção, personalidade, adaptabilidade, interesse, motivação, interação, cooperação, liderança.

Exames Médicos – A seleção médica deve envolver uma série de pontos de acordo com o cargo a ocupar.

Entrevista Final – Última etapa do processo de seleção, a entrevista final precisa considerar o seguinte: o entrevistador deve ter preparo especializado; o entrevistado deve estar em condições de poder informar tudo que lhe for perguntado; as condições em que se deve realizar a entrevista devem ser em local adequado, sem perturbações de qualquer ordem, evitando-se a presença de outras pessoas; a formulação das perguntas e o registro das respostas obedecem a uma técnica pedagógica própria, não podendo ser planejada por quem desconhece o assunto.

Os procedimentos de seleção variam em sofisticação, de uma simples e informal entrevista a um teste altamente detalhado e demoradas entrevistas. Mesmo depois de selecionado, o candidato passa por um período de adaptação, onde são passadas as informações necessárias para o desenvolvimento de suas funções. Às vezes, se faz necessário treinamento.

A escolha de uma bateria apropriada de testes não é simples. Testes padrões estão à disposição para medir: a inteligência, os interesses, aptidão para vender, ajustamento pessoal, motivação, personalidade e nível social. Existem também testes adequados para situações especiais de vendas. Esses testes variam, consideravelmente, quanto à confiança e validade. Além do mais, muitos deles são vulneráveis quanto à manipulação por parte do candidato.

12.12 TREINAMENTO DE VENDEDORES

A seguir, abordaremos o treinamento de vendedores (força de vendas), porque, infelizmente, quase todos os profissionais de venda acreditam que a prática já é treinamento. A mão de obra do vendedor não é barata. Assim, a melhor maneira de fazer com que ele se torne produtivo é treinar ou regredir.

É bom lembrar que o treinamento só dá resultado quando a direção acredita, quando o gerente consegue que os vendedores acreditem e quando, enfim, todos tenham a certeza que o treinamento constante faz vender mais e melhor.

Durante o seu trabalho, o vendedor possui treinadores que estão sempre a sua disposição, como o próprio vendedor, o gerente, o supervisor e o consumidor. Se o vendedor souber ouvir o consumidor, acrescentará muitos elementos ao seu conhecimento. Novos métodos de treinamento estão, constantemente, sendo procurados a fim de apressarem e aprofundarem o desenvolvimento e compreensão das habilidades humanas.

Os custos do treinamento trazem à tona a questão: A empresa estaria em melhor situação, se tirasse recursos humanos experimentados de outras empresas?

O ganho é ilusório, porque, muitas vezes, esta pessoa vem com um salário alto, que pode ser compensado às despesas com treinamento do pessoal interno. Do ponto de vista socioeconômico esta migração não é vista com bons olhos, pois cada empresa é única, tendo o novo empregado de aprender tudo de novo, nada lhe valendo a experiência anterior. É claro que, em função do nível de percepção deste novo empregado, acontecerão diferenças. É enormemente útil treinar os vendedores para pensarem como consumidores.

O treinamento dos vendedores permite a formação de uma equipe mais unida, diminuindo o índice de rotatividade. Além disso é um importante fator motivacional para os vendedores, pois com a orientação adequada os resultados passam a ser mais positivos. Precisa ser entendido como um ciclo educacional amplo, sem fronteiras e contínuo. O treinamento pode ser desdobrado em dois campos: técnico e comportamental.

O treinamento técnico compreende o desenvolvimento de conhecimentos relativos a produtos e suas aplicações; cultura e estratégia da empresa; características do mercado; características dos consumidores; produtos e estratégias da concorrência.

O treinamento comportamental procura desenvolver atitudes, habilidades e capacidades dos vendedores relativas a métodos de vendas, ou seja, saber ouvir, comunicar bem, ser criativo, adaptar-se com facilidade, ser organizado, fazer perguntas, perseverar, ter confiança, superar objeções, solucionar problemas, conhecer técnicas de negociação, ser profissional.

12.13 ELEMENTOS DO TREINAMENTO

Objetivos do Treinamento – Os principais objetivos do treinamento são: capacitar o vendedor a alcançar altos padrões de desempenho; alcançar objetivos de vendas; administrar o uso do tempo; aumentar o volume de vendas: entender as políticas da empresa; direcionar esforços para vender produtos mais lucrativos; tornar-se eficiente, eficaz e efetivo; melhorar suas relações com as pessoas; reduzir reclamações dos consumidores; maximizar o tempo da visita; minimizar o trabalho da supervisão; reforçar a propaganda.

Processo de Treinamento – Este processo terá como fases básicas, as seguintes: diagnóstico da situação; levantamento das necessidades; decisão quanto à estratégia, programa e plano de treinamento; implementação do treinamento; execução do treinamento; sistema de controle; avaliação dos resultados; identificação dos resultados insatisfatórios; realimentação dos desvios para correção.

Levantamento das Necessidades – O levantamento das necessidades de treinamento é uma forma de diagnóstico e, como tal, deve basear-se em informações relevantes. Os principais meios utilizados para este levantamento são: avaliações de desempenho; observações; questionários; solicitações de supervisores e gerentes; entrevistas; reuniões; testes; mudanças e modificações nos processos operacionais; relatórios.

Avaliação do Treinamento – A avaliação do treinamento será feita, quando se questiona o participante do curso sobre os seguintes aspectos:

- A administração do curso atuou a contento no atendimento ao aluno e na solução de eventuais dificuldades?
- O mobiliário e as instalações da sala de aula são satisfatórios?
- O horário e a duração das aulas atendem a eficácia do curso?
- Os temas abordados estão atualizados, contribuindo para os objetivos dos participantes?
- A ordem em que foram dadas as aulas formou uma sequência que facilitou a compreensão do assunto abordado?

- O uso de recursos didáticos ajudou no aprendizado?
- A parte prática contribuiu para o seu aprimoramento?
- A carga horária foi suficiente e bem distribuída pelos assuntos?
- O material escrito apresentado tem uma linguagem didática, com informações relevantes?
- Os testes aplicados foram bem elaborados?
- O curso atingiu totalmente o objetivo a que se propôs?

Metodologia do Treinamento – A metodologia do treinamento pode variar em função dos meios e dos objetivos pretendidos. As ferramentas mais usadas são: apostilhas, manuais, filmes, regulamentos, simulações, estudos de caso, teleconferências, testes, palestras, modelos, esquemas, gráficos.

12.14 REUNIÃO DE VENDEDORES

Uma reunião é um processo dinâmico de grupo que é fluido, inexato e mutável, impossível de se reduzir a um simples conjunto de sistemas e descrições. Estas qualidades não devem ser encaradas como negativas, e sim como a principal vantagem do encontro. Um grupo bem entrosado, que se reúne para trocar conhecimentos e opiniões, necessidades e esperanças, confiança e medo, cria um efeito sinergético e uma mecânica bastante dinâmica, que muda de minuto a minuto, à medida que a interação grupal se desenvolve.

As reuniões devem ter data e assunto predeterminado e só, em casos extremos, deve a empresa promover reuniões de última hora ou extraordinárias. Com isso evitará o desgaste da seriedade que precisa ter este encontro, qualquer que seja. Um dirigente indeciso usa a reunião para a tomada de decisão, eximindo-se, em parte, da responsabilidade da ação administrativa.

Elas servem a muitos fins importantes, sendo basicamente um agrupamento de informações e julgamentos, a fim de alcançar um objetivo específico. O velho ditado de que duas cabeças pensam melhor do que uma, ainda se mantém.

Através das reuniões, chega-se a uma decisão, fixam-se diretrizes, políticas, estratégias e táticas, alteram-se normas, regras e procedimentos, confrontam-se ideias, modelos e resultados, trocam-se pareceres, solucionam-se conflitos e problemas, comunica-se uma previsão de vendas, um resultado e um plano.

As reuniões podem ser classificadas quanto à: forma (geral e particular); finalidade (objetivos, estratégias, soluções, políticas) e periodicidade (programadas e extraordinárias).

O fato de reuniões serem necessárias e muito usadas, elas não significam que sejam sempre eficazes. Muitas são mal organizadas e pobremente conduzidas e, portanto, totalmente inúteis. Algumas empresas continuam a fazer reuniões mais por hábito do que por necessidade.

As reuniões, se forem dirigidas apropriadamente, podem dar aos participantes a oportunidade de relacionamento e desenvolver uma equipe eficaz. Elas proporcionam uma oportunidade de partilhar: as experiências, os pontos de vista, os problemas e as boas soluções.

12.15 POLÍTICA DE PESSOAL DE VENDAS

As pessoas, dentre os recursos, são aquelas que precisam ser analisadas sob os pontos de vista do profissionalismo, comportamento e comprometimento. Por sua própria natureza também apresentam considerável grau de mutabilidade e influência na tomada de decisão. Dependendo de seus conhecimentos técnicos, habilidades e personalidades, associados ao atendimento de suas necessidades, as pessoas colaborarão em maior grau para a construção do sistema empresa.

Com as pessoas, surge a necessidade de organizar, estabelecer estruturas, definir relações, descrever cargos, estabelecer funções, dirigir, recrutar, selecionar, orientar, treinar, liderar, desenvolver, delegar, motivar, coordenar, mudar, por exemplo. Através do processo de liderança as pessoas são influenciadas, levando as mesmas a atingir metas desejadas.

Para lidar com pessoas, você precisa saber se comunicar para que seja assegurada a compreensão do que se quer e aonde se pretende chegar. Assim, é preciso observar as seguintes premissas:

- Treinamento não muda personalidade, muda atitudes, porque o comportamento das pessoas é muito difícil de ser mudado, de imediato.
- As pessoas nem sempre têm atitudes e comportamentos desejados, é preciso entender um pouco mais das pessoas, para despertar interesse e motivação, reconhecendo e valorizando pessoas de alto desempenho.
- Organizações são agrupamentos de pessoas produzindo coisas que atendem as necessidades da sociedade.
- Investir no homem é o mesmo que renovar seus conhecimentos.
- O ser humano é fator chave de sucesso nos negócios.

As políticas de pessoal procuram condicionar o alcance dos objetivos e o desempenho das funções de pessoal. Servem para prover respostas às questões ou aos problemas que podem ocorrer com certa frequência, fazendo com que os subordinados procurem, desnecessariamente, seus supervisores para esclarecimento ou solução.

Cada organização desenvolve a política de pessoal mais adequada à sua filosofia e às suas necessidades. Para um melhor entendimento deste assunto, cabem alguns conceitos, que, se bem compreendidos, darão ao leitor condições de construir uma boa política de pessoal de vendas. A seguir, alguns dos seus elementos:

Remuneração – O conceito básico de remuneração, por décadas, foi ancorado no salário fixo. A quantia paga, ao fim de cada mês, sobre a qual incidem encargos previdenciários, tributários e outros tipos de desconto. Tal sistema não acompanha a necessidade de metas e desafios cada vez maiores. Em média, o padrão de remuneração das empresas em atividade obedece a uma combinação de 40% da remuneração em forma de salário-base, 40% em incentivos de curto prazo, 10% de longo prazo e 10% de benefícios.

Não é fácil formular um plano de remuneração que possa seguramente atender aos requisitos citados.

Assim, alguns aspectos precisam ser considerados, tais como: regularidade de renda; renda mínima; recompensa por desempenho; renda da média do mercado; renda congruente com o tempo gasto pelo vendedor; remuneração, em função da atividade executada.

Incentivo – O incentivo é um estímulo muito empregado, na empresa, para ajudar a melhorar a performance da força de vendas. O programa de incentivo é uma estratégia que, como qualquer outra, precisa ser planejada e executada com competência.

É preciso ter muito claro que o programa de incentivo é uma ferramenta específica para direcionar equipes de venda e seus distribuidores a atingirem determinadas metas, oferecendo recompensas.

As recompensas são elogios, promoções, campeonatos de venda e confraternizações (jantares e festas).

O programa de incentivos é temporário, sendo ideal quando tem a duração de quatro a oito meses. A direção da empresa deve realizar análises e ser criativa para elaborar sistemas de incentivos que otimizem seus recursos humanos. Em geral, consideramos três tipos de incentivos:

Incentivos Monetários – Sistema de remuneração em que as receitas da empresa com vendas e outras realizações são consideradas para cálculo do incentivo do vendedor.

Incentivos Não Monetários – Devem ser utilizados pelos gerentes para reconhecer realizações do vendedor que não estejam vinculadas a resultados financeiros, tais como: jantar de confraternização, carta de agradecimento por serviços prestados, placa por tempo de empresa, diploma de honra ao mérito, certificado do funcionário do ano, certificado de zero defeito, cursos, palestras, seminários.

Incentivos Mistos – Mais utilizados, pois combinam os dois anteriores, pela flexibilização que proporcionam. É muito comum o uso de convenções de vendas para premiar os que mais se destacaram, agregando viagens e passeios ao evento.

Motivação – A motivação em vendas, por exemplo, é o conjunto de recursos e atividades do qual a empresa lança mão para conseguir a participação de sua força de vendas nos programas traçados pelo plano estratégico. A motivação do vendedor se faz por comunicação, treinamento e prêmios. A comunicação se faz por revistas, jornais, circulares, e-mails, memorandos, concursos, reuniões, palestras, convenções.

Salário – É a remuneração do fator de produção mão de obra. Em decorrência da sua complexidade o salário pode ser considerado como um pagamento de um trabalho e uma medida de valor. O êxito da organização, muitas vezes, está ligado à forma de remuneração de seus integrantes, principalmente, como fator motivador para que haja eficiência, eficácia e efetividade.

Normalmente a remuneração está ligada ao desempenho, mas isto nem sempre acontece. Política salarial de uma empresa é o conjunto dos princípios e regras que refletem a orientação e a filosofia da organização, no que tange aos assuntos de remuneração de seus empregados, em função do cargo ocupado.

Uma política salarial deve abordar: faixa salarial e o piso salarial.

Promoção – A promoção acontece por tempo de permanência no cargo ou por merecimento. A promoção nem sempre significa aumento salarial, pois uma pessoa pode ser promovida de gerente a diretor e permanecer, por algum tempo, com o mesmo salário. Hoje, as empresas promovem as pessoas, em função de um sistema meritocrático, isto é, ganha mais quem sabe mais ou resolve problemas com rapidez.

Recompensa – A recompensa nada mais é do que uma maneira de cobrir insatisfações salariais e valorizar os melhores profissionais. O descontentamento com o salário, algo até certo ponto previsível, aparece entre os principais motivos para a fuga de talentos. A questão, porém, vai muito além dos valores pagos nos contracheques.

Os funcionários reclamam a falta de oportunidades para o desenvolvimento profissional, da ausência de critérios claros na avaliação de desempenho e do não reconhecimento público dos resultados positivos. Mas, existem maneiras de recompensar os funcionários mais produtivos sem pensar em: salário, remuneração e promoção?

Aprendizagem – A aprendizagem é um fator fundamental do comportamento humano, pois afeta poderosamente não somente a maneira pela qual as pessoas pensam, sentem e agem, mas também suas crenças, valores e objetivos.

Os principais fatores que levam a uma aprendizagem são: motivação e interesse em aprender; conhecimento do desempenho correto a ser atingido; avaliação do resultado das tentativas feitas; conhecimento do progresso; duração e distribuição das práticas; quantidade e dificuldade do material a ser aprendido; organização adequada do material de ensino; organização adequada dos esforços do aprendiz.

Socialização – Em razão das características do trabalho do vendedor, especial atenção necessita ser dada para o que se denomina socialização organizacional durante o treinamento inicial. Será nesse período que o vendedor irá desenvolver as habilidades essenciais, convicções e valores para assumir o papel de vendedor e participar das atividades como um verdadeiro integrante da força de vendas da empresa.

Socialização é a função voltada a apresentar o novo funcionário à sua equipe de trabalho, com a finalidade de mostrar ao mesmo a cultura organizacional da empresa, regras, procedimentos e políticas.

Teste de Aferição de Conhecimento

01 – Qual a real missão da força de vendas?

a) Criar novos consumidores.
b) Construir esmerados relatórios.
c) Ser os olhos e ouvidos da empresa para o mercado.
d) Vender muito para dar lucro à empresa

02 – O profissional de vendas pode ser qualquer pessoa desde que:

a) Treinada
b) Tenha força de vontade
c) Tenha boa aparência e saiba falar com propriedade.
d) Trabalhe na empresa

03 – As reuniões são uma:

a) Necessidade
b) Perda de tempo
c) Oportunidade para se avaliar vendedores
d) Mostrar do que o chefe é capaz, na verdade

04 – A utilização de gráficos ajuda a avaliar a força de vendas?

a) São fundamentais.
b) Uma bobagem.
c) São complementares
d) São muito complicados, pois requerem conhecimentos especializados.

05 – A importância do recrutamento e da seleção está em:

a) Evitar perda de tempo com candidatos impróprios.
b) Medir o cociente de inteligência.
c) Colocar a pessoa certa no lugar certo.
d) Filtrar os maus elementos

06 – Faça a correspondência:

a) Incentivo
b) Produtividade
c) Recompensa
d) Metas e objetivos

07 – A empresa deve ter reais preocupações com seus vendedores, em que sentido:

a) Socialização
b) Motivação
c) Educação
d) Não deve se preocupar, pois os vendedores são pessoas que estão sempre, mudando de emprego.

08 – Qual a maior das habilidades do vendedor?

a) Ler o cenário.
b) Adaptar-se ao ambiente
c) Relacionamento humano
d) Persuasão

Capítulo 13

LOGÍSTICA

"A flexibilidade é necessária não só em função das grandes transformações do mundo de hoje, mas, principalmente, porque essas mudanças se acentuarão em escopo, velocidade e complexidade".

Chester Barnard

OBJETIVOS DO CAPÍTULO

- Mostrar a importância dos intermediários no processo de distribuição.
- Mostrar que a distribuição em tempos de Internet pode se tornar um fator competitivo.
- Mostrar os principais aspectos da armazenagem e do transporte.
- Mostrar como funcionam os canais de distribuição e sua respectiva gerência.

13.1 CONCEITO DE LOGÍSTICA

Em todo e qualquer processo de comercialização, a logística assume um caráter, muitas vezes, mais importante do que a própria produção, pois seu estudo envolve o produto (características, padrões, embalagens), os intermediários (custo, propriedade, transporte, distribuição) e a armazenagem (obsolescência, guarda, movimentação, classificação).

A logística é entendida como o controle do rápido movimento dos recursos organizacionais, que devem ser colocados nos tempos e locais ótimos. Na realidade, é um modelo que estabelece medidas de controle, por meio de esquemas que buscam custos mínimos de um sistema de distribuição física.

O movimento percorrido pelo produto do fabricante até o consumidor final chama-se distribuição física. Este serviço envolve um planejamento meticuloso, cujo fator principal é o custo do transporte dos intermediários. Este planejamento considera: a utilidade de lugar (em geral, os consumidores não gostam de ir longe ou de se esforçarem muito para obter produtos) e a utilidade de tempo (elemento que conta como se fosse "dinheiro").

Um sistema de distribuição física consiste de um conjunto de decisões sobre: o volume negociado, a localização do destinatário (consumidor), a armazenagem (tamanho e risco), o meio de transporte, a manutenção de estoque, a comunicação dentro da rede de distribuição, a maneira como o produto é embalado e as políticas (preço, frete, estoque).

Um dos princípios da distribuição moderna exige que o fabricante não passe a ignorar seu produto tão logo este tenha passado de suas mãos para agentes, atacadistas e varejistas. A distribuição bem-feita estimula a demanda.

Muitas empresas declaram que seu objetivo de distribuição é o de levar as mercadorias certas para os lugares certos, nos momentos certos e pelo menor custo. Mas, nenhum sistema de distribuição física pode, simultaneamente, maximizar o serviço ao consumidor e minimizar o custo de distribuição.

A maximização do serviço de distribuição implica políticas de grandes estoques, transportes com custos adicionais e muitos armazéns, todos aumentando o custo de distribuição. A minimização dos custos de distribuição implica políticas de transporte rápido e barato, estoques baixos e poucos armazéns.

Os avanços do varejo eletrônico dependem cada vez mais da logística, o "Calcanhar de Aquiles" do comércio globalizado. A logística foi definida na década de 1970, como a arte de administrar o fluxo de recursos materiais de um lugar para outro quando se fizerem necessários.

Em 1986, o Council of Logistics Management acrescentou que este fluxo deveria ir da origem até o consumo, acrescentando que também as funções administrativas deveriam ser aplicadas a este processo da cadeia de suprimentos.

A partir do final da década de 1990, a logística passou a ter as visões estratégica, sistêmica e holística do mercado.

13.2 ELEMENTOS DA LOGÍSTICA

Âmbito da Logística – Há uma visão ampla e uma visão limitada do âmbito da distribuição física. Na visão ampla, o fluxo começa com a localização de matérias-primas e mão de obra e se estende até a localização do mercado de consumo. A empresa define seu mercado alvo e depois realiza o trabalho inverso, isto é, consegue intermediários, armazéns e localização da fábrica.

A visão estrita pressupõe que a empresa já esteja estabelecida no mercado e que já esteja compromissada com fornecedores, distribuidores e consumidores, tendo como problema encontrar condições eficazes de localização, estocagem, embarque e sistemas de informação e de comunicação.

Visão Sistêmica da Logística – A visão sistêmica é dada àquele que encara a empresa como um sistema, que tem subsistemas de sustentação e preservação dos negócios (recursos, estratégias, funções, métodos, programas, planos, projetos, políticas, mudanças, regras, avaliações). No caso da logística, esta visão passa por um sistema que vai da previsão de vendas até a expedição de produtos acabados. Mas todo o sistema centraliza-se na engrenagem da administração de estoques.

O estoque é o elo entre o atendimento do pedido e a receita com vendas da empresa.

Objetivos da Logística – O primeiro objetivo da logística pode ser resumido na palavra: serviço, isto é, o objetivo do sistema de distribuição é garantir o atendimento do consumidor, hora, data, lugar e local certos. A este grande objetivo associam-se: disponibilidade do produto, exatidão no atendimento do pedido, seguro de acidente, serviço rápido, serviço confiável.

Problemas de Logística – Por que precisamos de tantos tipos de intermediários? Para atender: distância que existe entre o vendedor e o comprador; alocação do produto para estimular a troca; consumidores com reações diferentes. Mas, como o fabricante sabe das coisas e orienta a produção para atender as necessidades e desejos dos consumidores? Por meio dos intermediários.

13.3 SISTEMAS DE DISTRIBUIÇÃO

Frequentemente, nos deparamos com sistemas de distribuição em que cada empresa (fabricante, atacadista, varejista) se preocupa apenas em planejar sua produção, suas vendas e seus lucros, não buscando a interação e integração com os demais componentes. Um sistema de distribuição bem organizado e coordenado gera sinergias e resultados positivos, que podem se transformar em uma vantagem competitiva. Para tal, a prática do feedback deve ser acentuada e constante.

A equação da distribuição será otimizada, quando observarmos as seguintes variáveis:

Variável Tempo – O tempo é muito importante, porque quanto maior o número de vezes que se gira o estoque, melhores são os resultados. Para o consumidor também, porque a decisão de comprar tem de ser atendida no momento em que sua necessidade se manifestar.

Variável Lugar – O produto precisa estar acessível, disponível, e deve ser facilmente adquirido pelo cliente no momento em que o mesmo decide comprá-lo. Penetração e ocupação definem a intensidade de presença e a participação de mercado. Quanto maior o nível de ocupação de mercado pretendido, maior será a força mercadológica que a empresa terá nesse segmento.

Variável Intermediário – É importante, já que é necessária uma compatibilização entre a imagem do produto e a imagem da empresa que estiver comercializando. Produtos de luxo em lojas de aparência ruim não terão sucesso, e vice-versa.

Variável Propriedade – A posse do produto dá à empresa grande flexibilidade para negociar. É importante lembrar que não basta querer comprar, é preciso que se possa comprar e que se tenha recursos para tal. Assim, a política de preço (desconto, financiamento, crédito) precisa ser congruente com a disponibilidade de comprar do consumidor.

A distribuição pode ser:

Distribuição Direta – É a distribuição que dispensa, no processo de comercialização, a participação do intermediário.

Distribuição Indireta – É a distribuição que se caracteriza por utilizar, no fluxo dos produtos, as figuras do intermediário (atacadista, varejo).

Distribuição Geral – É a distribuição que utiliza intermediários, dispostos a repassar e estocar produtos.

Distribuição Integrada – Vez por outra, o produtor conclui que nenhum dos intermediários disponíveis preenche os seus requisitos. Ele próprio passa a desempenhar, então, algumas funções de um ou mais tipos de intermediários. Na distribuição integrada a empresa planeja, executa e controla o fluxo de produtos desde a fonte fornecedora até o consumidor final.

Distribuição Seletiva – Este sistema de distribuição procura eliminar: as vendas aos intermediários, cujos volumes de venda por serem pequenos, deixam de ser lucrativos; intermediários que sejam riscos de crédito; intermediários que exigem demais; intermediários que devolvem mercadorias com muita frequência.

Distribuição Intensiva – É aquela que procura colocar o produto o mais próximo possível do maior número de consumidores. Esta distribuição é caracterizada pelo fato de o fabricante dispor de seus bens e serviços no maior número de estabelecimentos possível. Quando o consumidor atribui grande valor à conveniência, é importante oferecer maior intensidade de distribuição.

Distribuição Exclusiva – O intermediário adquire o direito de representar, com absoluta exclusividade dentro de determinado território, os produtos do fabricante. Às vezes, este intermediário, concorda em não trabalhar com produtos concorrentes e a se concentrar nas vendas dos produtos do fabricante. Esta distribuição limita, rigorosamente, o número de intermediários que irá trabalhar na distribuição. Ela é utilizada quando o produtor deseja manter grande controle sobre o nível de prestação de serviços oferecidos pelos distribuidores, exigindo exclusividade de suas marcas e produtos.

A distribuição exclusiva tende a fortalecer a imagem do produto e permitir markups (percentual de margem) mais elevados.

Logística Reversa – Logística reversa é a logística do caminho contrário, isto é, aquela que pode retornar ao ponto de origem, onde começou a distribuição. Essa logística já é praticada há muito tempo, pois no passado, quando um caminhão levava bebidas, em garrafas de vidro, trazia de volta os "cascos" vazios. Entretanto, hoje, ela é vista com uma conceituação mais avançada e abrangente, pois engloba a preservação ambiental.

Uma das preocupações da logística reversa é com o destino do produto, após ser consumido, vendo nisso alguma possível vantagem. Então é preciso envolver: frete comercial; política governamental; regulamentação socioecológica; reciclagem de embalagens e de produtos descartáveis; aproveitamento de dejetos e resíduos; cooperativas de coleta seletiva; triagem de materiais; papel e responsabilidade do distribuidor.

13.4 SISTEMA DE ATACADO

O sistema de atacado significa que o fabricante pode fazer negócios com um número menor de intermediários, podendo fazer entregas individuais maiores. Uma vez que os atacadistas e varejistas mantenham estoque, reduz-se a necessidade de o fabricante fazê-lo. Este também utiliza o conhecimento que aqueles têm do mercado e dos contatos que mantêm com os clientes.

Neste sistema, o fabricante concede ao atacadista e/ou grande varejo um substancial desconto, porque tem de cobrir os custos de armazenagem, compra a granel, redistribuição para os varejistas ou consumidores finais e, naturalmente, o lucro do distribuidor. Desse modo, ainda que o fabricante poupe os custos da venda direta, estes são, parcialmente, compensados pelo desconto que ele tem de dar ao distribuidor.

Os atacadistas exercem um papel muito importante, principalmente, no abastecimento do pequeno varejo, para os quais a indústria não vende diretamente. Em relação aos produtos industriais este sistema, em geral, é substituído por uma equipe de venda direta. Hoje, por leilões eletrônicos.

Os atacadistas diferem dos varejistas de muitas maneiras. Primeiro, dedicam menor atenção à promoção, atmosfera da loja e localização, porque estão lidando com compradores de grande porte. Segundo, as transações do atacado são, geralmente, maiores do que as transações do varejo e os atacadistas, normalmente, cobrem maior área de comercialização do que os varejistas. Terceiro, o governo lida com atacadistas e varejistas, diferentemente, em relação às restrições legais e aos impostos.

Os atacadistas são usados quando são mais eficientes em desempenhar as seguintes funções:

- Atingir muitos pequenos varejistas a custo relativamente baixo.
- Selecionar itens e formar os sortimentos necessários para o consumo.
- Conseguir maior economia para seus clientes através da compra de grandes lotes, que são subdivididos em outros menores.
- Oferecer aos varejistas serviço de entrega mais ágil.
- Antecipar compras e pagar pontualmente as faturas.
- Assumir risco a partir do momento em que tomam posse dos bens.
- Fornecer informações pertinentes às atividades dos concorrentes, seus novos produtos, suas políticas de preços, por exemplo.
- Ajudar os varejistas a melhorar suas operações, treinando seus funcionários de vendas, orientando sobre sistemas de contabilidade e controle de estoque.

É bem provável que a Internet traga grandes prejuízos para os atacadistas, principalmente, nas megalópolis.

13.5 CANAL DE DISTRIBUIÇÃO

O canal de distribuição é a rota (caminho) seguida pelo direito de posse de um produto, à medida que ele se movimenta do produtor para o consumidor/usuário final. Canais de distribuição, com dispositivos de venda e facilidades de crédito, são importantes para o desenvolvimento econômico, financeiro, comercial, agrícola e industrial, pois estes complementam a rede de distribuição física, composta pelas rodovias, ferrovias e outros serviços de transporte. O produtor deve procurar o canal de distribuição mais efetivo e de menor custo.

Ao contrário do que em geral se acredita, a eliminação dos intermediários não reduz, automaticamente, o custo da distribuição.

A escolha do canal levará em conta os seguintes fatores:

Fatores Corporativos – Eficiência, eficácia, efetividade, velocidade de resposta, comunicação, tecnologia, tempo, custo, lucro, sistema, informação, padronização, codificação, rastreamento.

Fatores Operacionais – Natureza do produto (modelo, vida útil, valor, aspectos mecânicos, inovações); natureza do mercado (hábitos dos consumidores, preços, volumes, objetivos, concorrentes); natureza do intermediário (assistência, armazenagem, serviços, estoques, embalamento, compras, cooperação); natureza do consumo (bens de consumo, bens industriais, bens de emergência, bens de manutenção, suprimentos); natureza do transporte (rodoviário, marítimo, ferroviário, aéreo, intermodal, duto, esteira, multimodal, contêiner, misto).

À medida que o produto se desloca do fabricante (fornecedor) para o consumo, ocorrem várias transações. Primeiro, o produto é trocado por alguma forma de pagamento. Na maioria dos casos, o direito de usar o produto também troca de mãos através do canal de distribuição. Segundo, a comunicação entre as entidades do canal permite detectar as necessidades de recurso do canal. Terceiro, as trocas são a chave para prover satisfação ao mercado.

Os distribuidores escolhem as rotas para que os produtos resultem em vantagens durante todo o tempo. Assim, os canais, basicamente, são:

- Canais de distribuição de bens de consumo.
- Canais de distribuição de serviços.

- Canais de distribuição de produtos industriais.

13.6 ELEMENTOS DO CANAL DE DISTRIBUIÇÃO

Administração do Canal – Ao desenvolver canais de distribuição, os produtores sempre tiveram de lutar entre o ideal e o disponível. Na prática, a escolha de mercados e a escolha de canais podem ser independentes. A empresa poderá descobrir que os mercados que deseja servir não poderão ser atendidos lucrativamente com os canais existentes.

Cada produtor ajusta seus objetivos específicos de canal a partir das restrições existentes em nível dos consumidores, dos produtos, dos intermediários, dos concorrentes, das políticas e dos ambientes. Depois de especificar os objetivos do canal, a empresa deve prosseguir analisando os elementos intermediários.

Desempenho do Canal de Distribuição – O desempenho esperado de um canal de distribuição é que: atenda as exigências de carga normal, mínima e máxima; apresente um tempo mínimo de transporte; atenda ao vendedor e comprador para custo mínimo e cuidado no manuseio das mercadorias; reduza os conflitos entre seus membros para um mínimo aceitável. Os canais de distribuição não ficam paralisados. Novos distribuidores surgem, como novos canais.

Periodicamente, o fabricante deve avaliar o desempenho dos intermediários em relação a padrões como cumprimento das cotas de vendas, níveis médios de inventário, tempo de entrega aos consumidores, tratamento dado às mercadorias perdidas e danificadas, cooperação em programas promocionais e de treinamento.

Formação do Canal – Muitos são os fatores que influem na formação da rede de distribuição (canais), tais como: hábitos de compra do consumidor; público-alvo; natureza e potencial do produto no mercado; necessidade de apoio da rede de distribuição para prestar serviços de assistência técnica; modo de operação da concorrência; grau de qualidade do canal de distribuição adotado.

Valor Agregado do Canal – O canal de distribuição para se tornar competitivo deverá agregar alguns serviços, como: transporte, entrega, seleção das mercadorias, controle das especificações, armazenagem, embalagem, rótulo, codificação, facilidade de pagamento, concessão de garantias, possibilidade de troca.

Escolha do Canal – Dado todos os canais de distribuição ao alcance dos fabricantes, como é que eles determinam qual ou quais usar? As decisões de distribuição precisam ser tomadas em termos dos objetivos mercadológicos, bem como suas estratégias. A maioria das decisões é tomada pelos produtores, por três critérios: cobertura do mercado, controle do intermediário e custo operacional.

Na avaliação das principais alternativas de canal, são levados em consideração os fatores: econômico, financeiro, controle, satisfação e adaptação. Depois que a empresa escolheu o canal ela deve procurar mantê-lo no melhor nível de qualidade possível. Assim, ela deve motivar e avaliar periodicamente o canal, ajudar em sua dinâmica e promover mudanças, quando sentir desvios do padrão estabelecido.

Cada alternativa de canal produzirá um nível de vendas e custos diferentes. Para desenvolver um canal, seus participantes devem assumir algum grau de compromisso entre si, por determinado período de tempo. Todavia, esse compromisso leva, invariavelmente, a uma redução das condições de o fabricante responder a um mercado em mudança.

13.7 GERÊNCIA DA DISTRIBUIÇÃO

Mesmo que se use uma combinação de canais de distribuição, o problema central numa estratégia de distribuição é a determinação de quem executará as funções essenciais de cada estágio do processo distributivo. As empresas se defrontam com um número de alternativas muito grande no projeto de um sistema de distribuição física, tais como:

- Única Fábrica > Único Mercado
- Única Fábrica > Múltiplos Mercados
- Múltiplas Fábricas > Múltiplos Mercados
- Múltiplas Fábricas > Único Mercado

As decisões sobre armazenagem, transporte, nível de estoque e localização exigem o mais alto grau de coordenação. Infelizmente, nem todos os gerentes têm visão holística da distribuição. Muitas empresas criaram uma comissão permanente, composta de pessoal responsável pelas diferentes atividades da distribuição física, a fim de determinar políticas para aumentar a efetividade do sistema de distribuição.

Uma vez que os produtores tenham escolhido o canal e selecionado os intermediários para a distribuição de seus produtos, o passo seguinte é a segurança de que o produto se movimente, suavemente, através do canal inteiro. Este trabalho é chamado gerência do canal. Um canal de distribuição cooperativo e de funcionamento efetivo pode proporcionar uma verdadeira vantagem competitiva.

Cabe ao gerente de distribuição: a administração dos canais, a armazenagem, o cálculo do custo, do transporte, o local de entrega, o nível de estoque e a segurança. Tarefa difícil de ser executada, porque precisará trabalhar conflitos entre os departamentos de: Marketing, Vendas, Produção, Contabilidade, Material, Finanças, Pessoal, Compras, Suprimento, Segurança, Informática. A importância deste gerente passou a crescer quando da criação do varejo virtual.

Muitas lojas virtuais foram à falência, porque não tinham canais de distribuição adequados para atender a carteira de pedidos.

É importante identificar as diferentes causas do conflito de canal. Uma delas é a incompatibilidade de metas. Às vezes, o conflito surge em decorrência de papéis e direitos indefinidos. O conflito pode também se originar das diferenças de percepção. O fabricante pode ser otimista demais e pedir que os distribuidores mantenham estoques elevados, que pode não ser visto com bons olhos pelos distribuidores. Também é possível que o conflito possa surgir, em função da grande dependência dos intermediários ao fabricante, e vice-versa.

Algum conflito de canal pode ser construtivo. Pode levar a uma adaptação mais dinâmica em um ambiente mutante. A importância está em bem administrar o conflito. Portanto, os fabricantes devem negociar o tempo todo com os distribuidores, oferecendo treinamento, supervisão, estímulos, cooperação, parceria e programação otimizada. O propósito é fazer com que os distribuidores abandonem a ideia de que são agentes de compra dos clientes e passem a pensar como agentes de vendas do fabricante.

13.8 PLANO DE DISTRIBUIÇÃO

O ponto de partida do plano de distribuição é a certeza de que haverá um canal para atingir um mercado por mais difícil que ele seja. Um plano de distribuição sempre fará parte do plano de marketing, mas, em muitas empresas, a distribuição é tão importante que há também um plano de distribuição, anexo ao plano corporativo.

Os melhores planos de distribuição podem fracassar, se o canal de distribuição não tiver um bom suporte de um sistema de informações.

O estudo de logística proporcionará ao empreendedor os conhecimentos necessários para montar um bom plano de distribuição. A distribuição física envolve não somente o transporte do produto e sua armazenagem, mas, também, a manutenção do estoque, a comunicação dentro da rede de distribuição e a maneira como o produto é embalado para distribuição.

As decisões do plano de distribuição relacionam-se à combinação de números de armazéns e métodos de transporte.

Montar um plano de distribuição envolve escolher sua composição de canais; descobrir como distribuir o produto e estabelecer um nível de serviço que seja considerado pelo consumidor como de qualidade. O plano de distribuição se apoiará no estudo de logística, principalmente, pela necessidade de:

- Determinar o local da fábrica e se este ficará próximo aos principais mercados.
- Determinar a relação custo/benefício para transporte.
- Decidir comprar (arrendar) uma frota de veículos ou usar uma empresa de transporte.
- Montar um sistema de comunicação que funcione dentro da rede de distribuição, incluindo rastreamento por satélite.
- Montar um sistema de informação baseado em tecnologia digital da informação, a fim de evitar erros no processamento dos pedidos e no faturamento.
- Determinar o impacto sobre os custos de distribuição para o tamanho, a forma e a embalagem dos produtos.
- Codificar os produtos (código de barras).
- Aplicar a tecnologia mais avançada possível.
- Otimizar o estudo do aspecto intermodal de carga (embalagem x transporte).

13.9 PEDIDO DE PRODUTO

A logística de mercado começa com o pedido de produto por parte de um cliente. Hoje, a maioria das empresas está tentando abreviar o ciclo de recepção (atendimento), isto é, o tempo envolvido entre o recebimento de um pedido, checagem do crédito, programação de estoque, produção, despacho do pedido, nota fiscal, remessa da fatura e recebimento do pagamento.

Quanto maior for este ciclo de atendimento, menor será a satisfação do cliente e o lucro da empresa.

A rentabilidade é diretamente proporcional ao giro do estoque.

Em cada ponto de um sistema de distribuição, são interpretadas as necessidades do membro do canal seguinte. A fluidez com que os produtos correm entre os membros do canal depende muito do sistema de processamento do pedido, que se não for bem gerenciado pode apresentar incorreções de informações. Estes erros mascaram a imagem da empresa.

A determinação do momento do atendimento do pedido depende do prazo de entrega, da taxa de utilização e do padrão de serviço. Quanto maior o tempo de curso do pedido, mais amplo deve ser o momento de decisão, de forma a estabelecer o equilíbrio entre falta e excesso de estoque.

Como os custos de processamento de pedidos são diferentes para os participantes do canal de distribuição, cada empresa precisa balancear estes custos com outros de manutenção de estoques. Quanto maior o estoque médio, maiores serão seus custos de manutenção, porque incluem o custo do espaço, do capital, dos impostos, dos seguros, da depreciação, do roubo, de perdas eventuais, da obsolescência, que podem chegar a mais de 30% do valor estocado.

Os custos de processamento dos pedidos para um fabricante consistem em custos de preparação do pedido e custos operacionais. Se os custos de preparação forem muito baixos, o fabricante poderá produzir com frequência o produto, pois o custo de fabricação é, razoavelmente, constante e igual aos custos operacionais. No entanto, se os custos de preparação forem altos, o fabricante poderá reduzir o custo unitário médio, produzindo um grande lote e mantendo um maior estoque.

Atrasos nas entregas podem ser eliminados quando:

- Os caminhões de entrega passam a ser rastreados no percurso entre a fábrica e os centros de distribuição.
- O treinamento dos funcionários da transportadora é intensificado.
- Motoristas e ajudantes de entrega discutem suas práticas, buscando sempre maior produtividade.

13.10 MOVIMENTAÇÃO DE MATERIAIS

A continuidade do abastecimento de materiais depende da estocagem no depósito e da sua entrega. Essa operação de levar os materiais do almoxarifado aos postos de trabalho, de um ponto a outro e de levar ao depósito os produtos prontos, bem como remover as sobras e detritos surgidos durante a produção, dá-se o nome de movimentação de materiais.

A movimentação de materiais é a técnica que permite a forma, a maneira ou os meios de utilização em fazer render, em sua plenitude, os materiais, isto é, sua otimização.

Nenhuma empresa poderá melhorar o nível de sua produtividade, se não tiver perfeitamente organizada a sua movimentação de materiais, que tem como finalidade precípua, cuidar de todos os problemas que tenham relações com suprimentos, controlando para que sejam efetuados a tempo e a hora. Os materiais, máquinas, equipamentos, instalações valem dinheiro e como tal precisam ser zelados.

A movimentação de materiais sempre estará associada a outra atividade, visto que não pode, por si só, assumir a condição de uma atividade discreta, isolada e independente.

O transporte interno pode causar prejuízos à empresa, quando os meios de movimentação são insuficientes, estão malconservados, oferecendo perigo; são vagarosos ou inadequados. Para ser eficiente, o transporte interno deve possuir certas características, tais como:

- Oferecer rapidez, dando um fluxo contínuo ao abastecimento e à retirada de materiais. Essa rapidez, naturalmente, está condicionada ao ritmo de trabalho.
- Possuir capacidade de carga compatível com o volume a transportar, bem como com o peso, a distância que será percorrida e as vias que serão utilizadas.
- Oferecer segurança ao material que é transportado ao equipamento e ao pessoal.
- Flexibilizar a utilização, servindo a vários tipos de carga, no caso de grande diversidade dos materiais por transportar.
- Apresentar economia de operação e manutenção.

Recentemente, a distribuição física expandiu-se em um conceito mais amplo denominado Administração da Cadeia de Suprimentos, que se inicia antes da distribuição física, envolvendo compras, produção, produtos acabados e destinatários.

Uma perspectiva ainda mais ampla envolve o estudo de como os próprios fornecedores da empresa obtêm seus "inputs" antes de serem transformados em matéria a ser utilizada. Este estudo pode dar condições a qualidade dos fornecedores, os meios de redução de custos e o aumento da produtividade.

A cadeia de suprimentos inclui todas as atividades e processos necessários para fornecer um produto a um consumidor final. Por isso, ainda hoje, não é errado definir logística como sendo sinônimo de administração da cadeia de suprimentos, de modo a abranger suprimento físico de insumos, movimentação interna de materiais, distribuição física de produtos, técnicas de otimização dos meios de transporte.

Suprimentos, sob o aspecto contábil, são bens de curta duração.

13.11 MEIOS DE TRANSPORTE

Os meios de transporte constituem um importantíssimo serviço auxiliar de logística. Eles servem para deslocar recursos de um lado para outro, isto é, das fábricas para os distribuidores e destes para os consumidores e usuários. Também ajudam a transferir materiais de toda espécie entre: almoxarifados, depósitos, armazéns, fábricas, fazendas, minas. Sua classificação pode ser:

- Quanto ao tipo de via utilizada, em: terrestre, rodoviário, ferroviário, aquático, hidroviário, marítimo, aéreo, duto, esteira, ponte rolante, correias transportadoras, calhas, elevadores.
- Quanto ao espaço envolvido, em: urbano, municipal, intermunicipal, interestadual, internacional.
- Quanto ao conteúdo, em: pessoas e cargas.

A maioria das empresas está, perfeitamente, equipada com modernos serviços de transportes que são organizados para atender a intensa demanda dos setores de produção e serviço. O êxito de uma empresa depende, em grande parte, dos meios rápidos que possui, não só para buscar a matéria-prima, como também para entrega dos produtos aos consumidores.

Quando se faz a distribuição, utiliza-se um meio de transporte. A utilidade do transporte é maximizada quando as mercadorias são alocadas nos lugares de maior demanda na maior velocidade possível. A eficiência do transporte é determinada por padrões, tais como:

- Conformidade com as exigências de carga normal e máxima.
- Adequação dos terminais de transporte para vendedor e comprador.
- Manuseio cuidadoso das mercadorias em movimento.
- Tempo mínimo de transporte.
- Relação adequada do custo do transporte com o valor da mercadoria.

As escolhas de transporte afetarão o preço do produto, a pontualidade da entrega e as condições físicas dos bens que afetarão a satisfação do consumidor. Os responsáveis pelo transporte consideram velocidade, frequência, dependência, capacidade, disponibilidade e custo, como variáveis para dimensionar custo e qualidade no atendimento. O transporte rodoviário, em geral, atende simultaneamente a estas variáveis e, por tal, é o preferido.

As empresas têm de tomar decisões quanto à maneira que proporcionam melhor custo/benefício de transportar seus produtos. Isso envolve a decisão de comprar, arrendar, alugar ou contratar uma empresa transportadora.

As empresas prestadoras de serviços de transporte cobram, como qualquer outra empresa, uma taxa ou tarifa pelos seus serviços. Quando se trata do transporte de pessoas, a cobrança dessa tarifa se faz através de um bilhete. Quando se trata de cargas, o valor que se paga é denominado frete. O frete é cobrado por meio de um documento chamado conhecimento de transporte.

Ao se procurar combinar as características do bom transporte com os meios de que se pode lançar mão, é interessante observar algumas premissas do transporte:

- Sempre que possível, deve-se usar a força da gravidade, que nada custa.
- O transporte deve ser bem planejado, para garantir o fluxo contínuo da circulação de materiais.
- O transporte por meio de carros, pontes, guindastes deve ser bem coordenado, para não deixar materiais (máquinas, pessoas), ocupando espaços desnecessários, esperando passar o transporte, porque este os atrapalha.
- O serviço de manutenção deve garantir um mínimo de paradas de máquinas e equipamentos.
- Cada alternativa de transporte implica em tempo médio de entrega diferente.
- Os meios de transporte mais lentos são mais baratos em frete, porém, mais caros em vendas.

13.12 CUSTO DO TRANSPORTE

O custo do transporte é o somatório das despesas relativas à transferência de recursos, racionalização, de rotas das frotas, otimização de espaços de estocagem, através de estudos de modularização para cargas e fracionamento das mesmas, e de depósitos que venham a ser o lugar geométrico (ponto equidistante) de pequenos centros de distribuição.

Os sucessivos aumentos dos custos do transporte, nos últimos anos, tornaram a distribuição uma questão crucial que muitos executivos não hesitam em afirmar que são os seus custos que determinam atualmente a rentabilidade das empresas.

A necessidade de cortar despesas na entrega de mercadorias está estimulando experiências inovadoras. Mas, as tentativas de ajustar as cargas e os roteiros das frotas à nova realidade nem sempre têm lances tão espetaculares.

Hoje, as empresas aprofundam estudos de logística e estão sempre perguntando se o canal de distribuição é o mais adequado. Até pensam em parceria com outras empresas concorrentes.

Enquanto algumas empresas procuram investir na busca de novos materiais, leves e econômicos, para suas carrocerias (vagões, contêineres), outras estão abandonando certos pontos de venda, reduzindo sensivelmente sua presença em algumas áreas, entregando-as para atacadistas. Estas decisões são difíceis e arriscadas, podendo levar a conflitos e perda de mercados. Apesar de todos esses esforços, a necessidade de reduzir custos de transporte é uma tarefa incompleta e receptiva a qualquer boa ideia.

Dentre as principais questões para desenvolvimento dos negócios está a infraestrutura. Os gargalos na infraestrutura representam uma ameaça séria ao desenvolvimento. As estradas estão em péssimo estado, os portos estão saturados, faltam silos e armazéns, o frete é caro demais devido à falta de ferrovias e hidrovias. Há uma série de projetos de investimentos em hidrovias, aeroportos e portos que se encontra em processo de análise pelo governo.

É comum se ouvir falar na expressão "custo país", porque o custo para se produzir um produto é o somatório dos dispêndios para transformar matérias-primas, insumos e mão de obra em um produto. Mas estes elementos de transformação não estão ao lado da fábrica e muito menos do aeroporto, do porto, da estrada de rodagem, da estrada de ferro ou da hidrovia, isto é, aumentam o custo de fabricação e de distribuição.

O custo de transporte é função dos seguintes fatores básicos: distância (custos fixos variam de modal para modal); tarifas (determinadas diferentemente segundo as áreas de cobertura, peso, volume e especificações); acondicionamento (custos são discriminatórios segundo a natureza do bem transportado, perecibilidade, risco, perda, quebra, roubo).

Outros fatores que incidem sobre os custos, considerados secundários, são: cargas, descargas, retornos, seguros, taxas, impostos, conveniências (velocidade, confiabilidade, garantia, flexibilidade).

13.13 MODALIDADE DE TRANSPORTE

Quando se discute logística, a primeira ideia é a modalidade de transporte, o uso indiscriminado dos portos secos, centros de distribuição de cargas, significando agilidade e rapidez no atendimento. Modal é a denominação genérica dos vários modos de transporte.

A configuração dos transportes deve levar em consideração: os modais disponíveis; sua combinação (intermodalidade); custos de construção para novas vias; competição; conservação e manutenção da via; topografia, clima, geografia; volume a transportar.

Os transportadores, cada vez mais, estão combinando modais, em função das vantagens específicas para a empresa que remete a carga e suas implicações para os demais elementos do canal de distribuição, bem como a armazenagem e a estocagem. Como visto não é fácil tomar decisões isoladamente, pois requer um consenso que otimize os recursos para todo o meio de transporte e seus envolvidos.

A multimodalidade já está incorporada ao vocabulário dos empresários e usuários de transportes. Contudo, ainda são pouco traduzidos na prática, principalmente, quando se compara os sistemas operacionais existentes no mercado. O caminhão transporta, em longas distâncias, cargas de grande volume e peso, para as quais o trem seria o mais adequado. Também a via fluvial deve ser recuperada e otimizada.

No Brasil a predominância do modal rodoviário é incontestável e o quadro não muda, sai governo e entra governo.

Mesmo afetado por essas dificuldades, o transporte rodoviário de cargas evoluiu nos últimos anos. Investiram na informatização e na racionalização dos processos de gestão. Otimizaram os serviços e buscaram outros modais. Existe uma demanda reprimida para o modal ferroviário, por falta de investimentos que o governo tem dificuldade em passar tudo para a livre iniciativa. As políticas públicas, neste sentido, são pífias.

A gerência de transporte procura minimizar o custo do frete. Ela prefere meios menos dispendiosos e embarques menos frequentes e volumosos. A análise do sistema viário principal de uma cidade permite o entendimento preliminar da movimentação dos veículos e das pessoas dentro do tecido urbano. Assim, é possível avaliar: as áreas, mais ou menos, servidas em termos viários; os principais entroncamentos; os tipos e volumes de fluxos.

De um modo geral, os sistemas viários apresentam hierarquia entre as suas vias. Por exemplo, é dividido em: rede primária (grandes fluxos e longas distâncias), com vias expressas e artérias; rede secundária (tráfego de curta e média distância, com menos fluxo e velocidade média), com vias coletoras; rede local (tráfego pequeno e baixa velocidade).

Um dos fatores críticos para o estudo de tráfego é a localização dos pontos logísticos de atendimento. O mapeamento das áreas de concentração das atividades de comércio e dos polos geradores de serviços contribuirá para a identificação dos principais pontos de atração varejista da cidade. Desse modo, a organização de um banco de dados associado a elementos geográficos tem importância vital.

A utilização do Código de Endereçamento Postal (CEP) ajuda a identificar a região, unidade da federação, município e suas microáreas. Os três últimos dígitos para logradouros e segmentos deles. Uma das vantagens do uso do CEP é a possibilidade do processamento da base de dados. Os quatro ou três primeiros dígitos representam polígonos, permitindo, assim, a rápida identificação do local de entrega.

Outras ferramentas para o gerenciamento do tráfego são:

Sistema de Informações Geográficas (GIS) – Sistema de informações geográficas, baseado no mapeamento de dados por um sistema de coordenadas.

Sistema de Posicionamento Global (GPS) – Sistema que determina a posição do ponto em relação as latitudes, altura e longitude.

Sensoriamento Remoto – Sistema de imagens que permite a tomada de decisão para situações em um dado momento. A aerofotogametria ajuda a confeccionar mapas temáticos.

13.14 ARMAZENAMENTO

O armazenamento é definido como uma função da distribuição e que envolve o tempo de espera e guarda, até que o produto seja movimentado para seu destino. A transferência de bens do produtor ao consumidor exige grande manuseio físico. Os produtos acabados (ou semiacabados) precisam ser armazenados, tanto no estabelecimento do produtor como no do distribuidor.

O sistema de armazéns pode pertencer ao fabricante, aos seus distribuidores ou a ambos. As empresas que abastecem uma grande variedade de distribuidores, de grandes redes de varejo a pequenas lojas, precisam ter muitos armazéns e uma frota diversificada. Todas as empresas querem ter estoques suficientes de produtos acabados disponíveis para satisfazer a procura dos consumidores, mas isso tem de ser contrabalançado pelo custo da manutenção de estoques.

Toda empresa precisa estocar seus bens acabados até que sejam vendidos. Uma instalação de estocagem é necessária, porque os ciclos de produção e consumo raramente coincidem. Muitos produtos agrícolas, cujo consumo é diário, são produzidos de forma sazonal. Então, é preciso a estocagem para superar os conflitos entre quantidades demandadas e tempo de atendimento.

Os tipos de armazenamento podem ser listados em termos de propriedade, instalação, serviço e especialidade. Os tipos de armazéns podem ser: públicos, particulares, custodiais (carga sob garantia) e governamentais. Mesmo em armazéns particulares, o governo tem a obrigação de inspecionar higiene, qualidade de instalações, normas de segurança, limpeza, validade do produto, prazo de armazenagem.

Como não é possível, nem econômico, efetuar compras a todo o momento, a fábrica deve possuir um órgão que se encarregue de manter uma quantidade desejável de materiais, para ir suprindo o setor de produção, à medida que for sendo necessário, isto é, o almoxarifado.

Almoxarifado é o nome dado a um local onde estão guardadas: utilidades, materiais, ferramentas, componentes, equipamentos que a empresa comprou para serem consumidos em suas operações. Depósito é o local onde estão guardados os produtos acabados que o varejo vai vender.

A regulamentação do armazenamento visa higiene, qualidade, segurança, limpeza, validade do produto, prazo de estocagem.

A empresa deve decidir quanto ao número desejável de pontos de estocagem. Maior número de pontos significa que os bens podem ser entregues com rapidez. Entretanto, os custos de armazenagem são maiores. Difícil é conseguir um ponto de equilíbrio entre a qualidade do serviço prestado e o custo da estocagem.
Principalmente, porque as despesas de armazenagem estão aumentando em virtude de os compradores tenderem a fazer pequenos pedidos com maior frequência e os fabricantes tenderem a expandir a amplitude e a profundidade de suas linhas.

Os custos de armazenagem, manuseio e transporte chegam de 20% a 30% do faturamento.

A seguir, as principais premissas da armazenagem:

- A armazenagem pode modificar ou melhorar a qualidade das mercadorias, aprimorando assim o seu valor ou interesse.
- Muitas mercadorias armazenadas ganham com a maturação, como o fumo, carne e bebida.
- A armazenagem estimula a padronização e a classificação, por proporcionar racionalização do espaço e das instalações.
- O armazém onde estão guardadas as mercadorias pode proporcionar financiamento para a empresa que dá em garantia a própria mercadoria estocada.

- Certos riscos de armazenagem são inerentes ao proprietário da carga.
- É possível a redução do risco pelo armazenamento, em firma atacadista idônea, já que o depositário absorve parte do risco.
- O custo do transporte é, com frequência, reduzido pelo uso do armazenamento de grandes quantidades de produtos.
- A armazenagem permite ao comprador aumentar o vulto de suas compras, pois coloca grande quantidade de bens à disposição dos possíveis compradores, que podem assim escolher melhor.
- A armazenagem torna a venda mais eficaz, pelo seu efeito sobre a quantidade e variedade da mercadoria disponível.
- Uma das principais vantagens do armazenamento é a ajuda à estabilização dos preços.

Os armazéns gerais são estabelecimentos que guardam e conservam mercadorias, mediante uma determinada tarifa, emitindo títulos de custódia, como conhecimento de depósito ou warrant, que representam estas mercadorias. Além de guarda e conservação, os armazéns facilitam as operações comerciais, pois ao emitirem os títulos representativos dessa mercadoria, permitem que produtores e comerciantes agilizem a distribuição.

O conhecimento de depósito dá permissão ao depositante negociar os produtos sob sua guarda. O warrant é um instrumento de crédito, que garante, por exemplo, se obter empréstimos por meio de seu desconto ou caução. Tais documentos devem conter dados sobre: a empresa depositária, o depositante, a natureza e quantidade do estoque, a empresa seguradora, data de início da armazenagem, impostos incidentes e data da emissão do título.

13.15 FUNÇÕES DA ARMAZENAGEM

Toda empresa deve preocupar-se com seu estoque, principalmente, para compensar erros na projeção de demanda. Se ignorássemos todas as outras razões para sua manutenção, a habilidade de prever a demanda exata dos vários itens eliminaria a necessidade de manter estoque. Entretanto, isso é raramente possível.

Desde que a demanda possa ser maior do que a prevista, a empresa precisará estocar matérias-primas, insumos, peças, utilidades, produtos semiacabados, produtos acabados, como medida de segurança. Também a manutenção de estoques permite a empresa comprar e/ou fabricar lotes econômicos. As principais funções da armazenagem são retratadas, segundo os seguintes aspectos:

Qualidade – A armazenagem pode modificar ou melhorar a qualidade das mercadorias, aprimorando assim o seu valor ou interesse. Muitas mercadorias como já visto ganham com a maturação.

Controle – A armazenagem ajuda, por meio de um sistema de controle, a decidir quais níveis de estoque manter. O controle se faz pelo confronto da entrada e saída e pelo inventário.

Padronização – A armazenagem estimula a padronização e a classificação, por proporcionar racionalização do espaço e das instalações.

Política – A armazenagem propicia condições de estabelecimento de uma política de estoque, cuja finalidade é a satisfação da demanda, por meio do controle do nível de estoque (estoque mínimo, estoque médio, estoque máximo, giro do estoque).

Financiamento – A armazenagem feita em armazéns gerais facilita a capitação de crédito (capital), dando em garantia a própria mercadoria.

Risco – A armazenagem reduz os riscos que os produtos possam vir a sofrer, como: alterações, adulterações e falsificações, tendo em vista que o risco é inerente ao proprietário ou detentor da carga. A alteração do produto é o processo natural por que passa a mercadoria ao sofrer as modificações em sua composição, gosto, odor e forma.

A adulteração do produto é a forma mentirosa de se comercializar um produto que terá sua composição, propriedade e peso modificados, embora a embalagem diga outra coisa. A falsificação do produto ocorre alheia à vontade do fabricante. Ela pode ser provocada por intermediários ou produtores inescrupulosos.

Guarda – A armazenagem eficiente está relacionada à economia de espaço e conservação do material estocado. Materiais guardados devem estar protegidos contra apodrecimento, oxidação, danificação por qualquer meio, deterioração, por exemplo. Eles deverão ser protegidos contra as intempéries, fogo e outras forças físicas. Os cuidados irão permitir a conservação por períodos, mais ou menos, prolongados, como geralmente acontece. Para tomarmos as medidas necessárias e agir com segurança, cumpre saber se os materiais são: explosivos, agentes de oxidação, inflamáveis, combustíveis, secos, úmidos, perecíveis.

Sortimento – A armazenagem permite a empresa aumentar o vulto de seus estoques, pois coloca grande quantidade de bens à disposição dos possíveis compradores, que podem assim mais bem escolher o que lhes agrada.

Preço – Uma das principais vantagens do armazenamento é a ajuda à estabilização dos preços.

Perda e Refugo – A armazenagem bem-feita ajuda a identificar a margem esperada para perdas e refugos. Há uma diferença entre refugos e perdas. Refugos são partes de bens tangíveis rejeitados durante o processo de produção. Perdas são partes intangíveis não aproveitadas do produto gerado por um projeto.

Se a taxa de refugo for alta, mostra que, na empresa, podem estar acontecendo: erros de projeto do produto; falhas no controle de qualidade; falhas no controle de produção; baixo nível de educação; mau uso das funções administrativas; armazenagem incorreta; falta de treinamento.

Recepção – É uma função muito importante, pois, uma vez recebido os materiais, os riscos correm por conta de quem os recebeu. Portanto, é necessário examinar: pedido, nota fiscal, fatura, nota de fornecimento, quantidade, qualidade, estado físico-químico, por exemplo. Qualquer queixa sobre as especificações deve ser relatada. Este setor deve ser estruturado de forma que os materiais não fiquem mofando em suas prateleiras.

Assim, tão logo o material comprado chegue, devem ser tomadas as seguintes providências:

- Baixa do pedido e respectiva comunicação ao Departamento de Compras.
- Inspeção do produto.
- Comunicação da chegada do produto à seção requisitante.
- Aviso à Contabilidade.

Expedição – Estreitamente ligada com a eficiência do depósito, os produtos solicitados devem ser despachados com presteza e rapidez para um destino específico.

Custo – A armazenagem possibilita o acúmulo de grande quantidade de produto, tendo como consequência a imediata redução do custo da carga fracionada.

Localização – Armazenagem, tanto em depósito quanto em almoxarifado, deve ser localizada de modo que concilie o recebimento de materiais e a sua distribuição.

Arrumação – Quaisquer que sejam os critérios e os métodos usados na classificação, o importante é que a mesma deva satisfazer as condições de irredutível e adequada. Isto é, um material não pode aparecer, ao mesmo tempo, em mais de uma classe, porque, se um mesmo material aparecer em listas diferentes, a arrumação não é boa.

A arrumação pode ser feita por: tamanho, peso, estado (líquido, gasoso, sólido, refrigerado, seco), facilitando a entrada e a saída, bem como economizando espaço.

Sempre haverá a indicação do endereço do material e a unidade de armazenamento.

Sinalização de Segurança – A sinalização de segurança, por exemplo, indica onde fica a mangueira de incêndio. Outro aspecto a ressaltar é a pintura do interior da empresa e de seus equipamentos. Assim, todas as passagens e faixas de tráfego devem ser marcadas nitidamente. Isso é conseguido pintando-se toda a largura da passagem numa cor contrastante com a cor geral do piso ou deixando faixas espessas de uma cor viva, para servir de limite. Tal pintura atuará como aviso ao funcionário de que ele está na *Corrente de Trânsito* e deve estar alerta para evitar acidente.

Caixotes móveis, usados para coletar ou distribuir material, devem ser pintados com cores que chamem a atenção. A superfície interna dos caixotes deve ser pintada com uma cor que torne fácil verificar a quantidade de material que foi colocada nele. Matérias-primas e mercadorias, muitas vezes, são empilhadas em passagens ou diante de equipamento contrafogo, bloqueando toda a área.

Espaços do piso que são usados para a armazenagem periódica de material devem ser nitidamente marcados num *Branco Forte,* para deixar livres e seguras as faixas de tráfego. A Associação Brasileira de Normas Técnicas (ABNT) estabeleceu normas que disciplina o uso das cores.

13.16 CLASSIFICAÇÃO DO ESTOQUE

A classificação é uma análise ordenada e sistemática de itens que os agrupa de acordo com suas características comuns ou subdivide-os segundo suas especificações. Assim, classificar materiais é reuni-los em classes, obedecendo a um determinado critério. Mas se faz necessário estabelecer critérios de classificação, como:

- Pela natureza (constituição) em: ferrosos, não ferrosos, madeira, vidro, tecido, líquido, gasoso.
- Pelo emprego (uso) em: limpeza, manutenção, produção, serviço.
- Pelo tamanho (volume).
- Pelo peso (densidade, massa).

Uma vez estabelecido o critério de classificação, escolhe-se um método para agrupar os materiais, de modo que seja fácil identificar a classe ou grupo. O método pode ser: numérico, literal ou misto.

Os materiais, devidamente classificados, devem ser arrumados no armazém, que é dividido em seções de acordo com a classificação. No banco de dados é suficiente digitar o material, ou código, para se ter o endereço do mesmo. Como premissa básica deve-se dizer que cada material deve sempre encontrar uma classe e somente uma, onde possa ser incluído.

Uma classificação do estoque muito utilizada é a Classificação ABC, que divide os materiais em três categorias:

Classe A – Pequena quantidade de itens (10%) e grande valor (70%) investido/imobilizado.
Classe B – Quantidade média de itens (30%) e médio valor (20%) investido/imobilizado.
Classe C – Grande quantidade de itens (60%) e pequeno valor (10%) investido/imobilizado.

13.17 GERÊNCIA DE ESTOQUES

A gerência de estoques é uma atividade cara, porque acarreta custos de: espaço para armazenamento, seguro, manuseio e obsolescência. Estes custos podem ser diminuídos pela redução do tamanho do estoque, mas, então, corre-se o risco de perder vendas por indisponibilidade de produtos. É preciso equilibrar o custo do estoque com o "custo" das vendas perdidas.

Os gerentes de estoque enfrentam duas questões: Determinar qual quantidade de produtos deve pedir? Quando efetuar o pedido para que haja produtos constantemente em disponibilidade?

Em geral, este gerente topará com os seguintes problemas de estoques:

- Alto grau de heterogeneidade dos materiais em estoque.
- Estoques de matérias-primas excessivos em algumas linhas e não suficientes em outras.
- Controle não eficiente de produtos acabados em estoques.
- Baixa movimentação de determinados itens.
- Falta de produtos de venda rápida.
- Danificação, deterioração e outras perdas no estoque.
- Fornecedores inadequados.
- Falta de peças de reposição mantém máquinas ociosas ou ineficientes.
- Perda de vendas por ausência do produto no inventário, sendo que mais tarde constata-se a sua existência no estoque.
- Dispersão da responsabilidade pelos estoques.
- Não existem dados sobre produção, vendas e estoques para efetuar decisões inteligentes.
- Dados sobre produção, vendas e estoques não estão atualizados de modo a colaborarem para efetivação de uma decisão rápida.

A solução encontrada para os problemas está no orçamento do estoque. Este documento determina o nível de estoque de produtos acabados em unidades físicas e monetárias. O orçamento precisa equilibrar os objetivos: estabilização da produção e minimização do nível de estoque. Ambos objetivos são importantes, mas em conflito entre si.

É importante estabilizar o volume de produção, porque permite a consecução de uma alta eficiência e a redução de custos. Deste modo é possível, de fato, planejar, acuradamente, a produção para todo o ano, conhecer em tempo a necessidade de mão de obra e de material, aplicando métodos econômicos de trabalho.

13.18 DEPRECIAÇÃO E IMOBILIZAÇÃO

A depreciação é a diminuição do valor real de um bem, devido à exaustão, uso, desgaste e obsolescência, num determinado período de tempo. Pode também ser entendida como o valor da soma dos resultados obtidos pela aplicação dos percentuais específicos de depreciação por diversos bens que compõem o ativo operacional da empresa.

A depreciação (exaustão, amortização) nada mais é que um valor retirado do valor nominal de compra de um bem ao longo dos anos. Normalmente, o período de 5 anos é o mais considerado para bens industriais, pois se acredita que estes bens em cinco anos já estarão obsoletos e totalmente exauridos.

A depreciação é um custo fixo, calculado com base em uma taxa anual, como, por exemplo: Prédios e Construções (4%); Veículos (20%); Ônibus (25%); Móveis e Utensílios (10%); Máquinas e Equipamentos (10%); Ferramentas (20%). A taxa de depreciação é dada pela fórmula:

Taxa de Depreciação = Valor de Mercado / (Valor de Compra - Depreciação Acumulada)

A imobilização é o mesmo que retenção de dinheiro em determinados ativos ou ação de imobilizar capital no longo prazo. São considerados ativos imobilizados os bens e direitos de natureza permanente, destinados à manutenção das atividades da sociedade.

O termo imobilizado não diz respeito à falta de mobilidade física dos bens de uma empresa, mas ao fato de que uma parcela dos recursos da sociedade foi aplicada em ativo permanente.

A classificação de investimento permanente, ou ativo imobilizado, repousa na sua destinação, de forma que todas as contas relativas às atividades operacionais são classificadas no grupo imobilizado, que a empresa utiliza ou utilizará. O custo de instalação de uma prensa, por exemplo, compreenderá todos os gastos necessários para ter a prensa funcionando, excluindo o custo financeiro.

É importante esclarecer que a imobilização de capital e o investimento seriam idênticos se todos os bens e serviços fossem pagos à medida que são comprados, e se os pagamentos dos produtos vendidos fossem recebidos, no momento da entrega. Fato muito difícil de acontecer.

A taxa de imobilização é dada pela fórmula:

Taxa de Imobilização = Ativo Imobilizado / Patrimônio Líquido

Teste de Aferição de Conhecimento

01 – Por que o estudo de logística vem ganhando, cada vez mais, muitos adeptos?

a) Internet
b) Tecnologia da informação
c) Dificuldades dos meios de transporte
d) Devido a propaganda

02 – Os atacadistas permanecerão operando, ainda, por muito tempo?

a) Devido aos pequenos varejos
b) Porque compram grandes quantidades com grandes descontos
c) Porque possuem armazéns

03 – Qual a maior problema encontrado no canal de distribuição?

a) Conflitos de interesse de seus componentes
b) Infraestrutura do país
c) Distribuidores desinteressados em bem servir
d) Nível de percepção dos recursos humanos é muito baixo

04 – O Just-in-Time, como filosofia:

a) Permanecerá por muito tempo
b) Será descontinuada devido ao computador
c) A velocidade da distribuição está tornando esta técnica obsoleta
d) Se aplicou no Século XX

05 – Por que tanta importância com o atendimento do pedido?

a) Imagem da empresa
b) Faturamento
c) Satisfação do consumidor
d) Carteira de pedidos

06 – Qual a importância dos armazéns gerais?

a) Estocagem
b) Movimentação de materiais
c) Repasse de riscos
d) Os grandes varejos estão acabando com eles

07 – O modal utilizado depende de quê?

a) Clima
b) Geografia
c) Embalagem
d) Volume
e) Peso
f) Custo

08 – Dentre os indicadores de gestão de estoques, qual é o mais importante?

a) Taxa de obsolescência
b) Taxa de imobilização
c) Taxa de defeitos

d) Taxa de compra

09 – É necessário classificar o estoque? Por quê?

a) Saber as especificações
b) Saber o valor
c) Saber o endereço
d) Não precisa, devido a burocracia

Capítulo 14

FRANQUIA

"Raramente dedicamos um estudo e uma reflexão adequada, que são, talvez, a mais importante causa de fracasso dos negócios".
Peter F. Drucker

OBJETIVOS DO CAPÍTULO

- Mostrar o papel dos elementos envolvidos no sistema de franquia.
- Identificar as tendências da franquia.
- Mostrar os atrativos do sistema de franquia.
- Mostrar vantagens e desvantagens da franquia.

14.1 CONCEITO DE FRANQUIA

A ideia da franquia não é novidade, como possa parecer para alguns desavisados. Os postos de gasolina e as casas lotéricas estão aí para atestar que esse tipo de comércio já é antigo, mas foi a partir da década de 1960 que houve um grande incremento desse setor. Pode-se dizer que a franquia corporifica a cooperação entre grandes e pequenos varejos, isto é, franqueadores e franqueados, respectivamente.

O franqueador (titular da marca) pode até mesmo providenciar algum treinamento e publicidade para o negócio progredir.

As operações de franchising são, provavelmente, o melhor exemplo do tipo de centralização necessária para obter sucesso no setor de serviços.

As principais atrações da franquia são:

- Permite a formação de uma rede de distribuição.
- O franqueado fornece informações ao franqueador, e vice-versa.
- O franqueado atua com iniciativa e responsabilidade próprias.
- O franqueado é um empresário, cujo desempenho depende somente dele.
- O franqueado conhece melhor seu público do que o franqueador.
- O franqueado pode fazer oportunas adaptações do negócio, em função dos consumidores.
- A franquia, por ser muito fácil, pode apresentar formas bastante diversas e adaptáveis à dinâmica de cada negócio.
- A exclusividade preserva o valor da marca, conferindo identidade entre produto e marca.

A franquia oferece um modelo único, em termos de adaptabilidade, aos mais diversos mercados e às empresas dos mais variados portes e ramos de atividade, permitindo, na maioria dos casos, obter o maior equilíbrio possível entre as variáveis: cobertura de mercado, custo operacional e controle de estoque.

Um século e meio atrás, a Indústria de Máquinas de Costura Singer decidiu inovar para aumentar suas vendas. A ideia era simples, criar nas pequenas lojas espalhadas pelos Estados Unidos um cantinho separado para seus produtos.

Uma placa da Singer, colocada no interior da loja, indicava o local onde os consumidores podiam encontrar, sem maior atropelo, as genuínas máquinas de costura, carretéis e acessórios distribuídos pela fábrica aos diversos varejos, mundo afora.

Sem perceber, a Singer, que hoje nem sequer fabrica o produto que a consagrou, começou a plantar, ali, a semente do sistema de vendas que mais se desenvolve e cresce, hoje, em todo o mundo. Desde a experiência pioneira da Singer, o fenômeno tem-se acelerado de forma rápida, que muitos se atrevem a fazer previsões entusiásticas do grande sucesso da franquia.

As franquias serão as principais modalidades de negócio no Século XXI, vaticinam alguns especialistas no assunto.

O sistema de franquia é capaz de, por um lado, impulsionar a um custo relativamente baixo a expansão de empreendimentos consolidados e, por outro, abrir oportunidades para empreendimentos anônimos. Os apelos do sistema de franquia são fortes. Se o franqueador viabiliza a expansão de seu negócio, o franqueado tem a oportunidade de estabelecer seu próprio negócio, mesmo não possuindo experiência anterior.

Porém, é bom frisar que se ilude quem sonha com um negócio próprio e imagina que o sistema de franquia é o retrato cor de rosa do paraíso.

14.2 SISTEMA DE FRANQUIA

O sistema de franquia é simples e tem tudo para funcionar bem, porque une investidor com vontade de trabalhar e uma marca conceituada no mercado, tendo ambos os deveres e direitos a serem respeitados. O casamento começa aí e o êxito da relação depende de detalhes sutis, quanto aqueles que determinam o sucesso ou o fracasso de uma união entre um homem e uma mulher.

A diferença é que se trata de um casamento que tem de dar certo, porque, de um lado, põe em risco uma marca prestigiada e por outro uma economia, às vezes, de uma vida. Da mesma maneira que o franqueador, aquele que cede a marca e o conhecimento administrativo do negócio, investiga cada sinal particular de seu futuro parceiro, o franqueado tem de identificar-se com a proposta do negócio escolhido.

Para que os dois juntos ganhem dinheiro, é preciso que haja uma empatia inicial e que o franqueador tenha um sistema bem estruturado. Como empatia não paga duplicata, o prudente é que os dois lados se previnam. Os pontos principais dessa investigação, segundo a Associação Brasileira de Franchising, são:

- Os produtos devem ter aceitação de mercado, modismos passageiros são perigosos. É preciso que o mercado esteja em expansão e que a demanda do produto não influencie o preço de venda.
- O franqueador tem de demonstrar competência para garantir o nível de assistência esperado, deve verificar

também se o sucesso da marca não é um fenômeno localizado.

- O franqueado não está entrando no sistema de franquia apenas para obter uma rápida expansão de suas vendas.
- Um exame detalhado de todos os itens do contrato, preferencialmente, com uma assessoria para ajudar na verificação e compreensão de cada uma das cláusulas.
- O franqueado deve procurar franqueadores já estabelecidos para saber se suas projeções são realistas, se existe, efetivamente, possibilidade de expansão do negócio e se o franqueador não está crescendo desordenadamente, ou seja, cedendo franquias em número que supera o potencial de mercado da região.

Qual é o tempo médio de maturação de uma franquia? As franquias não constituem um negócio em si mesmo, mas meramente um método de distribuição de bens e serviços. Mas, servindo-se de tal método, é possível ter resultados rápidos, uma vez que os produtos chegam mais depressa às mãos dos consumidores graças à multiplicação dos pontos de distribuição.

Uma das vantagens decorre do fato de que o franqueador não depende de suas próprias fontes de geração de capital e de recursos humanos para tocar o negócio, já que o investimento e o esforço exigidos pela operação são de responsabilidade do franqueado.

Neste negócio, o sucesso do franqueador depende do sucesso do franqueado. Da mesma forma, se apenas o franqueado for bem-sucedido, ele acabará ficando à frente de uma unidade individual, o que redundará no desaparecimento do sistema de franquia.

As franquias bem-sucedidas são aquelas estruturadas de modo a permitir um retorno equitativo dos investimentos colocados pelo franqueador e pelo franqueado. Manter a homogeneidade dos produtos à venda constitui o ponto chave de qualquer franquia. A qualidade tem de ser exatamente a mesma, qualquer que seja o ponto de distribuição.

A principal dificuldade deriva dos custos necessários para se ingressar nesse mercado, sobretudo no que diz respeito à publicidade. Obviamente, não se pode perder de vista o fato de que o sucesso ou o fracasso de qualquer negócio depende, fundamentalmente, da natureza e qualidade do produto à venda. Além, é claro, de seu tipo de administração.

Há vários exemplos em que companhias bem gerenciadas e com um bom produto tornam-se ainda mais bem-sucedidas por ser uma franquia. Isso ocorre porque foram capazes de explorar, com mais presteza, as necessidades dos consumidores e tornar-se, assim, mais competitivas.

Empresas autodenominadas franqueadoras por ignorância, ou má fé de seus dirigentes, não fazem qualquer distinção entre franchising de marca, sistema mais conhecido como licenciamento, e franchising de produto. Ocorre, porém, que tais sistemas diferem entre si e a confusão entre os dois acaba pondo em risco os franqueados que, em busca de segurança, que um bom esquema de franquia certamente oferece, podem ser levados a comprar gato por lebre.

Num esquema profissional de franchising, o objetivo é que o franqueador transfira ao franqueado toda a competência de atuação no mercado que desenvolveu, de modo a garantir a seus parceiros uma chance de sucesso. Não há dúvidas de que o sistema, quando bem aplicado garante a cada franqueado possibilidades concretas de reproduzir o sucesso de seu franqueador.

14.3 MARCAS DE FRANQUIA

As marcas de franquia exercem uma grande atração nas pessoas que querem investir suas poupanças num negócio. O medo de arriscar num novo negócio, com grande investimento e falta de conhecimento, leva o empreendedor a buscar abrigo numa franquia. Parece ser o caminho mais rápido para o sucesso o investimento numa marca famosa, torná-la mais conhecida ainda e depois lucrar com o negócio.

Então, é preciso questionar:

- O negócio é baseado numa filosofia, tem um direcionamento, não é só uma moda?
- A logomarca é fácil de ser reconhecida?
- A marca é facilmente lembrada?
- A empresa está preparada para oferecer treinamento, consultoria administrativa e outros serviços a seus franqueados?
- O produto (linha de produtos) faz sucesso?
- O sistema de operação do negócio é fácil de ser assimilado e reproduzido?

Num sistema de franquia, o princípio básico é a interdependência, o que implica perseguir, em tempo integral, uma parceria afinada, sem comandados e nem comandantes. Flexibilidade também não é um dos seus pontos fortes, especialmente quando se analisa o sistema pelo lado do franqueado. Dele exigem-se disciplina e um cumprimento rigoroso de tudo o que está no manual de operações.

Os franqueados, quando investigam uma oportunidade de franquia, devem saber: Tipo de franquia disponível; Taxa inicial; Taxa de royalties; Taxas para promoção e propaganda; Proteção geográfica (raio de ação e exclusividade); Finalidade e objetivo do franqueador; Exigências de capital; Exigências de dedicação ao negócio; Exigências da franquia; Duração do contrato de licença; Proteção da marca; Existência ou não de litígio.

A utilização do sistema sempre pressupõe condições para que o negócio possa evoluir com êxito. A principal delas é que o empreendimento tenha rentabilidade suficiente para gerar lucratividade aos franqueadores. Da mesma forma que o perfil do franqueado é desenhado sobre um empreendedor disposto a trabalhar muito e não ter a ambição de ser o único dono dos rumos de seu negócio.

O franqueador tem um modelo em que se encaixa antes de assumir qualquer compromisso com o sistema. Ele deve ser inovador, arrojado, empreendedor e bom administrador. Passando por todos esses testes iniciais, ainda, assim, o futuro franqueador não deverá começar uma operação imediata de franquia, através do simples recrutamento de franqueados em potencial.

Como a franquia é apenas uma opção para se expandir num determinado negócio, torna-se necessário, antes de seguir em frente, considerar todas as alternativas. Se a franquia for, comprovadamente, a solução mais indicada, o planejamento deverá voltar-se para o cronograma de ação, estipulando as etapas e definindo os locais de interesse, a fim de recrutar e instalar os franqueadores nas regiões de maior potencial mercadológico possível.

Somente quando a eficiência da franquia for comprovada na prática, é que se iniciará de fato a face de implementação do sistema, que inclui desde a prospecção e o recrutamento do franqueado até a preparação do contrato, o treinamento e a inauguração da loja. Isso significa a incorporação de manuais de operação, a padronização dos contratos e a compreensão de que a garantia de exclusividade de uma área geográfica para o franqueado faz parte do acordo.

14.4 FRANQUEADOR E FRANQUEADO

Numa relação de franquia há dois elementos: o franqueador e o franqueado. Como muita gente costuma confundir os dois, é conveniente deixar claro que franqueador é o dono da marca e aquele que fornece todo o projeto de instalação da loja, além de orientar como o franqueado deve gerir o negócio. O franqueado é aquele que toca o negócio, assumindo riscos.

Normalmente, as organizações de franquia possuem um diferencial que pode estar no produto ou no método de vender. A franquia tem sido empregada, principalmente, em refeições rápidas, academias, locadoras, salões de beleza, agências de viagem, hotéis, imobiliárias.

A seguir, algumas características que ajudarão a entender o papel do franqueador e o papel do fraqueado no sistema de franquia:

Franqueador – Franqueador é aquele que, sendo o titular de uma marca famosa, possui produtos já consagrados no mercado consumidor, sendo detentor da tecnologia de instalação e operação de um determinado tipo de negócio, processo, produto ou equipamento, outorga a alguém, dele mercadologicamente dependente, chamado franqueado, licença para explorar esses recursos, sempre em conexão com a distribuição, utilização ou comercialização, da imagem da marca, em troca do pagamento de royalties. Cabe ao franqueador:

- Desenvolver o conceito do negócio junto ao franqueado.
- Estabelecer as normas e os padrões a serem observados pelos franqueados, no que se refere à implantação das respectivas franquias.
- Recrutar, selecionar e treinar franqueados.
- Supervisionar e orientar a rede para garantir qualidade total na operação e no atendimento.
- Coletar dados e redigir relatórios para uma maior integração com os elementos da rede.

Franqueado – Franqueado é aquele que adquire do franqueador o direito de instalar e explorar as marcas e os produtos do franqueador, de acordo com as normas operacionais ditadas pelo franqueador. O franqueado deve pagar pelo direito de fazer parte do sistema. Todavia, esse pagamento inicial é apenas pequena parte da quantia total que ele investe, quando assina um contrato de franchising.

Os custos iniciais incluem aluguel e pagamento pelos equipamentos e instalações, e, às vezes, uma taxa de licença regular. É dado ao franqueado, em função do contrato assinado, algumas facilidades, como, por exemplo, empréstimos bancários. Cabe ao franqueado:

- Investir o que for necessário.
- Pagar ao franqueador uma taxa de franquia ou taxa inicial, royalties e uma contribuição para um fundo cooperativo de propaganda, promoção e decoração.
- Observar os padrões de qualidade da rede.
- Arcar com os custos do negócio.
- Cooperar com os demais integrantes da rede.
- Buscar diferenciais competitivos.

As entidades interessadas na transparência e ética da franquia têm interesse que as informações, trocadas entre franqueador e franqueado, sejam as mais claras e objetivas possíveis. Assim, antes de assinar qualquer coisa, o candidato a franqueado deve tomar conhecimento do seguinte:

- Informações que identifique o franqueador e suas coligadas, descrevendo as experiências anteriores.
- Informações a respeito de ações judiciais, falências e concordatas de todos que participam da rede.
- Informações de todos os direitos, obrigações, restrições, especificações, padrões de qualidade e exigências do negócio.
- Informações sobre a proteção territorial e cláusulas contratuais.
- Informações sobre seção, transferência e venda de direitos de franquia.
- Informações sobre normas e procedimentos operacionais e financeiros.
- Informações sobre assistência técnica e suas condições de pagamento.
- Informações estatísticas sobre o mercado.
- Informações sobre rentabilidade, formação de preço e custeio.
- Informações dos endereços dos demais participantes da rede e dos serviços de apoio.

14.5 FRANQUIA: VANTAGENS E DESVANTAGENS

O sucesso de um sistema de franquia, não depende apenas do encontro entre uma marca consolidada e um empreendedor bem-intencionado. Não é um produto que está em jogo, é um negócio.

Franqueadores e franqueados que prefiram métodos administrativos e operacionais tradicionais têm, neste caso, suas chances reduzidas. Eles precisam entender que até mesmo a propaganda passa por profundas transformações, quando concebida para bens e serviços comercializados pelo regime de franquia.

Cada franqueador tem seu estilo, suas regras e exigências, mas nenhum franqueado em potencial escapa de uma decisiva entrevista inicial, aparentemente inofensiva à sequência do processo. É nessa entrevista que o franqueador conhece o perfil do candidato e o aceita, ou o descarta, como tal. O importante é saber se ele é receptivo às instruções, se sabe conviver em sociedade, se é um vendedor.

O franqueado, de fato, não tem problemas de produção, de controles administrativos e de seleção de fornecedores.

A variação da rentabilidade é uma constante na franquia. Tudo depende do ponto, do tamanho, do empreendimento e do talento do empreendedor. O franqueador ensina a pescar, mas não pesca, e se o fraqueado não fizer isso sozinho ele fracassa. O sistema oferece vantagens e desvantagens. São riscos menores quando comparados àqueles que o franqueado correria, se iniciasse um negócio independente, sem vínculo com uma marca de projeção.

A avaliação pré-contrato é indispensável tanto para o franqueado como para o franqueador e torna-se mais rigorosa de acordo com o estágio do sistema de franquia que se escolhe para operar.

A seguir, as vantagens do sistema franchising:

Redução de Riscos – Um esquema eficiente de franquia pressupõe que os problemas operacionais do empreendimento já foram identificados e eliminados nas unidades pilotos. O sistema dispensa a necessidade de estabelecer e firmar uma marca. Ela já existe e as campanhas de imagem são frequentes.

Facilidades Iniciais – Assegurado por uma estrutura montada para apoiar a organização que cede a franquia, o franqueado recebe um eficiente empurrão, mesmo para os mais inexperientes. O negócio nasce pronto e pode ser conduzido com relativa facilidade, já que o franqueado não precisa se preocupar com a escolha de fornecedores, com a definição de preços e com o desenho das instalações.

Treinamento – Ter experiência na área é dispensável. Os franqueadores oferecem treinamento para o franqueado e seus funcionários. Para as dúvidas do dia a dia, um manual prevê os procedimentos a serem adotados em casos considerados atípicos.

Administração – O sistema de franchising proporciona suportes administrativo e contábil para assessorar o desempenho do franqueado, identificando eventuais problemas em estágio precoce.

Publicidade – A promoção da marca no mercado nacional é um dever do franqueador. Dessa forma, o franqueado se beneficia dos resultados de campanhas promocionais, que, dificilmente, poderia bancar com seus próprios recursos. A propaganda regional é rateada entre os franqueadores da área, solução que também reduz os custos de promoção de cada um deles.

Rapidez na Expansão – O sistema permite ampliar a rede de pontos varejistas, em ritmo maior do que seria possível apenas com recursos próprios dos parceiros.

Cobertura do Mercado – O conhecimento específico de cada mercado garante uma melhor e maior cobertura de mercados distantes.

Motivação – A administração dos pontos de venda estará, na maior parte dos casos, sob a responsabilidade de quem arcou com o investimento, sendo natural que o mesmo se esforce para buscar altos níveis de produtividade, faturamento e rentabilidade.

Garantia de Mercado – Franqueadores têm nos franqueados um mercado cativo. Além do mais, seus produtos não sofrem concorrência com os dos concorrentes.

Vínculo Empregatício – Dado que o franqueado é, juridicamente, independente do franqueador, a responsabilidade com relação aos empregados cabe, única e exclusivamente, ao franqueado.

A seguir, as desvantagens do sistema franchising:

Independência Limitada – O franqueado tem pouca ou nenhuma liberdade para criar e deve seguir, mesmo que discorde, todos os procedimentos estabelecidos pelo franqueador. O monitoramento pode incomodar depois que o franqueado adquira certa experiência.

Inflexibilidade – Troca de pontos e renomeação de equipamentos, por exemplo, não são decisões que o franqueado toma por conta própria, o que, muitas vezes, pode prejudicar a sua competitividade. Além disso, os contratos de franquia costumam estabelecer restrições à venda e transferência da franquia. O franqueado também não pode definir preços e margem de lucro, restrições que pode dificultar a gerência do negócio, especialmente em momentos de crise.

Submissão na Hora do Pedido – Esse é um problema que ocorre, principalmente, nas franquias de confecções. O franqueador pode sentir-se tentado a empurrar sua produção ao franqueado. Este, por sua vez, sente-se como que obrigado a comprar além de seu potencial de venda, resultando um estoque exagerado, o que acaba segurando a tabela de preços de venda em toda a rede da franquia.

Concorrência – Se franqueador não tiver uma política de expansão baseada em pesquisas de mercado, pode acontecer de dois ou mais franqueados de uma mesma área de influência disputar a mesma clientela. Algumas vezes, essa concorrência pode levar um dos franqueados a mexer em seus preços para vencer o concorrente, ainda que essa decisão contrarie todas as cláusulas do contrato.

Nível de Despesas – O franqueado precisa pagar uma série de valores ao franqueador. Geralmente, uma taxa inicial (taxa de franquia), royalties (percentual acordado sobre receita com vendas), uma contribuição para o fundo cooperativo de marketing e outros.

Falta de Experiência – Cerca de um terço dos novos franqueados costuma deter a experiência como funcionário de grandes empresas, isto é, não recebiam um nível elevado de supervisão e controle. O que não ocorre na relação entre franqueador e franqueado.

Resultado – As unidades de varejo em regime de franquia, em geral, apresentam uma rentabilidade mais baixa e um retorno de investimento mais longo.

14.6 FUTURO DA FRANQUIA

O futuro da franquia será cada vez mais desafiador para as empresas. As novas práticas de gestão empresarial têm enfatizado os recursos em modelos participativos de administração. Como consequência, as empresas não têm outra alternativa para a sobrevivência, senão através de estratégias que lhes permitam atingir níveis elevados de produtividade, competitividade e excelência.

A questão fundamental é que tais empresas começam a perceber que já não é possível ser competitivo atuando isoladamente, isto é, verticalizando todas as etapas de operação do negócio.

A competitividade e a sobrevivência das empresas dependerão, cada vez mais, da sua capacidade em estabelecer e manter relações de parceria com outras empresas, que complementem as suas atividades ou com as quais compartilhem investimentos em tecnologia, infraestrutura de produção e/ou de distribuição, ou em outras operações conjuntas relacionadas ao âmbito do negócio de ambas as parcerias.

A parceria é, hoje, reconhecida como uma arma competitiva, fazendo parte do planejamento estratégico da organização. Quando compradores e vendedores concordam em trabalhar juntos, podem obter notáveis ganhos de produtividade.

A parceria entre membros de uma cadeia de valor, como varejistas e fabricantes, representa uma ruptura importante com seu relacionamento, tradicionalmente, antagônico, pois ambos ficam engajados num mesmo processo.

Nas parcerias, por exemplo, os varejistas assumem compromissos de: compra, propaganda, promoção, novas linhas de produto e níveis de estoque controlados. O resultado é positivo para todos, porque os consumidores encontram o que procuram.

Os fornecedores aumentam o controle sobre seus custos (giro de estoques) e os varejistas aumentam suas vendas e consumidores se sentem satisfeitos.

Alguns cuidados específicos devem ser adotados por franqueadores e franqueados para que a parceria entre eles aconteça da melhor forma possível, quanto a licença do uso da marca, assistência técnica e compromisso de fornecimento. Assim, é preciso que a licença de concessão de uso seja acompanhada de uma série de normas e de procedimentos.

É bom lembrar que, embora elaborado por profissionais de franquia, o contrato deverá garantir a situação de insolvência de cada parceiro. Não existe uma generalização para contratos de parceria, porque as características e peculiaridades dos componentes da franquia são inteiramente diversas.

A experiência nos ensina que a legislação de franquia deve conter alguns dispositivos, tais como:

- O franqueado deve se obrigar a acatar, sem quaisquer reservas, todas as instruções e orientações que lhe der o franqueador.
- É vedado ao franqueado utilizar suas instalações para atividades que não sejam objeto do contrato.
- É preciso ficar esclarecido se será permitido ao franqueador ter seus próprios pontos de vendas, ou que trabalhe com outros produtos que não os listados no contrato de franquia.
- O franqueado se obriga a guardar absoluto sigilo sobre suas negociações com o franqueador.

Fazer previsão é muito arriscado. Mas, pode-se afirmar que, a curto prazo, o segmento de franchising é aquele que tende a crescer mais rapidamente, no que diz respeito a moda, alimentação, cursos de línguas, serviços especializados, por exemplo.

De modo geral, porém, estamos convencidos de que, cada vez mais, as empresas de pequeno e médio portes trabalharão em rede como maneira de sobrevivência, já que as grandes fazem fusões e aquisições.

O sistema de franquia utilizará, no futuro, como ferramentas de trabalho, a tecnologia da informação e o relacionamento em rede (estratégia multicanais). Também está havendo uma revolução no tamanho das instalações das franquias para ter maior presença em vários locais.

As franquias que sobreviverão serão aquelas que conseguirem se reinventar, em função das mutações ambientais e mercadológicas. Vai se dar melhor ainda, aquele que conseguir se antecipar às mudanças.

O importante é preservar os valores e as crenças, porque são eles que fazem de uma organização o que ela é, não os bens que vende e os serviços que presta.

14.7 CONTRATO DE FRANQUIA

Contrato de franquia é aquele contrato bilateral entre uma empresa de marca forte e famosa (franqueador) e uma empresa (franqueada), onde são repassados conhecimentos tecnológicos e administrativos do negócio. Na realidade o contrato de franquia é um contrato de distribuição de bens e serviços.

A seguir, um modelo de Contrato de Franquia:

Pelo presente instrumento particular, entre partes: de um lado _____________, daqui por diante simplesmente designado Franqueador e, de outro lado, ___________________, daqui por diante simplesmente designado Franqueado, têm justo e contratado o quanto segue:

1. Franqueador é fabricante dos seguintes produtos: ___________________
2. Franqueador é detentor da marca _____________ e do logotipo cujo desenho integra o presente contrato, conforme certificado expedido pelo Instituto Nacional da Propriedade Industrial (INPI), sendo marca e logotipo aplicados a todos os produtos acima referidos.
3. Franqueador desenvolveu e vem utilizando e aprimorando um sistema para a instalação e operação, a nível de varejo, para vendas ao consumidor dos produtos acima mencionados, inclusive no que se refere a: desenhos, arranjos físicos e decoração do próprio ponto de vendas e à disposição dos móveis e utensílios que o integram, estocagem, exposição e manuseios dos produtos, controles de estoques, métodos, sistemas e controles operacionais, escrituração, técnicas mercadológicas e todos os demais aspectos do negócio.
4. Toda documentação pertinente encontra-se descrita nos manuais que ficam fazendo parte integrante do presente contrato, os quais poderão, a qualquer tempo, ser alterados, ampliados, reduzidos, substituídos ou simplesmente suprimidos, no todo ou em parte, pelo franqueador, na medida em que considerar necessário ou conveniente para o aperfeiçoamento da operação.
5. Pelo presente instrumento e na melhor forma de direito, o franqueador concede, ao fraqueado, com exclusividade no que diz respeito ao território indicado e delimitado no mapa anexo a este contrato, licença para a comercialização na loja situada na Rua ______________, no município de _____________, e apenas nela, dos produtos da Cláusula 01, bem como de outros que venham a ser fabricados, comercializados ou licenciados pelo franqueador, os quais serão fornecidos ao franqueado, enquanto vigorar o presente contrato.

   Parágrafo Único – É vedado ao franqueado a comercialização de quaisquer outros produtos de outros fornecedores.
6. Na loja do franqueado, será permitido o uso da marca, bem como o logotipo, conforme Contrato de Licença de Uso de Marca, celebrado, em separado, na presente data, não sendo permitido no recinto da loja ou na fachada o uso de outra marca, salvo se houver um acordo para tal.

   Parágrafo Primeiro – O franqueador, neste ato, fornece ao franqueado o projeto arquitetônico e demais projetos, tais como de: iluminação, exaustão, comunicação, esgotamento sanitário, decoração.

   Parágrafo Segundo – O franqueado instalará, no frontispício de sua loja, letreiro luminoso, de propriedade do franqueador, que fica, desde logo, autorizado a retirá-lo, na hipótese de rescisão ou término do presente contrato, seja por que motivo for.
7. A loja do franqueado será instalada e, enquanto vigorar o presente contrato, operada com total e estrita observância de todas as normas e orientações contidas nos projetos e nos manuais, bem como das demais normas, orientações ou sugestões que venham a ser transmitidas ao franqueador, sempre por escrito.

   Parágrafo Primeiro – O franqueado, na operação da loja, cobrará dos consumidores os preços constantes das tabelas que serão fornecidas pelo franqueador.

   Parágrafo Segundo – O franqueado se obriga e se compromete a zelar pelo bom nome do franqueador e de seus produtos, abstendo-se de praticar qualquer ato que por qualquer forma ou meio, possa prejudicar a boa reputação do franqueador (marcas e produtos).

   Parágrafo Terceiro – É expressamente vedado ao franqueado a utilização da marca do franqueador em suas faturas, notas fiscais e outros documentos.
8. O franqueador se obriga e se compromete a fornecer ao franqueado os produtos de sua linha de fabricação, referidos na Cláusula 1, sempre de acordo com a necessidade e as solicitações do franqueado, que para tanto, deverá observar os procedimentos concernentes, especificados nos manuais que fazem parte integrante do presente instrumento.

Parágrafo Primeiro – O franqueador fornecerá seus produtos ao franqueado de acordo com a capacidade de absorção deste, em relação aos demais franqueados e em relação ao mercado.

Parágrafo Segundo – O franqueador poderá recusar-se a fornecer novos produtos ao franqueado, se este atrasar a liquidação de produtos anteriormente encomendados e entregues.

Parágrafo Terceiro – Por outro lado o franqueado, desde que em dia com suas obrigações para com o franqueador, poderá valer-se da mesma faculdade que lhe assegura a Cláusula 23, caso o franqueador descumpra o presente contrato, deixando de lhe fornecer ou repor os estoques de que necessita.

Parágrafo Quarto – O franqueador poderá, a seu critério, alterar seu procedimento no que se refere ao fornecimento de produtos ao franqueado, inclusive quanto a preços, condições de pagamento e limites de crédito, sem que isso constitua infração a qualquer das disposições do presente contrato, desde que garanta ao fraqueado a constante reposição de seu estoque, de acordo com suas necessidades e possibilidades.

9. Observado o disposto na Cláusula anterior, o franqueado manterá seu estoque em condições que lhe permita evitar falhas no atendimento a seus clientes.
10. O franqueador poderá, a qualquer tempo, a seu critério exclusivo, proceder, diretamente ou através de representantes, funcionários ou prepostos seus, ou ainda, de profissionais ou empresas especializadas que para tanto contratar, proceder a exames e vistorias das instalações do franqueado, bem como ao exame e auditoria de seus livros e controles contábeis, que fazem parte integrante deste contrato, obrigando-se, desde logo, o franqueado a acatar as sugestões ou orientações que lhe sejam propostas pelo franqueador, no sentido de aperfeiçoar e elevar o nível de qualidade em tudo.
11. O franqueado se obriga a contratar e manter pessoal de nível adequado ao atendimento do público consumidor, encaminhando seus administradores e funcionários ao treinamento organizado pelo franqueador.
12. Pela licença que ora lhe é concedida, e pelo fornecimento dos projetos e da tecnologia que ora lhe é feito, por meio da entrega dos projetos e manuais inclusos, o franqueado paga ao franqueador, neste ato, a taxa inicial de ___________, comprometendo-se a pagar-lhe, daqui por diante, em troca da assistência, do treinamento e da orientação que lhe serão fornecidos pelo franqueador, a remuneração mensal equivalente a _____% do faturamento bruto que auferir, cada mês civil considerado, em decorrência da operação da loja referida na Cláusula 5, independente de qualquer outra remuneração de qualquer espécie que àquele seja devida por ele, franqueado, a qualquer outro título.

    Parágrafo Único – A remuneração mensal estipulada será paga, pelo franqueado ao franqueador, na sede deste, ou onde indicar, até o dia 10 (dez) de cada mês seguinte ao vencido, sendo o respectivo valor calculado com base em demonstrativo completo e detalhado de faturamento que ele, franqueado, entregará ao franqueador até o dia 5 (cinco) de cada mês seguinte ao vencido e cuja exatidão poderá, a qualquer tempo, ser verificada pelo franqueador, obrigando-se o franqueado, desde logo, a pagar-lhe de pronto a diferença que venha a ser apurada, devidamente corrigida pelo índice acordado.
13. Independentemente das cifras contratuais estipuladas e de todas e quaisquer quantias que, a qualquer título, deva, ou venha a dever ao franqueador, e de qualquer verba que venha a despender em publicidade da marca do franqueador, o franqueado se obriga e se compromete a contribuir, mensalmente com __% do faturamento bruto que auferir na loja referida na Cláusula 5ª, para um Fundo Especial de Publicidade, que será administrado pelo franqueador e cujos recursos serão destinados a publicidade e divulgação da marca do franqueador.
14. É expressamente proibido ao franqueado ceder ou transferir, para quem quer que seja, a que título for salvo autorização expressa, por escrito, do franqueador, os direitos e obrigações que lhe resultam do presente contrato.

    Parágrafo Primeiro – Na hipótese de falecimento, retirada ou interdição de quaisquer dos integrantes do franqueado, de que resulte alteração do respectivo controle, poderá o franqueador, se assim julgar conveniente considerar automaticamente rescindido, de pleno direito.

    Parágrafo Segundo – Fica estipulado que, caso o franqueado deseje, durante a vigência do presente contrato ou qualquer de seu término ou rescisão, seja por que motivo for alienar seu patrimônio ou ponto comercial, o franqueador terá preferência, em igualdade de condições com terceiros, para adquiri-lo.

Parágrafo Terceiro – O franqueado deverá notificar o franqueador, por escrito, indicando a este o valor e as condições de pagamento pretendido, sendo assegurado ao franqueador o prazo de 30 (trinta) dias para exercer o direito de preferência que lhe é assegurado pelo parágrafo anterior.

Parágrafo Quarto – A falta de resposta do franqueador, no prazo estipulado, dará direito ao franqueado proceder conforme seu interesse, desde que o faça aos pretendentes indicados, se é que indicou algum e, ainda, o faça pelo preço e nas condições pleiteados do franqueador.

15. Enquanto vigorar o presente contrato, o franqueado não poderá dedicar-se, seja direta ou indiretamente, à exploração de negócios que se dediquem a atividades conflitantes com a da franquia.
16. Franqueado e franqueador devem manter sigilo de todas as informações trocadas, por se constituir como segredo do negócio.
17. Do presente contrato não resulta, em hipótese alguma, vínculo de natureza trabalhista ou associativo entre as partes, nem tampouco entre qualquer delas e os funcionários ou prepostos da outra, respondendo cada uma, individualmente, por todas as obrigações que assumir, seja de que natureza for.
18. Sem prejuízo do disposto na Cláusula 24ª, fica expressamente consignado que constituem causa para a rescisão do presente contrato a decretação da falência ou o deferimento do requerimento de concordata do franqueado, hipótese em que tal rescisão se verificará automaticamente, sem que disso resulte para o franqueado direito a qualquer indenização ou retenção, ressalvado o disposto nas cláusulas 21ª e 22ª.
19. Todos e quaisquer aditamentos ao presente contrato, bem como alteração, total ou parcial, de qualquer de suas cláusulas ou condições, serão, obrigatoriamente, formalizados por escrito, de nada valendo qualquer estipulação verbal a respeito, o mesmo vigorando com relação a todos e quaisquer avisos ou comunicações que qualquer das partes deva fazer à outra.
20. O presente contrato vigorará pelo prazo de 12 (doze) meses a contar da presente data, sendo automaticamente renovado, sempre por igual período, salvo manifestação em contrário, por escrita, de qualquer das partes, com antecedência mínima de 60 (sessenta) dias da data prevista para o término de cada período.
21. Uma vez rescindido ou terminado o presente contrato, seja por que motivo for, o franqueado deixará de utilizar a marca, bem como as informações dadas pelo franqueador, o qual, por sua vez, retirará da fachada da loja seu luminoso.
22. Ainda na hipótese de término ou rescisão do presente contrato, o franqueador poderá, a seu exclusivo critério, readquirir do franqueado o estoque que este porventura detenha dos produtos com a marca dele, franqueador, pelo respectivo custo histórico, concedendo-lhe, outrossim, desde já, o franqueado, opção para, nessa hipótese, adquirir também o ponto comercial (instalações), pelo respectivo valor real de mercado.
23. Fica estipulada a multa de __________ para a parte que infringir, no todo ou em parte, qualquer das cláusulas do presente contrato, reservando-se à parte inocente o direito de considerá-lo rescindido de pleno direito e de haver, por ação própria as perdas e danos que efetivamente sofra em decorrência do inadimplemento da outra parte, naquilo em que excedam a multa ora estipulada.
24. O presente contrato é celebrado em caráter irrevogável e irretratável, obrigando as partes e seus sucessores a cumprirem fielmente este contrato, ficando eleito o foro desta cidade, com expressa exclusão de outro, por mais privilégios que tenha, como competente para dirimir eventuais dúvidas ou controvérsias que dele possam se originar entre as partes.

E por estarem de acordo com o que foi escrito, lido, aceito e achado conforme pelas partes, na presença das testemunhas abaixo, lavrou-se este contrato em 2 (duas) vias de igual teor e forma para os devidos efeitos jurídicos.

Local e data.
Assinaturas.
Testemunhas

Teste de Aferição de Conhecimento

01 – A franquia é:

a) Um sistema de distribuição
b) Uma estratégia de vendas
c) Um negócio como outro qualquer
d) Uma parceria

02 – Por que muitas parcerias público-privada não vão adiante?

a) Falta interesse da livre iniciativa
b) Falta interesse do governo
c) Demandam grande quantidade de recursos, com baixo retorno
d) São difíceis devido ao alto grau de burocracia governamental

03 – Qual o tempo médio de maturação de uma franquia?

a) Muito tempo
b) Pouco tempo
c) Tempo, em função do negócio
d) Tempo, em função do gerenciamento

04 – Por que há tanto conflito entre franqueadores e franqueados?

a) Quebra de cláusulas contratuais
b) O franqueador impõe um contrato leonino
c) O franqueado é inexperiente em negócios
d) Falta de suporte do franqueador

05 – Qual o maior motivo de fracasso da parceria de franquia?

a) Inflexibilidade
b) Concentração de poder
c) Tecnologia defasada
d) Muitas despesas com propaganda e promoção
e) Imposição de preços de venda

Capítulo 15

NOVO PRODUTO

"Não permaneça seguindo a multidão, vez por outra se aventure pela floresta. Certamente você encontrará algo que nunca viu. Pode ser uma coisa pequena, mas não a ignore. Siga explorando e logo terá algo que vale a pena pensar."

Alexander G. Bell

OBJETIVOS DO CAPÍTULO

- Mostrar a necessidade de novos produtos para atender as exigências, cada vez mais sofisticadas, dos consumidores.
- Mostrar as dificuldades de lançamento de um novo produto.
- Mostrar a importância dos meios e métodos para a montagem de um projeto para um novo produto.
- Mostrar a importância da análise de valor.

15.1 CONCEITO DE NOVO PRODUTO

Novos produtos englobam os produtos originais, modificações importantes em produtos existentes, similares dos produtos concorrentes e aquisição de linha de produtos. Todos envolvem a incorporação de algo novo. Eles são fundamentais em economias competitivas. As preferências das pessoas mudam e os avanços tecnológicos tornam os produtos antigos obsoletos.

Para ser bem-sucedida, uma empresa tem de diagnosticar as mudanças das necessidades dos consumidores e reagir rapidamente a elas. Novos produtos não, necessariamente, são concorrentes dos produtos que já se encontram no mercado.

Algumas razões levam a empresa a lançar um novo produto, tais como:

- Aproveitamento de uma oportunidade.
- Identificação de novas necessidades do consumidor.
- Necessidade de sobrevivência da empresa face à concorrência.
- Minimização de riscos na produção.
- Possibilidade de aumentar a lucratividade.
- Diluição de custos fixos.
- Mais bem utilização de subprodutos.
- Redução do custo com vendas.
- Possibilidade de ter uma vantagem competitiva.
- Diminuição do ciclo operacional.
- Melhor utilização de recursos.
- Queda na demanda.
- Sazonalidade.
- Desejo de diversificar.
- Mercado favorável.

- Rápida mudança nos gostos dos consumidores.
- Aceleração dos desenvolvimentos tecnológico e científico.

Para um novo produto ser considerado uma inovação é preciso que seja verdadeiramente necessário, sem substituto satisfatório. Não confundir com invenção, que é um produto que causa uma revolução científica, tecnológica, ambiental e social. Um bom exemplo é a roda.

Uma inovação científica pode mudar o produto, o mercado e o consumidor. Se, por exemplo, tomarmos o setor de medicamentos, vimos inovações que foram da aspirina (1905) até o viagra (1998).

Desenvolvimento de novos produtos, inovações, extensão da vida dos produtos existentes, acréscimo de novos estilos, embalagens, serviços e melhoria da qualidade, tudo isso pertence ao arsenal de instrumentos de uma empresa competitiva. Inovação é uma palavra abundante em nossa sociedade, mas, provavelmente, menos abundante do que muitos de nós supomos.

Porém, a inovação contínua parece ser a única maneira de se evitar obsolescência das linhas de produtos da empresa. Mas, quando introduzir uma inovação no produto? É bom fazer uma pesquisa prévia para saber até que ponto a mesma será aceita. Os novos produtos podem ser categorizados em:

Inovações Reais – São produtos únicos para os quais existe uma verdadeira necessidade, não havendo substitutos satisfatórios.

Reposições Adaptáveis – Estes produtos introduzem modificações significantes que lhes permitem substituir os produtos existentes.

Produtos Imitativos – São novos para o vendedor, mas não para o mercado.

15.2 ANÁLISE DE VALOR DO PRODUTO

O estudo de um sistema, ou de uma atividade, em todos os seus detalhes e processos recebe o nome de análise, que procura, sobretudo, apontar fraquezas, qualidades, oportunidades e restrições. A visão geral que se tem da análise é dela ser um processo, visando descobrir as causas de determinadas coisas ou os efeitos de ações, produzindo procedimentos, quanto ao que deva ser feito para melhorar um trabalho.

A análise resume-se tão somente em apontar alternativas, em fazer sugestões e em procurar soluções, as mais diversas, para os males encontrados ou apontados.

A análise de valor pode ser definida como o exame crítico das funções do produto, com o objetivo final de dotar o mesmo de condições, para que realize suas funções pelo custo mínimo. O valor de um produto é dado, principalmente, pelo uso, custo, novidade e preço.

Esta análise se originou na General Electric, em 1948, sendo uma abordagem para a redução do custo, por meio do estudo cuidadoso de quais componentes podem ser reprojetados, padronizados ou fabricados por métodos de produção mais baratos.

Uma boa análise de valor de um produto deve ser dividida em etapas, que podem começar com o objetivo do novo produto e terminar com um relatório recomendando-o, ou não.

A análise do novo produto objetiva estudar a viabilidade do projeto, quanto aos aspectos econômicos e mercadológicos. Esta análise deve levar em consideração uma multiplicidade de fatores, que, no seu somatório, possa efetivamente conduzir o projeto ao mais próximo possível da realidade.

Levantamentos estatísticos servem, em primeira mão, para identificar oportunidades e fornecer dados para ajudar os gerentes de marketing, produção e finanças na viabilização do projeto.

15.3 DESENVOLVIMENTO DO NOVO PRODUTO

Durante os últimos anos vêm-se acumulando dados de pesquisa a respeito do desenvolvimento de quase tudo que se possa imaginar. Recentes estudos mostraram aspectos essenciais na elaboração mais ampla de modelos de desenvolvimento. Parte dessas pesquisas está direcionada a minimizar o tempo que se gasta em um projeto de desenvolvimento, qualquer que ele seja.

As empresas estão, cada vez mais, reconhecendo que a chave para sua sobrevivência e crescimento reside no desenvolvimento contínuo de novos produtos ou aprimoramento dos existentes.

Os novos produtos têm de satisfazer cada vez mais os critérios da sociedade, além de darem lucros àqueles que os comercializam. Devem ser projetados levando em consideração o consumidor, o ambiente e o mercado. Outro aspecto a analisar é que as exigências governamentais, cada vez maiores, inibem o ritmo de inovações em produtos.

Uma empresa precisa desenvolver um grande número de ideias de novos produtos, a fim de poder ficar com as bem-sucedidas, que cubram todos os recursos gastos em pesquisa e desenvolvimento. Embora haja a necessidade de novos produtos para um padrão de vida melhor do que no passado, está muito difícil conseguir maiores níveis de qualidade.

Segundo Kotler, dada a intensa concorrência de hoje, as empresas que falham no desenvolvimento de novos produtos se expõem a grandes riscos. Novos produtos continuam fracassando a uma taxa impressionantemente alta de 75% a 80%.

O desenvolvimento de um novo produto exige o emprego de métodos de pesquisa semelhantes aos usados para melhorar um produto já existente. A maior diferença é que o desenvolvimento de um novo produto envolve maior número de problemas. A pesquisa responde quais propriedades os consumidores julgam ser necessárias ao produto.

Uma das partes mais importantes do estudo de novos produtos consiste no exame da viabilidade comercial e econômica do produto. Este estudo pode ser realizado durante as diversas fases de desenvolvimento do produto. Quando um novo produto fracassa deve-se buscar os motivos (justificativas) da sua não viabilização comercial.

Assim, é importante fazer um estudo preliminar, a fim de:

a. Identificar o escopo do projeto, os problemas a serem resolvidos, os objetivos principais.
b. Identificar um número possível de hipóteses de soluções que possam satisfazer as necessidades do usuário.
c. Mostrar as vantagens e desvantagens do novo produto, desenvolvendo um plano de realização do projeto com

estimativas dos recursos necessários.

d. Obter o parecer do usuário e da direção, incluindo, bem como o comprometimento deles até, pelo menos, a etapa da análise do projeto do novo produto.

Além disso, vários fatores prejudicam a viabilidade de novos produtos, tais como: escassez de ideias relevantes; mercados fragmentados; restrições societais e governamentais; aumento do custo de desenvolvimento; escassez de crédito; ciclos de vida dos produtos cada vez menores.

Os índices de fracasso são:

- Bens Industriais – 20%
- Serviços Industriais – 10%
- Bens de Consumo – 75%
- Serviços Comerciais – 30%

No planejamento do produto serão definidos todos os atributos que o mesmo deve ter, isto é, aquilo que será desenvolvido no projeto. Deve-se salientar que a qualidade não tem de ser, necessariamente, a melhor possível. Assim, ao projetarmos uma geladeira precisamos perguntar:

- Para quem o produto será dirigido?
- Por que um produto de altíssimo nível de qualidade é caro e só poderá ser comprado por pessoas de alto poder aquisitivo?

15.4 LANÇAMENTO DE NOVO PRODUTO

Um novo produto envolve uma série de complexas operações, muitas horas de trabalho e uma grande aplicação de dinheiro, além de representar uma decisão estratégica da maior relevância. Seu preço de venda, em geral, é muito alto. As estatísticas mostram que a maioria dos novos produtos tem uma vida curta e os administradores, para evitar o fracasso, cercam-se de todas as precauções possíveis.

A sobrevivência de qualquer empresa está intimamente ligada à sua capacidade de rentabilidade, daí a razão para a procura de novos produtos.

O lançamento de um novo produto obriga a uma pergunta que pode levar aos mais altos índices de rentabilidade, ou a ficar meses nas prateleiras, sem saída. A pergunta é: A quem vender? Uma complexa pesquisa de mercado indicará a receptividade que poderá ter o novo produto. Analisará até mesmo a existência de concorrentes na praça. Se o novo produto for vendável, procurar saber qual deverá ser o seu preço e quais são as expectativas.

Quanto custa o produto concorrente? É uma pergunta, na procura do preço, que pode ser importante. Daí se determinar a sua venda para uma classe de maior poder aquisitivo, com a simples sofisticação do produto. Sem um produto semelhante no mercado, o processo será mais fácil. O nome do produto tem que ser curto. Cada vez mais a propaganda é visual, porque a visão domina os demais sentidos. E, além disso, os altos preços da televisão exigem que não se perca muito tempo pronunciando palavras inúteis.

Um nome curto é mais fácil de ser lido num cartaz de rua, mais econômico no espaço e no tempo. Também sua percepção e memorização são facilitadas. As cores são estudadas de acordo com o mercado a que se destina o produto. Para gente jovem, cor viva. Para aqueles mais idosos, uma cor sóbria. Para os produtos de alto consumo, uma mistura equilibrada.

Lançado o produto e comunicado ao público, a empresa passa a pesquisar o sucesso da campanha de propaganda. Ficam as perguntas: Há necessidade de sustentar a campanha? A sustentação é necessária para fixar a imagem do produto ou criar um novo hábito no consumidor? É assim que, de repente, você vê um novo produto na prateleira de seu supermercado e, irresistivelmente, se sente atraído por ele.

O lançamento do produto é, em geral, feito nos fins de semana, quando as pessoas prestam mais atenção à televisão, lêem mais jornais e revistas e dão buscas em sites na Internet. E este evento configura-se quando a empresa observa as seguintes questões:

- O novo produto é compatível com os objetivos da empresa?
- A empresa possui recursos físicos, financeiros, humanos, tecnológicos, mercadológicos, administrativos e sistêmicos, que podem viabilizar o novo produto?
- Os indicadores financeiros e econômicos estão dentro do esperado?
- A análise dos custos mostrou ser possível desenvolver e lançar o novo produto?

Num mundo em que a velocidade das transformações é cada vez maior, empresas que não forem inovadoras, ou melhor, constantemente inovadoras, tendem a minguar. Segundo muitos autores a prosperidade das empresas está vinculada à inovação. Esta não se limita ao produto que é apenas uma parte do processo de gestão.

A seguir, um programa de lançamento de um novo produto:

a. Listar as razões que justificam o lançamento do produto.
b. Buscar consenso entre os polos de decisão da empresa.
c. Escolher o canal de comunicação mais conveniente (televisão, rádio, jornal, revista, mala direta).
d. Escolher a data do lançamento, observando sazonalidade, fins de semana, hora, data festiva, feriados, férias escolares, por exemplo.
e. Controlar e avaliar resultados.

Para a decisão de lançar no mercado um novo produto é necessário que, primeiro, sejam abordadas as seguintes questões de cenário:

Quanto à Oportunidade:

- O produto é necessário atualmente?
- Qual é o tamanho total do mercado e seu faturamento?
- Que tipo de consumidores comprarão o produto?
- Qual a quantidade de consumidores em potencial?
- O mercado está em expansão?
- Qual fatia é possível alcançar para volumes atraentes?
- Quais são as expectativas de vendas?
- É possível determinar quais hábitos dos consumidores afetarão o novo produto?

Quanto à Concorrência:

- O mercado está saturado?
- Quais são os possíveis produtos concorrentes?
- É possível conhecer as políticas dos concorrentes?
- Temos recursos para bancar uma competição, em preço, qualidade e atendimento?
- Qual é o nosso diferencial?
- Existe a possibilidade de a concorrência lançar, em curto prazo, um produto que seja melhor do que o nosso?

Quanto à Produção:

- Podemos fabricar o novo produto com folga?
- O novo produto utilizará recursos e processos dos já existentes na empresa?
- O novo produto se enquadra no orçamento de produção?
- Será necessário estabelecer parcerias na produção?
- Conhecemos fornecedores de recursos, suficientemente, para termos margem de manobra?
- O produto terá um nível adequado de qualidade para competir com o preço ofertado pelo mercado?

Quanto à Distribuição:

- Os canais de distribuição, que utilizamos, são compatíveis com o novo produto?
- Haverá a necessidade de armazenamento fora da empresa?
- Os distribuidores estarão, suficientemente, treinados para acrescentar o novo produto a sua grade de comercialização?
- Qual a opinião dos nossos distribuidores?
- Será preciso estabelecer promoção e propaganda na distribuição? Quanto? Quando? Como?

Quanto às Finanças:

- Os mais importantes indicadores financeiros já foram, devidamente, analisados?
- Existe capital de giro próprio para sustentar o novo produto?
- As estimativas de vendas chegam a ultrapassar o faturamento de equilíbrio?
- É possível determinar qual o nível de estoque mínimo deve ser mantido?
- Quanto tempo levará para o retorno do investimento?

15.5 ACOMPANHAMENTO E TESTE

Após o lançamento do novo produto no mercado, devemos realizar verificações periódicas para determinar sua aceitação. Como é possível que os concorrentes modifiquem seus produtos, sua propaganda ou preços, é importante que se obtenha informações periódicas sobre o efeito dessas alterações.

Assim, é importante que haja um acompanhamento, durante um período de, pelo menos, seis meses, porque a comparação com os novos resultados alcançados torna possível avaliar se as medidas aplicadas resolveram a problemática em pauta e, também, para verificar se existem ajustes, mudanças e modificações convenientes a serem realizadas.

O acompanhamento poderá ser feito por meio de reuniões, relatórios, controles contábeis, matrizes de análise, por exemplo.

Apesar da quantidade e calibre do trabalho de pesquisa feito para o planejamento do produto, raras vezes, os técnicos criam um produto ideal. Mas, se realizarmos testes preliminares, verificaremos que certas propriedades não foram incorporadas ao produto de maneira adequada. É, pois, imperativo que seja feito teste piloto, para evitar que um novo lançamento fracasse, devido à deficiência técnica. Em alguns casos estes testes são extremamente caros.

Em muitas situações, os testes são, diretamente, feitos junto aos consumidores. Amostras do produto e do concorrente são entregues para testes de consumo, desde que as mesmas não sejam identificadas pelos consumidores. Tais testes ajudam a determinar pontos fracos e pontos fortes. A empresa, ao planejar um novo produto, deve paralelamente planejar o seu lançamento no mercado.

O teste de venda do novo produto deve ser feito dentro de uma zona delimitada do mercado, a que chamamos de mercado experimental. As condições para os testes de venda devem ser as mais normais possíveis. A operação deve ser igual àquela em que a empresa adotará, caso seja decidido o acréscimo do mesmo à linha de produção.

Ao ser realizado um teste de venda, é importante lembrar que não apenas um, mas vários fatores estão sendo avaliados. Também, estão sendo testados, simultaneamente, o produto, a mensagem, o meio da propaganda, os canais de distribuição, o preço de lançamento, a aceitação do nível de qualidade, por exemplo. Estes testes, embora dispendiosos e demorados, são vitais como um futuro plano de vendas.

15.6 ADOÇÃO DO PRODUTO

O processo de adoção do produto pelo consumidor começa quando termina a última etapa de desenvolvimento do novo produto. A mais antiga abordagem utilizada pelos especialistas em marketing para o lançamento de um novo produto era a de distribuir amplamente e de informar todo mundo, que pudesse ser um comprador potencial do mesmo.

A abordagem do mercado de massa apresenta duas objeções: exige altas despesas e envolve um número substancial de exposições perdidas com compradores não potenciais. Observou-se que, mesmo dentro do grupo de grandes usuários, as pessoas diferem no tocante ao interesse em novos produtos e na rapidez com que são levadas a experimentar a novidade.

A tarefa do gerente de produto, por ocasião do lançamento, é definir os tipos de consumidor para o novo produto e questionar:

- Devem ser do tipo de adotantes imediatos?
- Devem ser grandes usuários?
- Devem possuir grande liderança de opinião?
- Devem ser fáceis de alcançar?

O executivo de marketing precisa entender que novos produtos são assimilados pelo sistema social com o tempo. A adoção do produto, por si só, é uma decisão por parte do indivíduo de utilizar regularmente a inovação. No processo de adoção de um novo produto o consumidor passa através de uma série de estágios de aceitação.

As pessoas diferem acentuadamente em suas propensões a experimentarem novos produtos. A influência pessoal exerce um papel muito grande na adoção dos novos produtos.

A administração da empresa deve entender o processo de adoção por parte do consumidor para desenvolver uma estratégia eficaz de penetração de mercado. Esse processo é seguido pela lealdade do consumidor, que é a preocupação da empresa estabelecida, e que se caracteriza pela aceitação unilateral da inovação. Dentro dos mercados pulverizados, a empresa deve orientar sua distribuição para os melhores grupos de consumidores potenciais, que, idealmente, são:

Adotantes Imediatos – São os pioneiros da experimentação do que é novo, sendo úteis na divulgação do novo produto para outros compradores potenciais.

Adotantes Iniciais – São os consumidores que desempenham o papel de formadores de opinião, grupo de referência e agentes de mudança, tendo muita importância para acelerar a difusão do produto.

Adotantes de Marca – São consumidores leais a marca, por sua qualidade apresentada em outros produtos.

Adotantes Seguidores – São os consumidores de maior poder aquisitivo, que se apoiam nas propagandas do produto e nas opiniões dos adotantes iniciais.

Adotantes Conservadores – São os segmentos que tendem a ser mais céticos, menos sensíveis aos apelos de inovação; esperam a queda de preços para passar a consumir o produto.

Adotantes Retardatários – São os últimos segmentos a adotar uma inovação.

15.7 DESEMPENHO DO PRODUTO

O problema do desempenho está entre o desempenho esperado e o desempenho obtido. Alguns índices, indicadores, padrões e regras balizam o desempenho da empresa ou do empregado. Como estes são utilizados por um analista (avaliador) que é humano, as conclusões a que se chega é a de que o analista introduzirá vícios e virtudes, causando problemas de interpretação pelos demais.

Mesmo que medido por uma máquina, o desempenho será interpretado por uma pessoa.

Assim, o problema de avaliação do desempenho estará, em função daquele que analisa, bem como o seu nível de percepção. A análise do resultado objetiva comparar os valores resultantes com os esperados; observar se os mesmos são significativos em relação aos indicadores fornecidos pelo mercado e pela série histórica da organização.

Assim, o resultado do novo produto pode ser:

Resultado Esperado – É aquilo que se deseja como resposta positiva para todas as variáveis relevantes no desenvolvimento do produto, isto é, espera-se que ocorra o previsto.

Resultado Obtido – É aquilo que aconteceu função das respostas colhidas do produto, depois de lançado no mercado, para um período de tempo.

Resultado Possível – É aquilo que se espera do produto, considerando-se uma margem de risco, fruto de simulações, anteriormente, realizadas, baseadas em termos de probabilidade.

Resultado Probabilístico – É aquilo que se espera de um produto, tendo variáveis conhecidas, porém com consequências desconhecidas, devido ao alto nível de incerteza.

É recomendado para qualquer das situações, mostradas, que se faça um relatório de desempenho, com a finalidade de buscar erros ou desvios, sobretudo para permitir a predição de outros resultados futuros.

Um bom sistema de avaliação de desempenho deve proporcionar rápidas comparações, localizar possíveis dificuldades ou mostrar tendências significativas para o futuro.

Como não é possível modificar o que ocorreu, o relatório de desempenho serve para ajudar a corrigir, hoje, para que os mesmos erros não aconteçam no futuro. Os benefícios imediatos de um relatório de desempenho são: comunicar padrões, reunir informações e dados pertinentes, confrontar o resultado esperado com obtido. Este relatório pode indicar se a empresa vai continuar, ou não, competindo no mercado.

15.8 CAPITAL

Um novo produto precisará de capital financeiro para levar adiante a sua implementação. Assim, devemos questionar sobre: Quanto é preciso? Qual capital de giro é necessário? Qual fonte de capital? Será por meio de financiamento, empréstimo, leasing ou crédito? Qual a disponibilidade financeira? Dentre os problemas levantados, os mais graves são: o capital de giro e o capital próprio.

Quando se quer programar a futura atividade de uma empresa, deve-se tomar em consideração os meios financeiros disponíveis que, muitas vezes, devem ser condicionados aos objetivos do empreendimento e vice-versa.

Para fazer o capital inicial, recomenda-se a utilização do patrimônio pessoal, resultante de indenizações, alienação de bens, hipotecas de imóveis, poupanças, aplicações, por exemplo. Somente como recurso final, recorrer a dinheiro emprestado. Nesse caso, a taxa de retorno tem de ser calculada com precisão, ela não pode ser inferior à taxa de juros, cobrada pelo mercado, sob pena de condenar o negócio à falência.

A lucratividade não pode estar a baixo da taxa de inflação real somada a taxa de juros de empréstimos.

O capital próprio é a participação dos proprietários no ativo. Ele não tem data de vencimento. Quando os proprietários investem numa empresa, não há acordo sobre a devolução do seu investimento inicial. Se um proprietário desejar reaver seu investimento, terá que achar outro comprador para sua parte ou liquidar a empresa.

Se o empreendedor vai ou não conseguir seu investimento original intacto, é uma questão que depende de sorte e de sua capacidade de gerenciamento do negócio.

O capital de giro é aquele necessário para pagar as operações do negócio, como: compra de Matéria-Prima, insumos, material de higiene e limpeza, material de escritório, descartáveis, despesas com manutenções de instalações de: máquinas e equipamentos.

Os capitais de terceiros têm prazos de vencimento. É preciso resgatá-los nas datas especificadas nos contratos realizados entre a empresa e seus credores. Se a dívida não for paga no vencimento, os credores podem penhorar o ativo ou mesmo forçar a liquidação da empresa, dependendo dos termos do contrato firmado.

Teoricamente, uma empresa pode viver muitos anos, sem investir, apenas usando instalações, máquinas e equipamentos que possui. No entanto, ela não sobrevive um mês sem capital de giro, que são os recursos que mantêm as engrenagens do negócio.

A decisão de reter dinheiro em caixa, não se valendo de bancos, para ser usado como capital de giro, significa comprometer o crescimento no longo prazo e ter menos dinheiro para repartir lucros com os sócios, no futuro.

Teste de Aferição de Conhecimento

01 – Novo produto é:

a) Produto original
b) Inovação
c) Aquisição de algo novo
d) Produto concorrente

02 – Por que a imitação é cada vez mais praticada?

a) Altos custos de produção
b) Altos custos de P & D
c) É mais fácil
d) Devido ao avanço tecnológico

03 – A análise de valor do produto objetiva:

a) Minimizar riscos de produção
b) Definir critérios de produção
c) Buscar a melhor solução possível
d) Estudar a viabilidade do produto

04 – Para que serve um programa de desenvolvimento de novo produto?

a) Ajudar o projetista
b) Mostrar os fatores de relacionamento
c) Estabelecer uma cronologia de procedimentos

05 – Quais são as questões mais importantes no lançamento de um novo produto?

a) Oportunidade
b) Distribuição
c) Concorrência
d) Recursos financeiros
e) Produção

f) Recursos humanos

06 – Sinopse de projeto é:

a) Apresentação concisa dos pontos básicos
b) Relatório do projeto
c) Anteprojeto

07 – Qual o papel do gerente de projeto?

a) Integrar valores
b) Integrar tarefas
c) Ajudar como intermediário entre empresa e cliente
d) Solucionar problemas

08 – Qual a importância do capital de giro?

a) Ter dinheiro para operacionalizar a empresa
b) Cobrir as exigências correntes
c) Dar liquidez a empresa
d) Pagar empréstimos

Capítulo 16

QUALIDADE

"Não é mais possível colocar no mercado um produto de qualidade medíocre, deixando que os primeiros clientes sofram as consequências e que a qualidade melhore aos poucos, à medida que o tempo passa".

James Teboul

OBJETIVOS DO CAPÍTULO

- Mostrar que a qualidade é a verdadeira fórmula para criar consumidores cativos.
- Mostrar os principais meios de controle de qualidade.
- Mostrar a visão estratégica da qualidade.
- Mostrar os principais tipos de qualidade.

16.1 CONCEITO DE QUALIDADE

A qualidade é um conjunto de propriedades e características de um produto (processo, técnica, método), que lhe fornece a capacidade de satisfazer as necessidades explícitas e implícitas do ser humano. Pode-se dizer mesmo que, hoje, a maioria dos conceitos e orientações empresariais está direcionada para a satisfação do mercado consumidor. E com a qualidade não poderia ser diferente, pois, ao lado do preço e do atendimento, constitui o elemento fundamental na decisão de comprar do consumidor.

Do ponto de vista do mercado, a qualidade de um produto é uma conjugação da capacidade de desempenhar funções requeridas pelo mesmo e a posse de características que levem o consumidor a optar por esse ou aquele produto.

Do ponto de vista organizacional, a qualidade é a capacidade que tem uma empresa de atender às necessidades tanto do mercado como as suas próprias. Uma empresa terá maior ou melhor qualidade na proporção em que consiga atingir estes dois objetivos.

Sob o ponto de vista de função, podemos dizer que a qualidade é uma espécie de sistema voltado para conseguir, em primeiro lugar, a satisfação dos consumidores, tendo a participação de todas as áreas e indivíduos. Em segundo lugar, acompanhar as atividades da empresa desde o planejamento até o fim da vida útil do produto vendido.

A função organizacional qualidade é o conjunto de atividades, através das quais atingimos a adequação ao uso, não importando em que parte da organização essas atividades são executadas. Ela deve se tornar uma operação bem disciplinada, que transmita o espírito do processo de melhoria contínua da qualidade.

A qualidade é definida com base nas necessidades e nos interesses dos consumidores, usuários e pacientes, que desejam dispor de produtos livres de deficiências. Tais ausências permitem satisfazer a clientela e, ao mesmo tempo, evitar os custos da não qualidade.

Qualidade significa a adequação a padrões e especificações previamente definidos. Quando essas exigências não são atendidas, a qualidade se torna ambígua.

Podemos dizer que o vendedor entrega qualidade quando seu produto atende ou excede as expectativas do consumidor. Uma empresa que satisfaz a maioria de seus consumidores é chamada empresa de qualidade.

A ideia de qualidade foi discutida, primeiramente, pelos filósofos gregos, que pensaram no ideal da excelência, definida como a característica que distingue alguma coisa pela superioridade em relação aos semelhantes. Essa noção sempre esteve incluída no conceito de qualidade, até os dias de hoje. Assim, a qualidade significa a aplicação dos melhores talentos e esforços para produzir os resultados mais elevados.

A qualidade não admite uma segunda classe. A ideia contemporânea de fazer bem feito, na primeira vez, é sinônimo de excelência.

A administração da qualidade é orientada para padrões superiores de desempenho.

No início do Século XX, as preocupações com a qualidade passaram a ser sistematizadas e a fazer parte das normas ou objetivos de uma unidade produtiva. A Segunda Guerra Mundial motivou as indústrias a produzir mais e com maior eficiência, buscando novas técnicas de controle da qualidade.

A estatística entrou em cena e os conceitos de confiabilidade foram aprimorados.

16.2 FINALIDADE DA QUALIDADE

Existem dois pressupostos importantes para se entender a finalidade da qualidade:

O primeiro, é que a qualidade tem que estar a serviço de um benefício. Qualidade sem essa finalidade vira adereço, é um luxo, é estéril, não serve para nada e a ninguém. Neste sentido, qualidade deve ser entendida como um atributo absolutamente relacional, que só passa a existir quando pensada e produzida em benefício de uma vinculação, seja ela comercial, funcional ou de qualquer outra natureza.

Deve ser o consumidor o maior beneficiário da qualidade. Em outras palavras, quem não administra essas relações não pode, e nem tem por que produzir qualidade, a menos que a trate meramente como uma alegoria pela qual o consumidor final vai acabar pagando.

O segundo, é que a qualidade não é um valor em si mesmo, mas o grau de conformidade atingido, tendo em vista um padrão preestabelecido. Portanto, esforçar-se muito para fazer algo bem feito ou fazer da melhor forma possível não significa, absolutamente, qualidade, a menos que o trabalho tenha sido direcionado para um padrão de atendimento ou de execução.

A partir desses dois pressupostos, começa-se a entender que qualidade tem um preço e esse pode ser alto quando, por arrogância ou pretensão, decidimos fazer qualidade por conta própria, sem consultar nosso público-alvo sobre aquilo que lhes beneficia ou adiciona valor aos produtos que consome.

De nada adianta investir em recursos, treinar pessoas, mudar processos, se esse investimento não tornar nossos clientes mais bem conhecidos. É ingênuo supor que qualidade é apenas uma questão de fazer melhor, cortar defeitos ou se esforçar mais. Tudo isso pode resultar em nada sem um esforço coordenado e dirigido para alcançar nossos clientes, em tudo que puder beneficiá-los, a custos que possamos suportar.

Qualidade é uma opção racional de quem reconhece no cliente a importância da função e do negócio. Sem consumidores não haverá negócios. Negócio sem qualidade não consegue consumidores. Portanto, que cada um cuide dos seus clientes e comece a fazer aquilo que não é novo, não foi inventado e nem depende de programas de governo.

Qualidade é um conceito que faz parte do dia a dia das pessoas e das organizações. Para que isso ocorra, contudo, é preciso que se adote uma visão estratégica da qualidade.

Essa transformação deve se dar em dois planos: no institucional e no privado. No primeiro, ela passa pela ação do governo em dotar o país de um eficiente sistema de normas técnicas que são as especificações mínimas dos diferentes produtos, bem como de uma rede de laboratórios capaz de medir sua conformidade com essas normas.

Uma outra forma de estimular a qualidade seria a implantação de programas de educação e treinamento. No segundo, ela passa pela inspeção em massa e a verificação da obediência do produto ao projeto original. Para tal, as empresas se valerão do controle de qualidade.

16.3 CONSCIÊNCIA DA QUALIDADE

A consciência da qualidade está em ascensão? O interesse pela qualidade está crescendo em todo mundo. Consumidores, pacientes, colaboradores, usuários, fornecedores, funcionários e parceiros estão se tornando cada vez mais exigentes. As pesquisas confirmam que os consumidores não reclamam da qualidade inferior, eles simplesmente mudam de fornecedores, de distribuidores ou de intermediários.

Um número crescente de empresas reconhece, hoje, que o investimento em qualidade é um dos mais lucrativos que elas podem fazer. Não fazer nada custa muito mais caro. Esta revolução na consciência de cada um é, antes de mais nada, uma nova forma de pensar a respeito de bens e serviços.

Não se trata mais de uma questão de produzir para satisfazer às expectativas dos clientes, mas também de inspirar as pessoas que os produzem, para que façam da melhor maneira possível.

A essência da qualidade está nas pessoas, isto é, aqueles que fazem os produtos, prestam serviços e desenvolvem ideias.

A consciência da qualidade estende-se através de todos os atos gerenciais. A maneira como o pessoal da gerência fala sobre qualidade é ponto importante. Quando a palavra qualidade passa a integrar o vocabulário da organização é que começa a exercer efeito. Mas, lembre-se de que se a palavra qualidade não for lembrada a todo instante, ela pode ser esquecida.

A Time Manager International acrescenta uma nova dimensão à qualidade humana. As qualidades técnicas são: durabilidade, segurança, credibilidade, garantia, funcionalidade, baixo índice de defeitos. Mas, as qualidades humanas são: atitude, comprometimento, atenção, atendimento, lealdade, cooperação.

É difícil imaginar que o mundo, em geral, ficará satisfeito com o desempenho global de uma organização, a menos que cada um dos seus funcionários produza com alto nível de qualidade.

Uma empresa de qualidade produz satisfação em todos os clientes. Assim, o sonho de todo e qualquer gerente é comprometer seus subordinados com a qualidade.

Qualquer que seja a pessoa ela tem um desempenho mais acurado em um local de trabalho organizado, de modo a sempre manter uma visão estratégica do que está executando, bem como estar no controle das suas atribuições. Para muitas pessoas, uma mesa confusa provoca cansaço, ineficiência, frustração, estresse e má qualidade daquilo que faz.

Portanto, siga os seguintes preceitos:

- Use os recursos de forma a otimizá-los sempre.
- Não desperdice o seu tempo e o dos outros.
- Evite se tornar um gargalo em procedimentos e rotinas.
- Não faça mais cópias, nem fale e escreva mais do que o necessário.
- Tente satisfazer as exigências e expectativas dos outros em todas as situações, e, se puder, ultrapasse-as.

Você termina aquilo que começa? Ou é daqueles com muitas ideias que raramente as coloca em prática? Muitas tarefas inacabadas irão pesar em sua mente. Baixe o desejo de iniciar novos projetos. Acabe aqueles que você começou.

Livre-se da síndrome de Da Vinci (trabalho inacabado). Seu senso de comprometimento ou a falta dele determina, mais do que qualquer outra coisa, a maneira pela qual os demais membros da equipe percebem seu desempenho.

16.4 CULTURA DA QUALIDADE

Compramos produtos de baixa qualidade, como se de qualidade fossem. E, ao reclamarmos, como uma decorrência natural do exercício de um direito legítimo e, portanto, inquestionável de quem paga, e paga caro pelo que recebe em troca, somos mal atendidos. Desavisados, velhos, crianças, bem como pessoas simples, humildes e pacatas são presas fáceis de espertos vendedores e atendentes de balcão.

Criar a cultura da qualidade é o oposto da vida fácil, da lei da vantagem, do lucro a qualquer preço, da esperteza sem respeito ao próximo, da corrupção, do nepotismo e fisiologismo desenfreado, dos trens da alegria. Se assim o fizermos, estaremos recuperando valores sociais, hoje, distorcidos e esquecidos no tempo.

Criando a cultura da qualidade, onde predominam crenças, valores e comportamentos de satisfação, nos colocamos pelo bom atendimento, pelo preço justo, pela confiança recíproca, pela certeza do bom produto e, principalmente, pela sua adequabilidade às necessidades e expectativas dos clientes consumidores.

O culto à qualidade não é recente e nem gratuito nas empresas. O que se perde pelo desleixo com a melhor qualidade dos produtos pode ser medido em números. Segundo um estudo da Unctad, organismo da ONU especializado em problemas econômicos, nada menos de 3 bilhões de dólares ao ano.

A Associação Brasileira do Controle de Qualidade estima que as empresas industriais deixam de incorporar entre 20% a 30% de seu faturamento, em função da má qualidade.

Através do empenho de cada um e com o gerenciamento amplo da qualidade, ou pela busca constante da perfeição, é possível envolver todos os funcionários num mesmo ideal de qualidade. O investimento efetuado com programas de conscientização, treinamento e implantação apresentam retorno seguro através da melhoria contínua do desempenho.

A qualidade, como a empresa, não é estática e que atitudes preventivas, gerenciadas por sistemas adequados, asseguram a redução dos desvios que, por sua vez, proporcionam menores custos.

A melhoria da qualidade transfere o desperdício de recursos para a produção de um bom produto e uma melhor prestação de serviços. O resultado é uma reação em cadeia, isto é, custos mais baixos, melhor posição competitiva, pessoas mais felizes no trabalho, empregos e mais empregos.

A melhoria da qualidade exige uma orientação, mas também um líder para coordenar tal mudança, porque senão as pessoas se envolverão com tantas coisas, esquecendo o propósito do projeto, além de metodologias, programas, planos, diretrizes, regras, políticas e procedimentos, por exemplo.

A finalidade de uma equipe é orientar o processo de mudança e ajudar com que o mesmo funcione e se aperfeiçoe.

A maneira com que as equipes geram a melhoria da qualidade, no início, é fluida e se consolidará após algumas quedas e lutas para compreender não só a equipe, mas qual o caminho é o mais adequado. O verdadeiro aprendizado advém da adversidade.

Segundo Crosby: "Quanto mais equipes forem estabelecidas a nível gerencial, mais pessoas chegarão à compreensão necessária para descomplicar a companhia. A melhor forma de treinar é jogar".

Por meio da educação é possível ajudar os empregados a terem uma linguagem comum da qualidade, porque cada um compreenderá o seu papel no processo de melhoria da qualidade, que terá como questionamento básico o seguinte:

- Quantos empregados foram instruídos?
- As equipes estão funcionando corretamente?
- Quais as histórias de sucesso que podemos partilhar?
- Quais os problemas que precisam ser resolvidos?

16.5 ELEMENTOS DA QUALIDADE

Padrão de Qualidade – O padrão de qualidade é estabelecido, normalmente, com base nos resultados obtidos pela pesquisa de mercado, com relação ao projeto, forma, material, durabilidade, custo e demais características do produto. A fim de atender ao uso que lhe é destinado, o padrão de qualidade é definido pelas especificações do projeto. Estas podem incluir materiais, componentes, ingredientes, processos de fabricação, ensaios (critérios de rejeição), uso do produto (métodos e limites), características do produto, desenhos, amostras.

Os organismos de padronização mais conceituados do nosso conhecimento são:

- International System Organization (ISO) – Um organismo internacional.
- American Standards Association (ASA) – Um organismo americano.
- Associação Brasileira de Normas Técnicas (ABNT) – Um organismo brasileiro.

Análise da Qualidade – A análise da qualidade objetiva verificar a conformação do produto, evidenciada pelo desenho, especificação, tolerância, confiabilidade e padrão.

Avaliação da Qualidade – A qualidade é avaliada pelo valor do serviço que um produto presta ao consumidor, usuário, paciente, colaborador, parceiro, funcionário, fornecedor, concorrente e agente do governo.

Características de Qualidade – A qualidade de um produto é representada por um conjunto de características que costumamos observar e sobre as quais estabelecemos julgamento. Característica é um atributo que distingue um produto de outro e que permite ao consumidor optar por um deles, de acordo com suas conveniências. Mas, surge a questão: Quais as características da qualidade são importantes?

Regularidade da Qualidade – Qualidade significa minimização da variabilidade de meios de fabricação. Um produto tem qualidade, quando atende às especificações preestabelecidas. Qualidade também é sinônimo de regularidade de processo de produção, de demanda e de preço.

Responsabilidade pela Qualidade – A responsabilidade pela qualidade não pode ser completamente centralizada num único órgão. Uma importante razão para isso é que os assuntos tecnológicos são mais suscetíveis à mensuração precisa do que a psicologia das pessoas. Mas, este fato não deve levar à ideia de que a qualidade é menos importante em outras áreas da organização. Um gerente de restaurante que instrui seu pessoal sobre as técnicas de atendimento está prestando um serviço de qualidade.

Especificações de Qualidade – Embora o conceito de especificação tenha sido abordado, definir qualidade em termos de especificações é o problema dos engenheiros. As especificações descrevem o produto em termos de sua utilidade, desempenho ou de seus atributos. Portanto, qualidade é o atendimento das especificações previstas e planejadas pelos técnicos da produção.

Um produto de qualidade é aquele que está em conformidade com as especificações. A não conformidade significa falta de qualidade. Para a completa especificação de qualidade, outros atributos ainda desempenham sua parte, por exemplo: a embalagem, o rótulo e as instruções de uso.

Nível de Qualidade – No nível de qualidade a produzir, a empresa deve estar atenta ao mercado que vai atuar (público-alvo) para saber se o produto deve ter um nível de qualidade que seja compatível com a renda do consumidor. O nível de qualidade no setor de serviços, ainda é pobre, devido ao fato de que em alguns lugares a demanda é muito maior do que a oferta. Tal situação inibe as reivindicações dos consumidores por mais qualidade.

Custo da Qualidade – A qualidade requer investimentos para ser alcançada e mantida. Esses investimentos compõem os custos da qualidade. O custo da qualidade se divide em:

- Custo do Não Cumprimento – São todas as despesas decorrentes de se fazer certo as coisas erradas o que inclui os esforços para corrigir os pedidos dos vendedores, os procedimentos de implementação das ordens de serviços, como também, para repetir a tarefa, pagar a garantia e outras alegações.

- Custo do Cumprimento – São despesas que precisam ser feitas, para que tudo saia nos conformes. Isso inclui treinamento, educação e recursos.

16.6 TIPOS DE QUALIDADE

Qualidade Total – Processo que envolve todas as pessoas da organização para assegurar que cada atribuição relacionada com a produção de bens e serviços tenha um mínimo de comprometimento para atender às necessidades da clientela. O foco da qualidade total está nas pessoas, cujo desempenho determina o alcance de altos padrões de desempenho.

A qualidade total baseia-se em administração participativa, ou seja, a empresa deve ser transparente, criando canais eficazes de comunicação em todos os seus níveis. Esta participação é conseguida mediante a motivação individual, lembrando que, assim como a qualidade, a motivação tem de nascer espontaneamente.

O treinamento pode servir de estímulo à participação, porém devemos tratá-lo com cuidado, de modo a atender as pessoas certas, nas necessidades e horas certas. Treinamentos maciços de nada servem, se o que for aprendido nunca for utilizado, no dia a dia. Qualidade total é a chave para se compreender a linguagem dos consumidores satisfeitos.

Qualidade Assegurada – Em qualidade, há evidências estatísticas, não palpites. Para deixar de lado a inspeção, será preciso confiar mais no Controle Estatístico de Processo. Isso esbarra em pelo menos dois obstáculos: o primeiro, é o despreparo da mão de obra para utilizar métodos estatísticos; o segundo, é o da qualidade das peças, componentes, matérias-primas, insumos e produtos semiacabados de fornecedores e parceiros. A qualidade assegurada é o sistema que estabelece e mantém o padrão especificado da qualidade do produto.

Qualidade do Produto – Os produtos têm má qualidade, porque o consumidor não reage, o governo não fiscaliza e os empresários se conformam com esse baixo patamar de exigências. O problema é que essa situação não prejudica apenas a modernização do mercado, mas também dificulta a ascensão a melhores padrões de qualidade.

A qualidade do produto pode ser definida como o grau até o qual um produto satisfaz os requisitos descritos na sua concepção a todos os clientes de um mercado específico. Pois a insatisfação entre os consumidores que não reclamam é uma ameaça a qualquer empresa, que ignora o que seu público-alvo pensa.

Por isso, é necessário que se façam pesquisas para medir a satisfação do mercado.

Qualidade do Serviço – Quanto mais tecnologicamente sofisticado for o produto, mais suas vendas dependem da qualidade dos serviços prestados. Presume-se que os artigos produzidos na fábrica são geralmente mais uniformes, em suas características de qualidade, do que os serviços executados no campo. Susceptível a fatores que envolvem desde a instabilidade econômica até a adoção equivocada de novas tecnologias, o setor de serviços peca, principalmente, pela ausência de uma mentalidade voltada para o bem-servir.

Uma vez que os serviços exigem, geralmente, qualidades de experiências e credenciais altas, os consumidores enfrentam maior risco em suas compras. Isto leva a várias consequências. Primeiro, os consumidores de serviços confiam mais na propaganda boca a boca. Segundo, dão mais valor na aparência do prestador do serviço do que na sua competência técnica. Terceiro, se tornam cliente cativos quando bem atendidos.

Qualidade Pessoal – A qualidade pessoal é a base de todas as outras qualidades. Você será um patrimônio para a sua organização, quando realizar produtos com qualidade, sendo eficiente, eficaz e efetivo. Aqueles que trabalham com você o respeitarão e é quase certo que será chamado a enfrentar novos desafios. Assim, é possível aumentar a sua autoestima e tornar-se um exemplo. Sua vida terá mais significado e propósito.

Qualidade Tecnológica – Para se ter uma qualidade tecnológica é preciso minimizar o desperdício, acabar com tempos mortos, diminuir os índices de sucata e refugos a um nível quase zero, não mais justificar as deficiências do planejamento estratégico, são, por exemplo, alguns pontos a serem considerados. Para a modernização da empresa, não basta só investimento em máquinas e equipamentos, é preciso saber gerir os recursos.

A nova visão estratégica está orientada para a qualidade tecnológica, que gera um diferencial competitivo de atuação. Mas, não custa lembrar que não adianta ter a mais avançada tecnologia do mundo, se seus recursos humanos ainda estão na idade da pedra.

Qualidade Industrial – Esta qualidade se traduz pela investigação das causas, efeitos e reações do mercado. É o estudo dos métodos e especificações de qualidade para a produção em níveis mais econômicos, que garantam a satisfação do público-alvo. Qualidade industrial é sinônimo de: limpeza, higiene, beleza, embalagem, etiquetagem, codificação, rotulagem, arranjo físico, racionalidade, por exemplo.

A qualidade industrial não é avaliada por quem faz o produto. Os produtos caros com características extras não são necessariamente de alta qualidade, e os bens ou serviços baratos não são necessariamente de baixa qualidade.

Qualidade do Sistema de Informações – A qualidade de um sistema de informações pode ser medida pelas seguintes propriedades: utilidade, necessidade, confiabilidade, oportunidade, facilidade de operação, aprendizado, ergonomia, portabilidade, dinâmica, flexibilidade, compatibilidade, rentabilidade, segurança, continuidade e robustez.

A primeira preocupação que se deve ter na construção de um sistema de informações é com relação às necessidades de cada usuário. Assim, o construtor se lança ao estudo dos fluxos de informação existentes na empresa e o propósito de cada um.

Qualidade do Projeto – A qualidade do projeto compreende as características que atendam às necessidades ou aos interesses da clientela. Quanto mais o projeto for capaz de cumprir a finalidade para a qual o consumidor pretende utilizá-lo, mais elevada é a sua qualidade, caracterizada por satisfação, competitividade e desempenho.

Qualidade de Conformidade – Após a concepção do produto e suas características finais especificadas, chega o momento da criação em conformidade com o que foi idealizado e planejado fazer. Assim, a qualidade de conformidade é o grau pelo qual todas as unidades produzidas atendem às especificações. O problema com a baixa conformidade é que o desempenho prometido do produto não será preenchido para muitos compradores e eles ficarão desapontados.

Uma das principais razões para a reputação da alta qualidade é que os produtos tenham um alto nível de conformidade. É bom lembrar que a qualidade de conformidade é um atributo do produto enquanto que a satisfação é um atributo do consumidor.

16.7 CONTROLE DE QUALIDADE

A mais importante função do controle de qualidade é manter fora do mercado produtos de padrão inferior. Uma outra função é medir o desempenho do pessoal, bem como avaliar e indicar desvios e deficiências, como, também indicar as técnicas de superação desses problemas. Muitas vezes, tais problemas provocam uma revisão das especificações de qualidade para atender a uma situação real da produção.

Para localizar desvios ou defeitos, detectar erros ou falhas no processo produtivo, o controle de qualidade compara o desempenho com o padrão estabelecido. Esta comparação pode ser feita de três maneiras:

Inspeção Total da Qualidade – Isso significa que a totalidade dos itens deve ser comparada com o padrão para verificar se há desvio ou variação, isto é, todo material deve ser inspecionado, bem como todo trabalho. Esta inspeção é imprescindível em determinados tipos de produtos de alto valor, onde a garantia é necessária, pois, em geral, se trata de produção sob encomenda. Porém, a inspeção total exige pessoal especializado, muitas paradas, que, consequentemente, acarreta um custo final elevado.

Inspeção por Amostragem – Esta inspeção não interfere no processo produtivo e não requer parada na produção. Se a amostra é aprovada, todo o lote será aprovado. Mas se for reprovado, todo o lote volta a ser inspecionado.

Inspeção Aleatória – É o controle probabilístico, que consiste em inspecionar apenas uma percentagem de produtos, tomados aleatoriamente.

O controle de qualidade trabalha com todos os departamentos (funções organizacionais) da empresa, pois controla: execução do projeto, recepção de materiais, processo de fabricação, produto acabado. A essência do controle de qualidade e a garantia de qualidade são incorporadas numa avaliação realística e complexa, da maneira como os produtos funcionam durante sua vida útil. Não tem sentido, por exemplo, observar o número de rotações de uma barra num motor, se todo o processo não for avaliado.

O controle de qualidade deve começar na recepção dos materiais, onde estabelecemos os seguintes itens de controle: nome do material, código, fornecedor, data de recepção, inspetor, unidade de medida do material, diferenças encontradas entre os valores comprados e os valores recebidos, cor, teste de laboratório, características dos defeitos e outros quesitos, função do material a ser inspecionado.

Controle estatístico da qualidade é o processo utilizado para determinar em produtos de uma amostra de inspeção, qual a probabilidade de que o universo alcance os padrões de qualidade, porque quando trabalhamos com estatística, temos dados de amostragem. Assim, para deixar de lado a inspeção unitária de cada produto precisamos confiar mais nos métodos estatísticos.

Sherwhrt desenvolveu o princípio: "O controle de qualidade deve ser, o quanto possível, exercido durante o processo de fabricação, a fim de prever e antecipar defeitos. Isto significa que para evitar defeitos imprevistos e garantir o nível de qualidade desejada, é necessário que se controle desde o inicio da fabricação até a utilização final do produto, pelo consumidor ou usuário".

Uma vantagem do controle estatístico da qualidade é que, quando uma variável começa a se descontrolar, ela é imediatamente ajustada ao padrão requerido. Este controle parece difícil a princípio, mas depois que o operador se familiariza com os gráficos, fica fácil. Estes gráficos nas telas dos monitores apresentam os limites superior e inferior da tolerância. Se uma medida apresentar um desvio, logo é notada.

16.8 PROGRAMA DE QUALIDADE

A participação eficaz das pessoas nos programas de melhoria da qualidade deve ser fruto de motivação. O sucesso desses programas depende de as pessoas serem criativas, tanto para identificar problemas como para sugerir alternativas de solução, o que por sua vez depende de um clima gerencial favorável.

Analisando empresas, nas quais os esforços e iniciativas de implantação de programas de qualidade termina em frustração, descobriram-se algumas causas básicas, tais como:

Moral Baixo dos Empregados – Muitas vezes, os empregados não gostavam de seus gerentes e, por vezes, até mesmo os odiavam. O sentimento dos empregados era o de não serem tratados como pessoas que merecessem confiança. Irrelevante buscar saber se os empregados tinham, ou não, razão. O fato a ser considerado é que o seu comportamento afetava seu desempenho.

Ineficácia da Venda da Ideia – Em muitas empresas os empregados foram pegos de surpresa através de cartas, memorandos, circulares, cartazes, folhetos, e-mails e reuniões para lhes explicar a finalidade "financeira" das técnicas de: Análise de Valor, Círculo de Controle de Qualidade, Campanha do Zero Defeito, Combate ao Desperdício e Guerra à Burocracia, por exemplo. O fator humano foi tristemente esquecido, deixando os empregados com a dúvida: O que é que eu tenho com tudo isso?

A venda da ideia das técnicas destinadas à melhoria da qualidade e produtividade deve levar em conta as motivações dos empregados e do comportamento decorrente. Deve ficar claro que a finalidade das novas técnicas não é a de reduzir custos, mas a de garantir a sobrevivência da empresa no seu mercado, e que isso é garantia de estabilidade para todos que colaborem com ela neste sentido.

Treinamento Inadequado das Coordenações – Embora aparentemente treinados para liderar equipes de trabalho, os coordenadores de grupo não são, em geral, preparados para ouvir. Ouvir é uma habilidade que exige não só treinamento formal, mas anos de experiência. Os coordenadores devem ser cuidadosamente treinados. Não basta lhes proporcionar cursos de relações humanas no trabalho, eles precisam ter certeza de que as informações que recebem estão em consonância com o comportamento das gerências superiores.

Ausência de Clima Gerencial – O fracasso desses programas em várias empresas é, muitas vezes, mais um fracasso numa longa cadeia de outras iniciativas, como: reengenharia, benchmarking, downsizing, meritocracia e outras invencionices. Nas empresas em que as gerências vêem somente técnicas de resolução de problemas de produção, o fator humano é novamente ignorado, os empregados são vistos apenas como instrumentos adicionais do processo e não como os principais responsáveis pela qualidade e segurança do mesmo.

Qualquer organização pode desenvolver qualidade, desde que busque com persistência a sua excelência, através do empenho de cada um. Saber, também, que a qualidade, assim como a própria empresa, não é estática e que atitudes preventivas, gerenciadas por sistemas, asseguram a redução dos desvios que, por sua vez, proporcionam redução dos custos, gerando maximização dos lucros.

A qualidade, enfocada no seu mais amplo sentido, requer que cada empregado tenha confiança em sua própria competência.

É necessário que os empregados sintam que a qualidade é meta prioritária da empresa e que vai ser levada a sério. É fundamental que todos saibam como a empresa encara as questões de qualidade, diante de usuários, consumidores, fornecedores e todos os que se relacionam com a organização. A atividade de treinamento passa a atuar junto aos dirigentes, buscando a performance de todos os processos produtivos.

Gerentes e supervisores devem divulgar os resultados obtidos e, primordialmente, obter o intercâmbio de experiências com empresas do mesmo setor. A duração de um programa de qualidade estende-se desde a fase de geração até a aceitação de todos os envolvidos. Esta aceitação manifesta-se pela motivação demonstrada e pelos resultados alcançados.

16.9 CÍRCULOS DE CONTROLE DE QUALIDADE

Os círculos de controle de qualidade (CCQ) são pequenos grupos de empregados que se encontram, voluntariamente, numa base regular, para trocar ideias numa tentativa de identificar, analisar e resolver problemas relacionados à qualidade.

Os grupos são, geralmente, compostos de no mínimo 6 e de no máximo 12 pessoas, que desempenham tarefas semelhantes. As conclusões a que tais grupos chegam são encaminhadas a quem de direito, na forma de sugestões. Dependendo da natureza e complexidade do assunto, a implementação poderá ser feita por terceiros, monitorados pelo CCQ.

Os CCQs trabalham sobre assuntos geralmente simples, tendo como premissas básicas:

- Um círculo de controle de qualidade é um pequeno grupo, de uma mesma área de trabalho.
- A formação dos círculos de controle de qualidade é espontânea e de iniciativa dos empregados.
- As reuniões são realizadas, preferencialmente, durante a jornada de trabalho.
- Os participantes dos CCQs são treinados previamente.
- Prioritariamente, os grupos dedicam-se a temas e problemas de suas próprias áreas.
- Um CCQ não tem poder decisório, limita-se a dar apoio, a quem compete decidir.

Para compreender o que vem a ser o movimento CCQ é preciso analisar algumas características que o diferencia de outros movimentos, como a qualidade de vida do empregado. Tais características são fundamentadas nas palavras: pessoa, grupo, voluntariado, autenticidade, envolvimento, participação, integração, inovação, criatividade, longa duração, visão estratégica.

Círculos de controle de qualidade são grupos de debates, que só acontecem numa administração participativa. Os progressos são viáveis, quando se trata de resgatar, na organização, o respeito pelo indivíduo. Um adepto do CCQ em sua forma ortodoxa costuma dizer que a grande lição foi a percepção, para os dirigentes, de que os subordinados têm criatividade e interesse em participar da formação de soluções.

A surpresa foi descobrir gente que está na fronteira do analfabetismo, buscando algumas saídas operacionais com muito mais facilidade que empregados altamente especializados. O CCQ está deixando de ser uma metodologia de uso quase exclusivo da indústria para fazer parte do dia a dia da empresa. As principais conquistas envolvem: a desburocratização, a digitalização de dados e o rodízio de cargos.

Os círculos de controle de qualidade podem ter um papel bastante significativo em qualquer organização, contribuindo para a produtividade, motivação e comunicação, por exemplo. Mas, também, podem ser motivo de conflitos, tensões e frustrações.

O CCQ foi criado no Japão no decorrer da década de 1950 por Kaoru Ishikawa e formalizado ao redor de 1962. De 1979 a 1983, o administrador que se prezasse teria de falar dos CCQs

Não resta a menor dúvida de que os CCQs podem ser um importante fator de desenvolvimento organizacional, mas as armadilhas existentes no caminho são muitas e o resultado final pode ser um grande fracasso, principalmente, porque se desconhece as dificuldades que, fatalmente, serão encontradas. O CCQ virou nome maldito, porque não funcionou em algumas empresas.

Os administradores tiveram pressa, depositaram todas as suas expectativas de melhoria de produtividade e qualidade num único programa. Eles ficaram ansiosos por resultados miraculosos e até mesmo se intimidaram com iniciativas de seus subordinados.

Mais grave, ainda, é que muitos desses administradores perceberam que a base do êxito do programa é a motivação do funcionário, requisito, invariavelmente, relacionado a salário, benefício, recompensa e oportunidade. A questão que surge é primária: Quem tem motivação para solucionar problemas, além da rotina de trabalho que já possui? Prejudicado em sua credibilidade por culpa de algumas experiências desastrosas, o CCQ continua provocando debates.

O CCQ é muito competitivo desde que implantado corretamente, isto é, de baixo para cima da estrutura organizacional e com apoio da alta administração. Curioso é o fato de que o CCQ não tem dado certo, quando as chefias são mal informadas e quando acham que estão perdendo a unidade de comando.

16.10 BENCHMARKING

A busca da excelência envolve uma investigação inicial para descobrir os nomes das empresas que são reconhecidas como sendo excelentes na área examinada. As organizações escolhidas para pesquisa e análise representam, tanto quanto possível, o "estado da arte" no que diz respeito a objetivos, estratégias, táticas, referenciais, medições, comparações, juízos, modelos, padrões, indicadores, índices, desempenhos e resultados.

As empresas que têm a filosofia da qualidade incutida na mente de seus funcionários fornecem, de certa forma, um racionalismo adequado para o uso do processo de implantação da qualidade, criando uma expectativa de resultados positivos. Mas, por que utilizar o benchmarking (plataforma de excelência)? Eis algumas razões:

- É uma ferramenta útil para coletar dados para o planejamento estratégico.
- Mede o cenário do mercado, prevendo potenciais de demanda.
- É uma fonte excelente de ideias sobre novos nichos de mercado, negócios, inovações, novos produtos, recursos avançados e melhores práticas.

Embora muitas empresas não almejem atingir níveis de excelência, elas utilizam essas informações para estabelecer metas a serem atingidas em qualidade e quantidade. Estas metas podem ajudar as organizações a acelerarem suas curvas de desempenho à medida que lutam pela melhoria contínua.

No passado, a prática das comparações empresariais era limitada a fatos que eram facilmente observados.

Entretanto, a experiência com projetos de benchmarking expandiu às áreas potenciais de investigação.

As pessoas frequentemente se surpreendem com a quantidade e a qualidade das informações disponíveis para aqueles que fazem um esforço sério para encontrá-las.

Benchmarking é um processo contínuo de longo prazo, sistemático, sistêmico, estruturado, analítico e organizado para avaliar e compreender as práticas de um negócio qualificado como melhor representante de seu segmento de atuação, setor da economia e linha de produtos, por exemplo, cuja finalidade é atingir um patamar de qualidade mundial.

A maioria das definições sobre benchmarking enfatiza o processo de trabalho e a otimização dos recursos. À primeira vista, para alguns, ele lembra as definições tradicionais dos diversos tipos de análise, como as de competitividade, de valor e de risco.

Alguns autores têm tentado isolar os elementos genéricos comuns que tipificam os processos de excelência. Infelizmente estes modelos variam muito no seu número de etapas. Michael J. Spendolini, em seu livro *Benchmarking,* mostra que o modelo de benchmarking que desenvolveu, função das experiências que teve, tem as seguintes etapas:

a. Determinar objetivos.
b. Formar um time.
c. Identificar problemas.
d. Coletar e analisar dados.
e. Desenvolver documentação.
f. Implementar mudança.
g. Estabelecer polos de decisão.
h. Buscar padrões de excelência.
i. Criar mecanismos de realimentação.
j. Utilizar diagramas de controle.

Isto é, nada que qualquer metodologia de projeto não diga.

Foi somente no final dos anos de 1980 que o benchmarking realmente tomou corpo. Até aquela época, havia poucos especialistas nesta prática. A ênfase em processos e comparações de resultados estimulou um interesse sem precedentes na questão do benchmarking.

Organizações sérias no uso das diretrizes da referida tendência e da inscrição para o prêmio tiveram de aprender do zero. O problema era que não havia muitas orientações, regras e modelos explícitos, ou mesmo especialistas para ajudar a entender e aplicar o benchmarking em suas empresas.

Um evento significativo ocorreu, em 1989. Robert Camp, especialista em logística e engenheiro da Xerox escreveu *Benchmarking: The Search for Industry Best Practives that Lead to Superior Performamance,* no qual ele descreve em detalhes seus sete anos de atividades dentro da empresa. O livro centraliza-se no processo que ajudou a criar, com exemplos na área de distribuição, o qual fornece ao leitor desempenhos esperados e resultados atingidos.

Esta obra foi o primeiro a detalhar a prática do benchmarking para o público de negócios, ajudando os gerentes a implementá-la em suas empresas.

Teste de Aferição de Conhecimento

01 – Qualidade é definida como:

a) Satisfação do mercado
b) Intolerância aos desvios
c) Produtividade
d) Padrão de excelência

02 – Qual a finalidade da qualidade?

a) Prestar bom serviço
b) Estar em conformidade com o que foi projetado para o produto
c) Reconhecer a importância do consumidor para um negócio
d) Beneficiar o vínculo comercial e funcional do projeto

03 – Para a implantação da qualidade numa organização é preciso desenvolver:

a) Uma consciência da qualidade
b) Uma cultura da qualidade
c) Uma filosofia da qualidade
d) Os recursos humanos

04 – O valor da qualidade data do:

a) Início do Século XX
b) Século XVIII
c) Século XXI
d) Depois da Segunda Guerra Mundial

05 – Faça a correspondência:

a) Defeito crítico.
b) Reparável
c) Defeito maior.
d) Corrigido
e) Defeito menor.
f) Irreparável

06 – Qual o foco da qualidade total?

a) Recursos
b) Pessoas

c) Tempo
d) Eficiência
e) Eficácia

07 – A qualidade assegurada é principalmente desenvolvida pelo:

a) Fornecedor de recursos
b) Fabricante
c) Consumidor
d) Intermediário

08 – Qual a mais importante função do controle de qualidade:

a) Manter fora do mercado produto sem qualidade
b) Manter fora do mercado produto de baixo padrão de qualidade
c) Manter fora do mercado produto de custo elevado
d) Manter fora do mercado produto de luxo

Capítulo 17
ESTRATÉGIA

"É comum se ouvir que o mais longo caminho começa com um primeiro passo.
Mas, em que direção e sentido?".
Russel L. Ackoff

OBJETIVOS DO CAPÍTULO

- Mostrar as diferenças entre tática e estratégia.
- Mostrar as mais importantes e relevantes estratégias.
- Mostrar que a visão estratégica é tão ou mais importante que a própria estratégia.

17.1 CONCEITO DE ESTRATÉGIA

A expressão estratégia do grego "strategos" (general) é de origem militar e significa a arte de conceber e organizar um plano de operações de guerra, estando ou não no teatro de operações. Como já abordado a estratégia é o caminho (meio) para uma organização, ou alguém, alcançar, preferencial e diferentemente, os objetivos e desafios em um ambiente mutável, cambiante, complexo e altamente competitivo. Imagine você, se é possível sobreviver sem uma estratégia sequer.

A noção de estratégia surgiu da atividade militar, que define estratégia como sendo a aplicação de forças em larga escala contra um inimigo. Trazendo este conceito para o mundo empresarial globalizado, podemos dizer que a estratégia é a mobilização de todos os recursos disponíveis para atingir objetivos no longo prazo.

Segundo Ansoff, "a estratégia é a postura que as organizações adotam para gerenciar o relacionamento entre elas e seus ambientes, produtos e mercados".

Desde a sua origem, há 500 a.C., aproximadamente, o conceito de estratégia sempre esteve associado à visão militar, pois era a arte do generalato. Entretanto, ela só passou a ser utilizada como arte de guerra após a Renascença. Ao longo dos anos, através de diversos estudos, foi-se criando uma arte de elaborar planos de guerra que passou a ser denominada de estratégia. Esses estudos, que passaram por Maquiavel, tiveram seu ápice no general Von Clausewitz.

Modernamente, a palavra estratégia passou ainda a estar associada a jogos, para designar alternativas que jogadores teriam em situações específicas. A utilização em Administração procurou trazer à estratégia uma perspectiva científica. Como foi, de início, associada à formulação de diretrizes, a estratégia recebeu toda ênfase racional e científica, principalmente, na segunda metade do Século XX.

O conceito de estratégia começou a ser usado em Administração na década de 1950, com o intuito de incutir nas empresas uma nova perspectiva de futuro, através do conhecimento de onde e como expandir sua atuação e melhorar seu desempenho. Surgiu, assim, a aplicação da ideia de estratégia, ainda que limitada ao negócio da empresa, mas implantando a visão de maior escopo e mais longo prazo através de métodos analíticos.

17.2 CONSIDERAÇÕES SOBRE ESTRATÉGIA

Estratagema – A palavra estratégia envolve certa conotação de astúcia, de tentativa de enganar ou superar, mas sempre do interesse do estrategista. Daí, surgir a palavra estratagema com o significado de ardil. A história da guerra está cheia de estratagemas famosos, como os tanques de papelão usados pelos aliados na Segunda Guerra Mundial. Este é um exemplo de estratagema para blefar o inimigo.

Estrutura e Estratégia – Desenvolver uma estrutura e uma estratégia, na organização, compatíveis com a conjuntura econômica sempre foi a maior preocupação dos administradores de empresa. Uma estrutura errada resulta fatalmente em um desempenho desastroso, gera conflitos e frustrações, focaliza questões irrelevantes e transforma coisas insignificantes em obstáculos.

Aprendemos que esquematizar uma estrutura de organização não é o primeiro passo, mas o último. O primeiro, é identificar e organizar os elementos fundamentais da organização, os recursos. Em sua obra clássica *Estratégia e Estrutura*, Alfred Chandler faz a conhecida afirmação: "A estrutura decorre da estratégia".

O pensamento organizacional moderno complementou e ampliou para: Dadas certas empresas, estratégias e recursos são impensadas estruturas condicionadas à estratégia. Mais importante, talvez hoje, em um número crescente de casos, é encarar que a estrutura é a própria estratégia.

Resultado – Se uma dada estratégia não contribui para resultados positivos, ela não quer dizer nada, não importando o quão brilhantemente tenha sido concebida ou eloquentemente apresentada. A estratégia deve nascer a partir do mercado e não da imaginação dos executivos da organização.

Uma estratégia grandiosa pode ser temerária, inspiradora, audaciosa, corajosa e, ainda assim, um fracasso completo, se não colocar as pessoas no lugar certo e na hora certa.

Pensamento Estratégico – O pensamento estratégico, provavelmente, representa toda a sustentação básica para o adequado resultado de uma empresa, porque nenhum planejamento estratégico dará certo se seus executivos não tiverem uma visão estratégica.

A base de sustentação do pensamento estratégico é o raciocínio lógico e uma visão aberta e abrangente da empresa e seu ambiente. Verifica-se também que este pensamento deve se iniciar a partir de um projeto estruturado.

Tática – A tática é a ação para corrigir desvios da estratégia implantada. Ela consiste na arte de dispor as tropas (recursos) no campo de batalha (mercado) e de movimentá-las para alcançar objetivos. A tática requer a capacidade de improvisação, mobilizando recursos disponíveis no nível gerencial.

17.3 ELEMENTOS DA ESTRATÉGIA

Objetivo da Estratégia – O principal objetivo da estratégia é, através de um conjunto de decisões, adequar recursos, estruturar a organização e agir para alcançar resultados positivos e permanentes, no longo prazo. Ao definir seus objetivos (metas) estratégicos, a organização declara quais e quantos resultados deseja alcançar.

Importância da Estratégia – A estratégia facilita a adaptação da empresa ao ambiente e modifica a estrutura organizacional, para obtenção de resultados positivos.

Característica da Estratégia – A principal característica da estratégia é que sua formulação não produz qualquer ação imediata na empresa.

Componentes da Estratégia – Os componentes da estratégia são: ambiente, estrutura e recurso.

Postura Estratégica – A postura estratégica se diferencia da visão estratégica, pois esta é uma espécie de consciência do que vem a ser estratégia. A postura estratégica é a atitude proativa para aceitar a administração estratégica como a melhor forma de resolver problemas empresariais. Ansoff, em *Implantando a Administração Estratégica,* diz que: "a postura estratégica é a associação das potencialidades dos recursos com a visão estratégica da empresa".

Enfoque da Estratégia – As estratégias podem ser formuladas para atender diversas necessidades, dependendo da situação. Assim, a estratégia pode enfocar a empresa como um todo ou apenas um determinado setor. Ainda é possível montar uma estratégia para desenvolver e treinar recursos humanos, por exemplo.

Resistência à Estratégia – A resistência a uma estratégia ou a implantação de uma nova estratégia advém do fato de que a convivência com a incerteza não possui congruência para decidir, aumentando o risco, empresários procuram segurança e regularidade.

Recursos Estratégicos – Como é cada vez mais comum que as limitações de recursos imponham restrições à empresa, deve-se, primeiro, determinar a disponibilidade de recursos e, depois, usá-los como guia (ou fator a ser considerado) da formulação de estratégias para produtos e mercados.

Desenvolvimento da Estratégia – Ação de longo prazo que visa uma mudança planejada com engajamento e adequação da cultura organizacional ao ambiente em que vive a organização (empresa).

Tempo na Estratégia – O tempo é um elemento que pode decidir sobre a aplicação de uma estratégia. A necessidade de resultados imediatos impede, em geral, uma decisão racional. Critérios de urgência e prioridade devem ser levados em conta, na construção de uma estratégia de qualidade.

Comportamento na Estratégia – A administração pode optar entre uma estratégia agressiva, na qual os pontos fortes previstos sejam usados como critérios de busca, ou uma estratégia defensiva, na qual a busca é direcionada para eliminar pontos fracos previstos. Também pode escolher ambas as estratégias.

Abrangência da Estratégia – A abrangência da estratégia de uma empresa estará em função do tamanho desta e da diversificação de seus produtos. Assim, podemos ter estratégias: institucionais (funções mercadológicas), gerenciais (funções organizacionais) e operacionais (funções administrativas).

Implementação da Estratégia – A estratégia será implementada com base na documentação estratégica (programa, plano, projeto).

Escolha da Estratégia – Acertar na escolha da (s) estratégia (s) a serem implementada (s) continua sendo um grande desafio para os executivos, sem falar do tempo necessário para o acerto, tanto que o conceito de tática requer a capacidade de improvisação frente às reações imprevistas, mobilizando os recursos disponíveis da organização.

A escolha da estratégia não é ditada nem por fórmulas mágicas e nem códigos morais. Entretanto, podemos identificar os fatores que são quase sempre importantes e relevantes, de maneira inteligente, tais como: natureza dos objetivos, situação atual, oportunidades de sucesso e custos.

Problemas de Estratégia – Dentre os muitos problemas de estratégia, o mais importante é sem dúvida a distância entre a estratégia e a operação. Atingir uma posição estratégica representa uma recompensa na linha evolutiva da organização, mas guarda em si uma armadilha: o risco de se desprender da operação e cair no isolamento. O preço deste distanciamento aparece na desmotivação dos funcionários, nas queixas de clientes, na relação com consumidores, na reputação da empresa, na cultura organizacional.

Questionamento da Estratégia – A turbulência ambiental passou a acontecer numa velocidade cada vez maior. Então, se fez necessário introduzir um questionamento contínuo das tendências referentes, principalmente, à tecnologia, economia, política e justiça social.

17.4 CLASSIFICAÇÃO DAS ESTRATÉGIAS

Estratégias Cooperativas – Aquelas voltadas para a sobrevivência, ajuste, cooptação, coalizão e manutenção da empresa.

Estratégias Competitivas – Aquelas voltadas para o desenvolvimento e crescimento da empresa. Nesta estratégia os ambientes são parcialmente controlados.

Estratégias de Gestão – Aquelas voltadas à gerência do negócio, tais como: planejamento estratégico, CRM (gerenciamento da relação com consumidores), benchmarking (plataforma de qualidade), terceirização e parceria, segmentação, missão e valores, customização em massa, seis sigma (desvio padrão), modelos de otimização, fidelização de clientes, downsizing (enxugamento).

Estratégias de Marketing – Aquelas voltadas para criar e manter consumidores satisfeitos. As estratégias de marketing a serem utilizadas dependerão dos seguintes fatores: Mercado de atuação; Produto ou linha de produtos a ofertar; Recursos disponíveis; Recursos necessários; Limitações governamentais; Preço de venda no mercado; Canais de distribuição; Custo do produto; Capacidade de produção; Custo da comunicação com consumidores; Sistemas de informação/comunicação; Qualidade nos serviços prestados.

Estratégias Organizacionais – Aquelas voltadas a dar suporte à organização no trato com o ambiente do qual ela faz parte, principalmente, no tocante a eficiência, eficácia, efetividade e produtividade.

Estratégias de Vendas – Aquelas voltadas a ajudar à Força de Vendas com recursos apropriados e ferramentas administrativas.

Estratégias de Serviço – Aquelas voltadas a enfatizar para os contratantes (consumidores e usuários) que os serviços prestados são de alto nível de qualidade técnica.

Estratégias Empresariais – Estratégias voltadas a ajudar a empresa no seu relacionamento com os mercados, consumidores, compradores, fornecedores, parceiros, funcionários e concorrentes.

Estratégias de Produto – Aquelas voltadas para posicionar e manter na cabeça dos consumidores a boa imagem do produto, além de ressaltar os valores agregados na sua aquisição.

Estratégias de Produção – Aquelas voltadas à melhoria contínua dos processos, atividades, procedimentos, operações e movimentos de fabricação.

Estratégias de Varejo – Aquelas voltadas a criar modelos de varejo que atendam os consumidores de forma otimizada.

Estratégias Financeiras – Aquelas voltadas a manter o máximo de liquidez da organização, bem como fazer as melhores aplicações e investimentos de saldos de caixa e reservas de lucro, objetivando a otimização de seus ativos.

17.5 FORMULAÇÃO DA ESTRATÉGIA

Como a formulação da estratégia empresarial é complexa, pois depende de fatores e condições que se alternam e se modificam incessantemente, algumas premissas:

- A estratégia evolui e muda com o tempo.
- As decisões estratégicas não são programadas e previstas com antecipação.
- Diferentes decisões estratégicas são difíceis de integrarem uma única estratégia explícita e compreensiva.
- O ambiente de formulação de estratégias é complexo demais.
- Cada escolha estratégica é feita em diferentes contextos, com informações novas e incertas.
- A formulação da estratégia precisa levar em conta a incerteza e o risco.
- A essência da estratégia é o seu relacionamento com o ambiente.
- A estratégia se torna desnecessária, quando a dinâmica histórica da organização a leva onde ela quer ir.
- A formulação da estratégia deve basear-se em informações bastante agregadas, incompletas e incertas.

Cada empresa formulará sua própria estratégia. Mas, é bom lembrar que é preciso responder a algumas questões:

- Qual é a atual estratégia da empresa?
- A empresa está tendo dificuldades na execução da estratégia atual?
- A estratégia utilizada exige maior competência e melhores recursos do que a empresa possui?
- Quais as possíveis alternativas que existem para a solução do problema da estratégia?
- Até que ponto as preferências da alta administração limitam as alternativas?
- Qual a alternativa que oferece a maior vantagem competitiva?
- Qual deve ser a nova estratégia?

As respostas a essas questões representam a essência da formulação e implantação de estratégias, que passam a ser ferramentas de gestão e de grande necessidade. A formulação de uma estratégia para ser implantada dependerá de que:

- Os recursos sejam suficientes para a nova estratégia.
- A estratégia seja redigida de forma clara e concisa.
- A empresa tenha uma visão estratégica em todos os níveis.
- A nova estratégia faça parte do orçamento da empresa.
- Estratégias setoriais sejam parte da estratégia global.

As estratégias podem vir de diferentes fontes e é aconselhável que as empresas estimulem seus executivos a pensar em todas as formas possíveis de alternativas estratégicas. Algumas estratégias podem parecer que partem logicamente e obviamente dos objetivos, mas outras podem ser verdadeiros "rasgos" de criatividade e de inovação.

Quando a lista de estratégias estiver preparada, ela deve ser avaliada para que se possa determinar qual das mesmas cumprirá melhor os objetivos. Também, deve determinar quais estratégias podem ser mais bem implementadas com os recursos e capacidades disponíveis.

17.6 DIRIGENTE ESTRATÉGICO

A habilidade estratégica de um dirigente acontece quando este percebe as tendências subjacentes que moldarão o futuro. Ele não tem qualquer capital emocional ou intelectual investido no passado ou no futuro. Portanto, o executivo estratégico não tem vínculo sentimental com "nossos mercados", "nossos produtos" e "nossos clientes", típico do executivo de marketing.

O dirigente estratégico difere do dirigente criativo em sua prontidão para reconhecer que o pensamento (ou ideia) de outra pessoa é legítimo e pode trazer uma contribuição importante para a empresa.

Um dirigente sempre se valerá de políticas, se as tiver à mão. Mas, aquele que só sabe administrar baseado em políticas não é intuitivo, inovador e criativo para desenvolver novas estratégias. É como o chefe que faz administração baseado no senso comum dos subordinados.

O dirigente estratégico de sucesso precisará ter uma visão holística do mercado em que atua para ser capaz de converter "insights" em modelos de negócio. Para tanto, terá de ser um bom comunicador, aceitar de bom grado a ambiguidade e estar pronto para abandonar a busca de respostas simples para problemas complexos.

Dirigir estrategicamente é saber pensar sobre o futuro. É, sobretudo, perder a crença no determinismo econômico, político, social e histórico; compreender a variação intensa do mundo contemporâneo.

Talvez a direção estratégica seja difícil de ser exercida, porque ela não é estruturada e muito menos metodológica. Ela sofre a influência direta do comportamento do executivo envolvido. Portanto, a direção estratégica quase se apresenta como o pêndulo de sucesso ou insucesso da empresa. Isto porque nenhuma ferramenta administrativa pode auxiliar em sua alavancagem qualitativa.

A visão estratégica da alta administração é tão importante quanto à própria estratégia. Atualmente, dirigentes enfrentam um mundo mais complexo, ambíguo e de mudanças extremamente velozes que desatualizam rapidamente conhecimentos, tecnologias e previsões.

A falta de visão estratégica (longo prazo) agrava negativamente os resultados da empresa. O dirigente que não tem este tipo de visão se valerá da sorte. Como dizia Aristóteles: "Sorte é quando a pessoa que está a seu lado é atingida por uma flecha".

A visão estratégica enfatiza o alcance de resultados através de um processo contínuo de antecipar mudanças futuras, tirando vantagens das oportunidades que vão surgindo e corrigindo cursos de ação no longo prazo. Daí, surgiu a necessidade de o empreendedor ter uma visão estratégica.

17.7 AVALIAÇÃO DA ESTRATÉGIA

A avaliação da estratégia somente é feita, depois da sua implementação no alcance dos objetivos e desafios propostos. Algumas empresas podem ficar tentadas em medir o sucesso de suas estratégias por meio de variações nos lucros operacionais de um ano para outro. Essa abordagem não é adequada, pois o lucro operacional pode aumentar, simplesmente, porque mercados inteiros estão se expandindo, e não porque a estratégia específica de uma empresa teve êxito. Além disso, mudanças no lucro operacional podem ser causadas por fatores além da estratégia.

Uma empresa é bem-sucedida na implementação de sua estratégia quando as quantidades dos componentes da diferenciação do produto, liderança em custos e crescimento no lucro, por exemplo, se alinham intimamente com a estratégia.

Existem critérios para avaliar a estratégia, tais como:

- Congruência (A estratégia deve ser congruente com aquilo que a empresa tem como missão).
- Cenário (A estratégia deve ser consistente com as condições ambientais existentes, atuais e futuras).
- Recurso (A estratégia empresarial deve ser construída com os recursos que a empresa dispõe ou pode obter).

A implementação das estratégias é complementada pela atividade de monitoramento, que consiste em acompanhar e avaliar a execução da estratégia, e se a mesma consegue atingir os objetivos propostos em sua construção. Para que esta avaliação tenha sucesso é preciso a participação dos: clientes, produtos, mercados e concorrentes, para se conhecer a evolução do faturamento.

17.8 ESTRATÉGIAS COMPETITIVAS

Estratégia de Competição – Estratégia em que a empresa procura lançar novos produtos e aumentar a participação no mercado. É a estratégia em que a empresa concorre com outras empresas. A competição envolve um complexo sistema de relações. Inclui a concorrência tanto na busca de recursos, como na busca de consumidores.

Segundo Chiavenato, a competição é uma estratégia pela qual o objetivo escolhido pela empresa é parcialmente controlado pelo ambiente de tarefa, que lhe tira boa parte de sua liberdade de ação ou de escolha.

Estratégia de Crescimento – É a estratégia em que a empresa procura lançar novos produtos e aumentar a participação no mercado. Os principais crescimentos são classificados em:

- Crescimento Intensivo (oportunidade de melhorar o desempenho dos negócios praticados na atualidade).
- Crescimento Integrado (as vendas e os lucros de um negócio podem crescer através da integração dentro de seu setor industrial).
- Crescimento Diversificado (boas oportunidades fora dos negócios atuais).

A empresa pode procurar novos produtos que tenham sinergias com suas linhas atuais de produtos, muito embora os produtos possam atrair um grupo diferente de consumidores.

Estratégia de Desenvolvimento – É a estratégia que combina recursos mercadológicos e recursos tecnológicos para diversificar seus investimentos e seus produtos.

Seu objetivo é aumentar o número de consumidores e maior participação no mercado, através das seguintes decisões: selecionar territórios; avaliar potencial da área escolhida; alocar e otimizar recursos próprios; listar compradores potenciais; ler e analisar relatórios setoriais; estimar demanda; aumentar a variedade da linha de produtos; aumentar o número de opções (tamanho, cor ...); encontrar diferentes utilidades para o produto; desenvolver um novo produto; tornar o produto não poluente; convencer consumidores a intensificarem o uso do produto; aumentar a participação no mercado; melhorar meios de comunicação com os consumidores; crescer seletivamente; corrigir pontos fracos; reforçar pontos fortes; enfatizar a qualidade.

Estratégia Defensiva – É a estratégia em que a empresa tem domínio definido em produtos e mercados e procura tornar-se cada vez mais eficiente para não perder tal domínio. É a estratégia idealizada para evitar a perda de mercados e de consumidores, através das seguintes decisões: melhorar a imagem da empresa; melhorar a qualidade do produto; melhorar a confiabilidade dos prazos de entrega; dar novo estilo à embalagem; melhorar o desempenho do produto; aumentar a durabilidade do produto; superar as falhas e reclamações; proteger posição, através de preços baixos e maiores investimentos em tecnologia; concentrar esforços e recursos para manter posição; reforçar áreas vulneráveis à concorrência; selecionar investimentos.

Estratégia de Ataque – É a estratégia militar aplicada no mercado que é considerado como um campo de batalha. Estratégia de ataque é idealizada para desenvolver negócios com novos consumidores e novos mercados, através das seguintes decisões: mudar a política de preços; usar novos canais de venda; encontrar novos mercados geográficos; entrar em novos mercados; pesquisar potenciais de mercado; mapear estruturas de poder; reconhecer os instrumentos de coerção, recompensa, prestígio e informação privilegiada; desafiar lideranças do mercado com concentração de investimentos.

Estratégia de ataque é adotada por empresas que, constantemente, buscam novas oportunidades de mercado e experimentam novos recursos, trabalhando com mudanças, incertezas e inovações, o que faz com que não haja qualidade suficiente para conseguir o máximo de rendimento em seus processos produtivos. As estratégias de ataque podem ser:

Ataque Frontal – É a estratégia de quem tem poder, porque compara seus produtos com a concorrência abertamente.

Ataque de Flanco – É a estratégia de atacar o lado fraco da concorrência. É a mais utilizada das estratégias ofensivas.

Cerco – É a estratégia de lançar uma grande ofensiva contra o inimigo em diversas frentes, forçando-o proteger a frente, os lados e a retaguarda ao mesmo tempo.

Ataque de Contorno – É a estratégia de dar ao inimigo um ponto de ataque falso (simulação) e atacar alvos mais fáceis, pela diversificação de produtos que não se relacionam. Ou, ainda, descobrindo novas áreas geográficas onde o inimigo não esteja representado.

Guerrilha – É a estratégia para provocar a concorrência com cortes seletivos de preços, tentar interromper suas linhas de suprimento, roubar seus principais empregados e criar surtos rápidos e fortes de promoção.

17.9 ESTRATÉGIAS DE MARKETING

A seguir, as principais Estratégias de Marketing:

Estratégia de Integração – É ação integrada e coordenada de todas as ferramentas e recursos de marketing a serem utilizadas para alcançar objetivos específicos de venda, dentro de prazos preestabelecidos. Os passos da ação são as táticas.

Os planos de marketing contêm: detalhes de operação, intervalos de tempo para os eventos e quem será responsável.

A decisão quanto ao preço de venda é estratégica, mas a decisão de diminuir ou aumentar o preço é uma tática.

Estratégia de Segmentação – Assunto abordado em segmentação.

Estratégia de Ingresso – É a estratégia para adentrar mercados amadurecidos. Nesta estratégia é preciso conhecer fornecedores fortes, concorrentes poderosos, associações patronais fechadas, distribuidores dominadores e grandes varejos. A aquisição de uma empresa é a forma mais fácil e rápida de ingressar em um novo mercado.

Estratégia de Posicionamento – É a estratégia voltada a incutir na mente do consumidor que o produto e a empresa são os melhores do mercado.

Estratégia de Participação de Mercado – É a estratégia, na qual a empresa procura apossar-se de uma parte maior do mercado, a fim de desencorajar os seus concorrentes, quanto às suas intenções de se expandirem, como também barrar suas entradas.

Estratégia Seguidora – É a estratégia de seguir a empresa líder do mercado. A razão é que a empresa consegue, ao mesmo tempo ter, uma referência do padrão a ser perseguido e uma experiência obtida nesta ação. Esta estratégia, porém, tem limites que são percebidos quando as empresas atingem um elevado nível de desenvolvimento e chegam ao topo do mercado.

Estratégia de Liderança – É a estratégia que leva a empresa a liderar as demais por sua participação no mercado. Na realidade é uma estratégia que resulta de muitas outras, que tornaram a empresa líder, em termos de mudança de preços, lançamentos de novos produtos, coberturas de distribuição e intensidade promocional. A empresa líder é desafiada, imitada ou evitada. A menos que uma empresa dominante desfrute de um monopólio, legalmente reconhecido, sua vida não é nada fácil.

Segundo Kotler, as empresas dominantes desejam permanecer no topo. Isto exige que a mesma expanda a demanda de seus produtos, proteja ou aumente a sua participação de mercado, sem alterar seu tamanho.

Estratégia de Nicho – É a estratégia da empresa, que não tendo recursos suficientes e necessários para conquistar e desenvolver um mercado de massa, concentra toda a sua força num pequeno segmento.

Estratégia de Penetração – É a estratégia que se refere aos investimentos que a empresa realiza em produtos existentes no mercado em que já atua. A estratégia de penetração pode ser rápida ou lenta:

A estratégia de penetração rápida consiste em lançar um novo produto a um preço baixo e com alto gasto em promoção. Ela é válida quando o mercado é amplo e não tem conhecimento do produto; a maioria dos compradores é sensível ao preço; há forte concorrência e o custo unitário do produto cai, em função da economia de escala e de métodos de redução de custos.

A estratégia de penetração lenta consiste em lançar um novo produto a preço baixo e com pouca promoção. O preço baixo encorajará a rápida aceitação do produto. Porém, esta estratégia faz sentido, quando o mercado é amplo e a empresa está plenamente consciente da posição do seu produto frente à concorrência.

Estratégia com Foco no Mercado – É a estratégia focada nas oportunidades de mercado ou nos segmentos deste. Esta estratégia concentra seus esforços em uma parte do mercado, sendo, em geral, sob o aspecto da especialização.

17.10 ESTRATÉGIAS DE PRODUÇÃO

A seguir as principais Estratégias de Produção:

Estratégia de Fabricação – A estratégia de fabricação se envolverá com, por exemplo, as seguintes questões: Como e onde o produto será feito? Qual o local de produção? Quais recursos são necessários? Qual a capacidade instalada necessária para que a empresa possa concorrer no mercado? Qual o grau de flexibilidade? Qual o nível de qualidade dos produtos? Qual o custo? Qual a capacidade de oferta? Qual a capacidade de armazenamento e de pronta entrega? Qual a posição do nível de produtividade com relação aos concorrentes? Qual a política industrial a ser conduzida?

Estratégia da Qualidade – A estratégia da qualidade está envolvida em como desenvolver e treinar recursos humanos, visando melhorar a qualidade das pessoas. Esta qualidade, e somente esta, irá fazer com que a empresa tenha qualidade nos seus produtos. A estratégia da qualidade deverá ser percebida pelos consumidores e refletida em todas as atividades da empresa.

Estratégia de Agregação – É a estratégia de produzir um único produto e oferecê-lo aos consumidores com um único plano de divulgação.

Estratégia de Tecnologia – É a estratégia voltada a desenvolver, usar e licenciar tecnologia de maneira efetiva. No âmago de uma estratégia de tecnologia está o tipo de vantagem competitiva que uma empresa está tentando alcançar, se comparada às probabilidades de sucesso. O desenvolvimento desta tecnologia estará sempre ligado a relação entre a transformação tecnológica e o benefício obtido.

A preocupação da estratégia tecnológica deve estar centrada em como otimizar o uso da tecnologia, a fim de que a empresa, num determinado momento, se torne bem-sucedida.

Estratégia de Redução de Custo – É a estratégia voltada a fornecer o maior valor possível aos consumidores a um custo mais baixo do que da concorrência. Adotando procedimentos de compras mais eficientes, reduzindo os custos de mão de obra e empregando equipamentos de produção mais modernos.

A empresa pode usar seus custos menores para fixar preço mais agressivamente e, assim, conquistar participação de mercado. Esta estratégia tem sido crítica para a invasão de produtos importados com preços de arrebentar a concorrência.

Estratégia de Diversificação de Produtos – A estratégia de diversificação refere-se ao lançamento de novos produtos em mercado em que a empresa atua, ou não. A estratégia de diversificação é aplicada quando os negócios existentes estão em fase de maturação ou declínio e não dão o retorno adequado aos investimentos aplicados.

Estratégia de Preço – É a estratégia voltada a comparar os preços dos produtos de uma empresa com os concorrentes.

Estratégia de Comunicação do Produto – É a estratégia voltada a desenvolver e aplicar os recursos eficazes de comunicar o produto por meio de: publicidade, promoção, propaganda, merchandising e outros meios de divulgação.

Estratégia do Composto do Produto – É a estratégia que busca a composição ótima do produto, por meio de possíveis combinações, para o lucro máximo e nível de qualidade aceitável pelo mercado. Dada a estratégia básica de composto de produto, deve-se ainda rever, periodicamente, se os itens de produtos e linhas específicas no composto, apresentam um bom equilíbrio em termos de crescimento de vendas futuras, estabilidade de vendas e lucratividade.

Estratégia de Lançamento de Novo Produto – A empresa deve decidir o local de lançamento. Poucas empresas têm confiança e recursos para fazer um lançamento global. Ao contrário, as empresas, em geral, desenvolvem um plano pulverizado ao longo do tempo. As pequenas empresas selecionam uma grande cidade, fazendo uma campanha de propaganda maciça. A maioria das empresas desenvolve seus novos produtos para atender seu mercado doméstico. Em havendo sucesso, alçam um vôo maior.

Estratégia de Retirada do Produto – É a estratégia utilizada quando não há crescimento sustentável para um produto no mercado. É ainda utilizada quando o empreendedor viabiliza dificuldade em retirar o capital investido e precisa vender, no momento certo, para minimizar o prejuízo.

Estratégia de Melhoria do Produto – É uma estratégia comprometida a acrescentar novas características (tamanhos, pesos, materiais, aditivos, acessórios) que expandem a versatilidade, segurança ou conveniência do produto. Uma estratégia de melhoria traz novas características que constroem uma imagem de empresa inovadora, conquistando, com isso, a lealdade de determinados públicos.

Estratégia de Concentração – Estratégia que dirige todos os esforços para um determinado segmento de mercado, abandonando todos os demais. Evidente que há um risco nisso tudo.

Estratégia de Diferenciação do Produto – É a estratégia que visa desenvolver um conjunto de diferenças significativas e valorizadas pelo cliente para distinguir seu produto dos demais concorrentes. É a estratégia que visa exercer influência direta sobre a demanda para que esta se incline a favor dos bens oferecidos pela empresa em detrimento dos produtos concorrentes.

Estratégia de Marca – É a estratégia voltada a manter a marca com uma boa imagem (posição) na cabeça dos consumidores. O conceito de posição na mente do consumidor é uma metáfora que veio da imagem da marca, porque resulta da comparação e avaliação das marcas concorrentes em um mesmo mercado. Na realidade a posição na cabeça do consumidor é um retrato da qualidade da marca.

17.11 ESTRATÉGIAS DE VENDAS

A seguir, as principais Estratégias de Vendas:

Estratégia da Força de Vendas – As empresas concorrem entre si, dispondo seus vendedores de forma estratégica para que cheguem aos clientes de maneira eficiente, eficaz e efetiva. Mas, não existe uma verdadeira estratégia, ou estratégias, para conduzir o trabalho dos vendedores, pois cada empresa é única, como também, cada vendedor.

Estratégia de Portfólio – Estratégia voltada a otimizar o portfólio da empresa. Os modelos de portfólio apresentam inúmeros benefícios, porque ajudam a pensar estrategicamente, a melhorar a qualidade da documentação, a melhorar os sistemas de informação e comunicação, a melhorar a gestão dos meios de comunicação e divulgação, por exemplo.

Estratégia de Parceria – É a estratégia que visa utilizar recursos de empresas chamadas de terceiro tipo, para enxugar custos e aumentar a produtividade. A terceirização tem se mostrado como uma estratégia para a busca da modernidade. Sem receio da perda do controle e do poder, a terceirização veio a ser viável como uma opção pragmática. A preocupação desta estratégia é com a qualidade.

Estratégia de Concorrência – Estratégia em que a empresa concorre com outras empresas. A concorrência é acompanhada, ou mediada, por um terceiro grupo que propõe acordos e contratos. Nesta estratégia o ambiente é parcialmente controlado. Talvez seja, por essa razão, que a ideia de estratégia é mais claramente percebida, tendo em vista a concorrência e a competição, num contexto de grande risco e constante ebulição.

Teste de Aferição de Conhecimento

01 – Quando o conceito de estratégia começou a ser utilizado em Administração?

a) Antiguidade
b) Idade Média
c) Século XX

02 – A tática se diferencia da estratégia, principalmente, pelo:

a) Longo prazo
b) Curto prazo
c) É tudo a mesma coisa

03 – Por que é difícil formular uma estratégia?

a) Turbulência ambiental
b) O nível de incerteza é muito alto
c) As informações são incompletas e dúbias
d) Falta de alternativas

04 – Visão estratégica é o mesmo que:

a) Leitura do cenário
b) Previsão do que vai acontecer no futuro
c) Visão de longo prazo

05 – Qual o enfoque da administração estratégica?

a) Total
b) Sistêmico
c) Ambiental
d) Administrativo

06 – Coloque em ordem cronológica as seguintes fases do planejamento:

a) Planejamento estratégico
b) Administração estratégica
c) Planejamento tradicional

07 – O cerco é uma estratégia de ataque que:

a) Provoca cortes seletivos nos preços
b) Ataca o lado fraco do concorrente
c) Ataca o inimigo em diversas frentes

08 – Faça a correspondência:

a) Nível institucional
b) Produtividade
c) Nível Intermediário
d) Ambientes e mercados
e) Nível operacional
f) Gestão de recursos

Capítulo 18
TECNOLOGIA e INOVAÇÃO

"Nada é mais difícil de realizar-se do que iniciar a introdução de uma nova ordem de coisas, pois a inovação tem como inimigos, todos aqueles que prosperam sob antigas condições".
Maquiavel

OBJETIVOS DO CAPÍTULO

- Mostrar que o desenvolvimento tecnológico tem dado a sociedade novos materiais e processos, bem como provocado mudanças de comportamento.
- Mostrar ao leitor que o imperativo tecnológico é cada vez mais presente em nossas vidas.
- Mostrar que toda e qualquer organização utilizará uma tecnologia adaptada às suas necessidades e recursos.
- Mostrar que o conhecimento da tecnologia digital da informação passou a ter um valor estratégico.

18.1 CONCEITO DE TECNOLOGIA

Tecnologia é o conjunto de conhecimentos, técnicas, ferramentas e atividades utilizadas para transformar os recursos organizacionais em produtos (resultados). Em resumo, pode-se dizer que a tecnologia tem a propriedade de determinar a natureza da estrutura e do comportamento organizacional das empresas.

Dentre a enorme variedade de coações e contingências que o ambiente impõe à empresa, a tecnologia aparece como a variável crucial, principalmente, quando inovações tecnológicas concorrentes fazem com que a empresa tenha de se adaptar à "nova onda".

Todas as organizações utilizam alguma forma de tecnologia para executar suas operações e tarefas. A tecnologia adotada poderá ser tanto tosca e rudimentar como sofisticada. Porém, todas as organizações dependem de um tipo de tecnologia, isto é, de uma matriz de tecnologia para alcançar seus objetivos.

A tecnologia não somente permeia toda atividade empresarial, como participa das atividades humanas, qualquer que seja o setor de atuação. O processador de texto destronou a máquina de escrever. O CD fez do disco de vinil uma relíquia. O DVD já tornou o videocassete uma peça do passado.

A História está repleta de exemplos de como uma nova tecnologia, ou um novo modelo de negócio, é capaz de, num curtíssimo espaço de tempo, pôr em xeque reputações, destronar empresas estabelecidas e impor um novo paradigma ao mercado.

Alguns autores observam que a tecnologia pode, ou não, estar incorporada ao produto. Estes autores, na realidade, se referem a um determinado processo tecnológico que, agregado à fabricação de um bem, é incorporado ao composto mercadológico do produto, aumentando o seu custo.

18.2 INFLUÊNCIA DA TECNOLOGIA

Você imagina quantas indústrias são acionadas toda vez que se abre uma torneira de água? E, ao tomar o café da manhã, você calcula o vasto universo de máquinas que está por trás dos alimentos e utensílios que vão para a mesa?

Alguns cientistas argumentam que a maioria das mudanças da História se deu em função da tecnologia. Os séculos são marcados por invenções, tais como: roda, foice, roldana, alavanca, martelo, espada, bússola, luneta, caldeira, motor, aço, telefone, computador.

Nas últimas décadas aconteceram avanços notáveis na disponibilidade de informações, na velocidade das comunicações, nos novos materiais, na biotecnologia e nas maravilhas da eletrônica.

Seja de que classe for, qualquer pessoa atestará a expansão interminável de novos produtos.

A influência da tecnologia sobre a organização e seus participantes é muito grande. O uso racional da tecnologia passou a ser sinônimo de produzir com eficiência, para atingir a eficácia mais rapidamente. Assim, a produção deve organizar-se segundo o avanço da tecnologia.

A tecnologia dita os requisitos para a maioria da interação humana nas organizações. A montagem de um desenho de produção determina quem irá trabalhar perto de quem.

O fluxo de trabalho determina quem necessita falar com quem. E, uma vez que a interação e a atividade afetam os sentimentos, a tecnologia determina, indiretamente, o que os pares de indivíduos e os grupos sentirão e pensarão acerca uns dos outros e de sua situação de trabalho.

O estudo, por parte de Leonard Sayles, de mais de 300 grupos de trabalho, na indústria, mostrou que a tecnologia influenciava fortemente seus padrões de formação e de comportamento, bem como as necessidades inerentes a cada atividade e suas interações com outros grupos da empresa. Incrementar tecnologia é não só desejável como fundamental.

Acontece que tecnologia é apenas um dos recursos com que contam os empreendedores. Gerenciá-la de forma produtiva, competitiva e lucrativa requer percepção correta do equilíbrio necessário entre os recursos disponíveis e os recursos necessários. Sempre existe um recurso que é mais barato do que os demais. A sensibilidade do gerente está em detectar qual é a vantagem de um sobre os outros.

Quando se parte para o uso de tecnologia bastante avançada é bom ter sempre as seguintes questões: A manutenção é fácil e barata? O usuário aprende rápido sobre sua utilização? As peças de reposição são de fácil aquisição? O sistema instalado é seguro e durável? A sofisticação tecnológica se justifica, em função do custo?

O impacto da tecnologia costumava estar limitado à melhoria dos produtos e dos processos de produção. Hoje, este modelo está sendo questionado. As tecnologias proporcionam novos modos de integrar todos os elementos do processo mercadológico, com custos mais baixos.

As tecnologias estão redefinindo as fronteiras entre setores, historicamente, independentes, incluindo a própria administração. O papel das tecnologias não se limita às necessidades de alto valor agregado, mas a todo um contexto de valores organizacionais.

18.3 IMPERATIVO TECNOLÓGICO

Desde a pedra lascada e da primeira utilização do fogo o mundo viveu a reboque da tecnologia. No Século XX, foi uma enxurrada de inovações eletroeletrônicas. É bom lembrar que foi através da tecnologia que se iniciou o verdadeiro socialismo, porque qualquer um tem acesso à televisão e à biblioteca universal. Ontem mesmo, a tecnologia criou o telefone celular, que imediatamente chegou ao proletariado de todo o mundo. Pelo menos esta igualdade está garantida.

Pesquisas indicam que a tecnologia influencia a estrutura e o comportamento organizacionais, como foi visto anteriormente. Também pode mudar o estilo de administração. Em outros termos, existe um "imperativo tecnológico" que impõe condições ao desenvolvimento empresarial. Assim, existe um senso comum de que a empresa, para ter sucesso, precisa se ajustar a mais recente inovação tecnológica.

Especificamente, a tecnologia molda os tipos de emprego que estão disponíveis e as consequentes oportunidades de satisfação no trabalho para os funcionários. Influi nos padrões de comportamento de grupo que se desenvolvem e influi nos tipos de prática administrativa que melhor se aplicam a cada situação particular.

O entendimento dos efeitos e implicações da tecnologia é tão crítico para a competência da gerência, como o é a compreensão da motivação e da dinâmica de grupo.

Louis Davis, pesquisador e escritor, aborda o tema da criação de empregos, sugerindo que, na maioria do pensamento administrativo, a tecnologia é o único fator considerado. Como ele diz: "Se examinarmos o modo como a tecnologia é traduzida em termos de requisitos para criação de empregos, veremos uma aceitação generalizada da noção do imperativo tecnológico por parte da maioria dos dirigentes".

A dependência da tecnologia está afetando a mentalidade das pessoas. Não muito tempo atrás, era normal dirigir por duas ou três horas e não falar com ninguém. Mas, com o telefone celular, as pessoas passaram a sentir a necessidade de se comunicar a todo instante. Não fazer ou receber ligações às deixam em pânico, como se estivessem perdendo alguma coisa.

O vício de receber informações acabou com os momentos de distração e reflexão. Hoje, todos estão conectados a algum lugar. Todos acabam sendo alimentados com as mesmas fontes.

Assim, fica muito difícil aparecer alguém que veja o mundo de forma diferente da de seus colegas, que pense em soluções nas quais ninguém pensou antes. Nosso desafio é encontrar tempo para ler o que os outros não estão lendo e trazer algo realmente novo.

À medida que a empresa incorpora uma tecnologia de ponta, por exemplo, pode acabar se afastando de seus consumidores cativos.

Na busca pela excelência uma organização pode se isolar no topo do mercado, correndo o risco de perder clientela, caso aconteça uma derrocada geral das economias mundiais, uma crise de um bloco econômico ou uma guerra regional.

A sociedade da Era da Informação está viciada em tecnologia (inventada por poucos) e o custo disso pode ser o fim da criatividade (para muitos). As novas tecnologias têm alterado a "balança de poder" na empresa e esta em relação ao mercado.

18.4 TECNOLOGIA NA ORGANIZAÇÃO

Desde que o homem confeccionou as primeiras ferramentas e armas que lhe possibilitaram controlar a natureza, para sua sobrevivência e proteção, até os dias atuais, os desenvolvimentos da tecnologia e da sociedade moderna são duas faces de uma mesma moeda. De base intuitiva, o progresso técnico avançou para crescente incorporação do empírico e do científico.

Na organização moderna, a gerência da tecnologia passou a ser um fator crítico na consecução das atividades empresariais.

A própria manutenção da organização repousa na sua capacidade de fazer escolhas de tecnologia adequadas às atividades que desenvolve, isto é, de tecnologias que assegurem a produção de bens e serviços de qualidade igual, ou melhor, do que a concorrência.

A mudança tecnológica é um desafio para as empresas. Impõe-se a necessidade crescente de atualização, se não para manter uma posição de vanguarda, pelo menos para acompanhar de perto as transformações.

A tecnologia cria incentivos em todos os tipos de empresa, para levar os gerentes a melhorarem cada vez mais a eficácia, mas sempre dentro dos limites do critério normativo de produzir eficiência.

É quase imensurável o número de máquinas, equipamentos e peças que formam a invisível rede de fabricação dos bens de consumo. Mas costuma-se estimar que pelo menos 90%, do dia a dia da vida moderna, estão ligados à tecnologia. E tudo leva a crer que esta situação irá aumentar gradativamente.

Porém, uma coisa é certa: Toda empresa para progredir utilizará os avanços da tecnologia. Mas, a maior parte das empresas não avança tecnologicamente, porque exige longos prazos de maturação de projetos, inversões de capital, desenvolvimento de pessoas, produtos e processos.

Não se pode deixar de considerar as políticas de governo e toda gama de incertezas.

A empresa que não investir em tecnologia não melhorará sua produtividade e qualidade, correndo risco de perder mercado. Pesquisa & Desenvolvimento passaram a ser uma preocupação básica da empresa atual. Para tal, precisa de uma política de produção vinculada a uma política tecnológica. Do ponto de vista governamental, não é tarefa de um ministério apenas.

A tecnologia determina o nível e o tipo de formação profissional, as habilidades manuais e intelectuais, as capacitações, as aptidões e características de personalidade que as pessoas devem possuir, para poderem ser recrutadas, selecionadas e admitidas na empresa. Nem todas as empresas contam com pessoal categorizado para desenvolver programa de capacitação tecnológica.

No centro de toda organização estão suas atividades e suas tecnologias. A atividade pode ser qualquer uma. Mas, uma vez que a organização se comprometa com a execução de uma atividade, utilizará uma dada tecnologia. Não tem sido tradicionalmente apreciado ou compreendido adequadamente que a tecnologia traz consequências para o ser humano. Muitas dessas consequências têm sido desastrosas.

Muitas vezes somos levados e atuar como extensão da máquina, não avaliando os efeitos de tal ato.

Existem pelo menos alguns indícios sustentando a hipótese de que os funcionários que trabalham com processos de produção em massa tendem a ter menos satisfação dos que trabalham com sistemas de produção artesanal. Os deveres mais restritos dos trabalhadores nos processos de produção em massa pesam mais em comparação com o sentimento de realização, mais provável de ser experimentado pelos trabalhadores artesanais.

Através do posicionamento das pessoas no sistema de trabalho, a tecnologia não só determina as necessidades inerentes a cada atividade, como influencia suas interações. Também confronta cada grupo com condições e problemas de trabalho, fornecendo-lhe também um poder de negociação maior ou menor.

No entanto, do mesmo modo que uma atividade e sua tecnologia podem causar problemas nos grupos, também podem promover o trabalho em equipe com eficiência, eficácia, produtividade e sentimento de participação, bem como de realização.

Em geral, a luta do ser humano contra a evolução exponencial da tecnologia acaba alavancando sua própria criatividade.

18.5 CLASSIFICAÇÃO DA TECNOLOGIA

Thompson foi um autor a preocupar-se com a tipologia da tecnologia, porque queria compreender as ações de empresas complexas. Na tentativa de desenvolver tal estudo, ele observou ser preciso considerar as variáveis: estrutura, produto, operação, segurança e ambiente.

A seguir, uma classificação da tecnologia:

A) Tecnologia em Função da Estrutura:

Tecnologia Sequencial – É a tecnologia baseada na interdependência serial das tarefas necessárias para completar um produto. É o caso da linha de montagem, típica da produção de massa. Esta tecnologia aproxima-se da perfeição quando a empresa produz um único tipo de produto, repetitivamente, durante um longo período de tempo e a uma taxa de ritmo constante de produção.

Um único tipo de produto significa a necessidade de uma única tecnologia e, portanto, de critérios definidos para escolha de máquinas e ferramentas. A repetição dos processos produtivos proporciona: experiência como meio de eliminar as imperfeições na tecnologia, movimentação de pessoal, redução de erros e perdas.

Tecnologia Mediadora – É a tecnologia utilizada por empresas cuja função básica reside na ligação de clientes que são ou desejam ser interdependentes ou interrelacionados. É o caso de bancos, seguradoras, agências de propaganda, companhias telefônicas e agências de recrutamento e seleção de pessoas. A complexidade desta tecnologia se prende ao fato de que considera as diferentes modalidades de padronização.

Tecnologia Intensiva – É a tecnologia que representa a focalização e convergência de uma ampla variedade de habilidades e especializações da empresa sobre um único cliente. A empresa emprega uma variedade heterogênea de técnicas, para conseguir uma modificação em algum objeto específico. A seleção, a combinação e a ordem de aplicação dessas técnicas são determinadas pela realimentação (feedback) fornecida pelo próprio objeto.

A tecnologia intensiva requer a aplicação de parte, ou de toda a disponibilidade, das aptidões potencialmente necessárias, dependendo da correta combinação, conforme sejam exigidas pelo projeto.

B) Tecnologia em Função do Produto:

Tecnologia Flexível – Tecnologia, cujos recursos, como máquinas, equipamentos, instalações, matérias-primas, conhecimentos técnicos, são utilizados para produzir bens e serviços.

Tecnologia Fixa – Tecnologia que não permite sua utilização em outros produtos.

Tecnologia Fixa e Produto Concreto – Tecnologia, cuja possibilidade de mudança é muito pequena e difícil. Toda a tecnologia é empregada na fabricação e distribuição do produto.

Tecnologia Fixa e Produto Abstrato – Tecnologia que, embora seja fixa, a empresa procura obter suporte do ambiente.

Tecnologia Flexível e Produto Concreto – Tecnologia que incentiva a pesquisa e desenvolvimento de novos produtos.

Tecnologia Flexível e Produto Abstrato – Tecnologia cuja estratégia é da adaptabilidade ao ambiente, através da interação com os consumidores e fornecedores.

C) Tecnologia em Função da Operação:

Tecnologia de Produção Unitária (Oficina) – Nesta tecnologia a produção é feita por unidades (cada produto no seu tempo), sendo modificado à medida que o trabalho é realizado. O processo produtivo é menos padronizado e menos automatizado.

Tecnologia de Produção em Massa – A produção é feita em lotes de grande quantidade. É o caso da produção que requer máquinas operadas pelo homem e linhas de produção, ou de montagens, padronizadas, como as empresas maquiladoras (montadoras).

Tecnologia de Produção em Processo Contínuo – Também conhecida como Produção Automatizada. A produção é feita por especialistas, monitorados por computadores.

D) Tecnologia em Função da Segurança:

O homem está confiando às máquinas a tarefa de vigiar e controlar as ações de outros seres humanos. A segurança, hoje, está atrelada mais à inteligência do que à força. A combinação dos recursos tecnológicos não está apenas aumentando a eficiência, mas transformando o conceito de segurança que é hoje um mercado em crescimento.

E) Tecnologia em Função do Ambiente:

Uma tecnologia, em função do ambiente, deve ser julgada apropriada (ou não) em relação aos objetivos de um desenvolvimento ambiental sustentado, no longo prazo. É a tecnologia bem adaptada ao ambiente social e cultural que usa recursos renováveis, em vez de não renováveis, produzindo o mínimo de danos ao ecossistema. Estão sendo desenvolvidos materiais não poluentes.

A biotecnologia abre a possibilidade de controlar as pragas e ervas daninhas, que reduzem a produção agrícola, sem o uso de pesticidas, que fazem mais mal ao ser humano do que ao inseto.

F) Tecnologia em Função do Processo:

Tecnologia de Capital Intensivo – Tecnologia baseada no uso intensivo da automação.

Tecnologia de Mão de Obra Intensiva – Tecnologia baseada no uso intensivo das habilidades artesanais das pessoas.

18.6 TECNOLOGIA DA INFORMAÇÃO

Recentes desenvolvimentos na tecnologia de sistemas de informação oferecem a possibilidade de revolucionar a aquisição através de alterações nos procedimentos de pedidos e de facilidades para a obtenção de elos com fornecedores. A gerência de recursos humanos conta com pesquisa de motivação e com tecnologias para o treinamento.

A infraestrutura da empresa envolve uma grande variedade de tecnologias que vão desde arranjo físico até planejamento estratégico. A tecnologia de sistemas de informação tem um importante papel na coordenação e otimização dos recursos.

A tecnologia da informação é uma tecnologia aplicada ao sistema de informação para facilitar o processamento, o armazenamento, o registro, o transporte e a recuperação de dados. O termo tecnologia da informação, de sentido ainda mais amplo do que Informática, seria o conjunto de técnicas de processamento rápido de grande volume de dados sintetizados no computador de alta velocidade, visando o processo decisório. Dentre as tecnologias, a que mais avançou, nos últimos anos, foi a tecnologia da informação.

As transformações que esta tecnologia trouxe são muitas, tais como:

- Comprimiu o espaço de trabalho (miniaturização e portabilidade) e introduziu o conceito de espaço virtual.
- Minimizou a papelada pela utilização de meios densos (discos, disquetes e fitas).
- Integrou microcomputadores, através de redes e enxugou os centros de processamento de dados.
- Reduziu a necessidade de recursos físicos, fazendo com que o custo fixo diminuísse.
- Agilizou as comunicações, tornando-as móveis, rápidas, flexíveis, diretas, em tempo real.
- Permitiu maior dedicação ao consumidor e integrou os vários e diferentes processos na organização.
- Ampliou a conectividade entre pessoas e grupos de trabalho, embora separado fisicamente.
- Compartilhou a informação, o conhecimento e o comércio.
- Difundiu o conhecimento através da informação fácil e barata.
- Facilitou a reengenharia dos sistemas, bem como rever estratégias com maior velocidade.
- Passou a ser um fator de competitividade diante da concorrência.

A tecnologia da informação é considerada uma ferramenta estratégica que auxilia a empresa a aumentar o rendimento de seus recursos, ajudando a mudar, rapidamente, objetivos, metas e desafios dos negócios de qualquer empresa. A dinâmica das tecnologias da informação tem criado oportunidades únicas, para as empresas implantarem estratégias de crescimento e competitividades sustentáveis.

Além do mais, não podemos mais negar que a tecnologia da informação se constitui no insumo mais importante da estratégia empresarial. A revolução da tecnologia da informação está delegando autoridade às massas pela democratização da informação. Está introduzindo uma nova ordem: a economia de rede, possibilitada pelo advento da Internet.

A tecnologia da informação também fornece controle do custo indireto e da carteira de pedidos, por exemplo. Não é de se admirar que os primeiros esforços para aplicar a tecnologia da informação foram em organizações de varejo.

Usando recursos da tecnologia, os vendedores são capazes de analisar históricos de venda, de forma muita mais rápida do que no passado. Duas questões são de importância crucial para considerar a utilização da tecnologia da informação: Decidir como a automação se adapta às necessidades de uma determinada empresa; aplicar essa tecnologia envolve bem mais do que dar recursos.

O papel da tecnologia da informação (TI) é mais operacional, uma vez que envolve menos pessoas no processo da informação estratégica, à medida que as empresas desenvolvem soluções de rede para partilhar soluções de problemas corporativos.

18.7 TECNOLOGIA DIGITAL

Um sistema de tecnologia digital transformará os negócios, porque afetará pessoas, processos produtivos e relações entre clientes e parceiros. A essência da tecnologia digital está na conectividade dos sistemas de: conhecimento, operação, produção, comércio, governo. Pode libertar as pessoas, que trabalham com ela, de processos lentos e inflexíveis que usam papel.

As ferramentas eletrônicas têm três objetivos: usar software para cuidar de tarefas rotineiras, eliminando desperdícios de tempo e de energia; liberar as pessoas para trabalhos mais complexos; cuidar dos desvios. Bill Gates alerta: "Um usuário deve poder entrar e sair de uma ferramenta eletrônica administrativa no máximo em três minutos". Essa regra garante a automatização de um processo com uma ferramenta não complicada.

O bom gerenciamento do conhecimento é uma maneira importante de melhorar a eficiência como um todo. Quando uma empresa elimina gargalos e tarefas administrativas rotineiras que absorvem tempo, faz com que os funcionários acreditem que seu tempo é importante e deve ser utilizado de maneira rentável. O tempo gasto em lidar com papel deve ser dedicado ao consumidor.

Um sistema que utiliza tecnologia digital tem as seguintes características:

- Amplia a capacidade analítica do indivíduo.
- Combina a capacidade dos indivíduos para criar uma inteligência unificada.
- Aumenta a velocidade de comunicação da empresa com o ambiente.
- Muda a visão dos intermediários, que passaram a agregar valor aos bens e serviços.
- Acelera o desenvolvimento do marketing direto (on-line, de resposta, personalizado).
- Facilita o desenvolvimento de equipamentos cada vez menores.
- Ajuda a pesquisar sobre produtos, mercados, consumidores, preços, concorrentes e recursos.

A tecnologia digital da informação não surgiu por acaso, mas sim fruto de uma série de invenções, estudos e teorias que aconteceram no passado. Cada momento da história das tecnologias tem uma imagem, uma espécie de ícone padrão que ultrapassa sempre seu poder de ilustração, para se transformar em símbolo de trabalho.

A história do mundo é a história da tecnologia e da informação. Ambas são o centro da organização social e de todas as estruturas ideológicas, políticas, econômicas e administrativas. Não há movimento humano sem tecnologia e informação.

Apesar das inúmeras vantagens apresentadas pela tecnologia digital da informação, a produtividade aumentou muito pouco em relação ao investimento realizado. Apenas os setores de varejo, atacado, mercado financeiro, telecomunicações, computadores, semicondutores e segurança, num universo de sessenta setores, tiveram um grande impacto na produtividade.

18.8 GERÊNCIA DA TECNOLOGIA

É evidente que as pessoas dentro das empresas não são meros recursos passivos e estáticos frente às tecnologias utilizadas, pelo contrário. Mas, é a tecnologia quem determina as características humanas das pessoas que devem ingressar e permanecer na empresa. Por outro lado, são as pessoas que modificam e criam tecnologia.

Está bem claro que são os administradores que têm de encarar alguns problemas distintos, para cada tecnologia. Na realidade o problema maior está na previsão do que pode acontecer com uma mudança tecnológica. Sem pretender fazer uma lista exaustiva relacionada à gerência da tecnologia, é possível apresentar algumas atividades que são básicas neste tipo de gerência, tais como:

Compra – Na compra, o gerente de tecnologia está à procura, às vezes, de um produto intangível, escasso ou que dificilmente está em oferta no mercado. A compra requer o conhecimento das tecnologias disponíveis que melhor respondam às necessidades de sua organização. É óbvio que o gerente precisa de conhecimento especializado indispensável para o reconhecimento e escolha do produto adequado para os fins desejados. Outro papel que o gerente deve desempenhar na compra de tecnologia é o de negociador.

Venda – Na venda, o gerente de tecnologia busca as características mais marcantes de seu produto, principalmente, pelo fato de tratar-se de produto intangível, escasso, produzido através de um processo de alta complexidade e de difícil previsibilidade de resultados. Nesta atividade, os papéis de agente de ligação e negociador são os mais importantes.

O vendedor deve informar o que interessa ao cliente, mostrando as vantagens da nova tecnologia para os processos de produção, congruentes aos resultados positivos para a empresa compradora.

Produção – Na produção, o gerente de tecnologia se vê diante de processos altamente complexos, de tempo imprevisível, custo indeterminado, uso econômico incerto. O produto desejado não pode ser antecipado, o processo de produção não é definido, mas inventado.

Enquanto trabalho criativo, a produção de tecnologia só poderá ocorrer em ambiente de liberdade de ação, no qual o papel do gerente é alocar recursos para as condições adequadas de trabalho e fazer o papel de empreendedor capaz de promover mudanças e fazer adaptações necessárias.

No exercício desses papéis, o gerente precisa ser dotado, sobretudo, de capacidade lógica e analítica.

Implantação – Na implantação, o gerente de tecnologia pode utilizar inovações que sejam criadas pela organização ou compradas de terceiros. Os papéis de líder, agente de ligação e administrador de conflito parecem ser os mais importantes, quando se trata de gerenciar mudanças que afetam o conteúdo do trabalho e, muitas vezes, as relações de poder.

Monitoramento – No monitoramento, o gerente de tecnologia faz o acompanhamento do desenvolvimento e/ou da evolução do conhecimento, isto é, procura um recurso que pode ou não estar materializado num produto. Obviamente, o papel de monitor assume primazia no exercício dessa atividade, juntamente, com os papéis de disseminador e porta-voz. Para este monitoramento, o conhecimento especializado é da maior importância, mas o gerente precisará também de conhecimento humanístico para exercer os papéis de agente de ligação e negociador, muitas vezes essenciais para ter acesso às fontes de informações relevantes.

Treinamento – No treinamento, o gerente de tecnologia aborda as questões de instruções de recursos humanos (usuários) como decisivas para a competitividade. E aqui, surpreende os técnicos, mesmo em indústrias montadas com máquinas de última geração, tendo em vista que a produtividade nem sempre corresponde ao investimento realizado. A razão é simples: faltam recursos humanos especializados, motivo pelo qual algumas empresas mantêm verdadeiras escolas dentro de suas instalações.

18.9 INOVAÇÃO

A inovação não se limita somente a produtos, ela pode ser considerada como a capacidade de receber, idealizar, estruturar e operacionalizar situações novas. Pode-se renovar tudo, desde os processos de manufatura à relação com o mercado e com os consumidores. O inovador, além de pesquisador, precisa ter ousadia.

Em mercados altamente competitivos, a busca pela inovação tornou-se um "mantra", segundo Philip Kotler. Paradoxalmente, se as inovações não forem bem-sucedidas também perecerão. Albert Einstein disse: "Não há maior sinal de loucura do que fazer a mesma coisa repetidamente e esperar resultados diferentes por vez". A inovação não está restrita às grandes empresas nem às empresas de tecnologia avançada.

A inovação é necessária em negócios, mas ela começa com uma ideia proposta por alguém. Assim, aquele com uma nova ideia deve trabalhar de acordo com a situação. Ele precisa incluir pelo menos alguma indicação mínima como: custo, risco, benefício, tempo e recurso.

As ideias são inúteis quando não usadas. A prova de seu valor está em sua implantação e sua aplicação. Até que isso aconteça, elas se acham em um limbo. Isto não quer dizer que todas as ideias têm de ser minuciosamente documentadas antes que sejam mencionadas a quem quer que seja.

Todas as fontes de oportunidades para inovar devem ser procuradas, analisadas e estudadas de modo sistemático. A busca precisa ser organizada, deve ser feita de forma regular e sistemática. Os inovadores de sucesso examinam os dados e as pessoas. Definem, analiticamente, como a inovação precisa ser para satisfazer uma oportunidade. E então eles saem e observam os consumidores e/ou usuários, para ver quais são suas expectativas, seus valores e necessidades.

Uma inovação para ser eficaz precisa ser simples e pontual. Deve concentra-se em uma única coisa, caso contrário, causará confusão e não funcionará. Mas antes de inovar, talvez, seja razoável renovar. Isto é, resgatar o que há de bom e aproveitável numa rotina, processo, política, plano e projeto, antes de jogar tudo por terra, pelo prazer de se tornar um inovador, aventureiro e temerário.

A inovação é, hoje, um dos requisitos do mundo dos negócios. Um sem número de livros aponta a administração da inovação como uma das características essenciais para o sucesso no Século XXI. O raciocínio é que, para se distinguir num mercado cada vez mais competitivo, as empresas têm de obter avanços na produtividade, em geral, decorrentes de uma nova forma de fazer as coisas, seja um modo mais eficiente de aproveitar os recursos, seja a entrada em um mercado diferente ou a aposta num produto extraordinário.

Trata-se de um dos principais paradoxos da gestão: Para se tornar perene a empresa deve mudar constantemente. Peter F. Drucker disse: "Não se pode jogar tudo fora, sob pena de se promover a anarquia. Também não se pode preservar tudo, pois isso significa a morte". Drucker compreendia a dificuldade de inovar e de, ao mesmo tempo, explorar as experiências do passado.

A fonte mais evidente de ideias inovadoras são os grandes avanços científicos. Essas inovações tendem a se caracterizar por prazos de maturação longos e, geralmente, são de alto risco e de alto impacto. É preciso ter coragem de ser o primeiro a introduzir uma novidade em determinado ramo. É claro que, às vezes, por ser o primeiro, você vai acabar se dando mal. Mas, de maneira geral, as empresas que têm coragem de aceitar novas ideias (desafios) e ser as primeiras a implantá-las são, extremamente, bem-sucedidas.

O objetivo da inovação é aquele pelo qual uma empresa operacionaliza sua definição de qual deve ser o nosso negócio. Mas, o problema para estabelecer objetivos de inovação é a dificuldade de medir o impacto e a importância das diversas inovações.

A inovação traduz-se como: Algo de melhor vai acontecer! Ajuda-nos, assim, a criar a esperança de dias melhores, a incentivar sonhos e a aceitar mais facilmente as agruras do presente. Por isso é que a inovação, quando proposta, tem aceitação fácil e até desejada por todos. Entretanto, a inovação é alguma coisa específica e coletiva, que altera crenças, hábitos e interesses sedimentados ao longo dos anos.

A inovação refere-se à introdução de uma mudança julgada positiva, benéfica, isto é, constitui-se no uso prático de uma descoberta ou invenção. A criatividade e a inovação são processos organizacionais contínuos e concomitantes, que prosseguem durante todas as fases de introdução e uso de novas ideias.

Inovar é, antes de tudo, aplicar o incomum, o novo. É uma espécie de solução criativa para problemas que vão sendo detectados. Não há fórmula prévia para se inovar, porque a inovação faz parte de um processo que descobre suas próprias regras.

A experimentação atua como uma forma de aprendizado barato para a maioria das empresas e, usualmente, revela-se menos cara e mais útil do que pesquisas sofisticadas de mercado. Antes de podar uma ideia e antes que alguma avaliação convença de que ela não funcionará, surgem as questões:

- Existe alguma maneira de experimentar essa ideia a baixo custo?
- O experimento é o instrumento mais poderoso para transformar a inovação em ação?
- Sempre é possível, para qualquer um de nós, nos tornarmos prepotentes a respeito de uma inovação?

A visão inovadora não é produto da mente brilhante de um indivíduo. Ela acontece quando olhamos para o mundo através de lentes ligeiramente diferentes, em que predominam algumas expectativas, tais como:

- Encarar tudo como provisório.
- Enxergar as necessidades, cada vez mais dinâmicas, da sociedade.
- Associar a viabilização da inovação ao lucro e ao mercado.

18.10 CAPACIDADE INOVADORA

Os empreendedores inovam. A inovação é o instrumento específico do espírito empreendedor. É o ato que contempla os recursos com a capacidade de criar riqueza. O mercado pede inovações, o consumidor é cada vez mais exigente, a empresa precisa de flexibilidade, velocidade e capacitação gerencial. O empregado necessita de maior qualidade de vida. A sociedade exige trabalho e novos empregos.

O espírito empreendedor não é privilégio do empresário. O sucesso de um novo empreendimento depende de ideias, recursos, legislações, riscos calculados, ações estratégicas, conhecimentos e práticas. Para que a inovação se torne sistemática, a empresa deve designar recursos e possibilitar que gerentes se desenvolvam e se transformem em empreendedores internos. Para isto, deve seguir algumas diretrizes:

- Dar valor explicitamente à inovação e ao estratégico.
- Recompensar as inovações mesmo que não dêem certo.
- Criar um *staff* para analisar novos projetos.
- Desenvolver ou participar de seminários e palestras voltados para a criatividade.

Criar novas capacidades numa organização não é, simplesmente, o inverso de descrever o que não está funcionando. Assim, projetar uma ponte sólida exige bem mais do que, meramente, compreender por que algumas pontes não caem. Assim, passamos a afirmar que as empresas inovadoras não são apenas, excepcionalmente, eficientes na produção de novos inventos comercialmente viáveis.

À medida que se alteram as necessidades da clientela, crescem as habilidades da concorrência, se alteram os humores e tendências do público, realinham-se as forças do mercado. Também quando mudam as regulamentações, essas empresas modificam sua linha de ação, renovam-se, ajustam-se, transformam-se e adaptam-se. As empresas inovam, globalmente, sua própria cultura.

Transformar estruturas, recursos e comportamentos para uma atuação inovadora e empreendedora é um processo difícil, mas fundamental. Difícil, pois significa mudar os pontos que foram críticos ao sucesso da empresa e que, hoje, são obstáculos. Inovar é fundamental, pois, é a sobrevivência e o crescimento da empresa que estão em jogo.

Lawrence e Lorch estudaram pormenorizadamente a inovação, pois eles achavam que existia algo mais do que ter uma organização certinha. Afirmam que, geralmente, o originador da ideia tem dificuldades de comercializá-la e instrumentalizá-la. Portanto, é preciso um integrador, ou coordenador, que dê andamento ao projeto.

Geralmente, o fracasso é resultado não de más ideias, mas de execuções ruins. Assim, é preciso uma equipe para levar adiante a integração. Mas, é preciso ter cuidado para não concentrar poder em uma única pessoa. A autoridade centralizada é uma faca de dois gumes, pois pode atuar com rapidez e ousadia, mas pode estar no caminho errado.

Uma organização não deve pensar que, com um bom projeto no papel e um orçamento enxuto, conseguirá o sucesso pretendido. Há necessidades imprevistas, insumos inesperados, conflitos de toda ordem e atitudes de desconsideração para como a coerência.

Teste de Aferição de Conhecimento

01 – Qual a importância do avanço tecnológico?

a) Nenhuma
b) Determina o futuro do homem
c) Determina a estrutura da organização.
d) Ajuda a empresa a atingir objetivos

02 – O estudo da tecnologia:

a) Revolucionou teorias da administração
b) Determinou as causas de convivência entre humanos
c) Mostrou sua influência, cada vez mais, crescente
d) Mostrou que qualquer organização precisa de um tipo de tecnologia para poder sobreviver

03 – Qual tipo de tecnologia mais contribui para criar riquezas?

a) Tecnologia da Produção
b) Tecnologia da Comunicação
c) Tecnologia Ambiental
d) Tecnologia Web

04 – A tecnologia da informação contribuiu para:

a) Disseminar conhecimento.
b) Globalizar as organizações
c) Interagir com o consumidor.
d) Administrar conflitos

05 – Por que a Revolução Digital é chamada de Terceira Revolução Industrial?

a) Mudou a comunicação entre as pessoas.
b) Deu velocidade à economia de rede
c) Mudou o paradigma de fazer negócios.
d) Incrementou o sistema Just-in-time

06 – Qual a fase mais importante da gerência da tecnologia?

a) Compra
b) Venda

c) Produção
d) Implantação
e) Monitoramento

07 – Inovar é o mesmo que criar um novo produto?

a) Não
b) Sim

08 – Qual aspecto mais importante para gerar mudanças?

a) Ambiental
b) Social
c) Comportamental
d) Organizacional
e) Estratégico

Capítulo 19

CRIATIVIDADE e CONHECIMENTO

"Frequentemente, enfrentamos uma série de grandes oportunidades habilmente disfarçadas em problemas insolúveis. O trabalho do empreendedor é converter estes problemas em um negócio rentável".

John W. Gardner

OBJETIVOS DO CAPÍTULO

- Mostrar que a criatividade é o vetor que faz a empresa sobreviver.
- Mostrar que o conhecimento passou a ser o valor competitivo mais considerado.
- Mostrar a necessidade do gerenciamento efetivo das ideias.

19.1 CONCEITO DE CRIATIVIDADE

Num mundo complexo como o atual, as empresas já não podem depender de uma única cabeça. Elas precisam de toda uma rede de funcionários, dos mais diversos escalões, com capacidade real de contribuir para o sucesso da companhia.

A criatividade está ligada a algo novo e diz respeito a uma capacidade de encontrar novos caminhos ou novas soluções para problemas e/ou oportunidades do momento; pressupõe um poder de alterar o ambiente corporativo para melhor; refere-se a um processo crítico da realidade que resulta em algo antes desconhecido e não praticado.

É necessário ressaltar que o desenvolvimento e a manifestação da criação não dependem somente dos esforços do próprio indivíduo. Tantos fatores intrapessoais e interpessoais, bem como fatores do próprio indivíduo, poderão favorecer ou dificultar a emergência do processo criativo. Como a mente humana é altamente condicionada por crenças, valores e experiências sociais passadas, fornecer desafios e novas experiências de vida constitui base propícia para o desenvolvimento da criatividade.

O verdadeiramente engenhoso consegue confrontar de forma positiva o meio circundante, encontrando espaço para dar vazão à criatividade e influenciar o entorno. O embate de ideias acende a chama da criatividade. Mas, pode produzir tensões. A fagulha da criatividade é inseparável do antagonismo, devendo, portanto, ser moderada para não explodir em conflitos que não possam ser administrados.

Os homens de ideias estão, constantemente, a excitar todo o mundo com propostas criativas. Porém, são raras as pessoas que têm o know-how, a energia, a ousadia, a coragem e a força para implementar ideias. Assim, uma criatividade sem uma firme disposição, voltada, até o fim, para a ação constitui uma forma estéril de comportamento.

O interesse pelo estudo da criatividade é relativamente recente. Foi a investigação da inteligência que predominou entre os psicólogos no estudo dos processos de pensamento. Prevaleceu um consenso de que a criatividade não apresentava nenhum problema especial, uma vez que o conceito de inteligência era considerado por muitos como suficiente para explicar todos os aspectos do funcionamento mental, presumindo-se ainda que os testes de inteligência poderiam medir qualquer processo que ocorresse na mente.

Por algum tempo, predominou a ideia de que a inteligência era fixa e unidimensional, subestimando-se a contribuição do ambiente, da experimentação e da demonstração.

Os psicólogos humanistas como Rogers, Maslow e outros, passaram a ressaltar a importância, de se criarem condições mais favoráveis à manifestação da criatividade, a qual estaria vinculada à tendência do homem para concretizar suas potencialidades.

Apesar do reconhecimento de que necessitamos de condições mais favoráveis ao desenvolvimento do pensamento criador, temos observado que muito pouco tem sido feito no sentido de se promoverem condições mais favoráveis ao desenvolvimento e manifestações da criatividade nos meios educacionais e empresariais.

Percebemos que, apesar da criatividade ser valorizada pela sociedade, o indivíduo criativo não é bem aceito e nem tão pouco estimulado em nossos meios, pois, apresenta traços de personalidade e características que são incompatíveis com os valores enfatizados pelos agentes socializadores, pais e professores.

É possível determinar se uma pessoa é criativa através da observação de seu comportamento ou da análise dos produtos por ela criados.

O indivíduo criativo é aquele que sempre se renova.

Um homem criativo, em virtude de seu entusiasmo, originalidade e inteligência, não examina suas ideias com uma crítica de um pesquisador. Por outro lado, a pessoa que procura fazer um julgamento equilibrado e dar peso apropriado às noções plausíveis que concorrem entre si tem pouca probabilidade de produzir novas soluções.

As pessoas criativas e inovadoras passam mais tempo do que as outras pessoas explorando e formulando problemas. É compreensível, portanto, que a maioria das mentalidades originais em qualquer organização, raramente, seja encontrada nas mais altas posições executivas.

As complexidades da vida organizacional, com suas muitas exigências colidentes, significam que em tal nível as capacidades críticas e de julgamento são um requisito essencial.

19.2 ELEMENTOS DA CRIATIVIDADE

A seguir, serão abordados alguns elementos da criatividade:

Inteligência – A ciência ainda não encontrou uma fórmula para medir com precisão quem é superdotado e quem é gênio. Pelos testes de quociente de inteligência, considerados ultrapassados pelos especialistas, um superdotado teria um QI entre 150 e 160. Um gênio pontuaria entre 160 e 180. Hoje, a definição mais comum para classificar superdotado é aquela pessoa inteligente que consegue desenvolver habilidades acima da média, em várias áreas.

Os gênios são aqueles superdotados que, além de demonstrar precocidade, provocam perplexidade, pois são capazes de criar algo inédito, revolucionário e transformador. Os estudiosos acreditam que a genética contribui com 50% do desempenho cerebral e os estímulos externos, com os outros 50%.

A diferença entre uma pessoa comum e outra superdotada estaria não no número de neurônios, mas na quantidade e na complexidade das conexões cerebrais (sinapses).

Percepção – A percepção pode ser definida, aproximadamente, como o conhecimento que um ser vivo possui sobre o ambiente em que vive. A percepção são experiências e conhecimentos acumulados. A percepção humana pode ser detectada pelos sentidos. Ela implica integração, organização, seleção e interpretação dos fenômenos puramente sensoriais.

Como a percepção de uma pessoa vem através dos sentidos, é possível que haja uma distorção da realidade comum aos demais indivíduos, porque a percepção é intrínseca ao indivíduo.

Intuição – A intuição é vista como um "impulso" para a ação onde não há raciocínio lógico. Segundo Motta, "a intuição deverá merecer explicações mais apuradas no futuro, porque parece que o nível de intuição da pessoa aumenta, em função das experiências, pesquisas, estudos e conhecimentos acumulados, que não foram ainda adicionados ao consciente do indivíduo". A razão é desconhecida.

Muitas pessoas resolvem problemas na base da intuição.

Improvisação – Precisamos cultivar a improvisação, capacidade de empregar tempo e recurso para favorecer uma resposta ao inesperado. Quando as situações são inesperadas e não planejadas, os dirigentes precisam improvisar. Em geral, há tempo hábil para explorar as possibilidades antes de implementar as ideias.

No entanto, pensar em cada ideia em termos de viabilidade, praticidade e eficácia em matéria de custos é um convite ao crítico que cada um trás dentro de si. Os improvisadores aceitam com entusiasmo o que se apresenta diante deles, até que surja uma possibilidade mais interessante para criar.

Observação – Assunto já abordado.

Instrução – A instrução não é difícil de ganhar como o dinheiro. Não reside em um livro, um banco de dados, um programa de computador. Estes contêm apenas informações. Ela está sempre incorporada em uma pessoa alicerçada no conhecimento. Em todas as sociedades anteriores, a pessoa instruída era um ornamento. Mas, hoje, é um emblema, ícone, símbolo, marca, âncora, arquétipo, apanágio, suporte, polo de decisão.

Atividade Intelectual – Como o envelhecimento é inexorável, manter uma atividade intelectual fará com que o ser humano leve mais tempo para perder a memória de fatos, fenômenos, acontecimentos e, principalmente, conhecimento. Ter disciplina e percepção é muito importante, porque a mente organiza qualquer novo material em configurações. Quanto mais subjetiva for esta organização, maior a memória.

Atmosfera Permissiva – As ideias criativas são mais fáceis de ser sugeridas em uma atmosfera permissiva, isto é, significa que os membros da organização se sentem livres para fazer proposições, mesmo que suas ideias estejam em desacordo com as práticas anteriores, as normas de grupo ou os pontos de vista dos dirigentes, que dão apoio às pessoas e buscam inovações plausíveis e bem fundamentadas.

19.3 CAPACIDADE CRIATIVA

Não é difícil encontrar informações ensinando regras e processos para desenvolver a capacidade criativa, ou roteiros para se chegar ao encontro de novas soluções. Mas, tanto a capacidade, como a oportunidade de criar, são raras.

O espírito criador não é atributo dos artistas e inventores, tanto que engenheiros, escritores e outros têm a oportunidade de demonstrar sua genialidade.

A tarefa torna-se mais atrativa e estimulante quando utiliza, com o máximo proveito, as qualificações do indivíduo. É claro que em qualquer tempo podem ocorrer restrições quanto à natureza do projeto e da qualificação de seu pessoal. Não se deve permitir que tais dificuldades se sobreponham ao efeito incentivador de utilizar o melhor de cada um.

A história recente da economia está cheia de vítimas da incapacidade de criar. Em certos segmentos do mercado, como os da tecnologia digital, a produção de riqueza flui diretamente da inovação e não, simplesmente, do aperfeiçoamento de técnicas e processos de produção já conhecidos.

A seguir, algumas recomendações que ajudam a aumentar a capacidade criativa:

- Intensifique os contatos com seus fornecedores e consumidores, desenvolvendo, inclusive, formas de cooperação.
- Mantenha-se bem informado das estratégias dos concorrentes.
- Trabalhe no sentido de aumentar a adesão dos seus quadros funcional e gerencial com a filosofia da empresa.
- Desenvolva atividades de coordenação entre áreas tradicionalmente conflitantes dentro da organização.
- Invista tempo e esforço na melhoria das comunicações institucionais, tentando evitar boatos e fofocas de efeitos negativos.
- Crie campanhas inovadoras e criativas no sentido de melhorar a produtividade, simplificar os processos, desburocratizar procedimentos.
- Procure dar a todas as atividades um caráter participativo, pois sem compromisso não existem resultados positivos.
- Prepare a sua gerência e supervisão para administrarem conflitos decorrentes das dificuldades de sobrevivência.
- Use todos os momentos para consolidar uma imagem de empresa sólida, ética e coerente com seus princípios.
- Mantenha uma postura transparente entre discurso e ação.
- Faça campanha de austeridade, não permitindo deslizes de ostentação, mesmo a nível pessoal.
- Junte coisas aparentemente desconexas, não seja lógico, extrapole, imagine o inverso.
- Procure ver a riqueza das ideias com simplicidade e objetividade, aproveitando o acaso.
- Nunca se contente com a primeira ideia que lhe ocorrer.
- Sempre há uma maneira melhor de fazer as coisas, com menor custo.
- Seja curioso e evite reproduzir tarefas mecanicamente, buscando as causas, os porquês, as implicações.
- Não acredite em bordões, como: Time que está ganhando não se mexe.
- Não tenha vergonha de mostrar suas ideias, para que as mesmas não fiquem no fundo de uma gaveta.
- Ouça os outros, principalmente, se eles pensam diferente de você, porque as ideias se desenvolvem com opiniões contrárias.
- Saia da rotina para estimular o seu cérebro.

19.4 POTENCIAL CRIATIVO

A criatividade é uma característica que existe em todos os indivíduos, e não uma qualidade inata, propriedade de poucos. Potencial criativo pode ser desenvolvido ou transformado em novas habilidades. Nesse sentido, alguns indivíduos podem estar mais avançados do que outros, no desenvolvimento dessas habilidades, o que pode levá-los a transmitir corretamente uma imagem temporária mais criativa, erradamente à ideia de que são pessoas altamente privilegiadas.

Sendo um potencial humano, a criatividade é um recurso altamente disponível no meio organizacional, à espera de implementação e uso. Assim, desenvolver as habilidades criativas de todos os membros de uma organização é mais importante do que institucionalizar grupos de pensadores sofisticados para essa tarefa.

Discursos impressionantes têm sido proferidos para proclamar as virtudes da criatividade e deblaterar os vícios da conformidade. Contudo, estas maneiras de agir não fazem parte do mundo empresarial e, sim, do mundo da política.

O que certas pessoas chamam de conformismo em negócios relaciona-se menos à falta de criatividade do que à falta de ação. Homens criativos são conhecidos, geralmente, como pessoas descontentes.

A razão pela qual o executivo, tantas vezes, rejeita novas ideias é que ele é um homem ocupado, cuja principal tarefa é tratar de problemas prementes de solução. Assim, cada vez que novas ideias lhe são propostas, ele as vê como problemas futuros.

Um dos desafios mais sérios na carreira de qualquer dirigente é como fazer com que sua equipe pense de modo criativo, sem prejudicar o andamento das operações do dia a dia.

Não há modelos nem regras, processos ou mesmo padrões de sucesso. Apesar disso, algumas organizações conseguem ter ideias geniais repetidas vezes.

Para estimular a criatividade faça dela um evento cotidiano. Para que seja algo confiável é preciso questionar: Quais recursos são necessários? Quem fará parte da equipe? Como compensar o sucesso do projeto? Como avaliar resultados?

A capacidade de gerar novas ideias é o talento mais procurado, hoje, no mundo dos negócios. Mas a percepção do processo criativo ainda se baseia no pressuposto de que a criatividade está em apenas uma pessoa e não num grupo de trabalho. Qualquer grupo será liderado por alguém, que não necessariamente precisa ser o gênio da lâmpada.

Criatividade não é um caminho miraculoso para o desenvolvimento dos negócios e da riqueza, como tanto se pretende. Para o administrador pode ser uma pedra no sapato, em vez de um marco balizador. A criatividade pensa coisas novas. Inovação faz coisas novas.

As ideias são avaliadas mais por sua novidade do que por sua praticidade.

O problema principal é que as chamadas pessoas criativas, em geral, possuem pouca vivência empresarial, passando elas próprias a ser o ponto de estrangulamento da inovação. Há um pressuposto de que criatividade conduz a implementação da inovação. Este raciocínio é errado, porque o objetivo da inovação é o êxito.

Mas, exigir adiantadamente que não haja dúvidas quanto a seu êxito, destruiria a oportunidade da experimentação. É bom lembrar que uma inovação só será implantada se realmente for lucrativa, qualquer sentido que tiver.

19.5 GERÊNCIA DAS NOVAS IDEIAS

A transformação da criatividade em inovação é, em grande parte, um processo de transformar ideias individuais em ideias coletivas. As novas ideias não são, por si mesmas, suficientes para produzir inovações. É preciso que elas ultrapassem os limites do desejo individual e se torne coletivo. Esse processo não é simples, porque após a geração de ideias é preciso todo um processo de coletivização.

Tal processo é difícil, pois ameaça valores e comportamentos. Implica uma ação coordenada para harmonizar interesses, percepções e atitudes. Para ser bem-sucedido no processo de coletivização da ideia, é preciso levar em consideração o seguinte:

Posição do Originador da Ideia – Para que a ideia mereça atenção, evidentemente, depende da posição que a pessoa ocupa.

Complexidade da Ideia – Quanto mais complexas e envolventes as implicações de uma ideia, e quanto mais rearranjos exijam para levar adiante a ideia, tanto maior será a necessidade de dar cobertura a proposta.

Cargo a Quem Vai Ser Submetida a Ideia – Todos sabem que alguns chefes são mais receptivos a novas ideias do que outros. A receptividade determinará o apoio.

Na grande organização, a astúcia e a dissimulação encobrem, com notável frequência as inovações de sucesso, porque novas ideias são, em geral, originadas longe dos centros de poder. Por tal, sofrem triagem ao longo do caminho para a alta administração, geralmente, ficando no caminho.

Os poderosos gostam de se gabar de que são criativos.

A seguir, alguns princípios que ajudam à gerência de novas ideias:

- Revelar compreensão pelas ideias sugeridas sem demonstrar preconceitos.
- Favorecer oportunidade para que novas sugestões sejam apresentadas.
- Estimular o pessoal a resolver problemas.
- Criar condições para que as ideias sejam testadas na prática.
- Conscientizar o pessoal no sentido de estar, permanentemente, aberto às melhorias que aumentam a produtividade.
- Valorizar a colaboração e recompensar as ideias relevantes.

19.6 CONHECIMENTO

Embora já tenhamos abordado este assunto, é bom lembrar que o conhecimento, teoricamente, não se acaba ou é, como querem alguns, infinitamente ampliável. Hoje, apesar de todas as iniquidades de renda e riqueza, a futura luta pelo poder irá se transformar, cada vez mais, numa luta pela distribuição e pelo acesso ao conhecimento. É por isso que, a menos que compreendamos como e para quem flui o conhecimento, não podemos nos proteger contra o abuso de poder, nem criar uma sociedade mais democrática.

O conhecimento não é impessoal, como o dinheiro. Não reside em um livro, um banco de dados, um programa de software. Estes contêm apenas informações. O conhecimento está sempre incorporado em uma pessoa, é levado com ela, criado, aumentado e aprimorado. É aplicado, ensinado, transmitido, usado, empregado, mudado. Ao se fazer isso, novos desafios, questões e precedentes surgem à pessoa instruída.

Em todas as sociedades do passado, a pessoa de grande conhecimento era um ornamento. Hoje, o conhecimento é como água no deserto.

A pessoa instruída precisa ser capaz de usar seu conhecimento como suporte do presente para decidir o futuro. Também deverá ter uma cultura menos livresca do que o produto da formação geral dos humanistas. Ela precisará desenvolver plenamente sua percepção, tanto quanto sua capacidade de análise.

A sociedade pós-capitalista baseia-se no conhecimento, também aplicado às organizações, que, embora interdependentes, têm conceitos, visões e valores diferentes. Assim, a maioria das pessoas viverá e trabalhará nestas duas culturas ao mesmo tempo.

A função do conhecimento é o crescimento intelectual, moral e espiritual da pessoa, além de capacitá-la para inúmeras habilidades. A aplicação do conhecimento se faz necessária para mais bem atingirmos resultados positivos, porque cada vez mais é aplicado na tomada de decisão, havendo uma linha tênue entre conhecimento específico e informação técnica.

O fato de o conhecimento se tornar "o" recurso, e não "um" recurso é de vital importância para entendermos o progresso das organizações. Os fatores econômicos terra, trabalho e capital tiveram de admitir o conhecimento como outro fator, devido ao aprimoramento da gestão corporativa.

19.7 COMPARTILHAMENTO DO CONHECIMENTO

O avanço tecnológico da informação permitiu o compartilhamento do conhecimento através de redes digitais. As vantagens da transferência de conhecimento foram muitas, porque aumentaram a eficiência dos métodos e processos, levando para resultados eficazes.

A qualidade da decisão aumentou em função da interação de grupos detentores do conhecimento.

O cruzamento de informações gerou mais conhecimento e oportunidades de negócio. O conhecimento adquiriu caráter estratégico. Mesmo nas indústrias tradicionais, os custos com mão de obra não passam de 13% dos custos totais, de modo que mesmo uma vantagem muito substancial nestes custos resulta em vantagem competitiva desprezível.

A única vantagem competitiva significativa é a produtividade dos trabalhadores do conhecimento, que, cada vez mais, determinarão o formato das organizações.

É possível que nos tornemos céticos quando um tipo de conhecimento, considerado absolutamente necessário por determinado grupo de especialistas, é julgado inútil por outro. Isso certamente acontecerá com bastante regularidade, uma vez que somos obrigados a estabelecer prioridades e a discutir que rumo deveremos dar ao esforço pelo conhecimento.

Se chegarmos a questionar o valor do conhecimento, será a primeira vez que o faremos desde que Sócrates o definiu como a origem do pensamento e da visão do mundo, há 2.400 anos. Depois dos gregos poucas pessoas no Ocidente rejeitaram o conhecimento em si ou questionaram seu valor e sua virtude.

Quanto mais o conhecimento se tornar fundamental para a sociedade, maior será a importância da diversidade, da flexibilidade e da competição. Esse fato também suscitará questões significativas sobre o mesmo e fará com que alternativas para a política do conhecimento se façam cada vez mais necessárias.

Quando enfrentamos uma situação sem precedentes, temos de estabelecer prioridades na busca de novos conhecimentos, haja vista a necessidade de tomar decisões referentes ao rumo do conhecimento e suas consequências.

Agora, o conhecimento é poderoso. Ele controla o acesso à oportunidade e ao progresso. Cientistas e acadêmicos não estão mais, meramente, à disposição, eles estão no comando. Eles precisam ser ouvidos pelos que elaboram as políticas, porque lhes cabe a responsabilidade de formar os jovens que herdarão tudo isso.

As pessoas cultas já não são pobres. Pelo contrário, são as verdadeiras capitalistas da atualidade. O conhecimento não pode ser algo isolado, devendo constituir componente explícito de tudo na organização.

Uma sociedade que remunera mal seus professores é uma sociedade retrógrada e burra.

19.8 TIPOS DE CONHECIMENTO

Organizar uma tipologia do conhecimento é muito difícil, já que podemos associar a palavra conhecimento a qualquer coisa. Assim, os tipos de conhecimento que iremos abordar, a seguir, dizem respeito ao âmbito em que acontecem:

Conhecimento Histórico – O espírito crítico de um indivíduo não nasce com ele, é fruto de uma conquista ao mesmo tempo pessoal e histórica. É resultante de um longo processo, para cujo crescimento é fundamental atitudes, tais como: interesse profundo por um problema, busca do sentido da prova, oposição ao dogmatismo, aptidão na consideração de alternativas, liberdade de imaginação, firmeza nas conclusões.

Conhecimento Popular – É aquele que advém das experiências da vida, transmitido de geração a geração por meio da educação informal, portanto empírico. Ele é, às vezes, denominado senso comum, distinguindo-se do conhecimento científico pela forma, modo, método e instrumentação. Também chamado de vulgar, é o meio mais prático e espontâneo de se conhecer as coisas, as pessoas, os objetos e os ambientes.

Conhecimento Filosófico – É aquele que se fundamenta num esforço da razão pura para questionar os problemas humanos e poder discernir entre o certo e o errado. É sempre insatisfatório ao homem como ser racional. Este conhecimento emprega o método racional e não exige confirmação experimental, mas somente coerência lógica. Trata-se de um conhecimento, essencialmente, metafísico, pois procura conhecer as causas em si e não apenas as manifestações dos fenômenos.

Conhecimento Científico – É aquele que procura substituir o conhecimento empírico, utilizando, para tanto, explicações objetivas para os fenômenos verificados na esfera da experimentação. É transmitido por intermédio de treinamento apropriado, sendo um conhecimento obtido de modo racional, conduzido por meio de procedimentos científicos.

Tal conhecimento lida com ocorrência ou fato, isto é, com toda forma de existência que se manifesta de algum modo, procurando sempre explicar e comprovar as experiências em termos de suas causas e efeitos imediatos.

Este conhecimento ocupa-se de: fenômenos da natureza (física, química, biologia); fenômenos do raciocínio (lógica e matemática); fenômenos sociais (cultura, arte, história, relacionamento). Pode ser: descritivo, explicativo, implicativo, compreensivo e crítico.

Seu objetivo é estabelecer uma forma de conexão entre os elementos identificados nas ciências, por meio de métodos lógicos e heurísticos.

Conhecimento Tradicional – Conhecimento que se espera ter uma pessoa instruída. Este conhecimento dá a pessoa que o detém o entendimento de quase tudo que existe, mas não dá o suficiente para fazer acontecer. Durante muito tempo, utilizamos a eletricidade, sem saber a sua real origem.

Conhecimento Especializado – Ao contrário do tradicional, o conhecimento especializado, ou técnico, dá ao seu detentor os métodos, as técnicas e as especificações para construir (fabricar) um produto.

Teste de Aferição de Conhecimento

01 – Por que a criatividade e a inovação andam juntas?

a) Por causa dos negócios
b) Porque são interdependentes
c) Porque fazem parte do processo de descoberta

02 – Um indivíduo criativo é aquele que tem:

a) Alto nível de inteligência
b) Alto nível de percepção
c) Intuição o tempo inteiro
d) Grande conhecimento

03 – A criatividade está em função de:

a) Ambiente tecnológico
b) Herança genética
c) Oportunidade

04 – Conhecimento é adquirido por:

a) Experimentação
b) Trabalho
c) Estudo
d) Leitura
e) Ensaio e erro

05 – Qual conhecimento muda o curso da História?

a) Conhecimento tradicional
b) Conhecimento popular
c) Conhecimento científico
d) Conhecimento filosófico

06 – O compartilhamento do conhecimento dará mais poder:

a) Às organizações
b) Às pessoas
c) Aos governos

Capítulo 20

COMUNICAÇÃO e INFORMAÇÃO

"A organização é um sistema de atividades conscientemente coordenadas de duas ou mais pessoas, que existirá quando houver pessoas capazes de se comunicarem e trabalharem para um propósito comum."
Chester Barnard

OBJETIVOS DO CAPÍTULO

- Mostrar que sem comunicação é impossível levar adiante um empreendimento.
- Mostrar que a informação é o mais usado recurso da ação administrativa.
- Mostrar que a informação é de grande valor para a comunicação empresarial.
- Mostrar as diferenças entre publicidade, propaganda, promoção e merchandising.

20.1 CONCEITO DE COMUNICAÇÃO

A palavra comunicar vem do Latim com a significação de "pôr em comum". O que é comunicação? Comunicação é mensagem emitida, transmitida, recebida e percebida. A mensagem é um conjunto organizado de signos derivados de um ou mais códigos, com um determinado sentido. O código é uma combinação de signos.

A mensagem é uma combinação de códigos, sendo resultante de uma intenção, possui conteúdo, estrutura e sentido. A comunicação humana é o intercâmbio compreensivo de significações, através de símbolos, porque ela transcende o mundo das palavras e penetra no universo da linguagem.

Embora a comunicação tenha aplicação multiforme em todas as fases da administração, ela é particularmente importante na função administrativa direção. Newman e Summer definem a mesma como uma troca de fatos, ideias, símbolos, opiniões ou emoções entre duas ou mais pessoas. Ela foi definida pela The American Society of Training Director como: "o intercâmbio de pensamentos e informações para criar compreensão mútua, confiança e boas relações humanas".

A comunicação é a ação de revelar dados, informações, fatos, ideias, fenômenos, teorias, leis, técnicas, métodos, por exemplo. Chester Barnard foi um dos primeiros a considerar seriamente a comunicação na empresa de grande porte. Ele disse: "A necessidade de um sistema definido de comunicação cria a primeira tarefa do administrador e é a origem imediata da organização". Segundo Harold Koontz, "a comunicação é o meio pelo qual o comportamento é modificado, a mudança é efetivada e as metas são notificadas".

Na consecução dos objetivos da empresa é a comunicação fator catalisador de extrema importância. Talvez, por ser um fenômeno tão natural e universal, tal como a respiração, a comunicação não foi considerada objeto específico de estudo científico até muito recentemente. Os filósofos gregos, por exemplo, mantinham longas discussões sobre algum assunto, sempre, porém, confinando-o à palavra, que recebia o nome de retórica ou arte da persuasão.

A ciência da comunicação é filha de muitas mães e, talvez por isso, a sua evolução tenha registrado diversas mudanças de orientação. Hoje, as preocupações com esta ciência são de âmbito geral e já se infiltraram em muitas das atividades humanas.

Procuramos comunicar-nos mais hoje, ou seja, fazemos mais esforços de conversar com os outros, usando um excesso de meios de comunicação. No entanto, o nível de ruído aumentou com tanta rapidez que ninguém mais consegue ouvir realmente.

20.2 OBJETIVOS E FUNÇÕES DA COMUNICAÇÃO

Na comunicação, há sempre uma intenção básica e certamente o transmissor espera que o receptor a compreenda. A comunicação objetiva informar, educar, instruir, treinar, intelectualizar, aculturar (todos de natureza cognitiva), persuadir, divertir, influenciar, motivar, incentivar, interagir, estimular (todos de natureza emocional). O estabelecimento dos objetivos da comunicação deve levar em conta os seguintes critérios:

- Buscar a coerência.
- Melhorar o nível de percepção.
- Revelar um fato (constatação empírica de um acontecimento).
- Mudar um comportamento e desenvolver compreensão.
- Divulgar a solução de um problema, uma decisão, uma estratégia (tática), uma política (procedimento).

Considerando a comunicação como processo de interação humana que se realiza mediante símbolos organizados em mensagens, as funções da comunicação são:

Função Estimuladora – Segundo Jean Piaget, "a inteligência humana só se desenvolve quando é estimulada". Se ninguém fala com a criança, nem sua inteligência e nem sua linguagem serão desenvolvidas. A comunicação, portanto, é fundamental para a formação da personalidade. George H. Mead afirmava que a mente e a personalidade emergem na experiência social por meio da comunicação.

Função Identificadora – É por esta e por outras razões que Ruesch e Bateson acham que "a comunicação é a matriz da psiquiatria e que muitos psicólogos clínicos acreditam que a maioria das patologias mentais de que sofremos é desordem de comunicação".

Função Expressiva – As pessoas não só desejam e precisam receber comunicação, participar da mesma, mas, basicamente, desejam ainda mais expressar suas emoções, ideias, temores e expectativas. A necessidade humana de expressão é tão forte que, às vezes, supera a necessidade de comunicar-se com os outros.

Função Social – Uma necessidade básica do homem é vincular-se a um grupo, mediante relações e processos de comunicação afetivos.

Função Informativa – A comunicação possui a função de revelar o mundo.

20.3 RELAÇÕES PÚBLICAS

As relações públicas de uma empresa é o conjunto de atividades de comunicação com públicos, direta ou indiretamente, interessados nas atividades da organização, tais como: governos, concorrentes, organismos de representação social, associações patronais, associações de classe, fornecedores, funcionários, colaboradores, líderes de opinião pública, bancos, institutos de pesquisa, universidades, artistas, líderes comunitários, visando criar uma imagem favorável às marcas, aos produtos e às suas atividades junto à comunidade.

A empresa não deve apenas se relacionar com seus consumidores (usuários, pacientes), mas também com outras empresas e governos. O pessoal de relações públicas procura manter os veículos do noticiário (rádio e televisão) informados sobre novos produtos, interesses sociais da empresa, envolvimento com a comunidade, preservação ambiental.

As funções básicas da equipe de relações públicas são:

- Promover e proteger a imagem da empresa, suas marcas e seus produtos.
- Disseminar notícias favoráveis, sobre a empresa.
- Controlar o poder destrutivo da mídia.
- Agir, dentro da empresa, como um advogado dos consumidores.

O Departamento de Relações Públicas ajuda a empresa a atingir objetivos de marketing à medida que desenvolve as seguintes atividades:

- Manter boas relações com os meios de comunicação.
- Influenciar formadores de opinião.
- Fazer publicidade dos produtos e das marcas da empresa.
- Ter um sistema de comunicação voltado para fora e para dentro da empresa.
- Trabalhar junto aos políticos.
- Criar expectativas antes do início da propaganda.
- Opinar na criação e descontinuidade de um produto.
- Dar assistência ao lançamento de novos produtos.
- Desenvolver técnicas para influenciar determinados públicos.
- Trabalhar constantemente para construir uma imagem positiva.
- Construir um relacionamento permanente com o consumidor.
- Transformar consumidores satisfeitos em defensores da empresa e de suas marcas.

As empresas tendem a subestimar as relações públicas ou usá-las apenas como complemento. Todavia, um programa de relações públicas bem coordenado, com outros elementos do composto promocional pode ser extremamente eficaz.

A assessoria de imprensa cria um relacionamento com os representantes dos meios de comunicação, que são formadores de opinião, visando promover uma atitude favorável à marca e à empresa. O papel dessa assessoria se torna cada vez mais relevante à medida que a sociedade se democratiza e exige maior transparência dos meios de comunicação, dos governos e das empresas.

A imprensa tem-se tornado mais ativa, investigativa e analítica, ampliando sua influência sobre o público.

20.4 COMUNICAÇÃO DO PRODUTO

Sem comunicação seriam feitas poucas trocas (compra e venda) de produtos. Os consumidores que formam um mercado precisam saber que existe um produto e se este pode ou não satisfazer suas necessidades.

Um sistema global de comunicação em vendas deve ser tal que permita todos os esforços para vender. Este sistema é mais ou menos complicado, dependendo da dimensão da empresa, dos valores transacionados e das informações necessárias. Atinge ponto máximo nas empresas multinacionais, em muitos casos.

Quando de mercados muito sensíveis, com competição muito acirrada, um bom e rápido sistema de comunicação decide a venda. É preciso que o consumidor de um determinado mercado saiba que o produto existe e está disponível. Por isso, o produto precisa ser comunicado ao público.

A comunicação do produto precisa garantir que o mesmo satisfará as necessidades e os desejos do consumidor. Para tal, é necessário um pouco de persuasão para encorajar os consumidores a cruzarem o limiar do comportamento de troca e darem os passos para ficar de posse do produto.

Este aspecto de persuasão da comunicação mercadológica vence a hesitação dos consumidores por induzir ou criar uma disposição psicológica favorável, para ser feita uma compra e venda.

O conceito moderno de comunicação de um produto é aquele processo que gera resposta imediata do consumidor, porque é importante saber o que ele pensa e o que ele quer. Os avanços tecnológicos fornecem aos comunicadores os meios de mostrar às pessoas as inovações mercadológicas.

As ferramentas de comunicação são muitas, tais como: propaganda, publicidade, promoção, relações públicas, marketing direto, telemarketing, anúncios, encartes em revistas e jornais, cartazes, displays, material audiovisual, concursos, sorteios, amostras grátis, exposições, feiras, convenções, demonstrações, cupons, descontos, juros baixos, adesivos, seminários, relatórios, doações, patrocínios, publicações, catálogos, folhetos, eventos, televisão, rádio, internet, telefone...

Algumas categorias de produtos solicitam muito pouca persuasão por parte dos vendedores. Mas, em geral, há a necessidade de muita persuasão antes que seja efetuada a troca. Muitas vezes, a combinação oferta do vendedor (fabricante, distribuidor) e desejo do consumidor não é tão óbvia quanto parece. Por esta razão, há a necessidade de todo um trabalho de venda, que começa com a persuasão.

Assim, fica a dúvida: Como uma empresa comunica, naturalmente, os seus produtos? Por diversos aspectos, tais como: utilidade de forma, satisfação do consumidor, realização do comprador, marca de sucesso, qualidade assegurada, embalagem elucidativa, rótulo adequado, preço de venda, desconto, garantia, serviço pós-venda, sistema de distribuição, utilidade de tempo, utilidade de lugar.

20.5 PUBLICIDADE

A publicidade é a divulgação de informações sobre as atividades da empresa e seus produtos por intermédio da imprensa, para seu público-alvo, sem custo adicional. Em linhas gerais, a publicidade é a ação para tornar pública alguma coisa. É um instrumento para educar as massas, difundir conhecimento e cultura, propagar campanhas e divulgar um produto. A empresa se projetará através da publicidade, isto é, se aplicará em tópicos noticiosos e comentários de natureza comercial, divulgados gratuitamente.

A publicidade terá condições de exercer, de forma responsável, o seu papel de agente de comunicação, de informação e de diálogo entre produtores, distribuidores, parceiros, consumidores e autoridades governamentais, executando uma tarefa de sentido social. É, portanto, uma atividade típica de relações públicas.

O valor de uma comunicação publicitária está apoiado nos sentimentos e pensamentos dos leitores, ouvintes ou telespectadores. Assim, é preciso saber algo sobre:

- Como chamar a atenção das pessoas?
- Como se processa no cérebro a vontade de comprar?
- Como associar ideias com facilidade?
- Como são os hábitos do público-alvo?
- Como é a interação entre aprendizado e memória?

Uma campanha publicitária precisará levar em conta os seguintes elementos:

Objetivo – O que se pretende posicionar (incutir) na mente do consumidor.

Divulgação – A escolha dos meios de divulgação dependerá das informações coletadas por pesquisa.

Orçamento – O orçamento será, sem dúvida, o critério adotado para alocar recursos e determinar o tempo de duração da campanha.

Recursos Humanos – O recrutamento e a seleção de recursos humanos para cuidar da publicidade será fundamental para a sua eficácia.

Metodologia – Uma metodologia de criação se faz necessária para coletar informações, ordenar e construir ideias.

20.6 PROMOÇÃO DE VENDAS E MERCHANDISING

A promoção de vendas é o conjunto de atividades que suplementam as vendas e a propaganda, ajudando-as com o uso de mostruários, amostras, exposições, experiências e demonstrações. A promoção de vendas situa-se entre a propaganda e a venda. A maioria das atividades desse processo é levada a efeito no ponto de venda e, geralmente, é de curto prazo.

Promoção leva o produto ao consumidor, procurando tornar o mesmo mais interessante e atrativo depois que o consumidor o vê (influência direta).

A promoção de vendas é o lugar comum dos diversos instrumentos que estão classificados como propaganda, venda pessoal e publicidade. Esses instrumentos podem ser classificados em termos de:

Promoção ao Consumidor: amostras, cupões, ofertas de devolução do dinheiro, descontos, prêmios, concursos, selos comerciais, milhagens por utilização de cartões corporativos, demonstrações.

Promoção Comercial: abatimentos por volume comprado, mercadorias gratuitas, descontos sazonais, propaganda cooperativada, incentivos, concursos de vendas para distribuidores.

Promoção da Força de Vendas: prêmios, concursos, competições, campeonatos.

A promoção de vendas e o merchandising não são campos para teóricos. Não há nenhuma outra atividade, no campo das comunicações de vendas que disponha de tantas técnicas. Quem deseja atuar e operar profissionalmente com as promoções de vendas precisa, antes de tudo, conhecer as principais variáveis de suas aplicações em logística.

Os principais objetivos da promoção de vendas são:

- Fazer com que os vendedores vendam mais.
- Auxiliar o distribuidor (varejo e atacado).
- Influir no consumidor final.
- Aumentar a clientela.
- Liquidar pontas de estoque.
- Liquidar produtos de baixa rotação.
- Aumentar capital de giro.
- Obter uma resposta rápida e firme.
- Movimentar vendas, dramatizando a oferta.
- Criar a ilusão de que o produto é um "achado".
- Dar a chance ao consumidor de conhecer detalhes (especificações) do produto.

A promoção é essencial, a fim de criar no cliente a conscientização da existência e das características do produto. Ela pode criar associações psicológicas que podem aumentar a satisfação dos compradores. Também pode ser considerada como um aditivo ao valor da oferta da empresa.

Alguns fatores comuns facilitam a aplicação da promoção para produtos semelhantes, para lançamentos de novos produtos e para produtos negociados em locais de alta circulação de consumidores.

A promoção de eventos é uma atividade de comunicação, por meio de feiras, exposições, congressos, palestras, seminários, espetáculos, concursos e torneios que visam ajudar a divulgar e criar imagem.

Qualquer que seja a ferramenta de promoção, ela se aplica muito mais aos bens de consumo direto do que aos bens industriais. Geralmente, as empresas comerciais estabelecem um calendário de promoção, pois ajuda a determinar que matérias promocionais (faixas, convites, cartazes, folders, prospectos) serão utilizadas. Também facilita fornecedores, indústrias e promotores de eventos a conhecer custos, a elaborar orçamentos e cronogramas de realização.

Define-se merchandising como a operação de planejamento necessária para colocar o produto certo, no lugar certo, na hora certa, na quantidade certa, ao preço justo. Representam operações de merchandising: exposição e apresentação adequada dos produtos; verificação do nível dos estoques e dos preços; aferição da data de validade dos produtos; averiguação do estado do material promocional nos pontos de vendas; ações de amostragem e de degustação.

O merchandising é importante na medida em que apresenta ao consumidor uma real oportunidade de adquirir o produto; efetiva a prestação do serviço ao varejista; assegura uma correta exposição do produto; propicia um giro rápido das mercadorias; alavanca marcas; atende os consumidores, em função de suas disponibilidades; ajuda os varejistas a ter um melhor desempenho.

Os principais componentes do merchandising são: embalagens, displays e arranjos físicos das mercadorias.

20.7 PROPAGANDA

Propaganda é toda e qualquer forma paga de apresentação e promoção de ideias, bens e serviços, levada, a efeito, por um patrocinador identificado. É a característica mais visível do marketing e um auxiliar muito eficiente do trabalho preliminar de vendas.

A propaganda torna conhecida a marca e dá prestígio à empresa que a produz. Ela leva o consumidor ao produto, procurando criar demanda, mesmo antes de o consumidor entrar em contato direto com o mesmo (influência indireta). Muita gente confunde propaganda com marketing, infelizmente. A propaganda é apenas um item de estudo do assunto comunicação do produto.

Os principais objetivos da propaganda são:

- Fazer com que o comprador reaja mais favoravelmente às ofertas da empresa.
- Fornecer informações aos consumidores, tentando modificar seus interesses.
- Fornecer razões para que consumidores mudem de hábito.
- Explicar o uso e o funcionamento do produto.
- Informar mudanças de preços e locais de oferta.

A propaganda tanto é elogiada como criticada. Assim, a seguir, os seus prós e contras:

Prós: Comunica produtos que podem realmente satisfazer nossos desejos e necessidades; encoraja a concorrência a competir, estimulando a economia; diminui os custos ao longo do canal de comunicação (intermediários); Força a empresa a melhorar a qualidade dos produtos.

Contras: Tem uma influência insalubre porque persuade os consumidores a comprar produtos que realmente não desejam (necessitam); cria altos níveis de demanda, o que eleva os preços, forçando a inflação; tem sido criticada por ser falsa, enganosa, aborrecida e irritante.

A propaganda, uma forma de comunicação, que, do ponto de vista da maior parte dos consumidores, é indesejável e desagradável. Em muitos casos, francamente detestada. O difícil é se fazer ouvir nesta sociedade saturada de informação e comunicação.

A única realidade que conta é aquela que está na cabeça do consumidor ou o que queremos posicionar na cabeça do futuro consumidor. Ser criativo, desenvolver alguma coisa que ainda não existe está se tornando cada vez mais difícil.

O mercado de hoje não reage mais às estratégias que deram certo no passado. Há produtos demais, empresas demais, pessoas demais e muito ruído. A mente filtra e rejeita muita informação, que chega de forma geral, só aceitando aquilo que, de certa maneira, coincide com seu conhecimento ou com sua experiência anterior.

Milhões de dólares têm sido desperdiçados na tentativa de sensibilizar as pessoas através da propaganda.

A propaganda não pode apenas ser avaliada pelo imediato aumento das vendas que gera. Isso é importante e é o que os anunciantes esperam. Inclusive, quanto à elevação das vendas no curto prazo, as promoções de vendas são mais eficazes.

A propaganda traz efeitos de longo prazo, como a construção da marca, a criação e a manutenção de uma imagem favorável junto ao público. Além disso, recorda ao consumidor a existência do produto, reforçando seu prestígio no mercado. Também serve para comunicar promoções que estejam em andamento.

20.8 AGÊNCIA DE PROPAGANDA

As agências de propaganda são empresas privadas que se especializaram na execução de tarefas de propaganda. Elas começaram como corretoras para as mídias. Localizavam anunciantes para a aquisição de espaço em meios escritos. Hoje, dedicam seu tempo para prestar serviços a anunciantes, como planejamento da campanha publicitária, bem como execução e avaliação de resultado. Outras oferecem, também, serviços de desenhos de embalagem e pesquisa de mercado.

Tradicionalmente, as empresas entregam a responsabilidade da propaganda para as agências quando se trata de uma nova campanha ou de lançamento de um novo produto. Com o tempo, os objetivos das agências de propaganda são desvirtuados dos objetivos da empresa. Aí, esta precisa recuperar o controle da propaganda.

Um serviço de propaganda eficiente depende de uma boa equipe técnica de comunicação de massa e da elaboração de mensagens primorosas. Uma das maiores vantagens para o anunciante que usa uma agência é o ponto de vista vindo de fora da empresa.

O pessoal da agência pensa em termos de mercados diferentes, meios diferentes, produtos diferentes. Na escolha de uma agência, há certos fatores que devem ser considerados, tais como: experiência, comprovação, êxito, clientela, tempo de existência e reputação. Alguns conceitos precisam ser esclarecidos:

Patrocinador – Empresa que paga a propaganda dos seus produtos e marcas.
Anunciante – Empresa que utiliza um canal de comunicação para divulgar um produto.

Mas, sob que circunstâncias as empresas solicitam os serviços de uma agência de propaganda? Por- que uma agência distribui seus custos por outros clientes. Além disso, já que a atividade principal de uma agência é a propaganda, ela leva a cada cliente qualquer experiência, conhecimento de mercado e experiências adquiridas com outras empresas.

20.9 PLANO DE PROPAGANDA

Um plano de propaganda representa a ação estratégica a ser desenvolvida com a finalidade de divulgar, ao provável consumidor, uma mensagem de venda com os pontos positivos de um produto.

O plano de propaganda deve ser um documento escrito para que as partes (empresa, anunciante e agência) saibam exatamente quais as diversas etapas que serão cumpridas, qual a estratégia que vai ser adotada e que recursos serão utilizados.

Para evitar interpretações errôneas sobre os fatos que deram origem ao plano de propaganda, o mesmo deve começar com uma análise da situação onde são registrados todos os dados em que estarão baseadas as recomendações da agência e/ou anunciante.

O planejamento do plano de propaganda deve se basear no seguinte questionamento:

- Quais são os objetivos da propaganda?
- O que se quer transmitir?
- Que pesquisas são necessárias?
- Qual o tempo de duração da campanha?
- Qual a disponibilidade em recursos?
- Que tema na mensagem devem conduzir a propaganda?
- Que mídia deve ser utilizada?
- A propaganda faz parte da política de preços?
- Qual a época oportuna?
- Como deve ser organizada a propaganda?
- Como avaliar resultados (audiência, custo/benefício, resposta do consumidor)?
- Que formato deve ter o anúncio?
- Qual o tipo de propaganda? Geral? De suporte? Cooperativada?
- Qual agência escolher?

Escolher quais são os meios mais adequados à divulgação do produto, verificando suas vantagens e desvantagens, ajudará no plano de propaganda:

- Jornal – Mídia impressa, o jornal apresenta o produto com credibilidade de fonte. Vantagem: Cobertura do mercado. Desvantagem: Propaganda de vida curta.
- Revista – Mídia impressa, a revista é altamente seletiva. Vantagem: Propaganda de vida mais longa do que o jornal; Reprodução de alta qualidade. Desvantagem: Necessidade de reserva de espaço mais antecipada do que o jornal; Propaganda bem mais cara em relação ao jornal.
- Rádio – Mídia eletrônica de massa. Vantagem: Tem um custo relativamente barato. Desvantagem: Utiliza um único sentido do corpo humano.
- Televisão – Mídia eletrônica de cobertura regional, nacional e internacional. Vantagem: Maiores meios de criatividade. Desvantagem: Custo elevado.
- Mala Direta – Propaganda (papel ou meio eletrônico) para um determinado público-alvo. A mala direta pode ser pessoal ou institucional, tendo tratamentos diferenciados. Vantagem: Baixo custo. Desvantagem: Retorno muito pequeno.
- Evento Promocional – Acontecimento de curta duração para mostrar um produto. Vantagem: Congrega pessoas do mesmo ramo. Desvantagem: Precisa ser muito bem planejado para não fracassar.
- Telefone – O telefone é usado ao mesmo tempo como canal de comunicação e de venda. Vantagem: Contato direto. Desvantagem: Impertinência de quem chama.
- Internet – O computador é usado como ferramenta de trabalho e como canal de comunicação. Vantagem: Facilidade de escolha do produto. Desvantagem: Acessibilidade ainda restrita.

20.10 GERÊNCIA DA PROPAGANDA

Cabe à gerência da propaganda elaborar o seu orçamento, verificar a disponibilidade de recursos, estabelecer um valor percentual em função da receita com vendas (em geral é de 3%), acompanhar o gasto da concorrência com propaganda, estabelecer um cronograma para o plano de propaganda e desenvolver um fluxograma de programa para decidir o que fazer, em função dos objetivos a alcançar. Além das atribuições, acima mencionadas, são fundamentais os seguintes elementos:

Eficiência da Propaganda – A eficiência da propaganda poderá ser medida pelo impacto visual que causa e pelo desejo de leitura. Para tal, a propaganda terá de trazer novas ideias, melhorar os níveis de percepção, persuasão e clareza. Deverá trabalhar, também, o emocional.

Um exemplo de eficiência da propaganda pode ser dado quando se afere o valor de um anúncio comparando os seguintes fatores:

Fatores	Especificações
Ilustrações	Área, estrutura, fotografia, proximidade, contraste.
Título	Pequena área, uma ou duas linhas, poucas palavras, junto do texto.
Conteúdo	Texto principal, texto suplementar, área para assinatura.
Desenho	Equilíbrio de desenhos e gráficos, maximização da utilização de espaços.
Cores	Vivas, misturadas, frias, leves, fortes.

Quadro 20.1: Fatores de Eficiência do Anúncio.

Eficácia da Propaganda – É difícil saber quão eficaz é a propaganda, a não ser nos casos mais óbvios. A eficácia da propaganda será maior quando:

- O conhecimento do comprador for mínimo.
- As vendas da indústria, como um todo, crescerem.
- A propaganda apresenta aspectos do produto, normalmente, não observados pelo comprador comum.
- As oportunidades de diferenciação ficarem bem claras.
- As rendas dos consumidores forem altas.

A avaliação da eficácia pode ser medida, onde quatro empresas A, B, C e D, cujas fatias de mercado são 40%, 20%, 25% e 15%, respectivamente, e seus gastos com propaganda.

Empresas	Gastos com Propaganda	Valor Relativo	Fatia do Mercado	Eficácia da Propaganda
A	3.000,00	43%	40%	0,93
B	2.000,00	28%	20%	0,71
C	1.500,00	21%	25%	1,19
D	500,00	8%	15%	1,87
Totais	7.000,00	100%	100%	

Quadro 20.2: Avaliação da Eficácia da Propaganda.

Análise: Taxa abaixo de 1,00 significa que a propaganda é ineficaz. Taxa acima de 1,00 significa que a propaganda é eficaz. No caso acima, temos:

Empresa A – Relativamente ineficaz (40%/43% = 0,93).
Empresa B – Ineficaz (20%/28% = 0,71).
Empresa C – Relativamente eficaz (25%/21% = 1,19).
Empresa D – Muito eficaz (15%/8% = 1,87).

A propaganda não é um brinquedo em que o empresário investe quando está alegre e esquece quando está triste. É um componente que não pode faltar, assim como não pode faltar matéria-prima, para uma fábrica.

Às vezes, é mais fácil e barato crescer em meio a crises, quando a concorrência está acanhada, do que em períodos de expansão econômica, quando as empresas avançam sobre o mercado.

A Ford americana mostrou saber disso melhor que ninguém, já na Segunda Guerra Mundial. Sem ter carros para entregar ao público, porque suas fábricas estavam comprometidas com o esforço de guerra, a empresa, assim mesmo, fez propaganda, garantindo um lugar na cabeça dos consumidores. "Há um Ford em seu futuro", dizia o anúncio. O corte das verbas de propaganda, a fim de salvar o lucro no curto prazo, num momento de recessão, pode não ser a decisão mais inteligente.

Um esforço agressivo de propaganda, mesmo que reduza o lucro no curto prazo, compensa. Auxilia as empresas a enfrentar a crise, sem ter de jogar os preços no chão para atrair os consumidores, ajuda a ganhar participação de mercado, fortalecendo as marcas anunciadas, e permite que as empresas gerem maiores lucros depois do fim da crise.

Embora o retorno do investimento de todas as companhias diminua, a queda de quem aposta em propaganda é compensada, logo depois, por uma crescente participação de mercado e, a seguir, por lucros mais expressivos.

20.11 AUTOMAÇÃO DAS COMUNICAÇÕES

A automatização das comunicações oferece verificação rápida da opinião pública, facilita a pesquisa e a previsão, racionaliza a produção e distribuição, ajuda à manutenção de estoques em níveis baixos, dá acesso a tudo e a todos, dissemina a informação, disponibiliza meios para a confrontação de padrões e modelos de decisão.

O impacto da automação nas comunicações significa impacto em todas as atividades humanas. Deve-se entender que o complexo das comunicações engloba não só a indústria e serviços, como também toda a combinação de pessoas, instituições, sanções legais e meios informais que, em conjunto, formam o centro nervoso que movimenta a sociedade. Em outras palavras, estamos tratando do impacto da automação nas maneiras pelas quais nos comunicamos, vivemos, trabalhamos e desenvolvemos.

Mais especificamente, as comunicações terão de explicar os efeitos das mudanças sobre o indivíduo, ajudá-lo a compreender seu novo papel na sociedade e na sua organização, auxiliá-lo a aceitar a falta de trabalho, assisti-lo na descoberta de novas oportunidades, ampará-lo na transparência, ajudá-lo a desenvolver suas habilidades e capacidades.

As comunicações terão, obviamente, papel de destaque no aprendizado permanente a que a automação está compelindo todos nós, bem como ajudar cada indivíduo a obter todas as informações de que necessita em seu trabalho, seja como parte de uma organização ou não.

Num mundo em que as comunicações têm tal significado, todos os indivíduos terão de desenvolver sua capacidade pessoal nesse campo. É igualmente importante que as comunicações mantenham em funcionamento os processos de produção e distribuição, para a comercialização de bens e serviços, bem como para formação e manutenção dos governos. Em outras palavras, devem ser funcionais, o que, por si só, já constitui formidável tarefa numa sociedade automatizada.

20.12 COMUNICAÇÃO DE DADOS

A comunicação de dados já existia antes que se sonhasse com computadores. Mesmo antes da época em que apareceu a escrita, os mensageiros levavam em suas mentes informações régias ou militares para expô-las oralmente quando chegassem ao seu destino.

Hoje, temos inúmeros serviços de comunicação através da voz, textos, imagens, dados. Cada um com suas características próprias.

A nova economia é interligada em uma rede. Ela cria um espaço universal novo para o compartilhamento de produtos, mercados e consumidores. A explosão da conectividade levou a uma onda de fusões e aquisições de empresas, resultando menores custos, melhores resultados e mais desemprego.

As funções mais importantes da comunicação de dados são: coleta, tratamento, distribuição, transporte e disseminação. Os principais elementos de um sistema de comunicação de dados são: computador, unidade controladora, modulador, demodulador, canal de comunicação e terminal. O terminal pode ser outro computador ou um equipamento periférico.

O processamento eletrônico de dados é transcrever, copiar, arquivar, recuperar, localizar, calcular e transferir dados num sistema de informação baseado no computador. Combinando diversas dessas operações, selecionadas conforme a natureza e o valor, é possível construir todos os tipos de informação que se deseja.

O teleprocessamento é um sistema de processamento de dados com comunicação. Existem diferentes possibilidades de utilização deste sistema, tais como: tempo compartilhado com vários usuários; dados recebidos são acumulados para processamento posterior; atualização constante dos dados consultados; a carga de processamento é distribuída entre vários equipamentos, interligados por uma rede de comunicação.

Com sua capacidade de seguir instruções pormenorizadas, o computador tem uma margem de erro praticamente nula. Trabalha seguindo um caminho rígido de procedimentos: um programa. Cada programa é composto de uma série de instruções que fazem com que o computador execute o trabalho pretendido.

As atividades do computador são:

- Armazenar dados e conjuntos de dados (arquivos).
- Recuperar dados a qualquer momento.
- Modificar a sequência dos dados.
- Classificar dados da forma desejada.
- Executar cálculos, textos, gráficos.
- Mostrar resultados de pesquisa.
- Selecionar dados.

Recomenda-se o uso do computador quando se necessita de velocidade nas operações, grande volume de trabalho, uniformidade nas transações, muitos cálculos, estabilidade das operações, necessidade de alta precisão, menor tempo de resposta e ajuda na tomada de decisão.

20.13 INFORMAÇÃO

Informação é a noção, ideia ou mensagem contida num determinado meio. É sempre incorpórea, por isso, que ela é definida como matéria-prima abstrata. É um dado trabalhado, registrado, classificado, organizado, relacionado ou interpretado dentro de um contexto, exprimindo significado que permite a alguém tomar uma decisão inteligente. Também pode ser considerada como um conjunto de dados com um significado que reduz a incerteza a respeito de algo ou aumenta seu conhecimento.

Dado é qualquer elemento identificado em sua forma bruta, que, por si só, não conduz a uma compreensão da situação. É um registro a respeito de um determinado evento, fato ou ocorrência. Um relatório revela uma série de dados que podem se transformar em informação quando, consistentemente elaborados, passarem a ter utilidade para a tomada de decisão.

Enquanto o dado é uma mensagem sem avaliação, a informação é um dado avaliado para uma situação específica e endereçada.

A informação é indispensável ao administrador para se atingir metas, descobrir e definir problemas. É através da informação que avaliamos desempenhos e desenvolvemos procedimentos adequados. Os pedidos recebidos num almoxarifado são dados. Notas fiscais e faturas são informações. Peter Drucker diz que "a informação é lógica, neutral, formal, impessoal, não emocional". A empresa é um centro acumulador de informações.

O gerente mal-informado ou que desdenhe a informação tende a malograr. A informação integra a ação gerencial. Nos diversos cargos de uma organização, a informação atua, principalmente, nos seguintes aspectos: técnico, comportamental, político, administrativo e ambiental.

A informação é útil quando permite apoiar e orientar uma ação com segurança, minimizando a margem de erro. Na comunicação, a parte principal é a informação. Se esta não for comunicada pode inviabilizar a tomada de decisão ou a solução de um problema. A informação pressupõe a comunicação.

A informação é sempre codificada. Para ser recebida e usada, o código deve ser conhecido e entendido pelo receptor. Isso exige um acordo prévio, algum tipo de comunicação.

Informática é a ciência do tratamento automático e racional da informação, considerada como suporte do conhecimento e da comunicação. A informática está se transformando em um importante ferramental tecnológico à disposição do homem para promover o seu desenvolvimento econômico e social, pela agilização do processo de decisão e pela otimização dos recursos existentes.

20.14 VALOR DA INFORMAÇÃO

O valor da informação é dado pela necessidade de seu uso. O usuário deve especificar suas necessidades, determinar as fontes (quando possível), avaliar, decidir e administrar as informações (dados) coletadas.

Segundo Weitzen, "o valor da informação está intimamente ligado à capacidade que ela tem de alterar o estado de conhecimento do usuário". A capacidade do indivíduo de receber informação, de avaliar sua relevância para o papel que ele desempenha no grupo e de interpretá-la é muito limitada.

É ingenuidade, do mais alto grau, supor que, se as pessoas tiverem muitas informações sobre os problemas, elas compreenderão os fatos e haverá mais soluções.

A informação tem um valor que pode ser analisado quando temos respostas às seguintes perguntas:

- Qual a novidade da informação?
- A nova informação afetará políticas estabelecidas?
- A nova informação trará benefícios para a empresa?
- A informação é comprovadamente verdadeira?
- Quem está comunicando a nova informação?
- Existem interesses embutidos?
- A nova informação está associada ao seu uso (custo/benefício)?
- A informação contém prejulgamento?
- A informação pode ter um caráter particular, em função do comunicador?

Alguns aspectos precisam ser estudados para medir este valor, pois é impossível para o dirigente de uma empresa, mesmo pequena, receber e assimilar todas as informações que estão sendo diariamente coletadas. São estes:

Fonte da Informação – O administrador não completará o processo de especificação das necessidades de informações antes de começar a considerar as fontes de dados. Cada uma das fontes deve ser avaliada quanto à: credibilidade, custo, tempo, acessibilidade, coerência, pertinência, verificação.

As fontes de informação podem ser: publicações, relatórios internos, relatórios de organizações nacionais e internacionais, pesquisas (mercado, produto, recurso), sistemas de informação, inspeções, experiências, demonstrativos de resultados, previsões, planos, orçamentos, projetos, estudos de risco.

Após a seleção das fontes de informação, o usuário deve classificar, ordenar e arquivar as mesmas, visando sua utilização futura. Um princípio deve ser seguido: *Aproveitar ao máximo a experiência adquirida de terceiros.*

Distorção da Informação – A distorção da informação pode acontecer por:

- Falha do sistema de comunicação (processamento, manejo e transporte da mensagem).
- Baixo nível de percepção dos indivíduos envolvidos.
- Falta de capacidade para falar, escrever e ouvir.
- Muito ruído, no canal de comunicação, devido as diferenças de personalidade.
- Distorção deliberada (sabotagem).
- Falha vinda da empresa prestadora de serviços de telecomunicação.

É importante destacar o meio como fonte de distorção da informação. Assim, se o meio for pessoal, maior é a distorção e, se o meio for eletroeletrônico, menor é a distorção.

Filtro da Informação – O problema do administrador é a explosão (abundância) de informações, dificultando o controle da comunicação. Faz-se necessário filtrar o que é pertinente e relevante do redundante e repetitivo. A informação passada de um determinado nível hierárquico para outro terá de ser filtrada (triagem) ou sintetizada (condensada).

O filtro de informação é utilizado para selecionar o que deve ou não passar. A despeito de todas as filtragens e simplificações, o volume de informações necessário à condução de nossos negócios cresceu muito, mais do que o tamanho do próprio negócio. Desde o ambiente até a ação são necessários diversos filtros para barrar informações indesejáveis.

A seguir, os mais importantes tipos de filtro de informação:

Filtro de Entrada – Filtro que monitora qual o tipo e a quantidade de informação (dado) que entra no sistema.
Filtro de Relevância – Filtro voltado para a lógica, porque determina o que realmente serve.
Filtro de Poder – Filtro que é aplicado pelo executivo chefe ou coordenador do projeto.
Filtro de Feedback – Filtro que aponta quais os desvios devem ser considerados.

Dinâmica da Informação – À medida que a informação atravessa a hierarquia da organização, ela sofre um processo de abstração, absorção e distorção. Interesses pessoais e organizacionais, condições sociais, psicológicas e econômicas podem conferir à informação uma conotação que não é verdadeiramente aquilo que aparenta ser. Há muitos modos diferentes de sintetizar e interpretar a informação, porque, por exemplo, duas pessoas não empregarão exatamente as mesmas palavras para descrever um mesmo acontecimento.

A comunicação é percepção, a informação é lógica. Como tal, a informação é puramente formal e não tem significado. É impessoal e não interpessoal. Quanto mais ela pode se libertar do componente humano, ou seja, de coisas como emoções, valores, expectativas e percepções, mais válida e confiável ela se torna.

20.15 CLASSIFICAÇÃO DA INFORMAÇÃO

A seguir, uma classificação da informação:

Quanto ao ambiente, as informações podem ser:

Informações Internas – São aquelas relativas ao âmbito interno da organização, tais como: carteira de pedidos, situação financeira, situação econômica, recursos, processos, atividades, capacidade instalada, ordens de serviço.

Informações Externas – São aquelas relativas ao âmbito externo da organização, tais como: economia (moeda e crédito), política governamental, oportunidades, ameaças, mercado, concorrência, avanços científicos e tecnológicos, balança comercial do país.

Quanto ao arquivamento, as informações podem ser por:

Meio (papel, meio denso), ordem (alfabética, cronológica), clientela (consumidores, fornecedores, pacientas, usuários, colaboradores, parceiros, concorrentes), região, assunto, função organizacional (departamento), função administrativa (planejamento, direção, controle, organização, coordenação, comando, delegação), produto, pessoal (deveres, direitos). O arquivamento da informação facilita sua recuperação.

Quanto à finalidade, as informações podem ser:

Informações Estratégicas – São aquelas voltadas a ajudar a alta administração a tomar decisões no nível institucional e que definem o futuro da organização. No nível estratégico os dados são inexatos.

Informações Táticas – São aquelas voltadas a ajudar os gerentes a decidir sobre as necessidades de recursos. No nível tático os dados são aproximados.

Informações Operacionais – São aquelas voltadas a ajudar a organização a manter ativo o seu ciclo operacional. No nível operacional os dados são exatos.

Quanto à utilidade, as informações podem ser:

Informações Significativas (relevantes) – São aquelas que facilitam a tomada de decisão e a resolução de problema.

Informações Disseminadas – São aquelas que atingem todos os níveis da organização.

Informações Armazenadas – São aquelas que são recuperadas através de banco de dados.

Informações Desatualizadas – São aquelas que são substituídas por outras mais atuais, mas não são eliminadas, pois é possível sua utilização no futuro (séries históricas).

Quanto à aplicação, as informações podem ser:

Informações Contábeis – São aquelas relativas à caixa, bancos, recebíveis, contas a pagar, balanço patrimonial, demonstrativo de resultado.

Informações de Marketing – São aquelas relativas à pesquisa de mercado, pesquisa de produto, previsão de vendas, faturamento, receita com vendas.

Informações de Produção – São aquelas relativas a processos, tecnologias, materiais, fornecedores, projetos, custos, otimização de recursos.

Informações Corporativas – São aquelas relativas aos investimentos, imobilizações, negócios, salários, indicadores de gestão (econômicos, financeiros, de performance, de mão de obra, de venda, de produção, de tempo).

20.16 USO DA INFORMAÇÃO

A informação é recurso vital que integra, quando devidamente estruturada, os diversos subsistemas da empresa. A informação é tão importante que a ausência da mesma a respeito de um determinado assunto se traduz num grau de incerteza muito grande.

Numa economia de rede a informação passou a ser um produto negociável e muito procurado. Tanto é verdade que surgiram no mercado os intermediários da informação.

De modo geral, uma empresa faz uso intensivo da informação. Então, se impõe as seguintes questões:

- Até que ponto um componente informativo está se tornando uma parte do produto?
- Qual a intensidade de um componente informativo no processo de produção?

Implicações relativas ao uso da informação precisam ser analisadas, porque quanto maior a intensidade de uso da informação acontecerá: menores ciclos de vida dos produtos; maior mudança das fronteiras de mercado (produto, marca); maior tendência de definir seu setor e a concorrência; mais poder relativo a favor do consumidor; maior uso de sistemas flexíveis de comunicação, distribuição e força de vendas.

Uma informação produzida que não seja distribuída, em tempo hábil, para tomada de decisão, praticamente, perde a sua oportunidade. A informação de qualidade apresenta:

- Forma – A forma diz respeito ao conteúdo, apresentação e confiabilidade.
- Idade – A idade é determinada pelo tempo de existência da informação em relação aos fatos relatados. Mas atenção, nem tudo que é antigo não serve mais.
- Frequência – A frequência diz respeito à periodicidade com que a informação é produzida.
- Significado – Aquilo que deve ser absorvido pelo usuário (detalhes, exceções).

Uma pessoa, na sua capacidade normal de agregação e interpretação, controla um número de informações que varia de cinco a um máximo de nove, simultaneamente.

Com o surgimento da Internet foram necessárias medidas de segurança que, infelizmente, não são invulneráveis. Muitas empresas passaram a acumular bens valiosos na forma de bits, uma espécie de ativo digital que reúne registros de transações, projetos de novos produtos, cadastros de clientes, relatórios financeiros e outras informações sigilosas.

Na grande maioria das empresas, a segurança da informação fica por conta das divisões de informática e tecnologia. Mas há uma tendência, iniciada em bancos e instituições financeiras, de criar equipes especializadas na proteção e vigilância eletrônica dos sistemas de toda empresa.

20.17 SISTEMA DE INFORMAÇÕES

O sistema de informações é um subsistema do sistema empresa que, por sua vez, é composto de um conjunto de subsistemas interdependentes. Ele está voltado a transformar dados em informações úteis. Uma empresa, pequena ou grande, terá necessidade de um sistema de informação que será tanto mais sofisticado quanto mais complexas forem as operações da empresa.

Segundo Belmiro N. João, "os sistemas de informação são conjuntos de procedimentos que visam captar o que acontece na organização, apresentando de forma sucinta, a cada nível, o que lhe cabe, tendo por objetivo dar subsídios ao processo decisório". São conhecidos como sistemas de informações gerenciais os sistemas que envolvem dinamicamente as informações que apóiam o administrador na tomada de decisão.

O gerente deve se preparar e tomar parte ativa no processo de desenvolvimento e instalação de tais sistemas. Estes, bem planejados, têm diferentes papéis na eficiência, eficácia e efetividade da empresa.

A velocidade do fluxo e do processamento de dados determina a duração do ciclo operacional. Portanto, as informações operacionais devem ser, significativamente, adequadas e exatas.

O trabalho administrativo deve ser organizado de forma que permita a empresa seja vista como uma entidade integrada de subsistemas.

Um sistema de informações tem como objetivos fundamentais:

- Fornecer informações adequadas e oportunas, a fim de que cada um possa desempenhar suas funções adequadamente.
- Incorporar as informações necessárias para apoiar as funções administrativas.
- Acompanhar o avanço tecnológico da automação para prover informações necessárias, suficientes, exatas e rápidas.
- Usar sempre técnicas científicas para análise dos dados.
- Controlar recursos, projetos, planos, programas, contratos.

A qualidade de um sistema de informações pode ser medida pelas seguintes propriedades: utilidade, necessidade, confiabilidade, oportunidade, facilidade de operação, aprendizado, ergonomia, portabilidade, flexibilidade, compatibilidade, rentabilidade, segurança, continuidade e robustez.

A primeira preocupação que se deve ter na construção de um sistema de informações é com relação às necessidades de cada usuário. Assim, o construtor se lança ao estudo dos fluxos de informação existentes na empresa e o propósito de cada um.

As informações a serem fornecidas por tais sistemas dependem da gerência, de seus objetivos e do escopo da empresa. Uma das preocupações ao longo de um projeto de sistema é possibilitar o atendimento das necessidades de informações para gerá-las na quantidade e qualidade requeridas para que as decisões sejam tomadas com um maior grau de certeza possível e no menor tempo viável.

É preciso sintonizar as informações com a autoridade e a responsabilidade dos vários níveis hierárquicos pela tomada de decisões. Este é um trabalho que só pode ser levado a bom termo, se na estrutura da organização com que se depara o analista, ficar bastante claro quem decide o quê.

Uma vez que o objetivo do sistema de informações é estimular uma resposta conjunta dos funcionários para fomentar suas estratégias de negócio, quanto mais ágil for o fluxo de informações, melhor e mais rapidamente uma empresa irá se adaptar às mudanças.

Um construtor de bons sistemas de informação deve possuir determinadas características, tais como:

- Definir e compreender o problema.
- Saber dominar a complexidade.
- Poder se relacionar com diversas coisas simultaneamente.
- Ser capaz de imaginar subsistemas.
- Ter grande poder de abstração.
- Determinar uma rede hierárquica.
- Alterar o conhecimento do usuário, criando um canal efetivo de comunicação com o mesmo.
- Estabelecer e flexibilizar, dentro do possível, padrões de produtividade.

- Não negligenciar aquilo que não for capaz de perceber, saber analisar a relação custo/benefício.

Teste de Aferição de Conhecimento

01 – Por que as pessoas se comunicam?

a) Para trocar ideias
b) Por interesse
c) Para fazer negócios
d) Por pura necessidade humana

02 – O feedback na comunicação é importante por que:

a) Reforça a mensagem
b) Mostra que o receptor entendeu a mensagem
c) Dá direção à conversa
d) Tem pouca importância

03 – O Departamento de Relações Públicas de uma empresa serve para:

a) Tirar a empresa de encrencas
b) Trabalhar a imagem da empresa
c) Ajudar a vender
d) Onerar o custo da comunicação

04 – Quando você paga para divulgar um produto, você está fazendo:

a) Publicidade
b) Propaganda
c) Promoção
d) Merchandising

05 – Se você quer vender rápido um produto, precisa fazer o quê?

a) Promoção no varejo
b) Entrega para uma agência de propaganda
c) Relações públicas
d) Pesquisa de mercado

06 – Os maiores problemas em processamento de dados são:

a) Imediatismo da resposta
b) Capacidade de decisão
c) Transferência de dados
d) Volume processado

07 – O valor da informação está no seguinte aspecto:

a) Uso
b) Novidade
c) Distorção
d) Verdade

08 – A principal qualidade de um sistema de informações está na:

a) Necessidade
b) Confiabilidade
c) Segurança
d) Robustez

Capítulo 21

DECISÃO, RISCO e OBJETIVO

"Quando oficiais dão ordens e não são obedecidos, é possível que, numa primeira vez, tenha havido um problema no sistema de comunicação. Mas, quando dão as mesmas ordens, pela segunda vez, e não são obedecidos terão de ter suas cabeças cortadas".

Sun Tzu

OBJETIVOS DO CAPÍTULO

- Mostrar a importância da tomada de decisão acertada.
- Mostrar modelos de tomada de decisão e quais habilidades são necessárias.
- Mostrar de onde se originam as decisões e como dimensionar riscos.
- Mostrar que, quando não se tem um objetivo, qualquer resultado serve.

21.1 CONCEITO DE DECISÃO

Como todo dirigente experiente sabe, uma grande parte do seu tempo é ocupada em tomar decisões diversas e variadas. As exigências de decidir são as mesmas tanto para importantes questões como para as triviais. Apesar da importância desse assunto, não há uma fórmula sistemática para a tomada de decisão, pois a mesma parece ser mais uma arte do que ciência. Ela precisa menos de cálculos e mais de senso comum.

A tomada de decisão é a essência da responsabilidade administrativa. O administrador deve responder as perguntas clássicas: onde, quando, por que, quanto, como, quem e o que fazer? Segundo Chiavenato, ao estabelecer objetivos, alocar recursos, resolver problemas, por exemplo, o administrador deve ponderar o efeito da decisão de hoje sobre as oportunidades de amanhã.

Decidir é escolher entre várias alternativas de cursos futuros de ação, porque, se não há alternativas não há escolha, isto é, não há decisão a tomar. É fazer uma apreciação sobre uma linha de conduta a ser adotada. Tomar decisões implica dispor, inteligentemente, de recursos físicos, materiais, humanos, financeiros, mercadológicos, administrativos, sistêmicos e tecnológicos, de maneira a otimizá-los na consecução dos objetivos.

Se você tem conhecimento e experiência pertinentes, provavelmente, escolherá os melhores caminhos, se não os tem tomará más decisões. Em suma, você é vítima da sua própria formação.

A natureza deste processo possui muitas facetas e modifica-se continuamente. A tomada de decisão está intimamente relacionada à solução de problema. Mas, deve-se fazer uma distinção entre as duas coisas. Enquanto esta trata da busca e resposta, aquela se compromete com uma alternativa específica de solução.

Como não é fácil decidir, você precisa estar bem servido de informações relevantes e pertinentes, porque quanto mais dados forem obtidos menor é o tempo disponível, para sua análise e uso eficaz. Qualquer que seja o tamanho do problema será necessário ter um sistema de informações como suporte de decisão.

O objetivo da decisão é a direção do comportamento humano no sentido de alguma finalidade futura. A racionalidade pressupõe certa habilidade em efetuar um julgamento a respeito do futuro. Mais importante do que saber por que não se chega às conclusões certas é saber que linha de ação produzirá os melhores resultados possíveis, a partir dos recursos disponíveis.

Na tomada de decisão, você deve se perguntar:

- Até que ponto as consequências de uma decisão podem ser previstas de modo preciso?
- Até que ponto essa decisão vai afetar sua empresa?
- Você terá a capacidade de controlar os resultados?
- Essa decisão vai afetar outras funções organizacionais?
- Essa decisão envolve pontos da política empresarial?
- Essa decisão é baseada em circunstâncias únicas?
- Quanto tempo é preciso para acontecer o resultado esperado?

21.2 DIFICULDADE EM DECIDIR

As decisões são, efetivamente, tomadas por pessoas que depois serão responsabilizadas pelos resultados alcançados. De fato, a fonte mais comum de erros e enganos nas decisões administrativas é o destaque que se dá à busca da resposta correta, e não da pergunta certa. Ao decidir, sua mente agirá de sorte a procurar a melhor solução para o problema.

Da mesma forma, quando tomamos decisões autocorretivas, estamos buscando parâmetros familiares, baseados na experiência e conhecimento acumulados, ao longo dos anos, como num processo contínuo de realimentação. Parece complicado? E é.

Ninguém realmente compreende como a mente funciona e como as decisões são tomadas, muito embora os ciberneticistas estejam estudando o problema, há muitos anos.

Uma decisão, raramente, é uma opção entre o certo e o errado. Na melhor das hipóteses, é uma escolha entre o quase certo e o provavelmente errado. Porém, muito mais constante, é uma escolha entre dois cursos de ação, não sendo nenhum deles mais certo do que o outro. Por que a maioria dos livros sobre este assunto preconiza os fatos, se somos movidos pelas opiniões?

As opiniões nada mais são do que hipóteses não comprovadas e, como tais, são inúteis, a não ser que sejam testadas no mundo real. As pessoas começam com uma opinião e depois buscam fatos que se encaixam com a conclusão a que elas já chegaram.

Há uma pergunta que aquele que toma decisões sempre faz: É realmente necessário tomar esta decisão? Já que existe a alternativa de nada fazer. Toda decisão é uma espécie de cirurgia, embora muitas decisões dêem em nada. É preciso tomar uma decisão quando uma situação vai degenerar. Isto também se aplica com relação à oportunidade. Se esta for importante tenderá a desaparecer. Portanto, deve-se agir imediatamente.

No extremo oposto, há situações que, na melhor das hipóteses, os problemas devem se resolver por si mesmos, ainda que nada seja feito.

A grande maioria das decisões ainda reside nesses extremos. O problema não vai se resolver por si, mas é improvável que se alastre. Já a oportunidade é apenas para o aprimoramento e não para a mudança real e para a inovação. Mas, ainda assim deve ser considerada. Se não agirmos, é provável que sobreviveremos, mas se agirmos estaremos em melhor situação?

Não há razão para não se fazer algo, se for o correto a ser feito, só porque é difícil, desagradável ou assustador. Quando se está inquieto, perturbado, incomodado, sem se saber por que, deixa-se de tomar uma iniciativa, quando as coisas parecem fora de foco. É comum não se perceber um detalhe àquilo que nos parece insignificante, mas que, muitas vezes, é a chave do problema a resolver. Aliás, o importante, em geral, é imperceptível ao homem comum. Relembrando Sherlock Homes, que perguntava: "Por que o cão dos Baskervill não late?"

21.3 FONTES DE DECISÃO

Embora não haja regras absolutas, as fontes de decisão, geralmente, se originam de: ordens superiores, apelos dos subordinados, planos organizacionais, planejamentos estratégicos, níveis hierárquicos, posições na estrutura organizacional, orçamentos, oportunidades, ameaças, restrições, contingências, estratégias, táticas, vantagens, desvantagens, pontos fortes, pontos fracos, prioridades, planos de benefícios, por exemplo.

As decisões transmitidas a um executivo por níveis superiores da hierarquia, geralmente, exigem mais ações de decisão. Algumas decisões superiores não podem ser executadas, porque não levam em consideração a natureza do problema. Deixar de responder a uma decisão superior é, obviamente, um negócio sério, mas tentativas de impor a decisão podem ter consequências igualmente sérias.

Como Chester Barnard indicou, a capacidade da maioria dos homens de tomar decisões é limitada e, muitas vezes, eles tentam evitar as decisões que envolvem mais do que respostas às condições rotineiras. O executivo não pode responder a todo apelo subordinado de ajuda, sem negar, em primeiro lugar, a própria razão da delegação. Os superiores devem, em geral, restringir suas intervenções a importantes problemas de decisão ou assuntos que exijam precedentes.

As decisões tomadas em cada nível têm um impacto em outros pontos da organização. Mas, ao mesmo tempo, são tomadas decisões em consequência de alterações que resultam de decisões de outros níveis.

Por exemplo, uma decisão do presidente de reduzir o orçamento de um departamento cria um problema de decisão para o gerente do departamento, decisões tomadas pelo gerente de vendas podem criar problemas para o gerente de produção, e vice-versa.

Cada posição hierárquica é simultaneamente um centro de tomada de decisão, de comunicação e de poder (autoridade).

Que forças considerar na tomada de decisão? O comportamento do administrador é grandemente influenciado pelas numerosas forças que atuam dentro de sua própria personalidade. Entre as forças internas importantes que o afetam estão as seguintes:

Grau de Confiança – O grau de confiança que os membros têm em sua capacidade de resolver problemas como grupo é também uma consideração importante, bem como a coesão, a permissividade, a aceitação mútua e a comunhão de propósitos, pois exercem uma poderosa influência sobre a eficácia do grupo.

Natureza do Problema – A natureza do problema pode determinar o grau de autoridade que deve ser delegado pelo administrador aos seus subordinados. Mas, há ocasiões em que a complexidade do problema exige uma decisão isolada. Ouvir é a grande estratégia.

Premência de Tempo – A premência do tempo é claramente a pressão mais sentida. Em organizações que vivem em constante crise e programação relâmpago é provável encontrar dirigentes que resolvem as coisas à sua maneira, sem consultar alguém, isto é, de cambulhada.

A natureza das decisões possui muitas facetas e modificações continuamente. Esta diversidade tende a aumentar com o nível de responsabilidade e tornar-se particularmente pronunciada no caso do mais alto executivo da empresa. Num único dia, ele pode ser forçado a tomar decisões a respeito de operações, recursos, mudanças e conflitos. Também demonstra que você precisa aprender como pensar, mais do que o que pensar, porque é isso que impulsiona a tomada de decisão.

Ao tomar suas decisões, você deve reunir tanta informação quanto for possível, abrangendo todas as circunstâncias que envolvam tais procedimentos.

Poderá um dirigente dizer se sua decisão é a mais sabia? Infelizmente, não. O que pode fazer é reduzir a possibilidade de erros. Todos os dispositivos propostos para testar decisões possuem sua utilidade. Alguns se adaptam melhor a uma situação do que outros. Mas, em geral, eles podem ser aplicados na seguinte ordem:

- Verificar nossos pensamentos e detalhamento de como será possível implementá-los.
- Conseguir apoio de outras pessoas.
- Realizar ensaios e testes.
- Agir de forma incremental, se possível.

21.4 ELEMENTOS DA DECISÃO

A seguir, alguns elementos da decisão:

Informação na Decisão – Se as decisões fossem apoiadas apenas em fatos, poderíamos alimentar um computador com as informações necessárias e a decisão surgiria. Mas, precisamente, porque é raro termos todos os fatos suficientes, os administradores "humanos" precisam tomar as decisões.

O importante no processo de tomada de decisão é quem motivar e quem ouvir. Infelizmente, tomamos, na maioria das vezes, decisões baseadas apenas em poucos fatos e suposições.

Responsabilidade da Decisão – Todo dirigente tem algumas responsabilidades de decisão que não são impostas por decisões superiores ou remetidas por subordinados. A natureza dessa responsabilidade está definida nas políticas da empresa. Assim, o executivo é responsável pelos resultados de suas decisões.

Cada administrador deve dar atenção às decisões que lhe competem, sem desconhecer os problemas dos outros. O superior não deve tomar decisões que cabem aos subordinados. Por outro lado, os subordinados devem evitar transferir suas atribuições de decisão para os superiores.

Densidade da Decisão – As decisões são tomadas em todos os níveis da estrutura organizacional, mas determinadas decisões estão limitadas aos níveis mais altos, como por exemplo: investimentos, implantação de projetos, imobilizações em máquinas de alta tecnologia, orçamentos. No entanto, despesas gerais, inventários, controle de custos, determinação do preço de venda, políticas de descontos, programa de capacitação profissional, por exemplo, podem ser decisões tomadas em todos os níveis.

Análise da Decisão – A análise da decisão objetiva identificar alternativas de escolha, fazer uma apreciação sobre uma linha de conduta a ser adotada, determinar quais os recursos que viabilizam a solução de um problema. Na análise da decisão é fundamental conhecer a natureza do problema, da estratégia de solução e o tipo de decisão a tomar.

Firmeza na Decisão – Chefe competente é aquele que trata os subordinados sem regalias, nem perseguições. E não deve desmentir amanhã o que afirmou hoje com segurança, pois assim perde o respeito. Um dirigente inconstante ataca os nervos de qualquer um, porque hoje quer uma coisa de uma determinada maneira, amanhã já não quer mais. O que era de seu agrado, ontem, pode não servir hoje. Isso cria confusão geral e deixa todo mundo inseguro. Essas atitudes também podem gerar acusações de favoritismo e discriminação.

Um superior que hoje trata um subordinado de uma maneira e amanhã de outra forma está cultivando problemas.

Comportamento na Decisão – Os gerentes costumam tomar decisões baseados mais em otimismo lúdico do que pesando, racionalmente, a possibilidade de ganhos e perdas. Superestimam os benefícios, subestimam os custos e constroem cenários de sucesso deixando de lado o potencial de erros. Como resultado, tais pessoas adotam iniciativas que dificilmente cumprirão orçamentos ou prazos, ou nunca darão retorno.

Os otimistas tendem a viver num mundo de ilusões. Eles, frequentemente, atribuem seus sucessos à própria habilidade e os fracassos à falta de sorte.

Os pessimistas, de temperamento angustiado, costumam começar seus projetos, imaginando que tudo vá dar errado. Por isso, trabalham diligentemente sobre todos os detalhes e acabam se saindo bem. O pensamento negativo concreto e detalhista pode ajudar os executivos a antecipar coisas, que possam dar errado, e a mais bem planejar para evitar resultados ruins.

Percepção na Decisão – A teoria da decisão afirma que as pessoas tomam decisões, em função do seu nível de percepção. É muito comum o administrador basear sua tomada de decisão em modelos, técnicas, métodos, inferências estatísticas, estudos de amostras e cálculo de probabilidade. As amostras devem ser escolhidas de modo a serem representativas do universo pesquisado.

Os gerentes tomam um grande número de decisões, sob uma ampla diversidade de circunstâncias. Aqueles que não podem discernir entre o importante, o urgente e o que não tem pressa, estão fadados a gastar tempo e energia preciosos em problemas errados e decisões desnecessárias.

Tempo de Decisão – Não se deve afundar nos detalhes da informação, mas também não deve saber tão pouco que exclua as suas expectativas. Os modernos sistemas de informação podem reunir grande massa de dados, mas não podem predizer o futuro. É o futuro que precisa, mais frequentemente, ser analisado. A consulta e o apelo ao consenso são atos importantes. Muitas vezes, convém esperar que a decisão amadureça.

Racionalidade na Decisão – É sempre bom lembrar que o tomador de decisão escolhe uma alternativa dentre várias outras. Se ele escolhe os meios apropriados para alcançar um determinado objetivo, a decisão é considerada racional.

21.5 TOMADOR DA DECISÃO

O tomador de decisão (decisor) pode encontrar as seguintes barreiras na sua tarefa:

- Não haver políticas preestabelecidas que o auxiliem na tomada de decisão.
- Não ter as habilidades requeridas para tomar decisões acertadas.
- Não ter tempo suficiente para planejar os passos necessários.
- Não conseguir apoio à implementação.
- Ter de correr grande risco e obter resultados imprevisíveis.

O comportamento do tomador de decisão pode: ajudar, atrapalhar ou inibir resultados. Assim, se você tem tendência a ser deprimido, deve se dedicar a tomar decisões dentro dos prazos estabelecidos para evitar demoras ou adiantamentos de efeitos danosos. Se, por outro lado, você tem a tendência a tomar medidas de retaliação quando se irrita, deve ouvir conselhos de alguém de dentro ou de fora da sua empresa ou, ainda, adiar a decisão.

Mas se você tem mania de perfeição, deve entender que os resultados são mais importantes do que os métodos. E, finalmente, se você tem uma tendência a ser cauteloso e metódico deve utilizar os modelos de decisão que deram bons resultados no passado.

O tomador final da decisão pode permitir aos subordinados maior liberdade e maior poder, se existirem as seguintes condições nos subordinados:

- Necessidade de independência.
- Disposição para assumir responsabilidades.
- Tolerância para ambiguidades.
- Interesse no problema a resolver.
- Identificação com os objetivos e metas da organização.
- Conhecimento e experiência para tratar do problema.
- Paciência para o momento certo.

A atuação do tomador de decisões se fará em função: da situação, do ambiente, do fato (evento), do mercado, do custo, da estratégia, do risco, da amostra, da política, do manual, da regra (norma), da habilidade, da influência, da informação, do dado, do processo, do recurso, da marca, da certeza, da incerteza, do programa, do critério preestabelecido, da ferramenta disponível, da ética, do nível de qualidade, da capacidade gerencial, do nível de percepção, da intuição, do problema, da tática, da operacionalidade, da publicidade, da integração, do sistema de valor, da confiança no subordinado, do poder de liderar, da segurança, da restrição, da premência de tempo, da natureza do problema, da necessidade centralizadora.

A racionalidade analítica no processo decisório se fundamentou em modelos matemáticos e no avanço da tecnologia, porque considerar e analisar as alternativas de decisão ficou muito mais fácil com o computador. Porém, a literatura atual que trata da gerência da decisão e da excelência administrativa encerra propostas oriundas da experiência profissional, voltada para: simplicidade, intuição, senso comum, juízo e percepção do indivíduo.

É bom lembrar, mais uma vez, que a intuição é vista como um "impulso" para a ação onde não há raciocínio lógico.

Nas empresas o trabalho de cada um é avaliado, principalmente, pela maneira como aplica sua capacidade de discernimento na tomada de decisão e sua ação de comunicá-la. Uma vez reconhecido o fato de que a tomada de decisão é, inevitavelmente, executada por muitas pessoas numa organização, cada um usando sua própria capacidade de discernimento e empenhando recursos dentro dos limites de suas funções, fica claro, portanto, que cada pessoa toma decisões sobre o que fazer.

Tanto o zelador como o presidente da empresa, executam a função administrativa decisão.

21.6 ASPECTOS SISTÊMICOS DA DECISÃO

A tomada de decisão ainda é, na sua maior parte, um exercício racional, lógico e educativo, onde pensar antes de decidir é entendido como uma exclusiva utilização dos dotes e estilos do nosso cérebro, com uma subutilização da nossa maneira de pensar ou como ser criativo e imaginativo.

O executivo típico desconfia de suas próprias intuições e tende a repousar mais no exame frio dos fatos, dados, números e cenários.

Os sistemas de informação e a febre da informatização nas empresas vêm colaborando para desumanizar os contatos entre pessoas, grupos e organizações, com grande prejuízo da efetividade decisória.

Os administradores devem dedicar a maior atenção possível aos aspectos sistêmicos de suas decisões, ou seja, qual ou quais as consequências de tal linha de ação, do ponto de vista dos consumidores, usuários, colaboradores, pacientes, fornecedores, funcionários, subordinados, colegas, superiores, acionistas, cotistas, comunitários, parentes.

Fale com pessoas informadas, mergulhe na coleta de dados para poder ser mais eficiente e até mais eficaz. As sementes do futuro estão, aqui, à nossa frente e só decide bem quem tem olhos para ver e ouvidos para ouvir.

A abordagem orientada para a decisão traz importantes questões, tais como:

- Qual é o melhor ponto de articulação entre sistemas de informação e tomada de decisão?
- Quando termina o sistema de informações e começa a tomada de decisão?
- Qual é a natureza da hipótese que será incorporada ao sistema de informações e, consequentemente, qual a influência na tomada de decisão?
- São as hipóteses de solução congruentes com as necessidades da decisão?

Um sistema de suporte à decisão possui certas características, como: incorpora dados e modelos; ajuda o julgamento gerencial; é voltado para a eficiência; responde rápido à mudança ambiental; tenta várias estratégias diferentes para diferentes configurações, com rapidez e objetividade; aumenta os níveis de conhecimento e percepção do administrador; ajuda o administrador a exercer suas funções administrativas; melhora o controle, reduzindo custos; melhora a qualidade da análise.

21.7 TIPOS DE DECISÃO

A seguir, alguns dos principais tipos de decisão:

Decisão Preestabelecida – As decisões podem ser tomadas, em função de políticas e procedimentos, para problemas já enfrentados pela empresa no passado e cujas soluções deram, bons resultados. Procedimento é uma série de passos lógicos, através dos quais todas as ações repetitivas numa empresa são iniciadas, executadas, controladas e finalizadas.

Um procedimento define que ação é requerida, quem a executa (pessoa ou máquina), quando a ação deve ter lugar (cronologia e implementação) e como é executado (método). Qual a diferença entre política e procedimento? Política é o que fazer. Como um exemplo pode-se citar: a decisão de pagar ou não uma despesa. Procedimento é como fazer, isto é, se a despesa será paga em cheque, dinheiro ou cartão.

Decisão Improvisada – Algumas decisões resultam da iniciativa de um determinado chefe. Outras vezes, decide-se de maneira mais ou menos inconsciente. Quando não há solução para um problema, em geral, este se torna mais crítico com o passar do tempo, reduzindo o número de hipóteses de solução. Aí, os acontecimentos decidirão por si mesmos. Decisões improvisadas são típicas de dirigentes irresponsáveis.

Decisão Inovadora – A formulação dessas decisões é, geralmente, mais complexa, exigindo mais tempo e atenção. Hoje, as decisões inovadoras são estimuladas.

Decisão Rotineira – Estas decisões são fundamentadas em manuais, regulamentos e políticas. São decisões que visam mais os meios e recursos de como operacionalizar uma ação. São do chão de fábrica.

Decisão Tradicional – Decisões tomadas por força de hábito, calcada na memória coletiva da organização, isto é, conhecimentos, métodos e técnicas utilizadas odiernamente.

Decisão Importante – As decisões importantes são as que você toma para desenvolver um planejamento estratégico e prover recursos para posições de mando dentro da organização.

Decisão Normal – Decisões que você toma para determinar objetivos secundários, desenvolver políticas e procedimentos não críticos.

Decisão Secundária – São decisões que devem ser delegadas.

Decisão Probabilística – Decisões que utilizam os princípios da Teoria da Amostragem Estatística e da Teoria da Probabilidade.

Decisão Eficaz – A decisão é considerada eficaz quando se fundamenta no equilíbrio entre fatos e opiniões, levando em consideração uma reflexão sobre as alternativas de solução. O tomador de decisões eficaz incentiva a exteriorização das opiniões. Mas insiste em que as pessoas, que as emitam, ponderem sobre os resultados. Com isso as pessoas passam a adquirir o hábito de: analisar, estudar, experimentar, comprovar, demonstrar.

Decisão Programada – As decisões programadas são aquelas decisões para as quais é possível estabelecer um procedimento padrão, para ser acionado cada vez que ocorra sua necessidade. Caracterizam-se por situações bem definidas, muito repetitivas e rotineiras para as quais existem informações adequadas e geralmente servem como guia da atividade administrativa.

Tomar decisões programadas depende de processos psicológicos relativamente simples, de certo modo compreendidos pelo menos no nível prático. Tais processos envolvem: hábito, memória e simples manipulação de objetos e símbolos. Uma decisão programada presta-se ao processo decisório, em situações onde podem ser criadas regras que permitam decisões rápidas, fáceis e virtualmente automáticas.

Decisão Não Programada – Decisões não programadas são não estruturadas que podem ser usadas para situações que acarretam novos problemas complexos. Os dados são inadequados e exclusivos. As condições são dinâmicas e o grau de certeza é, praticamente, nenhum. São decisões únicas e singulares, que representam novidades.

As decisões não programadas caracterizam-se, basicamente, pela novidade, porque não é possível estruturar o método padrão para serem acionadas, tendo em vista a inexistência de referenciais precedentes ou então o problema a ser resolvido, devido à sua estrutura, é ambíguo e complexo. Pode ser também que, devido à sua importância, sua solução implique na adoção de medidas específicas.

Uma coisa que aprendemos sobre decisões não programadas é que podem ser melhoradas pelo treinamento sistemático.

Decisão sob Certeza – Ocorre quando as variáveis são conhecidas e a relação entre a ação e suas consequências é determinística, ou seja, uma relação de causa e efeito.

Decisão sob Risco – Ocorre quando as variáveis são conhecidas e a relação entre a ação e as suas consequências é conhecida em termos probabilísticos.

Decisão sob Incerteza – Ocorre quando as variáveis são conhecidas, mas as probabilidades para determinar as consequências de uma ação são desconhecidas, ou não podem ser determinadas com algum grau de certeza.

Decisão Função do Mercado – Antecipar-se, ou pelo menos, acompanhar o sobe e desce do mercado são as principais preocupações que dificultam o planejamento e a tomada de decisão. A solução é estabelecer um planejamento capaz de permitir uma rápida resposta de acomodação ao novo comportamento do mercado.

Conhecer, cada vez mais, os consumidores dos diferentes segmentos são cuidados primordiais. As novidades devem continuar sendo um recurso muito utilizado para atrair o consumidor. Certas de que os consumidores só reagirão a estímulos muito fortes, as empresas tendem a estreitar os canais de comunicação com seu público-alvo.

Muitos varejistas não deixam claro quais são seus mercados alvos. Ao tentarem satisfazer a muitos mercados, acabam não satisfazendo bem a nenhum deles.

Decisão Função do Custo – Principalmente quando a empresa vai bem, não se dá a devida atenção a custos. Como é uma onda que não é eterna, achamos por bem trazer ao seu conhecimento como o estudo de custos pode influenciar numa tomada de decisão. Muitas decisões podem ser tomadas com a influência do custo e cumpre observar, no entanto, que as informações do custeio não serão as únicas consideradas.

Decisão por Comissão – É comum nas organizações as decisões serem tomadas por comissões (grupos, comitês). Este tipo de decisão, entretanto, é vulnerável a duas tendências ruins: a dominação de um indivíduo e a personalidade do grupo. Comissões devem ser usadas com moderação, havendo, ocasiões em que nada parece mais indicado.

Um dirigente nunca deve instituir uma comissão, a menos que as vantagens da ação grupal sejam nitidamente melhores do que uma ação individual.

Cumpre observar que a comissão, depois de cumprida sua finalidade, deve ser dissolvida. O perigo está em que uma comissão pode gerar outras comissões e se tornar uma verdadeira praga, como bem observou Parkinson.

Decisão Estratégica – Decisões estratégicas são decisões que influem nos objetivos que definem a política geral da empresa. Elas são mais difíceis de construir, porque, em geral, as decisões estratégicas permanecem escondidas atrás dos problemas operacionais. Elas estabelecem relações entre a empresa e o ambiente; guiam e dirigem o comportamento da empresa, principalmente, quando ela expande e altera sua posição produto/mercado. São tomadas no nível institucional.

As decisões, realmente fundamentais, são estratégicas. Envolvem a constatação ou modificação de uma situação, seja apurando quais são os recursos ou quais deveriam ser. Quanto mais alto for o nível hierárquico que o indivíduo ocupa na estrutura organizacional, maior o número de decisões desse tipo. Não importa qual seja sua magnitude, complexidade ou importância dessas decisões, elas jamais devem ser tomadas, através da resolução de problemas.

Decisão Operacional – Decisões operacionais são decisões que influem no funcionamento corrente da empresa, pois afetam processos, atividades e tarefas. Elas estão relacionadas com a seleção e orientação do nível operacional encarregado de realizar a tarefa técnica.

As decisões operacionais normalmente absorvem a maior parte da energia e da atenção de uma empresa. Visam a maximizar a eficiência do processo de conversão de recursos em produtos ou maximizar a rentabilidade das operações.

Decisão Tática – Decisões táticas são decisões que permitem a variação do modo operativo anteriormente escolhido. Elas não têm implicações diretas nos objetivos, mas podem mudá-los. O único tipo de decisão centralizada na resolução de problemas são as decisões táticas. O critério, geralmente, aplicado é o econômico, ou seja, o de menor esforço. Estas decisões são unidirecionais e trabalham o óbvio.

Decisões Integrativas – São decisões que se preocupam com a estruturação dos recursos de modo a criar possibilidade de execução para os melhores resultados.

21.8 PROCESSO DECISÓRIO

Uma boa maneira para poder começar a entender o processo de tomada de decisão é fazer uma abordagem idealizada e totalmente racional do problema, comparando o ideal com o real. A tomada de decisão está relacionada à solução da questão. Assim, o processo decisório é aquele que escolhe as diretrizes que vão nortear as ações do sistema, no sentido de mudá-lo do estado presente para o estado desejado (objetivo, por exemplo).

A tomada de decisão, na realidade, se compromete com uma alternativa específica, visando solucionar um problema.

O processo de decisão não deve ser considerado como um sistema mecânico com diferenciações e relações precisas. Interações sociais informais, ou não planejadas, entre os administradores são parte integral do sistema de decisões. As interações podem facilitar, ou impedir, o processo de decisão, mas elas não podem ser eliminadas das organizações.

Para decidir qual o caminho a tomar para a soluçãc de um problema empresarial, normalmente, deve-se agir com maturidade, objetividade e método.

A decisão bem-sucedida começa com o reconhecimento de que tomar boas decisões é uma das atribuições mais importantes da gerência. A organização e a equipe gerencial podem oferecer apoio inestimável, mas é preciso ter tempo e dispor de espaço mental para dedicar-se ao estudo.

Para tentarmos compreender o processo decisório, podemos avançar por dois caminhos complementares:

- Descobrir como as pessoas tomam suas decisões, o que é muito difícil.
- Compreender a natureza e estrutura das decisões, o que se consegue estudando o assunto.
- Aprimorar a tomada de decisão por meio do aperfeiçoamento de sua visão das decisões anteriores e suas consequências.

Os dirigentes eficazes não tomam muitas decisões. Concentram-se apenas nas importantes. Não se deixam impressionar pela rapidez. Querem, sim, saber sobre o que realmente versa a decisão e quais são as demandas básicas a serem satisfeitas. Querem impacto, em vez de técnica. Querem ser sensatos, em vez de sábios. Não se contentam em tratar apenas dos sintomas. Sabem quando a decisão deve basear-se em princípios e quando deve ser pragmática.

21.9 FERRAMENTAS DE DECISÃO

Em última análise, todas as decisões se resumem num sim ou não. Todavia, o cuidado com que toma essas decisões determinará seu êxito, como administrador e quão importantes estará contribuindo para a sua organização, agora e no futuro.

A seguir, apresentaremos ferramentas de decisão distintas que ajudarão o leitor na tomada de decisão:

Metodologia de Decisão – A seguir, uma simples metodologia de decisão:

- Perceba a situação que exige uma decisão.
- Analise fatores externos e internos.
- Identifique o problema.
- Observe constantes, parâmetros, variáveis e especificações.
- Crie uma simbologia, nomenclatura e terminologia.
- Selecione as variáveis para desenvolver um modelo.
- Distinga as variáveis controláveis das não controláveis.
- Estabeleça relações entre variáveis.

- Estabeleça diretrizes baseadas na coleta de dados.
- Procure alternativas de solução mais promissoras.
- Estude os efeitos das alternativas.
- Estude a probabilidade de acerto.
- Avalie e compare as alternativas.
- Escolha a melhor alternativa como um plano de ação.
- Escolha o método (modelo) para implementação da decisão.
- Preveja o comportamento das variáveis não controladas.
- Consiga soluções baseadas no modelo.
- Teste o modelo.
- Revise o modelo quando necessário.
- Assegure-se de que a decisão é necessária.
- Implemente a decisão.
- Avalie resultados.
- Faça feedback.
- Recomende mudanças e correções.

Método de Decisão – Um método é um procedimento primordial para encontrar a solução de um problema. Pode ser um conjunto de atividades sistemáticas e racionais que, com maior segurança e economia, permite alcançar o conhecimento válido, traçando o caminho e detectando erros. Um método baseia-se na tradição da investigação independente. O estímulo para a investigação decorre da experiência individual ou da familiaridade com a área do problema.

A procura de soluções para problemas pode ter dois métodos: o lógico e o heurístico.

O método lógico é o mais conhecido. Consiste em partir da premissa certa e, através de raciocínio dedutivo ou indutivo, avançar por etapas até chegar a uma solução válida e certa.

O método heurístico é aquele onde se busca a solução através de tentativas ao acaso, examinando cada uma até onde ela constitui uma resposta ao problema existente, oferecendo uma solução, pois cada tentativa permite corrigir os erros e melhor caminhar em direção ao objetivo, tendo a desvantagem de ser mais dispendioso.

Como os computadores têm muita velocidade e podem testar muitas alternativas, o método heurístico tem sido usado com êxito.

Teoria Matemática – Muitas decisões administrativas são tomadas com base em soluções contidas em sistemas de equações matemáticas que simulam situações reais que obedecem a leis e estudos de séries matemáticas. Para aplicar teoria matemática aos processos de decisão precisamos ser capazes de descrever o estudo do sistema em termos precisos, de descrever os efeitos das decisões sobre esses estados e de avaliar uma sequência de decisões.

O maior obstáculo ao uso da matemática não está, como crê a maioria, na solução de formidáveis problemas (equações), mas na formulação das questões em termos matemáticos. Como o computador requer instruções absolutamente precisas para cada operação que executa. Não podemos usá-lo para resolver problemas mais ou menos definidos. Na realidade, ele não possui qualquer das habilidades que associamos, normalmente, à inteligência humana. Não é capaz de reconhecer ou de formular problemas. É incapaz de tomar decisões baseadas em dados incompletos, ambíguos e inconsistentes.

Pesquisa Operacional – A pesquisa operacional é considerada simplesmente uma teoria da decisão aplicada. Ela pode ser caracterizada como a aplicação de métodos, técnicas e instrumentos científicos aos problemas que envolvem operações de sistemas, de modo a munir os executivos responsáveis de técnicas, de soluções ótimas para os problemas.

A pesquisa operacional levará em conta os seguintes aspectos: Uma visão sistêmica do problema a ser resolvido; uma concordância quanto ao uso do método científico; A utilização de estatística, probabilidade e matemática.

Até certo ponto, a pesquisa operacional é um produto da Segunda Guerra Mundial, apesar de que suas raízes advêm da Teoria Matemática e da Teoria da Probabilidade que são bem anteriores. Seu desenvolvimento acelerado, nos últimos anos, se tornou possível com o computador, tendo em vista sua velocidade na manipulação de dados e fórmulas matemáticas em operações complexas.

A pesquisa operacional não proporciona decisões diretas, entretanto, num problema de planejamento de produção ou de transporte, os objetivos podem ser tão claros, os dados tão definidos e as conclusões tão práticas que proporcionam uma solução ótima (a melhor possível, em função dos recursos disponíveis).

21.10 MODELOS DE DECISÃO

Os modelos ajudam a economizar tempo e dinheiro. Munidas desses instrumentos, as pessoas correm menos riscos, tendo em vista que a construção de modelos se aplica, principalmente, a tomada de decisão, resolução de problemas e avaliação de desempenho. Sua utilização permite ao ser humano errar menos, eliminar testes de campo, porque podem substituir referidos testes por simulações em laboratórios, utilizando o computador como ferramenta.

Um modelo é a expressão de um raciocínio, de um encaminhamento lógico que parte dos dados de base, que são o resultado da observação da realidade, para a escolha de uma solução que possibilite uma ação.

Munido de modelos matemáticos e estatísticos pode-se prever, através de sucessivas simulações, que fatia de mercado deverá caber a um produto antes mesmo de ele passar pelo crivo dos testes de mercado. Se houver indícios de fracasso, a empresa poderá recuar e desistir da implementação do produto, evitando assim investir num projeto sem futuro.

A utilização de modelos permite, também, que os testes de mercado sejam reduzidos ou até eliminados, substituídos por pré-testes e simulações em laboratórios que reproduzem sigilosamente todas as condições externas diante de um número selecionado de consumidores.

Modelos simulatórios são cada vez mais usados, porque ajudam a economizar esforço, tempo e dinheiro. Mas, precisam ser aplicados cuidadosamente, e o melhor sinal de que funcionam bem é que estão sendo cada vez mais usados. Antes de sua introdução, o índice de fracasso dos lançamentos de novos produtos era bem mais alto. Avisam logo se há possibilidade de fracasso, dando chance às empresas de abandonarem, a tempo, iniciativas equivocadas.

O modelo de decisão é qualquer representação abstrata e simplificada de um processo de decisão. Pelo modelo verifica-se a interligação entre informação e decisão. Os modelos nos permitem elaborar sistemas de tomada de decisão e determinar que informações sejam necessárias para manter tal sistema.

O desenvolvimento de um modelo é fundamental, porque ele é um pré-requisito para a análise de valor da informação, e porque é a chave para se compreender que partes do processo decisório podem ser apoiadas ou automatizadas.

A seguir, exemplos de modelos de decisão:

Fluxograma – Fluxograma é um diagrama para atividades, rotinas e relações, que representa de forma dinâmica as unidades de trabalho e a sequência do processo, através dos fluxos que compõem o sistema.

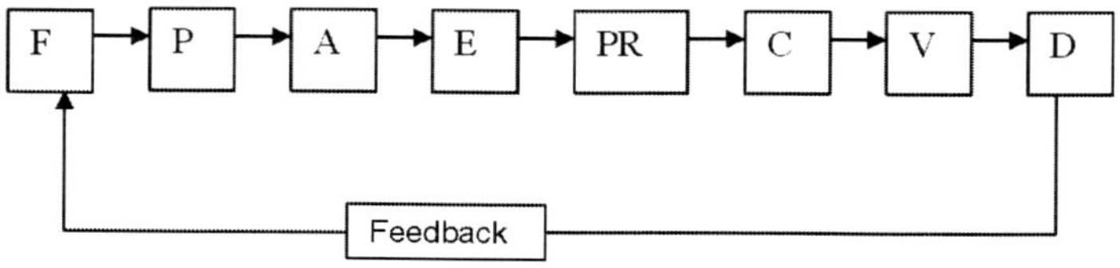

Figura 21.1: Fluxograma Geral de Decisão.

Onde:
F = Fatores ambientais
P = Problemas
A = Alternativas de solução
E = Efeito da Alternativa Escolhida
PR = Probabilidade de que cada efeito ocorra
C = Classificação dos efeitos, conforme sua probabilidade
V = Escolha das melhores alternativas
D = Decisão

Árvore de Decisão – A árvore de decisão é uma representação visual, neste método de decisão, do fluxo de entrada e saída de dados. Por ser organizada hierarquicamente como uma árvore, não existem valores de entrada ambíguos ou indefinidos.

A árvore de decisão é uma ferramenta que através da divisão das ações em diferentes ramos, consegue cobrir todos os possíveis desdobramentos de uma determinada lógica. A árvore de decisão é um modelo que trabalha com riscos, valores, ganhos e perdas em cada alternativa.

Nota: Para o leitor ver um exemplo de Árvore de Decisão, ele deve se reportar ao Livro *Documentos Empresariais,* do mesmo autor, publicado pela Editora Ciência moderna.

21.11 RISCO

Risco é toda e qualquer possibilidade de uma ação não dar certo. Os riscos de fracasso rondam, permanentemente, o analista, o empreendedor e o gestor. Deve-se levar em conta que qualquer investimento tem uma expectativa de risco. Mas este deve ser o mais bem calculado possível. O elemento de risco está presente, em certo grau, em todas as decisões administrativas.

Somente com uma análise pode-se criar a atmosfera de redução de risco e incerteza. Portanto, reprimir a incerteza é evitar conhecer que tipos de fatores externos incidem e possivelmente continuarão a influenciar a organização. Decidir no escuro é um ato de grande risco, mesmo que o ambiente nos forneça algum grau de certeza.

A identificação dos riscos e de possíveis soluções constitui o teste final do conceito de negócio. Os riscos estão sempre por perto. Muitas vezes, a ideia para um novo produto é quase perfeita, não fosse a complexidade de sua produção.

A rentabilidade é outro ponto crucial, bem como a taxa de retorno do capital aplicado. Como regra genérica, acredita-se que o negócio só é viável quando sua rentabilidade for maior do que a aplicação em caderneta de poupança.

O leitor precisa entender que não existe risco zero. Mas, o que impede as pessoas de tomarem decisões? Talvez, o fator mais inibidor para a maioria das pessoas seja o risco. Assim, achamos que a empresa pode estabelecer níveis de tomada de decisão, cuja finalidade é a de distribuir a carga de decisão, às vezes, concentrada em poucas pessoas da empresa.

Sem dúvida, o risco sempre foi inerente aos negócios. As empresas que se arriscam mais, dificultam a vida dos concorrentes, tornando-as mais perigosas.

Hoje, o aumento da incerteza, além da redução do espaço para riscos, significa que as decisões se tornam cada vez mais incertas. Isso exige não só que se decida nos níveis adequados da organização, mas também que se disponha de processos disciplinados e lógicos para avaliar as alternativas.

Portanto, a direção da empresa deve estar atenta aos resultados e saber quando abandonar más decisões. O risco e a incerteza estão sempre presentes em todas as decisões, porque a ambiência externa está em mudança constante.

A incerteza é um estado de conhecimento no qual um ou mais cursos de ação resultam em um conjunto de resultados específicos, cuja probabilidade de ocorrer não é conhecida.

Atualmente, dirigentes enfrentam um mundo mais complexo, ambíguo e de mudanças extremamente velozes, que desatualizam rapidamente conhecimentos, tecnologias, resultados de pesquisa, análises antecipatórias e previsões.

A convivência com incerteza, risco e variações intensas não são fáceis. Por isso é que, à medida que aumenta a percepção dos dirigentes, cresce também a procura de segurança e de regularidade na vida empresarial.

Surgem, então, os comportamentos de natureza defensiva contra a imprevisibilidade e as variações intensas. São comportamentos de repressão da incerteza, com vistas a procurar contornar a pressão psicológica, sentida por executivos, de ter de decidir com base em conjecturas e fatores não controláveis pela empresa. Esta repressão limita a visão de futuro e restringe o número de alternativas que podem ser identificadas e implementadas.

Reprimir a incerteza é limitar o futuro à capacidade de controle imediato do dirigente, pois prejudica a empresa, criando uma falsa sensação de segurança e estabilidade.

21.12 TRATAMENTO DO RISCO

O cálculo de riscos é elemento essencial do processo de análise e avaliação de um projeto. Os riscos podem ser calculados e minimizados mediante:

- A descrição sistemática dos efeitos positivos e negativos.
- A coleta de dados da série histórica do setor da economia em que se encontra a empresa.
- A pesquisa de mercado.

O tratamento do risco se dá por meio de:

Absorção do Risco – Quando uma empresa especula com seu estoque em busca de pequenos lucros, o perigo de prejuízos decorrentes pode tornar aconselhável uma política de absorção plena do risco.

Redução do Risco – Várias técnicas podem ser utilizadas para reduzir o risco. Uma empresa pode:

- Mudar a sua estrutura organizacional.
- Aperfeiçoar métodos, processos e procedimentos.
- Aumentar a eficiência.
- Lançar mão de novas informações, análises, previsões, medições, pesquisas e novas tecnologias.
- Treinar pessoas.

Transferência do Risco – A transferência do risco pode ser por:

- Rateio dos riscos (as empresas de seguro, em troca do prêmio, assumem os riscos).
- Desvio do risco (pela venda o risco é passado ao comprador).
- Transferência do risco (o risco pode ser transferido por contrato).
- Governo assume o risco (é comum na agricultura o governo assumir riscos).
- Bolsa de mercadorias assume o risco (é a venda para entrega futura).

Fluxograma de Risco – O fluxograma de risco ajuda a tomar decisões relativas ao valor do risco.

Nota: Para o leitor ver exemplos de Fluxogramas de Risco, ele deve se reportar aos Livros: *Documentos Empresariais* e *Gestão de Restaurante,* do mesmo autor, publicados pela Editora Ciência Moderna.

Análise de Risco – A análise de risco é o ponto de partida para estruturar todo o programa de segurança. É preciso saber o que se quer resguardar e qual a melhor forma de fazer isso, buscando informações vitais para dimensionar, mesmo de maneira probabilística, os possíveis resultados de cada curso alternativo.

A análise de risco ajuda a:

- Identificar os principais fatores de incerteza.
- Calcular os limites dos possíveis resultados ruins.
- Prever as circunstâncias que poderão tornar-se catastróficas.
- Ter uma percepção mais exata dos riscos.
- Fazer antecipações.

- Elaborar planos de contingência.

O analista de risco determina as medidas necessárias para que o risco seja minimizado a ponto de ser tolerável e quanto vale a pena pagar.

Os riscos podem ser, em linhas gerais:

Risco Natural – O risco criado por fenômenos naturais que está além do controle humano.

Risco Humano – O risco decorre, fundamentalmente, das falhas e incertezas humanas, tais como: desonestidade, incompetência, descuido, doença, acidente, morte, greve, falcatrua, regulamentação governamental, guerra.

Risco Econômico – O risco econômico é, às vezes, denominado de risco de mercado e é causado pelas flutuações de preços, tais como: saturação de mercado, mudança de hábitos, invenções, aperfeiçoamentos, concorrência, flutuações de demanda.

Risco Político – Embora o risco político tenha sempre sido motivo de preocupação, normalmente, isto envolveria uma única empresa e um único governo. Hoje, envolve múltiplas empresas e múltiplos governos. Enquanto os riscos políticos no passado pareciam ser tangenciais, uma perda em um país representava apenas uma pequena fração do mercado mundial.

Os novos riscos políticos afetam diretamente o centro da competência estratégica e da competitividade em todos os recursos. O nosso mundo ligado por redes eletrônicas produziu assimetrias entre os sistemas políticos, em que a geografia é menos relevante.

Risco Cambial – O hedge (seguro) é uma forma de proteger a empresa do risco cambial. A recente onda de desastres na área cambial trouxe à luz a política de cobertura das empresas. O hedge cambial elimina o risco das variações de taxas, que afetam, negativamente, os lucros.

21.13 OBJETIVO

Objetivo é o alvo (situação, resultado) que se pretende atingir, dentro de certo espaço de tempo. Ele determina a direção e o sentido para onde se deve concentrar esforços e recursos de toda a sorte.

Os objetivos indicam a missão precípua da organização, isto é, aquilo para a qual foi criada e constituem uma fonte de legitimidade que justifica suas atividades e, na verdade, até sua existência. Também servem como padrões, através dos quais os membros de uma organização podem avaliá-la.

Se o objetivo é atingido, deixa de ser a imagem orientadora da organização e é assimilado por esta e pelo ambiente. Nas grandes empresas, os objetivos são, frequentemente, estabelecidos num complicado jogo de poder. Como é comum se fazer confusão entre objetivo, propósito, meta e desafio, aí vai:

Propósito – Objetivo mais esclarecedor, de aspecto setorial e de finalidade bem específica.

Meta – Objetivo quantificado e/ou qualificado, sendo, em geral, de curto prazo com responsabilidades definidas. A ausência de metas conduz as pessoas da organização a uma atitude passiva (ou reativa). As metas ajudam a orientar, melhorar e motivar os recursos humanos.

Desafio – Objetivo perfeitamente quantificado e com prazo definido. Para realizar um desafio a organização terá de fazer um esforço extra, às vezes, com mudanças no seu comportamento, na estratégia e nos seus recursos.

Os objetivos identificam os primeiros passos de qualquer negócio. Se estes são vagos e indefinidos, como planejar?

Objetivos mal definidos levam a organização ao fracasso. Em muitas empresas, se você pedir a alguns executivos que descrevam os seus principais objetivos, tem-se um número elevado de respostas confusas e conflitantes que podem criar uma série de problemas para a organização, como o desperdício de: dinheiro, horas de trabalho e recursos.

Objetivos são a base para as principais atividades, isto é, são as fundações onde se assentam a estrutura da organização.

A falta de objetivos, um que seja, é como um barco sem rumo. Os objetivos esclarecerão o que realmente queremos alcançar e, ao mesmo tempo, oferecer um sentido para viver e utilizar o tempo. São poucas as pessoas que definem seus objetivos de vida, e quando os definem, não são claros. Parece ser mais fácil dizer o que não se quer.

Novos objetivos ajudam a esquecer os fracassos passados. Daí a importância de se estabelecer metas e desafios para a vida, pois isso nos ajudará a descobrir e esclarecer o que realmente queremos alcançar e, ao mesmo tempo, oferecer um sentido para viver e utilizar o tempo.

É comum o ser humano ter dificuldade de traçar seus objetivos, propósitos, metas e desafios, achando que tudo isto é uma bobagem, pois a vida é cheia de acasos. Outras pessoas têm crenças e superstições que não ousam confessar.

Um grande número de indivíduos não tem o hábito de pensar no futuro, preferindo acreditar que este é determinado pelo destino. Com isso justificam, perante si e as outras pessoas, a sua passividade em relação ao mundo.

Não é suficiente definir objetivos, mas também os recursos e as ações necessárias para alcançá-los. Deve-se também definir as prioridades desses elementos, com clareza, sem ambiguidade. Se várias tarefas são passadas aos nossos subordinados ou recebemos várias incumbências de nossos chefes, devemos sempre questionar até que ponto cada uma dessas tarefas contribui para os meus próprios objetivos?

21.14 ELEMENTOS DOS OBJETIVOS

A seguir, alguns elementos dos objetivos:

Aceitação – O objetivo para ser aceito precisa ser viável, motivador, simples e comunicado.

Verificação – Todo e qualquer objetivo terá de fornecer meios para ser verificado, através de sistemas de controle e avaliação de desempenho.

Intenção – Um objetivo pode, quanto a sua intenção, ser real ou proclamado. Objetivos reais são aqueles para os quais se dirige a maioria dos recursos da organização. Objetivos proclamados são aqueles tornados públicos, os "oficiais", que nem sempre são os reais.

Importância – Toda empresa necessita determinar claramente seus objetivos, como base de seu planejamento. Os objetivos são importantes, por que: ajudam a unificar o pensamento dos envolvidos; têm o poder de estimular a ação; permitem uma posterior comparação entre o desejado e o obtido.

Ciclo de Vida do Objetivo – Um objetivo, assim como produto e organização, possui um ciclo de vida caracterizado pelas seguintes etapas: definição, decisão de implantação, comunicação, manutenção e descontinuidade.

Hierarquia – Os objetivos atendem a uma hierarquia, baseada na prioridade de execução. Um objetivo pode depender de outro para ser alcançado. É muito comum o administrador começar pelos objetivos mais amplos e abrangentes para depois atender objetivos mais restritos.

Rede – Os objetivos da organização se espalham em rede, porque implicam objetivos para departamentos, divisões, seções e cargos.

Congruência – Os objetivos devem ser congruentes com a realidade da organização e não com sonhos inalcançáveis. Os objetivos devem ser consistentes, claros, específicos e concisos.

Comunicação – Os objetivos devem ser comunicados a todos os interessados diretamente. Hoje, os objetivos da organização são de conhecimento geral.

Motivação – Os objetivos devem ser definidos, buscando a motivação dos funcionários.

Utilidade – Os objetivos devem deixar claro quem irá se beneficiar ou lucrar com a sua consecução.

Operacionalidade – Um objetivo, para ser atingido, precisa ter meios operacionais. Quando um objetivo é proposto numa organização, a mesma precisa saber se possui recursos para tal.

Custo – Um objetivo com custo muito elevado para a organização deve ser repensado.

Área do Objetivo – É evidente que alguns objetivos podem apresentar tensão e instabilidade em determinadas áreas da empresa

Alcance do Objetivo – Para qual intervalo de tempo devem os objetivos ser estabelecidos? A qual ponto do futuro devemos fixar nossas metas? A natureza do negócio certamente é significativa.

Montar uma organização de comercialização, que possa ser rentável, poderá levar no mínimo cinco anos.

21.15 ADMINISTRAÇÃO POR OBJETIVOS

Na administração por objetivos (APO) a empresa se concentra nos resultados a serem alcançados e na maneira de fazer com que todos os setores da empresa tenham consciência desses objetivos; cada nível hierárquico e cada unidade da organização.

O modelo clássico da administração por objetivos diz que todos os setores de uma empresa devem ter objetivos, e que eles são o pensamento global da empresa. Neste modelo os processos e meios, às vezes, são esquecidos, porque o que importa é o resultado.

A ideia de se administrar por objetivos constitui, teoricamente, paradoxo e redundância, pois sugere a existência de uma administração sem objetivos.

O administrador tem que saber o que as metas da empresa esperam dele em termos de desempenho, e seu superior deve saber que contribuição pode exigir e esperar dele. Os objetivos propostos devem ser fruto de uma equipe de trabalho, visando um resultado global e ajustado para curto e longo prazos. Desta maneira a empresa os define e verifica quais os recursos e alterações são necessários para atingi-los.

Superior e subordinado discutem os objetivos propostos e comunicam suas decisões à alta administração que avalia e faz correções. O trabalho é acompanhado, abandonando-se metas inadequadas. Através de avaliações sucessivas o rumo é alterado.

Uma empresa pode ter como objetivos principais, por exemplo, os seguintes: maior fatia do mercado, desenvolvimento de inovações, maior produtividade, otimização dos recursos próprios, rentabilidade compatível ao investimento, desenvolvimento de pessoal, responsabilidade pública.

Os objetivos de uma organização são estabelecidos, principalmente, em função da missão e da visão estratégica que têm os seus dirigentes. Objetivos podem ser formulados, em termos amplos e abstratos, como, por exemplo, aumentar a participação no mercado consumidor, aumentar a produção com os mesmos recursos disponíveis, diminuir custos operacionais, manter os custos financeiros e elevar o índice de liquidez da empresa.

O estabelecimento de objetivos deve ser pautado pelos seguintes princípios:

- Estabelecer consenso entre: proprietários, dirigentes e empregados.
- Considerar governos, mercados, ambientes e clientes.
- Construir os objetivos de maneira clara, explícita, específica e mensurável, sem subjetividades.
- Questionar: o quê, quanto e quando atingir.
- Representar esperanças factíveis de realização.
- Ser congruente com os recursos da organização.
- Atender atividades e não pessoas.
- Fazer parte de um programa, planejamento, plano ou projeto.
- Ser comunicado, com certa margem de manobra (risco e mudança).

21.16 TIPOS DE OBJETIVOS

A seguir, os principais tipos de objetivos:

Objetivo Econômico – É o objetivo voltado para crescimento, rentabilidade, produtividade, desenvolvimento de produto, custo, aplicação de tecnologia, atendimento do mercado.

Objetivo Social – É o objetivo voltado para a qualidade de vida das pessoas da organização, amparo à comunidade onde a organização habita e qualidade do serviço prestado à sociedade.

Objetivo do Negócio – É o objetivo orientado a mostrar a empresa como uma organização, que cria e entrega bens, serviços e ideias, deve satisfazer a clientela, para poder sobreviver no mercado.

Objetivo da Produtividade – É o objetivo que visa otimizar o uso do recurso.

Objetivo do Modelo – É o objetivo que visa representar uma situação numa linguagem simbólica.

Objetivo Estratégico – É o objetivo global e amplo da organização (nível institucional) com expectativa de longo prazo.

Objetivo Tático – É o objetivo relacionado às funções operacionais (nível departamental) com expectativa de médio prazo.

Objetivo Operacional – É o objetivo específico e imediato, relacionado às tarefas e operações com expectativa de curto prazo.

Objetivo Proclamado – É o objetivo que se diz (escreve) nominalmente o que atingir, quando na realidade a intenção é outra. Prática muito comum entre governantes.

Objetivo Oficial – É o objetivo documentado e aceito pelos membros da organização.

Objetivo Derivado – O objetivo derivado, como o nome diz, é estabelecido em função de um outro, geralmente, superior.

Objetivo de Produção – É o objetivo do setor produtivo da organização, tendo como preocupação a otimização dos recursos.

Objetivo de Marketing – É o objetivo voltado para criar e manter consumidores.

Objetivo de Finanças – É o objetivo voltado para a liquidez da organização e retorno do investimento.

Objetivo do Sistema de Informação – É o objetivo que visa fornecer informações adequadas e oportunas a fim de que cada um possa desempenhar suas funções.

Objetivo das Relações Humanas – É o objetivo que visa na empresa, a motivação e o interesse pelo trabalho, para que o mesmo seja o melhor possível.

Objetivo do Arranjo Físico – É o objetivo que visa atender ao fluxo ou rotina do trabalho, de modo que haja uma circulação normal, permitindo caminhos curtos e seguros, facilitando a movimentação dos recursos físicos, materiais e pessoais.

Objetivo do Controle – É o objetivo que visa identificar e localizar problemas, falhas, erros, desvios, distúrbios, desperdícios, promovendo ao mesmo tempo a uniformidade e a correção, ao se registrarem as operações.

Objetivo da Análise – Objetivo da análise visa apontar: falhas estruturais; métodos, técnicas e procedimentos mal definidos; desperdícios; controles insuficientes; carga de trabalho mal distribuída; inadequabilidade de meios e recursos; rotinas ineficientes; estratégias mal formuladas; falta de conhecimento.

Objetivo da Pesquisa – O objetivo da pesquisa visa descobrir respostas para perguntas, por meio do emprego de questionários e formulários.

Objetivo do Planejamento – É o objetivo que visa ajudar a definir objetivos realizáveis, com prazos factíveis, por meio do conhecimento dos pontos fortes e fracos da organização.

Teste de Aferição de Conhecimento

01 – Qual o conceito mais próximo da tomada de decisão?

a) Uma responsabilidade administrativa
b) Dirigir o comportamento humano no sentido de algo
c) Dispor inteligentemente dos recursos
d) Escolher entre alternativas

02 – O que é mais difícil na resolução do problema?

a) Definir o problema
b) Achar a hipótese de solução.
c) Determinar a sua causa
d) Colher dados e informações.

03 – Que força considerar na tomada de decisão é a mais importante?

a) Sistema de valor
b) Liderança
c) Confiança nos subordinados
d) Tempo

04 – Qual a maior barreira que o tomador de decisão encontra pelo caminho?

a) Políticas preestabelecidas
b) Tempo suficiente
c) Risco
d) Falta de apoio

05 – Por que a tomada de decisão possui um caráter sistêmico?

a) Porque uma decisão sempre afeta diversas pessoas de uma organização
b) Porque uma decisão deriva em outras
c) Porque desumaniza as pessoas
d) Porque, numa organização, um depende do outro

06 – Qual tipo de decisão, atualmente, é a mais utilizada?

a) Decisão função do mercado
b) Decisão função de uma reunião
c) Decisão função do custo
d) Decisão por comissão

07 – Por que não existe risco zero?

a) Porque não há certeza de nada
b) Porque é difícil identificar o real risco.

08 – É possível uma empresa funcionar sem determinar quais são seus objetivos?

a) Sim
b) Não
c) Talvez

Capítulo 22

NEGOCIAÇÃO

"É inútil dizer a um rio para parar de correr. É melhor aprender a navegar na direção de seu fluxo".
Confúcio

OBJETIVOS DO CAPÍTULO

- Mostrar a importância do conhecimento dos fundamentos da negociação.
- Mostrar que o negociador, se não tiver o conhecimento necessário, estará fadado ao fracasso.
- Mostrar as artimanhas numa negociação.

22.1 CONCEITO DE NEGOCIAÇÃO

A negociação apresenta-se como uma interação verbal e gestual, em que as partes propõem, contrapõem e argumentam sobre algum objeto de acordo, nas situações em que existem interesses comuns, complementares e opostos, isto é, conflitos, divergências, antagonismos, ideias e posições.

A negociação é um processo em que as partes envolvidas se deslocam de suas posições originais, inicialmente divergentes, para um ponto no qual a convergência possa ser realizada.

As pessoas discutem negócios diariamente e chegam a acordos sem negociar. Discussão, comunicação, reunião e entrevista não representam o mesmo que negociação.

O propósito da negociação é conferir e permutar pontos de vista, chegar a um acordo conciliatório, transacionar por intermédio do "dar" e "receber". O problema na negociação é encontrar os meios para alterar ou dirigir o comportamento da outra parte. Para tal, será preciso persuadir, interessar, dissuadir ou atemorizar.

O processo de negociação é um tipo de interação humana em que as partes buscam resolver diferenças, através da obtenção de um acordo, troca, partilha, barganha, doação.

Negociação não é recente. Ela tem sido empregada por milhares de anos como modo não violento e, socialmente, aceitável de alcançar e conciliar as diferenças e os conflitos. A maneira como desenvolvemos este processo é decisiva para o desfecho da negociação.

Toda negociação significa alcançar objetivos. Assim, é necessário que saibamos formular com propriedade nossos objetivos e o que estamos dispostos a ceder, pois negociação não é doação. Ela pode ser entendida como um campo de forças impulsionadoras e restritivas.

Uma preparação inadequada da negociação pode conduzir a um acordo nocivo ou a um não acordo.

Uma negociação é fruto de um relacionamento e não de um ato isolado. Muitos são os elementos que influenciam uma negociação.

A seguir, abordaremos os principais:

Cenário da Negociação – Os resultados de uma negociação não decorrem apenas da atuação isolada dos negociadores. Todos eles estão submetidos a uma rede de tensões e influências, algumas facilmente verificáveis, outras ocultas e dissimuladas, isto é, os negociadores estão à mercê de diversas variáveis que compõem o cenário da negociação.

Devemos considerar três cenários:

- O primeiro, é aquele onde acontece a negociação.
- O segundo, é constituído por todos os personagens e fatores organizacionais, bem como os intermediários da negociação, que embora não estejam diretamente envolvidos, influenciam de forma indireta.
- O terceiro, pelos fatores ambientais, pelas variáveis sociais e macroeconômicas, podendo incluir a opinião pública.

Solução do Problema da Negociação – Na negociação baseada na solução de um problema, procura-se compreender a natureza do que está sendo negociado. Assim, a situação tem de ser entendida, pelo menos, sob a ótica dos negociadores. Precisa ser diagnosticada e resolvida de modo a atender aos interesses das partes.

Para negociar com base na solução de problemas é necessário, em primeiro lugar, saber que existe essa possibilidade, em segundo, estar disposto a investir nessa direção.

Estrutura da Negociação – A estrutura da negociação é dada por um conjunto de relações que são o resultado da interação das características das partes. Ela é função de: possibilidades, necessidades, preferências, percepções, imposições, condições, habilidades, personalidades, experiências, concessões, impasses, estilos, comportamentos, comunicações, hábitos.

Equipe de Negociação – Negociar em equipe, mais do que nunca, está se tornando uma necessidade imprescindível, sobretudo para os casos mais complexos, em que é impossível a uma única pessoa dominar todos os aspectos relevantes. Isto porque o montante de conhecimentos e informações técnicas, jurídicas, econômicas e financeiras necessárias é extremamente significativo. Além do mais, uma pessoa que for negociar sozinha com uma equipe bem preparada estará em grande desvantagem.

Para bem negociar em equipe é indispensável uma boa preparação e uma definição precisa de papéis, procedimentos, atitudes e canais de comunicação. Em geral, não damos muito valor a um bom planejamento da negociação. Uma equipe bem preparada é uma vantagem competitiva. Muitas vezes, as pessoas são reunidas às pressas, sem que cada um saiba que papel desempenhar.

Negociar em equipe tem uma série de vantagens, mas a maior é o efeito sinergético. Entretanto, é possível que apareçam conflitos entre integrantes de uma mesma equipe, para fatores, indevidamente, definidos e identificados.

Dimensão da Negociação – Apesar da maioria das negociações se definir pelo envolvimento de duas partes, na verdade existem quatro dimensões básicas: Negociações entre duas equipes; Negociações dentro de cada equipe; Negociações entre cada equipe e sua própria organização; Negociações entre cada uma das equipes e outras partes interessadas, como: mídia, opinião pública, governo, concorrência, outra organização.

22.2 NEGOCIADOR

Você é um negociador, quer queira, quer não. Negociar é uma forma de viver. Pode-se viver impondo e exigindo ou concedendo e fugindo. Negociação pode ser uma contraposição a tudo isso. Negociar é enfrentar para encontrar soluções.

Vivemos num mundo em que negociar faz parte do dia a dia. Onde quer que haja interesses contrariados, haverá espaço para negociação. Quase tudo pode ser objeto de negociação. Pessoas de sucesso são hábeis na arte de negociar, isto é, são bons negociadores.

Existem duas razões que nos impedem de perceber que somos todos negociadores. A primeira, é a falta de ética. A segunda, é a nossa própria formação (religião, filosofia, valor, comportamento, conhecimento, personalidade).

De um negociador experiente espera-se que seja claro com referência ao seu ponto de vista, trabalhe com afinco diante de uma questão altamente significativa e se situe próximo à sua posição. Precisa saber trabalhar o poder da barganha, deve listar as concessões em uma ata de reunião e gerenciar sua equipe de forma efetiva. Também deve saber motivar a parte confrontante para que esta entre na discussão, sendo íntegro, objetivo, conciso e prestativo

É provável que os problemas sejam minimizados quando os negociadores são pessoas experientes nesta arte. O negociador experiente deve saber ouvir e não tomar a iniciativa de formular propostas e também deixar que elas sejam construídas ao longo da negociação.

De um negociador experiente espera-se que não cometa erros banais, a fim de evitar obstáculos que não possam ser trabalhados, tais como:

- Facilitar as coisas para o confrontante.
- Comprometer-se antecipadamente.
- Deixar questões importantes para mais tarde.
- Demonstrar triunfo e júbilo antes do tempo.
- Desviar o rumo da negociação.
- Fundamentar sua argumentação em incertezas.
- Embaraçar o confrontante.
- Demonstrar pressa e ganância.
- Ser capaz de obter resultados dentro da margem a que se propõe.
- Saber que o importante não é o que fazer, mas sim as respostas que receber por aquilo que fizer.
- Desenvolver seu poder pessoal e saber como utilizá-lo com propriedade e oportunidade.
- Ser flexível e saber como aliciar estados mentais positivos.
- Ter uma grande necessidade de realização e empregar sua energia corretamente, nos pontos que, efetivamente, são pertinentes e significativos.
- Ser paciente e determinado.
- Correr riscos de forma adequada.
- Saber determinar objetivo.
- Fazer escolhas apropriadas.
- Saber diferenciar o essencial do acidental.
- Poder conviver com situações de ambiguidade, conflito, insegurança, risco, incerteza e estresse.
- Ser capaz de refletir e de agir de acordo com cada situação específica.

- Não fazer um acordo do qual venha a se arrepender.

22.3 ELEMENTOS DO NEGOCIADOR

A seguir, alguns elementos de negociação:

Interesse – Cada parte na negociação defenderá seus interesses por julgar os mesmos legítimos e verdadeiros.

Simpatia – Seja simpático e nunca vá para uma reunião com a cara fechada. O sorriso é um grande instrumento para abrir portas.

Persuasão – A persuasão é a arma da arte de vender, conduzir, induzir, convencer.

Construção – Este aspecto é muito exaltado pelos autores, pois consideram esta etapa como um somatório de esforços para se chegar ao final da negociação.

Movimento – O movimento que as partes fazem no transcurso da negociação deve estar voltado para uma convergência de objetivos e interesses.

Acordo – Representa a perda de alguma coisa por parte de um lado ou por parte de ambos. O acordo é um modo honesto de se chegar a um entendimento, pois ambas as partes se movimentam, aproximadamente, em proporções iguais.

Barganha – Significa a troca de algo por um interesse prejudicado.

Coerção – Coagir alguém numa negociação só deve ser usado em último caso. No entanto, não podemos salientar, de forma satisfatória, que isto não ocorre diariamente no mundo dos negócios.

Lógica – A lógica se refere aqui à construção da negociação, isto é, utilizar um raciocínio lógico preferencialmente.

Relacionamento – Saber se relacionar com pessoas, nem sempre é tão fácil quanto parece. A partilha numa negociação deve ser equilibrada pelos interesses dos participantes.

Avaliação – Durante todo o tempo as partes (negociadores) avaliam a situação, a parte oponente e se autoavaliam.

Confiabilidade – A confiança costuma ser considerada como o elemento mais importante de um bom relacionamento funcional. Um alto nível de confiança permite-nos aceitar o que o outro diz sem precisar questioná-lo e acreditar em suas promessas.

Aceitação – Mesmo nos casos mais simples, rejeitar uma pessoa, cujos interesses divergem dos nossos, impede fisicamente a comunicação. A não aceitação do confrontante define que não há nada a ganhar e aprender com o outro. Esta atitude é burra, pois sempre temos algo a aprender com alguém, mesmo que seja como não proceder. Pior é quando o outro é mais inteligente do que nós e perdemos a oportunidade de aprender mais.

22.4 PROCESSO DE NEGOCIAÇÃO

É verdade que o resultado da negociação é muito importante. Mas, se nós vamos voltar a negociar com a mesma pessoa, é crítico que passemos a considerar também o andamento do processo de negociação. Certamente, a próxima negociação poderá ser beneficiada ou prejudicada, em função de como foi conduzida a anterior.

Para melhor utilização de uma política de negociação é importante que o leitor procure lembrar-se de fatos e situações que possam ajudar a diagnosticar a existência de algum problema. Busque quantificar os eventos problemas e qualificar seus causadores.

Um primeiro problema a ser considerado é a não observância de uma sequência adequada (metodologia) durante o processo de negociação, tal como:

- Preparação (planejamento prévio).
- Abertura (formalidades iniciais).
- Exploração (identificação das necessidades e expectativas).
- Apresentação (enunciação de sua proposta e dos respectivos benefícios para o outro).
- Clarificação (esclarecimento de dúvidas).
- Ação final (identificação de sinais favoráveis, propostas de prazo).
- Controle (documentação onde são registrados os acordos firmados).
- Avaliação (medir a relação previsto/realizado).

A identificação prévia dos objetivos máximos e mínimos dá ao negociador a famosa margem de concessão, que quanto menor for tanto maior a radicalização acontecerá. A falta de empatia de uma das partes e uma preocupação com seus próprios interesses são um meio favorável ao conflito.

Um bom negociador começa a reunião quebrando a tensão, contando uma piada, fazendo um elogio ou comentário sobre determinado artigo da mídia ou fato comum ao setor que atua.

No início da negociação devem-se evitar perguntas descritivas e de avaliação, pois tais atitudes inibem os negociadores que passam a tomar posições defensivas. Assim, faça perguntas amenas, voltadas a criar um clima de harmonia e de trabalho inteligente.

Mostrar preocupação com as dúvidas levantadas aumenta a confiança mútua entre os negociadores.

Num processo de negociação é comum a não aceitação da lógica alheia, porque esquecemos que somos pessoas e, portanto, diferentes nas maneiras de pensar e agir. Ideias diferentes das nossas não são necessariamente ruins.

Existe um elemento do ritual relacionado ao processo de negociação. Se a negociação for realizada muito rapidamente, por exemplo, então pelo menos uma parte estará propensa a se sentir insatisfeita. Se você não seguir algumas das etapas básicas, provavelmente, se sentirá inseguro quanto a ter conseguido o melhor resultado possível.

O processo de negociação trata da sequência ou caminho a ser percorrido desde o início até o final da negociação. Identifica obstáculos e proporciona maneiras de ultrapassá-los. Trata da forma como se deve utilizar o conhecimento do assunto e as habilidades de relacionamento durante a negociação. Mostra o que, como e quando fazer com estes dois componentes, considerando o encadeamento das ações.

Quando se trata de negociação, o princípio matemático de que a ordem dos fatores não altera o resultado é falso, ou seja, o caminho que se segue pode alterar, em muito, o resultado da negociação. As principais etapas da negociação são:

Preparação – Preparar uma negociação significa fazer o dever de casa. Nada apresenta tantos benefícios quanto uma preparação bem-feita. Ela consiste em identificar todos os fatores necessários e suficientes para obter êxito e em criar condições prévias para que tais fatores possam ocorrer, efetivamente, no curso do processo de negociação. O que você fizer neste estágio determinará o rumo e, muito provavelmente, o resultado da negociação.

Planejamento – O planejamento constitui a etapa que reflete a forma que atenderá a um questionamento, como por exemplo:

- Qual a importância desta negociação?
- Quais serão as consequências se ela for malsucedida?
- De que forma dar início à negociação?
- Como as partes reagirão?
- Como estabelecer um programa de trabalho?
- Como impor condições e reduzir expectativas da outra parte?
- Que função cada membro da equipe (caso haja) desempenhará?
- Como responder questões difíceis que a outra parte, certamente, levantará?

Iniciação – Quando duas ou mais pessoas se reúnem para negociar, a primeira coisa que elas fazem é não delinear as posições iniciais de suas empresas. Elas se cumprimentam e trocam saudações. Se optar por ser indelicado e ignorar o protocolo padrão, não prestará nenhum auxílio, nem a você mesmo. Iniciará a reunião com a outra parte se sentindo indiferente, quando na realidade o desejável é que ela se sinta segura de bons resultados.

A posição inicial de cada lado possui efeito maior sobre o resultado final do que qualquer dos movimentos posteriores.

Avaliação – Nesta fase, cada parte busca favorecer e explicar sua própria posição e, ao mesmo tempo, investigar o outro lado a fim de descobrir fraquezas e quais os movimentos são possíveis. As variáveis negociáveis são também exploradas nesta fase. Estas variáveis deverão, da mesma forma, ser descritas a fim de assegurar que todas sejam devidamente investigadas.

Outro objetivo da avaliação consiste em exercer influência sobre as expectativas da outra parte, condicionar um rumo para seu ponto de vista e fazer supor que um acordo com você não será facilmente alcançado.

Movimentação – Nesta fase da negociação as partes tentarão obter o máximo de vantagens para si; questionarão pressupostos e fatos que fundamentarão posições e propostas; procurarão inconsistências nas argumentações contrárias para mostrar domínio de conhecimento; mostrarão vantagens no que estão propondo.

Desfecho – Um problema comum reside em tentar responder à questão: Quando a negociação está se aproximando de um desfecho? Alguns indicadores podem ser: um repetido não; as concessões se tornam progressivamente menores; sinais não verbais.

Análise de Resultado – Nesta fase você poderá estimar o processo utilizado, verificar o que você conquistou e aprender com os erros cometidos para se tornar um negociador mais experiente.

22.5 OBSTÁCULOS À NEGOCIAÇÃO

Eventualmente, você poderá se deparar com um negociador que está a fim de criar obstáculos à negociação. Para superá-los, você precisa entender o que está por trás deles e o que leva seu oponente a se recusar a cooperar. É fácil acreditar que aqueles ataques, obstruções e truques fazem parte da natureza dele, e que não há nada que você possa fazer para mudar a atitude dele. No entanto, pode fazê-lo mudar de atitude se conseguir lidar com as motivações dele.

Existem razões comuns para o insucesso nas negociações, tais como: pontos de vista ou posições envolvidas irreconciliáveis; conflitos de personalidade; a autoridade de uma das partes é excessivamente grande. É lógico que, na prática, você raramente obterá toda a informação de que necessita para saber com precisão qual é a sua posição de avanço e de recuo. Naturalmente, que estas posições evoluem à medida que a negociação transcorre, fazendo com que as partes se conheçam mais.

Às vezes, torna-se difícil continuar, principalmente no início, a negociação, devido à necessidade de mais informações ou opiniões alheias, ou introduzir alguém com conhecimento mais específico. Desta forma a reunião é suspensa. Há uma série de fatores que podem arrefecer uma negociação.

A negociação sucumbe quando as partes são incapazes de concordar sobre como resolver um determinado tópico. Quando isto acontecer, em vez de argumentar sem sentido sobre um assunto controvertido, é mais útil mudar completamente o tema e falar sobre algum outro aspecto do negócio.

Qualquer que seja a razão, sempre que as negociações começarem a dar sinal de parar, tente encontrar uma maneira de mudar o foco, buscando áreas mais produtivas que manterão a discussão em andamento rumo à conclusão.

Um evento não tão agradável pode, algumas vezes, ocorrer quando você atinge o que imagina ser uma conclusão satisfatória em uma reunião de negociação. Quando isto acontecer, é fácil se irritar e responder com: É isto ou nada! O que pode ser uma posição muito arriscada.

Seja qual for o caso, não importa se você forçará o conflito ao extremo de ameaçar ir embora, ou simplesmente registrará uma leve reprovação. Insista que o outro negociador faça o próximo movimento. Geralmente será alguma forma de contraoferta, e as negociações podem continuar a partir daí.

Deixe claro que, qualquer que seja, o acordado será submetido à aprovação de uma autoridade mais elevada pelo seu lado, após e somente após, sua contraparte ter assegurado aprovação do lado dela. Isto lhe permite uma vantagem que logicamente não pode ser objetada, pois está apenas fazendo o que o outro lado também pode fazer.

Uma maneira óbvia de forçar as coisas é impor uma data limite para o negócio ser concluído. Naturalmente, se você estiver blefando e seu oponente detectar o blefe, você terá que interromper as negociações ou enviar sinais de que se trata de uma manobra e continuar negociando, após o prazo que você alegou. Por esta razão, há, geralmente, alguma relutância em usar isto como tática.

Os cumprimentos, após uma negociação árdua, podem sinalizar que pelo menos uma tentativa de acordo foi alcançada, mas não é de modo algum o final de suas preocupações. Com mais frequência do que se pensa, quando as pessoas se descuidam, o acordo por escrito pode causar um conflito adicional e até resultar em uma outra rodada de negociação.

Não há, certamente, uma solução única que possa ser aplicável a cada negociação. O espectro que as negociações abrangem e a individualidade das pessoas torna muito difícil se chegar a um consenso. Além do mais, cada regra tem suas exceções. A análise das margens de negociação pode revelar uma série de aspectos bastante importantes ao processo de negociação.

A margem de negociação consiste na faixa de valores que vai do melhor resultado possível àquele que é desejável (aceitável) e que, se não for obtido, faz com que seja preferível abandonar a negociação.

22.6 ESTRATÉGIAS DE NEGOCIAÇÃO

As estratégias e táticas têm como objetivo principal fortalecer uma posição e alterar a imagem que a outra parte tem de você. É muito comum que os negociadores, além de terem estratégias, se utilizem de táticas.

No entanto a maior parte do tempo, prosseguimos com nossos vários relacionamentos sem obedecer a nenhuma estratégia. Podemos simplesmente reagir ao que os outros fazem, ou as emoções podem dominar a lógica e nos impedir de seguir qualquer estratégia que tenhamos em mente.

Para alcançar o tipo de relacionamento que queremos, provavelmente, precisamos evitar os erros básicos:

- Ignorar as concepções parciais.
- Esquecer que as pessoas são diferentes.
- Confiar na reciprocidade.
- Servir de modelo de conduta.

Estratégia de negociação é um compromisso a uma ampla abordagem, que tenha boa chance de atingir os objetivos do negociador. Por exemplo, alguns negociadores adotam uma estratégia "dura" com seus oponentes, enquanto outros consideram que uma estratégia suave traz resultados mais favoráveis.

Os negociadores fazem uso de uma série de estratégias para atingir seus objetivos. Saber usar e lidar com essas estratégias é essencial para o sucesso na mesa de negociação.

A seguir, as principais estratégias de negociação, segundo os autores do ramo:

Estratégia de Campeões – Um dos lados dá os parabéns ao outro, observando que os dois lados se saíram vencedores. Muitas vezes não passa de blefe.

Estratégia da Comparação – Durante as reuniões os negociadores apresentam vantagens e desvantagens das decisões tomadas.

Estratégia de Obstrução – Quando um dos lados não está seguro da sua posição, tenta ganhar tempo, obstruindo a negociação de todas as maneiras, até conseguir um maior controle da situação.

Estratégia do Durão – Quando um dos lados já entra na negociação com uma atitude de não abrir mão de nada. É uma estratégia muito perigosa.

Estratégia do Bonzinho – Um dos lados se apresenta como bonzinho para levar vantagens, depois de um determinado momento. É uma estratégia arriscada, porque o outro lado pode ver no confrontante uma imagem de fraco.

Estratégia da Ambiguidade – Para não tomar decisões de imediato, um dos lados passa a responder com frases ambíguas e evasivas, tornando o oponente irritado.

Estratégia do Equilíbrio – Quando os dois lados estão querendo equilibrar perdas e ganhos. Se há uma perda deverá haver um ganho logo adiante. Esta estratégia também é conhecida como compensação.

Estratégia da Flexibilidade – Estratégia muito comum, quando um ou ambos os lados dão respostas flexíveis, isto é, sempre são palavras que dão margem a possíveis aberturas.

Estratégia do Coitadinho – Um dos lados sempre se coloca como vítima, alardeando estar sempre perdendo. Esta estratégia é usada quando uma parte percebe que é a mais fraca.

Estratégia da Surpresa – Quando um dos lados, depois de analisar o confrontante, traz um fato, documento ou testemunha que surpreende pelas informações apresentadas. É possível que o confrontante surpreenda também.

Estratégia do Silêncio – O silêncio constitui uma lacuna e as pessoas sentem uma necessidade irresistível de preenchê-la. No entanto, precisamos aprender a administrar o silêncio. Se você faz uma pergunta e obtém uma resposta insatisfatória, a melhor coisa a fazer é absolutamente nada, exigindo informação adicional e permanecendo em silêncio.

Estratégia da Postergação – A transferência para outra reunião de um item, ou de um problema, que você não havia estudado, concede a si próprio tempo para desenvolver uma posição a respeito.

Estratégia do Recesso – Solicite um intervalo a fim de consolidar, recapitular ou recalcular ou, ainda, reformular tudo. Novas ideias sempre afloram, tendo em vista que o intervalo de tempo neutraliza a tensão da negociação.

Um recesso sempre resulta em renovação de energia e concentração de forças. Mas, quando empregada em demasia, pode gerar dúvidas, suspeitas, frustrações e embaraços, por exemplo.

Estratégia da Sinceridade – Esta depende muito da atmosfera que foi gerada. As partes precisam se aperceber que não serão exploradas uma pela outra e poderão atingir rapidamente um acordo, no qual ambas as partes consideram satisfatório. Ela é empregada com frequência quando as partes estabelecem negociação por um longo período de tempo.

Lembre-se de que confiança exige tempo para ser desenvolvida, mas pode ser destruída muito facilmente. A sinceridade não é expressa com palavras, mas sim com atos. Tome cuidado com alguém que se diz totalmente franco com você.

Estratégia da Indulgência – Ela representa um apelo ao que há de melhor da outra parte. Constitui-se num gesto emocional dirigido à pessoa física e não à pessoa jurídica que representa a organização.

22.7 TÁTICAS DE NEGOCIAÇÃO

A seguir, as principais táticas de negociação:

Tática da Intimidação – O negociador estabelece um prazo final para a negociação ou ameaça abandonar a mesa de negociação.

Tática do Blefe – O negociador diz conhecer determinado assunto, não sendo verdade ou diz possuir um documento comprometedor.

Tática da Comparação – O negociador abusa das comparações com casos (problemas) semelhantes que fazem parte da história das duas empresas.

Tática do Confronto – O negociador se vale do conhecimento (experiência) de um especialista para ter maior poder de argumentação, demonstra tanto conhecimento do problema que "acaba" com o confrontante ou se vale de experiências em laboratório e de demonstrações matemáticas.

Tática da Razão – Negociador procura a razão verdadeira para os obstáculos encontrados na mesa de negociação.

Tática da Delegação para Cima – O negociador leva ao conhecimento do escalão superior, traz o próprio chefe para a negociação, pede ao seu superior que entre em contato com o superior da outra parte, força o confronto de escalões superiores, vai ao encontro do superior do confrontante.

Tática da Barganha – O negociador utiliza diversas manobras a serem aplicadas em pontos difíceis da negociação. Estas manobras podem ser: ameaças, ofertas de última hora, envolvimento emocional, concessões, por exemplo. Outro conjunto de táticas de barganha diz respeito às táticas do oponente, preparadas para tentar enganar, distorcer ou influenciar de alguma forma a negociação em benefício próprio.

Tática da Obstrução – A tática da obstrução consiste em recusar-se a ceder. Seu oponente tenta convencê-lo de que ele não tem a menor flexibilidade e que, portanto, você não tem outra alternativa. Mas atenção, a obstrução pode assumir a forma de um fato consumado, o que pode encerrar a negociação.

Tática do Ataque – Ataques são táticas de pressão que têm por finalidade intimidar e deixar tão sem jeito o oponente que este acaba cedendo. Talvez a forma mais comum de ataque seja a ameaça continuada.

22.8 DOCUMENTOS DE NEGOCIAÇÃO

Os principais documentos de negociação são:

Contrato – Contrato é um acordo (combinação, ajuste) tácito ou escrito entre duas ou mais pessoas para execução de determinada coisa, onde estão assinaladas cláusulas de: condições legais, responsabilidades, deveres, direitos, prazos e obrigações das partes envolvidas. Contrato é, nada mais nada menos, que um acordo de vontades, entre duas ou mais pessoas, que tem por finalidade produzir efeitos jurídicos.

Proposta – O conceito de proposta, geralmente, está ligado a uma oferta de serviço, mas é importante lembrar que a proposta de que trataremos tem sempre o caráter de negócio, isto é, há um propósito comercial e será sempre escrita, como uma sinopse ou um plano, ou, ainda, um relatório.

É bom observar que uma proposta será discutida, aprovada, ou não, entre as partes (contratante e contratada), para saber se é possível a viabilização da negociação.

Ata de Reunião – A ata de reunião é um registro escrito no qual se relata o que se passou numa reunião, assembleia ou encontro, por exemplo. Também é um documento que encerra uma reunião séria. Toda ata deve ter: local e data; nome dos participantes e entidades que representam; objeto da reunião; assuntos a serem discutidos, destacados em tópicos; responsabilidades; itens abordados (definição do problema, solução de consenso, data de cobrança); prazos de execução; distribuição de cópias para os participantes e assinaturas.

A ata de reunião diz o que, quem, como, quanto e quando vai ser feito algum trabalho. Cada folha deve receber a rubrica de cada participante, bem como uma numeração (1/3; 2/3; 3/3).

Teste de Aferição de Conhecimento

01 – A negociação é uma:

a) Reunião de negócios
b) Reunião onde se pretende levar alguma vantagem
c) Reunião de dar e receber
d) Reunião para definir políticas, normas, objetivos e estratégicas

02 – É verdade que o sucesso em uma negociação advém da:

a) Sorte
b) Situação propícia
c) Ambiente favorável
d) Experiência do negociador

03 – A negociação em equipe é facilitada:

a) Pelo efeito sinergético
b) Pelo conhecimento interdisciplinar
c) Pela visão holística
d) Pela quantidade de gente

04 – O fator mais importante no processo de negociação é:

a) Objetivo
b) Planejamento
c) Clima organizacional
d) Identificar necessidade

05 – Qual obstáculos você acredita ser o pior numa negociação?

a) Corrupção
b) Falta de comunicação
c) Falta de ética
d) Falta de transparência
e) Falta de informação

06 – Por que utilizamos estratégias e táticas diferentes, mesmo numa mesma negociação?

a) Porque as empresas são diferentes
b) As situações mudam
c) Porque as pessoas têm realidades próprias
d) Porque os cenários evoluem

07 – Qual documento é imprescindível numa reunião?

a) Ata de reunião
b) Contrato
c) Proposta
d) Relatório

08 – Qualquer um pode ter sucesso numa negociação?

a) Sim
b) Não
c) Não, precisa ser uma pessoa experiente em negociação

Capítulo 23

PESQUISA de MERCADO

"Se pudéssemos saber, em primeiro lugar, em que ponto nos encontrar e até que ponto avançar, estaríamos em melhores condições para julgar o que fazer e como fazê-lo".

Abraham Lincoln

OBJETIVOS DO CAPÍTULO

- Mostrar que sem uma pesquisa de mercado é como andar na escuridão sem uma lanterna.
- Mostrar que pesquisas bem construídas são ferramentas úteis para o sucesso.
- Mostrar que o questionário é um instrumento formidável para a coleta de dados.
- Mostrar que o pesquisador precisa ter noções de estatística.

23.1 CONCEITO DE PESQUISA

Embora já tenhamos visto o conceito de pesquisa, é importante ressaltar que a pesquisa não deve ser iniciada a partir de conclusões previamente formuladas e cristalizadas, a ponto de não permitirem modificação e aperfeiçoamento no próprio processo de sua efetivação. Neste sentido, a atitude fundamental que deve caracterizar o pesquisador é a da investigação.

Problemas não resolvidos devem constituir desafio permanente para o ser humano.

Devido à mutabilidade dos cenários, a pesquisa tornou-se uma atividade inerente à vida hodierna. Pesquisa é técnica. É atividade científica. Mas, sem dúvida, é também uma arte. Como técnica não pode prescindir de aspectos metodológicos. Porém, por ser arte, há de apresentar uma preocupação criadora.

O que foi construído para se tornar um método tornou-se uma enfermidade que abala o estudioso, quando sua função deveria ser a de desenvolver a investigação e a reflexão.

No Século XX as pesquisas se tornaram as grandes ferramentas para balizar o caminho (estratégia) a ser seguida pela empresa, num mundo cada vez mais global. O fator determinante de escolha da pesquisa estará sempre sob a ótica do pesquisador, do material, do método e do tempo disponível.

Todo trabalho de pesquisa será apresentado pelo pesquisador, em função do seu nível de percepção e, principalmente, da experiência obtida de trabalhos anteriores.

Muito antes da era da produção em massa, do mercado globalizado e da preocupação com as novas ferramentas tecnológicas, os homens de negócio, de então, conheciam de perto o consumidor e o mercado. Conheciam os clientes pessoalmente e o conjunto desses clientes constituía o seu mercado.

Artífices e artesões desenvolveram relações comerciais através de contatos pessoais e, assim, conseguiram obter rápidas informações e conhecer os desejos e necessidades dos seus consumidores. Eles eram os próprios pesquisadores de mercado, planejadores de produtos, promotores de venda e vendedores.

Mas, sem dúvida alguma, este processo primário orientava-se pelo consumidor, com quem mantinha um relacionamento de venda, pois sabia que esse era o único meio de se conseguir bom êxito nos negócios.

O advento da produção em massa determinou a adoção da distribuição de massa. Daí, resultou a impossibilidade de o produtor conhecer cada um dos seus milhares ou milhões de consumidores, perdendo então a capacidade de conhecer rapidamente os desejos e as necessidades de cada um deles. Em vista desse afastamento, o produtor foi obrigado a desenvolver outros métodos.

23.2 QUESTIONAMENTO

O questionamento, fase que antecede a pesquisa propriamente dita, ajudará no planejamento da pesquisa, porque, tendo em vista as respostas da pesquisa, ele será redimensionado em suas estratégias e táticas.

O questionamento básico que se faz, geralmente, diz respeito ao mercado de atuação, produto a ofertar e público-alvo a atingir. Assim, as pessoas que atuam na área da pesquisa devem fazer perguntas que justifiquem essa atividade, tais como:

Quanto ao Uso: Em que situação se utiliza a pesquisa? Em situações empíricas, planejadas ou simuladas? Quais as vantagens de se fazer pesquisa?

Quanto ao Mercado: Qual o tamanho do mercado? O mercado é segmentado? Quais são os principais concorrentes? Quais são os fornecedores? Quais são os principais produtos vendidos? É um mercado novo? É um mercado maduro? É um mercado saturado? Como estão se saindo às empresas do setor? Quais são os canais de distribuição? Que métodos de comunicação com o público são usados? Quais as restrições fiscais? Quais as restrições legais?

Quanto ao Produto: O produto existente satisfaz as necessidades dos consumidores? O desenvolvimento de um novo produto é necessário? São necessários produtos completamente novos? Qual será o potencial de um novo produto? Quais são os produtos concorrentes? Que preços são praticados? Quais os canais de comunicação? Quais os canais de distribuição?

Quanto ao Consumidor: Qual o perfil socioeconômico do consumidor? Qual o estilo de vida? Qual o nível intelectivo e cultural? Qual o poder de compra? Qual a faixa etária? Qual o estado civil? Qual a preferência sexual? Há uma compulsão a consumir? Qual o valor/mês de compras?

Quanto à Abrangência: O projeto é local, regional, nacional ou internacional? Qual problema o projeto pretende resolver ou equacionar? Quais as relações sistêmicas do projeto? Quais os impactos sofridos e provocados pelo projeto?

Quanto aos Recursos: Quem poderá financiar o projeto? Qual o volume de recursos demandados pelo projeto? Quando e como utilizar um software para modelar o projeto? Como alocar os recursos humanos do projeto? Como recrutar, selecionar e contratar pessoas? Qual o tipo e qual o montante do investimento necessário ao projeto? Como financiar o projeto?

Quanto à Gestão: Em quanto tempo o projeto estará concluído? Quais os indicadores básicos do projeto? Quais os meios de verificação? Qual o volume de produtos a ser gerado pelo projeto? O projeto compreende quais atividades? Qual o conteúdo das atividades que compõem o projeto? Qual a ordem de realização das atividades do projeto? Qual a duração das atividades? Quanto tempo é necessário para alcançar o produto do projeto? Quais valores condicionam o projeto? Que forças políticas atuam sobre o projeto? Como elaborar um organograma para o projeto? Como criar condições para a administração dos recursos humanos? Como planejar a alocação de bens tangíveis? Como calcular os estoques do projeto? Como as informações do projeto são geradas, armazenadas e distribuídas? Qual o padrão de qualidade do projeto? Quais os dispêndios para o projeto? Como se distribuem os custos do projeto? Qual a relação Custo/Benefício? Qual o orçamento (recursos e aplicações; fontes e usos) do projeto? Como orientar o processo de tomada de decisão para prevenir riscos? Quais os riscos do projeto? Como apresentar o projeto?

Quanto ao Arranjo Físico: Quais são os espaços necessários à movimentação de materiais e pessoas? Quais as dimensões dos materiais, máquinas e equipamentos utilizados? O arranjo físico usará técnicas próprias ou empíricas? Haverá necessidade de desenhos, plantas, gabaritos, miniaturas ou maquetes?

Quanto à Internet: Como a disponibilidade de mecanismos de busca e apresentação de dados na Internet afetará a maneira de os usuários buscarem informações? Quais são os motivos de se buscar informações na Internet e não num canal convencional? Como os consumidores navegam na Internet? A Internet facilita a customização em massa em algumas categorias de produtos? A influência da Internet pode catalizar uma competição intensa em alguns casos? A internet facilita a segmentação dos consumidores? Até que ponto os fornecedores deveriam ser integrados verticalmente na Internet? Quais as vantagens e desvantagens de se vender diretamente aos consumidores? A Internet tem a possibilidade de criar corretores de informações? Como a Internet afetará a estrutura e o desempenho dos produtos nos mercados? Como a Internet afetará a privacidade dos consumidores e usuários? Como estabelecer regulamentos para proteger os consumidores contra fraudes?

23.3 CARACTERÍSTICAS DA PESQUISA

A seguir, as principais características da pesquisa:

Acumulação – Todo trabalho de pesquisa tem um caráter acumulativo. Isto porque o mesmo se apresenta em duas direções: no sentido vertical, representado pela herança intelectual, pela qual a pesquisa se lança à consulta dos trabalhos anteriores; no sentido horizontal, por meio do qual o pesquisador procura conhecer as pesquisas realizadas em outros campos do conhecimento que possam afetar o seu trabalho.

Cooperação – A atividade de pesquisa, passando-se em termos de conhecimento humano como um todo, é uma obra coletiva que necessita cooperação.

Competição – Paradoxalmente a característica anteriormente mencionada, verifica-se um aspecto altamente competitivo na atividade de pesquisa. Este fator explica os cuidados dos pesquisadores com o sigilo. Este sigilo na pesquisa é necessário para evitar uma apropriação indébita da ideia, pois os pesquisadores gostam de divulgar os resultados, somente, quando certos e seguros.

Universalismo – O cientista, ainda que sofrendo as influências do seu sistema cultural e político, deve esforçar-se no sentido de que sua descoberta seja relacionada, principalmente, ao fato de não ser meramente uma questão de opinião. Os critérios impessoais asseguram que a descoberta tenha um caráter universal.

Ceticismo – É a aplicação do princípio da dúvida sistemática. O método e a descoberta devem ser constantemente questionados.

Risco – Há sempre um risco de insucesso pairando sobre uma pesquisa, qualquer que seja o assunto e o lugar. Este caráter aleatório da pesquisa tem um aspecto curioso, uma vez que nem sempre o sucesso é total, bem como o insucesso. Qualquer pesquisa é válida, até quando mostra a sua inutilidade.

Abertura – Acima de tudo, a atividade de pesquisa caracteriza-se por seu aspecto aberto para fatos, fenômenos, teorias, leis.

Pesquisa indica a fronteira, na qual os investigadores pretendem encontrar novos fenômenos ou conceber uma solução para um problema até então não resolvido. O desenvolvimento, no âmbito da empresa, significa encontrar um meio de aplicação mercadológica daquilo que foi pesquisado.

23.4 ELEMENTOS DA PESQUISA

Os principais elementos da pesquisa são:

Objetivo da Pesquisa – O objetivo da pesquisa é descobrir respostas para perguntas, por meio do emprego de processos científicos. Porém, para que possam ser respondidas através da pesquisa, as perguntas precisam ter uma característica comum, devendo ser de tal ordem que a observação ou a experimentação, no mundo natural, possam dar a informação necessária.

Muitas questões ou decisões não podem ser respondidas apenas com dados, pois, além destes existem valores que evoluem com o passar do tempo. Uma pesquisa perderá, ou não, seu valor durante um determinado período de tempo, porque não existe perenidade e, sim, pelo contrário, transitoriedade. Quer o objetivo motivador de determinada pesquisa seja fundamentado de forma intelectual ou prática, são idênticas as exigências do processo de pesquisa.

Problema da Pesquisa – O maior problema da pesquisa é a representatividade da amostra e do universo estudado. Pode-se, ainda, apontar a metodologia da coleta de dados, a entrevista, o questionário, o pesquisador, a leitura e análise de documentos, as observações e estimativas.

É muito fácil que uma empresa fique tão envolvida num mercado ou num setor de mercado que não seja capaz de considerar todo o mercado (visão holística) para os seus produtos. Ela pode estar perdendo oportunidades potenciais e, pior, tempo.

Técnicas de Pesquisa – As técnicas de pesquisa têm evoluído muito, pois começam com contatos diretos e, hoje, são realizadas via Internet por computadores pessoais, que se deslocam para todo lugar. No momento, o site de busca mais famoso é o Google.

Programa de Pesquisa – Na construção de um programa de pesquisa o leitor deverá passar pelas seguintes fases:

- Perceber, formular, analisar, definir o problema.

- Escolher a equipe de pesquisadores e estabelecer uma linguagem comum.
- Determinar objetivos e necessidades de informação.
- Dimensionar recursos necessários e tempo de duração da pesquisa.
- Estabelecer quais serão os tipos de abordagem (observação, entrevista, questionário).
- Definir as ferramentas de pesquisa.
- Operacionalizar a coleta de dados.
- Tabular dados e avaliar o que significam.
- Levantar possíveis soluções (hipóteses).
- Preparar relatórios e apresentar os resultados, fazendo recomendações.
- Divulgar a pesquisa.

23.5 CLASSIFICAÇÃO DA PESQUISA

Há várias maneiras de se fazer uma classificação da pesquisa. Todas elas são possíveis, uma vez que o fator determinante de uma classificação particular será sempre a ótica particular dos pesquisados. A pesquisa pode ser classificada, sob o ponto de vista do material e do método utilizados em sua elaboração:

Classificação da Pesquisa Quanto ao Material – Em certo sentido, o material condiciona não apenas a técnica a ser utilizada, como em grande parte, os resultados que se esperam da pesquisa. Desnecessário seria enfatizar que esta classificação, como outra qualquer, é arbitrária. Mesmo assim, entretanto, ela é oferecida pelo seu caráter amplo de descrição da atividade de pesquisa:

Pesquisa Bibliográfica – Este tipo de pesquisa está associado com a procura de dados significativos e interpretações do passado.

Pesquisa Social – Pode ser conceituada sumariamente como a pesquisa voltada a um estudo da humanidade no seu ambiente social.

Pesquisa Natural – Este tipo de pesquisa também é conhecido com o nome de pesquisa de ciência da vida e ciência física. E, em sua maioria, de natureza experimental.

Pesquisa Tecnológica – Algumas vezes denominada de pesquisa aplicada, consiste, em grande parte, na aplicação dos tipos de pesquisa, previamente, relacionados às necessidades imediatas de novos recursos tecnológicos.

Classificação da Pesquisa Quanto ao Método – Do ponto de vista do método utilizado na elaboração da pesquisa, esta pode ser:

Pesquisa Descritiva – É aquela em que os problemas a serem investigados estão bem definidos e, em geral, procura-se obter resultados quantitativos sobre aspectos do comportamento humano ou sobre o perfil dos consumidores.

A investigação descritiva é feita do ponto de vista do presente. Procura, através da utilização de uma técnica variada, descrever a natureza de um fenômeno ou problema sob todos os ângulos possíveis, a partir de dados primários, obtidos por meio de entrevistas e reuniões de grupo.

Pesquisa Experimental – É o método de investigação utilizado, preferencialmente, na pesquisa científica propriamente dita. Preocupa-se com a observação controlada das mudanças e com o desenvolvimento de um fenômeno físico ou social. O elemento caracterizador deste tipo de investigação é o controle. A regra fundamental consiste em variar-se somente uma circunstância (variável única) de cada vez, mantendo as outras fixas e sob rígido controle. Pela sua própria natureza, utiliza, para fins de controle, técnicas estatísticas de mensuração.

Pesquisa On-line – Muitos varejistas estão vendo que podem oferecer produtos pela Internet, com um custo de entrega mais baixo do que os encontrados no varejo local. Também podem testar níveis diferentes de suporte ao consumidor para ajudar os gerentes a definir suas prioridades de mercado.

Pesquisas na Internet são mais vantajosas devido as suas ramificações. Por tal, são mais baratas que as feitas por telefone e pelos correios.

Pesquisa Exploratória – É a que procura gerar hipótese ou explicações prováveis e identificar áreas para um estudo mais aprofundado. Os estudos exploratórios têm como principal característica a informalidade, a flexibilidade e a criatividade, onde se procura obter um primeiro contato com a situação a ser pesquisada ou um melhor conhecimento sobre o objeto em estudo.

Este tipo de pesquisa é particularmente útil, quando se tem uma noção muito vaga do problema a ser pesquisado. Por isso, são desenvolvidas hipóteses para os fatos e fenômenos a serem estudados. Mesmo quando já existe dados sobre o assunto, esta pesquisa é importante, pois para um mesmo fato pode haver inúmeras explicações alternativas.

Pesquisa Evolutiva – A pesquisa evolutiva baseia-se na coleta e análise periódica das mesmas variáveis de forma a permitir seus acompanhamentos evolutivos no tempo. A população pesquisada deverá sempre ser a mesma, mas a amostra, a cada medição, poderá, ou não, ser a mesma. Se a amostra pesquisada for sempre à mesma, ela se chama pesquisa de painel. A pesquisa de painel elimina desvios.

Pesquisa Qualitativa – As pesquisas qualitativas envolvem a exploração e a interpretação da percepção e do comportamento de pequenas amostras de indivíduos, como também o estudo dos motivadores por trás das ações observadas.

A pesquisa qualitativa pode ser definida como uma metodologia não estruturada, baseada em pequenas amostras, a fim de proporcionar insights e uma compreensão do contexto do problema. É a pesquisa utilizada para avaliar comportamento humano, bem como inteligência, criatividade, percepção, atitude, julgamento. É também utilizada como uma investigação preliminar, refinando conceitos e linguagens para facilitar pesquisas posteriores.

Pesquisa Quantitativa – É usada para medir situações em que a natureza da pesquisa não foi definida. As pesquisas quantitativas são construídas para reunir dados de amostras representativas. Para garantir margens de desvio pequenas, a pesquisa quantitativa costuma ser feita com centenas e às vezes milhares de pesquisados. Esta pesquisa coleta dados diretamente dos respondentes apropriados. Também é conhecida como pesquisa de levantamento.

23.6 PESQUISA DE MERCADO

Dentro das organizações de mentalidade moderna, a pesquisa de mercado tem sido um instrumento altamente valioso na solução de inúmeros problemas. O que se tem procurado é a solução técnica, baseada em fatos, e não aquela empírica, que é característica de uma grande parte de executivos.

Em todos os campos da atividade negócio, dois pontos são básicos: O que produzir? Como manter o fluxo constante desses produtos no mercado?

A pesquisa de mercado objetiva descobrir que bens e serviços o consumidor deseja, como podem ser vendidos, e procura medir a aceitação deles junto ao público consumidor. Não se trata, evidentemente, de descobrir exatamente todas as medidas, porque nas ciências sociais ainda não existem instrumentos que permitam uma precisão, como na física ou na matemática.

Usando os instrumentos disponíveis à pesquisa de mercado, existem grandes possibilidades de medir as tendências corretas e aproximações que são peculiares, naquele momento, ao mercado em questão.

Pesquisa de mercado é a coleta, qualificação e análise de todas as informações sobre problemas relacionados com a transferência e venda de bens e serviços do produtor para o consumidor. Ela pode atuar em todas as fases do processo mercadológico, desde a fase de criação até o destino final da embalagem.

O que se tem procurado em pesquisa de mercado não é a substituição do raciocínio clássico de muitos empresários, tampouco uma correção na maneira de pensar dos homens de venda que atuam no campo. Porém, o que se vai buscar é a razão de:

- Por que os processos de comercialização vão bem ou mal?
- Onde podem ser melhorados e que novas oportunidades estão aparecendo que podem ser exploradas economicamente?
- Quais são os desejos das pessoas, o que pensam e como agem em relação ao mercado?
- Quais são os consumidores e como sentem a comunicação estabelecida entre eles e os respectivos produtores?

A pesquisa de mercado pode ser utilizada ocasionalmente ou regularmente. Muitas vezes, a situação determinará a necessidade da pesquisa, porque ela traz vantagens, ajudando a:

- Definir áreas de interesse para produtos.
- Localizar nichos de mercado.
- Definir variáveis do processo mercadológico.
- Identificar concorrentes.
- Permitir saber se você é capaz, ou não, de assumir o empreendimento.
- Analisar o mercado e a concorrência.
- Conhecer o mercado potencial e real.
- Estudar os canais de distribuição e comercialização.

A seguir, algumas considerações sobre pesquisa de mercado:

Limitações – As limitações da pesquisa de mercado, segundo vários autores, se referem, na maioria das vezes, a: indiferença dos respondentes; ausência de responsabilidade; conservadorismo; exibicionismo; informações insuficientes; comprometimento dos pesquisadores.

Pesquisa de Campo – Na pesquisa de campo as informações são coletadas obtendo-se respostas para um conjunto de perguntas de uma série bem articulada. A amostragem usada precisa ser representativa e objetiva.

A pesquisa de campo pode ser executada pessoalmente, pelo telefone ou pelo correio (real ou virtual) e pode ser executada por seu próprio pessoal ou por uma empresa de fora. Como esta pesquisa é dispendiosa, ela é usada na obtenção de informações específicas.

Os métodos, geralmente, utilizados na pesquisa de campo são questionários, entrevistas, observações e experiências.

Pesquisa de Gabinete – A pesquisa de gabinete envolve a coleta de dados de fontes, tais como: Estatísticas Governamentais; Relatórios Empresariais; Catálogos, Revistas, Jornais e assemelhados; Publicações de Associações Patronais; Relatórios de Bancos de Desenvolvimento.

A pesquisa de gabinete, muitas vezes, é considerada como sendo barata, uma vez que os principais custos envolvidos são: o tempo do pesquisador, telefone, e-mail, energia elétrica e assinaturas de publicações.

A pesquisa de gabinete precisa ser feita por pessoal experimentado e gabaritado, senão é perda de tempo, esforço e dinheiro, pois saber ler o que é relevante para inferir e cruzar os dados não é para qualquer um.

Pesquisa pelo Correio – É um método de pesquisa em que o respondente recebe e retorna o questionário pelo correio. Tem como vantagem ser impessoal, de grande alcance e com custo, geralmente, baixo, pois não necessita de entrevistadores especializados. A principal desvantagem é a sua baixa taxa de retorno, criando um desvio na pesquisa. Entretanto, quando bem administrada e com incentivos adequados, o método do questionário pelo correio pode gerar um alto índice de retorno, com bons resultados.

Pesquisa Telefônica – Esta pesquisa exige um alto jogo de cintura do entrevistador. Por tal, não é para qualquer um.

23.7 MÉTODO DE PESQUISA

É um método que requer um tratamento científico, permitindo descobrir novos caminhos na busca de verdades, em qualquer campo do conhecimento. A pessoa que, realmente, compreende os elementos básicos do método de pesquisa está em condições de questionar, sobre aquilo que lê ou que ouve, tal como: fenômeno, lei, fato, teoria, regra, opinião, prova, premissa, princípio, diretriz, experimento, política.

A fim de ser capaz de fazer um julgamento provisório, quanto à confiança que cada método merece, você precisa ser capaz de julgar:

- Como é que os pesquisadores definem seus termos?
- Será que falam a mesma coisa, ou usam palavras para diferentes fenômenos?
- Será que as provas são significativas?
- Terá havido condições diferentes nos estudos, que possam explicar a diferença nos resultados?

Existem dois métodos básicos de pesquisa para obtenção de dados primários: a comunicação e a observação.

O método da comunicação consiste no questionamento oral ou escrito dos respondentes para a obtenção do dado desejado, que será fornecido por declaração verbal ou escrita, do próprio respondente.

O método da observação consiste no registro de: comportamentos, fatos e ações, relacionados com o objetivo da pesquisa, não envolvendo questões e respostas.

Tanto o método da comunicação quanto o da observação possuem vantagens e desvantagens, tais como:

Método da Comunicação – Vantagens: mais versátil; mais rápido; menor custo; mais dados. Desvantagens: dependente da boa vontade, sinceridade e lembrança do solicitante; a forma de coleta pode induzir a resposta; menos preciso.

Método da Observação – Vantagens: independe da boa vontade dos respondentes; certos dados só são obtidos por este método; não há influência no processo de respostas; mais preciso. Desvantagens: menos versátil; mais lento; maior custo; dados são mais difíceis de interpretação; difícil de se obter dados para situações íntimas; só pode ser usado para obter dados exteriorizados, através de comportamentos.

23.8 COLETA DE DADOS

Coleta de dados compreende o efetivo trabalho de recolhimento dos dados no campo junto às fontes de dados. É a etapa, geralmente, mais cara e mais crítica da pesquisa, pois, é a que mais está sujeita à introdução de erros e atrasos. Por isso, exige supervisão cerrada e um controle rígido. Ela é a reunião metódica, precisa e eficiente de acontecimentos e fenômenos necessários para o perfeito entendimento dos sistemas em uso numa organização.

A coleta fornecerá material para o trabalho da fase de análise e, consequentemente, servirá de base para o meio que resolverá o problema. Aos menos avisados poderá parecer ser fácil executar uma coleta de dados. Pensamento enganoso, porque esta ficará em função dos métodos e das técnicas escolhidos.

As operações de coleta de dados precisam ser detalhadamente planejadas e controladas para que os dados coletados tenham alta qualidade e para que as previsões de prazo e custo sejam atingidas. O instrumento de coleta de dados é o documento através do qual as perguntas serão apresentadas aos respondentes e onde são registradas as respostas (dados).

Os dados serão registrados em questionários, formulários e fichas, por exemplo. Se estes instrumentos forem mal elaborados, com questões dúbias, escalas incorretas em gráficos e regras de preenchimento confusas, podem se tornar fontes de erros.

Geralmente, na fase de coleta de dados da pesquisa surgem problemas, relativos aos respondentes, como: não confiáveis (se recusam a cooperar; desonestos) e também aos entrevistadores que podem não ser confiáveis. Mas, os métodos de coletas de dados estão melhorando, graças ao avanço da telemática.

Os métodos de coleta de dados podem ser:

- Método Dedutivo – Parte do geral para o particular, do mais alto nível para o de mais baixo nível e da generalidade para o detalhe.
- Método Indutivo – Parte do particular para o geral, do detalhe para a generalidade.

O método de amostragem seleciona unidades, elementos e amostras com o objetivo de estimular outros valores, tais como: média, mediana, moda, variância e desvio padrão. A finalidade deste método é reduzir custos, eliminar desperdícios de tempo, obter dados mais confiáveis e simplificar o trabalho.

Os objetivos do levantamento amostral devem ser definidos com clareza. Para que as estimativas dos parâmetros populacionais sejam representativas, deve-se fazer uma seleção ao acaso, desde que todos os elementos tenham a mesma possibilidade de ser selecionados.

Na amostragem, cada elemento de uma população deve ter a mesma probabilidade de ser incluído na amostra. Além da amostragem aleatória existe a: amostragem por conglomerado, amostragem estratificada e amostragem de múltiplos estágios.

A amostragem está baseada em duas premissas:

A primeira é a de que há similaridade suficiente entre os elementos de uma população, de tal forma que uns poucos elementos representarão, adequadamente, as características de toda a população.

A segunda é a de que a discrepância entre os valores das variáveis na população e os valores das variáveis obtidos na amostra são minimizados.

A Teoria da Amostragem nos diz que os resultados oferecidos por um número muito grande de amostras se encaixam num modelo padrão chamado de distribuição normal. É verdadeiro que quantidades de população de muitos milhões podem ser avaliadas a partir de apenas 500 pessoas, se a amostra for adequadamente selecionada.

Esta teoria é um estudo das relações existentes entre a população pesquisada e as amostras utilizadas, tanto em quantidade (tamanho), como em qualidade (confiança, precisão). Mas, nem sempre o tamanho da amostra é diretamente proporcional a sua precisão, porque é preciso considerar os critérios de seleção das amostras.

A amostra é o conjunto dos elementos de uma população, que é o conjunto de indivíduos da mesma espécie, localizado num determinado espaço e tempo, contendo certos atributos de um universo.

O universo é o conjunto de fenômenos com características comuns. Ele utiliza dados representativos, em vez de toda a população.

A amostra possui as seguintes vantagens: economiza mão de obra, tempo e dinheiro; possibilita rapidez na obtenção de resultados; pode colher dados mais precisos; pode ser a única opção quando o estudo implicar destruição ou contaminação dos elementos pesquisados.

Há dois conceitos básicos referentes à amostragem:

População Alvo – Expressão que se refere ao grupo de pessoas, ou objetos, no qual deve ser recolhida a amostra.

Unidade Amostral – Expressão que se refere aos elementos disponíveis para seleção em algum estágio do processo de amostragem.

23.9 OBSTÁCULOS À PESQUISA

Levando-se em conta que o ciclo do conhecimento humano se processa em três fases fundamentais, a saber: Apropriação, Sistematização e Exposição. Estas podem sofrer as interferências de fatores circunstanciais, os quais, por sua vez, podem se constituir em obstáculos à pesquisa.

Os obstáculos à pesquisa são basicamente os seguintes:

Preconceito – O preconceito é entendido como um juízo previamente formulado.

Propaganda – O pensamento do ser humano pode ser manipulado ou condicionado por meios de comunicação de massa.

Tradicionalismo – Tendência de apegar-se às formulações do passado.

Autoritarismo – Aceitação não crítica de uma fonte de autoridade qualquer que seja a sua origem.

Etnocentrismo – Valorização exagerada dos costumes e normas do grupo.

Subjetivismo – Inclinação para julgar os fatos, tomando-se como base emoções.

Generalização – Afirmação que se faz de ordem geral.

Especialização – Tendência a desprezar qualquer tipo de conhecimento que não se encontre dentro da área específica do pesquisador.

É sabido que um dos problemas com os quais o pesquisador se defronta é, geralmente, o da organização do seu tempo para estudos. Por falta de uma sistemática adequada, instantes preciosos são desperdiçados. É preciso, então, uma orientação para a atividade pesquisa.

Fatores de cunho social podem constituir-se em elementos limitadores de uma percepção mais clara da realidade, por parte do pesquisador.

É essencial que os pesquisadores entendam o processo de pesquisa, para poderem avaliar efetivamente aquilo que foi pesquisado. Na verdade, conseguir informação exata é o principal objetivo do processo de pesquisa. Assim, aplicam métodos científicos, isto é, enfatizam objetividade e exatidão na coleta de dados.

O fato de que uma pessoa estar sendo observada altera o seu comportamento. Por tal, os pesquisadores encontram dificuldades em aplicar métodos, puramente, científicos.

Muitos dirigentes vêem a pesquisa como apenas uma operação de constatação de fatos. Eles esperam que o pesquisador planeje um questionário, escolha uma amostra, faça entrevistas e relate resultados, frequentemente, sem dar-lhe uma definição clara do problema ou as alternativas de solução.

Outros vêem a pesquisa como nada mais do que uma atividade de escritório e a recompensam como tal. Contratam pesquisadores inexperientes, com fraco treinamento e fraca criatividade, levando a ter resultados inexpressivos.

Os resultados desapontadores reforçam o preconceito da administração em relação aos pesquisadores, que são remunerados com baixos salários. Os administradores desejam resultados rápidos que sejam rigorosos e conclusivos.

Toda e qualquer pesquisa de mercado requer recursos, tempo e esforço. Este problema é crucial quando os dados não existem ou não são confiáveis.

23.10 QUESTIONÁRIO DE PESQUISA

O questionário é um modelo em que há uma série de questões, cujas respostas devem ser preenchidas pessoalmente pelos informantes, sem assistência direta ou orientação do pesquisador. Ainda que as exigências nos setores industriais, de serviço e de consumo sejam diferentes, há muitos fatores no planejamento do questionário que são universais, pois ele pode ser utilizado como ferramenta de trabalho, de consulta, de avaliação e de referência.

O conteúdo e a ordem das perguntas variam, dependendo se elas são idealizadas para entrevistas pessoais e telefônicas, ou para questionários postais. Algumas premissas precisam ser ressaltadas para a confecção de um questionário de pesquisa:

- O questionário deve ser específico à área pesquisada e não deve conter perguntas impertinentes.
- A lista de perguntas deve ser idealizada para resultar no maior número possível de informações sem ambiguidades.
- Cada pergunta deve ser simples e relativamente curta.
- A maioria das perguntas deve requerer uma simples resposta.
- Uma opção dentre uma série de alternativas é o mais recomendado.
- Não use perguntas que induzam à determinada resposta uma vez que elas tendem a provocar um resultado com desvios.
- Pense cuidadosamente na sequência das perguntas, uma vez que as primeiras perguntas do questionário podem influenciar as últimas.
- Planeje o questionário de tal maneira que as respostas possam ser facilmente analisadas e tabuladas.
- Atitude mecanicista (sim ou não) deve ser evitada.
- Evite muitas perguntas. A maioria das pessoas não está preparada para responder a mais de vinte perguntas.
- Perguntas estruturadas solicitam respostas breves e específicas.
- Perguntas não estruturadas dão às pessoas mais liberdade para responder, porém confunde o avaliador, quando faz a coleta dos dados.
- Elabore perguntas que tragam informações necessárias e relevantes, para o momento.

Projetar um questionário está longe de ser uma ciência. Muitas vezes, há o envolvimento da criatividade dos pesquisadores. Basicamente, eles desejam obter a informação de que necessitam e a querem exata. O conteúdo e a ordem das perguntas variam, em função do objeto de estudo.

Os questionários devem ser cuidadosamente planejados, a fim de que as perguntas sejam redigidas com a máxima clareza, sem ambiguidades. Se o tema for difícil, colocar no questionário uma ligeira introdução, fazendo uma consideração pertinente à pesquisa, o que torna ainda mais importante, quando não for possível realizar reuniões preparatórias.

Se o questionário se destinar a um grupo numeroso e heterogêneo de pessoas, convém que seja previamente testado, com o intuito de eliminar qualquer possibilidade de má interpretação.

Há, de fato, muitas maneiras de se preencher questionários. Além das entrevistas pessoais, os questionários também podem ser preenchidos por entrevistas telefônicas ou por meio de envio postal. Atualmente, é muito comum encontrar questionários deixados em quartos de hotel ou distribuídos em restaurantes.

Os questionários precisam ser específicos para a área a ser pesquisada e a lista de perguntas deve ser idealizada para fornecer o maior número possível de informações relevantes. Mesmo que um questionário seja feito por um especialista, às vezes, é preciso fazer um teste piloto numa pequena parte da amostra (universo) da população a ser pesquisada. Tal ação permitirá mudar, excluir e inserir perguntas.

A seguir, faremos as seguintes considerações sobre a construção das questões:

Formato – Ao preparar um questionário, o profissional de pesquisa escolhe cuidadosamente as questões, suas formas, tipos de redação e sequenciamento das mesmas. Um erro comum é incluir perguntas que não podem ou não precisam ser respondidas.

As questões meramente "interessantes" devem ser eliminadas, porque podem exaurir a paciência de quem responde. Além disso, a formulação da questão pode influenciar a resposta.

As questões fechadas especificam todas as respostas possíveis e os respondentes escolhem entre elas a sua opção.

As questões abertas permitem que os respondentes usem suas próprias palavras. Frequentemente, as questões fechadas fornecem respostas mais fáceis de interpretar e de tabular.

Enfoque – Os pesquisadores devem usar tão poucas perguntas quanto possível para a satisfação de suas necessidades de informação. Ao esquematizarem uma pergunta devem indagar: O que fazer com a resposta? Ela é realmente necessária? Precisamos dela para nossos objetivos?

Se a informação não se destina a ser usada imediatamente, não deverá ser solicitada. Deve-se evitar fazer perguntas pessoais de foro íntimo. Deve haver o cuidado para o uso de palavras simples e a linguagem utilizada é para obter respostas e não para testar o nível de vocabulário do respondente.

Ordem – Geralmente, os pesquisadores posicionam as perguntas mais importantes, as que indagam sobre dados básicos em primeiro lugar. Depois formulam perguntas de classificação e identificação. Ao desenvolverem a sequência de perguntas, os pesquisadores devem começar com aquelas que despertem a atenção do pesquisado.

As perguntas iniciais devem ser relevantes. Se forem indagados a respeito da cor de um produto e suas características técnicas, a pergunta sobre cor deve estar à frente. Isto os atrairá para o questionário e, uma vez que tenham respondido às primeiras perguntas, há uma grande tendência para que prossigam até o fim.

Perguntas difíceis devem ser colocadas no miolo do questionário, não no início ou fim.

Desenho – A aparência e a disposição física são importantes, para que o leitor seja motivado a ler e responder o questionário. A tais elementos se somam: diagramação, impressão, gramatura e tipo do papel.

A seguir, serão mostrados exemplos de questionários de pesquisa:

A) Questionário de Avaliação de Curso

Atenção: Leia as perguntas e todas as alternativas de resposta, antes de dar a sua resposta. Não precisa assinar ou escrever o nome, pois o questionário é anônimo.

1 – Você gostou do curso?

a) Sim
b) Não
c) Mais ou menos

2 – O curso enriqueceu o seu conhecimento?

a) Sim
b) Não
c) Não sei dizer.
d) Muito

3 – Que achou do curso?

a) Prático
b) Objetivo
c) Subjetivo
d) Confuso
e) Acadêmico
f) Deve ser reformulado

4 – Que achou do programa do curso? (pode marcar mais de uma)

a) Muito bom
b) Adequado
c) Fraco
d) Difícil
e) Objetivo
f) Insuficiente

5 – Você acredita que o curso lhe trouxe maior capacitação profissional?

a) Sim
b) Não
c) Não sei dizer

6 – Como é o material apresentado?

a) Ótimo
b) Bom
c) Regular
d) Ruim
e) Insuficiente

7 – O que mais lhe agradou no curso? (pode marcar mais de uma).

a) Organização
b) Aula expositivas
c) Questões para reflexão
d) Resumo didático
e) Textos
f) Exercícios
g) Casos
h) Nada

8 – Suas dúvidas foram dirimidas?

a) Sim
b) Não
c) Mais ou menos.
d) Muito confuso.

9 – O professor demonstrou estar preparado para o desenvolvimento do assunto?

a) Sim
b) Não
c) Mais ou menos
d) Não sei dizer

10 – Quantos aos procedimentos do professor?

a) Ele foi pontual? ----/----7/----6/-----5/----4/-----3/----
b) Ele foi assíduo? ----/----7/----6/----5/----4/----3----
c) Ele sabe motivar? ----/----7/----6/----5/----4/----3/----
d) Ele é organizado? ----/----7/----6/----5/----4/----3/----
e) Ele tem manejo de classe? ----/----7/----6/----5/----4/-----3/----
f) Ele tem competência? ----/----7/----6/----5/----4/----3/----
g) Ele sabe transmitir conhecimento? ----/----7/----6/----5/----4/----3/----
h) Ele tem problemas de dicção? ----/----7/----6/----5/----4/----3/----

11 – Que nota você dá ao curso? -----/----7/----6/----5/----4/----3/----

B) Questionário de Avaliação da Imagem da Loja

1 – Como você chegou até a loja?

a) Indicação
b) TV
c) Jornal
d) Rádio
e) Revista

f) Prospecto
g) Por acaso

2 – Que acha da aparência da loja?

a) Suja
b) Desarrumada
c) Bonita
d) Feia
e) Bem organizada

3 – Como foi o seu atendimento?

a) Bom
b) Regular
c) Ótimo
d) Frio
e) Calculado
f) Insuficiente

4 – O vendedor mostrou interesse em ajudá-lo?

a) Sim
b) Não
c) Mais ou menos

5 – O vendedor mostrou conhecer o produto que vende?

a) Sim
b) Não
c) Mais ou menos
d) Não sei dizer

6 – A loja é visitada por você com frequência?

a) Sempre
b) Às vezes
c) Primeira vez

7 – O que mais chama a sua atenção na loja?

a) Cortesia
b) Grande variedade
c) Embalagens
d) Vendedores bem treinados
e) Grande tecnologia

f) Visual
g) Decoração

8 – Qual a maior reclamação da loja?

a) Troca de mercadorias
b) Garantia dos produtos
c) Preços altos
d) Falta de atenção
e) Vendedor parece uma máquina
f) Qualidade dos bens e serviços
g) Segurança
h) Serviço de entrega

23.11 RELATÓRIO DE PESQUISA

Ao elaborar um relatório você deve, primeiramente, fazer um rascunho (texto provisório), com o devido cuidado quanto à argumentação e a documentação de fonte. O ideal é, após terminado o rascunho, deixar o trabalho de lado por um determinado período, quando, então, o relator estará em condições de uma leitura mais perceptiva e crítica do que produziu.

Caso não lhe seja possível dar um intervalo de uma semana entre a preparação do rascunho e a leitura do relatório, para fins de revisão, pelo menos um ou dois dias de intervalo farão melhorar o texto, visando a sua editoração final.

Feita a leitura e corrigidas as deficiências, quanto à colocação de frases, estruturação de parágrafos, eliminação de expressões redundantes, inserção de novos elementos na argumentação, clareza no raciocínio e regras de normalização textual, o relatório estará pronto para ser entregue a quem de direito.

Como visto, o relatório de pesquisa é o passo final da pesquisa propriamente dita. É importante que os pesquisadores expliquem seus processos de pesquisa e documentem o que ficaram sabendo, de maneira simples e direta.

A primeira parte do relatório deve apresentar um sumário de seus pontos altos, para que os destinatários possam ver rapidamente que conclusões foram alcançadas. O relatório também deve mencionar quaisquer limitações que o estudo possa ter e quaisquer problemas que tenham sido identificados quando da coleta de dados.

A função mais importante do relatório de pesquisa é buscar a reflexão, de maneira sistemática, controlada e crítica, permitindo descobrir causas, novos fatos (dados), realidades, relações, leis, regras, princípios e procedimentos para adequar a organização ao ambiente em que vive.

A finalidade do relatório de pesquisa é, além de veicular e produzir informações, levar o leitor a descobrir, por si, o mesmo que o pesquisador descobriu. Portanto, deve haver uma relação entre a lógica utilizada na descoberta e a técnica empregada para contá-la.

Uma boa descoberta mal relatada pode ocasionar um problema de reputação para o pesquisador, que, se não a divulgar, corre o risco de estar falhando em sua missão. Este não deve ser apenas um consumidor de informações, mas um divulgador do conhecimento.

23.12 ESTATÍSTICA APLICADA

Nenhum pesquisador poderá prescindir de alguns conhecimentos de estatística, para poder realizar o seu trabalho de tabulação dos dados coletados e, também, estabelecer inferências com o objetivo de relatar suas conclusões. A seguir, alguns conceitos básicos de estatística:

A) Distribuição de Frequências:

Uma variável é um símbolo, como x, y, z, m e p, que pode assumir um dos valores que lhes são atribuídos. O conjunto desses valores é chamado de domínio da variável. Se a variável assume apenas um valor diz-se que é uma constante. Uma variável, que pode assumir, teoricamente, qualquer valor entre dados, chama-se variável contínua. De outro modo denomina-se variável discreta.

O número de meninos em cada uma de mil famílias, é um exemplo de dados discretos, enquanto que os pesos de 100 estudantes é um exemplo de dados contínuos. As medições dão origem a dados contínuos, enquanto as contagens resultam em dados discretos. Uma experiência é dita aleatória, quando a coleta de dados se dá independente do tempo.

Distribuição de frequências, denominada série de frequências, é uma série em que o fenômeno, a época e o local permanecem fixos. O fenômeno, porém, pode ser subdividido em classes (grupos). Assim, uma experiência aleatória pode ser representada por x1, x2, x3, x4, ..., xn, que são os elementos do espaço amostra. Sejam f1, f2, f3, ..., fn as frequências absolutas dos elementos (dados), quando realizamos n provas desta experiência.

Qualquer valor de uma coleta de dados (experiência aleatória) pode ser chamado de variável aleatória, que é representada por xi e fi sua frequência. Quando o espaço amostra for constituído por valores contínuos podemos dividi-lo em classes, como, por exemplo: (5 – 9); (10 – 14); (15 – 19).

B) Medidas de Posição:

Os dados levantados sobre um determinado fato (fenômeno), após classificação conveniente, dão origem às séries estatísticas. Estes dados são agrupados ou não. Quanto à apresentação das séries, sentiu-se a necessidade de representá-las de um modo simplificado, embora tal simplificação acarrete imprecisão. O problema, pois, consiste na escolha de valores pertencentes às próprias séries e suscetíveis de representatividade.

Escolheu-se, então, para satisfazer a esta condição, valores que se coloquem em determinadas posições características. Justamente por este posicionamento especial são conhecidos como medidas de posição, como: média aritmética, média geométrica, média harmônica, média quadrática, mediana, moda, separatrizes.

A média, a moda e a mediana são também conhecidas de medidas de tendência central, por estarem no entorno do valor central da séria.

Média Aritmética – A média aritmética (MA) de uma série de dados é a soma dos valores destes dados dividida pelo número total de dados (n) que compõem a série. Para dados não agrupados:

MA = (x1 + x2 + ... + xn) / n

Para dados agrupados em freqüências:

MA = (x1f1 + x2f2 + ... + xnfn) / (f1 + f2 + ... + fn)

Exemplo: Entre 100 dados agrupados que compõem uma série de frequências, vinte são 4, quarenta são 5, trinta são 6 e os restantes são 7. Determinar a média aritmética desses dados.

xi	fi	xifi
4	20	80
5	40	200
6	30	180
7	10	70
	100	530

MA = 530 /100 = 5,3

Média Geométrica – A média geométrica (MG) não é das mais usadas como medida de posição. Seu emprego é restrito a áreas bastante particulares, tais como: números-índices e dados que estão em progressão geométrica. Não é uma medida de posição de compreensão fácil, pois sofre a influência de valores extremos. Como para sua determinação são efetuados os produtos dos valores da série, mais se um desses valores for igual a zero, ela é anulada.

Exemplo: Calcular a média geométrica da série 2, 4, 6, 8.
Produto da série = 2 x 4 x 6 x 8 = 384
MG = Raiz de grau 4 do produto da série (384) é aproximadamente igual a 4,425

Média Harmônica – A média harmônica para uma série de dados é definida como o inverso da média aritmética dos inversos. É uma média bastante afetada por qualquer variação dos dados que compõem a série.

Média Quadrática – A média quadrática de uma série de valores é a raiz quadrada da media aritmética dos quadrados destes valores. É usada para o cálculo do desvio padrão.

Mediana – Valor mediano (MD), para uma série de valores crescentes ou decrescentes, é o valor particular que divide esta série em duas quantidades de dados iguais. Portanto, o número de dados (n) existentes antes da mediana é igual ao número existente depois.

Exemplos:
Para um número par:
Série: 5, 7, 8, 9, 11, 12, 15, 16 n = 8
P1 = (8/2) + 1 = 4 (quarto elemento) = 9
P2 = 4 + 1 = 5 (quinto elemento) = 11
MD = (9 + 11) / 2 = 10

Para um número ímpar:
Série: 2, 6. 8, 9, 10, 11, 12 n = 7
P = (7 + 1) / 2 = 4 (quarto elemento) = 9
MD = 9

Moda – A moda (MO) é o valor da variável xi que apresenta maior concentração de dados da série, isto é, o valor que possui maior freqüência na distribuição. O problema reside então, em se determinar exatamente onde a moda se localiza dentro do intervalo desta classe, ou melhor, em se determinar a distância entre a moda e o limite inferir da classe de maior frequência. A fórmula é dada por:

MO = L1 + [(f - f1) x h] / [2f - (f1 + f2)]

Onde:
h = quantidade de dados da classe
L1 = limite inferior da classe modal
L2 = limite superior da classe modal
f = frequência da classe modal
f1 = frequência da classe anterior á modal
f2 = frequência da classe posterior á modal

Exemplo: Calcular a moda para as seguintes classes e suas frequências:

Idades	Frequências
(10 – 14)	4
(15 – 19)	109
(20 – 24)	216
(25 – 30)	209
(30 – 34)	135
(35 – 39)	78
(40 – 44)	31
(45 – 49)	16
(50 – 54)	12
(55 – 59)	3

	813

h = 5
L1 = 20
f = 216
f1 = 109
f2 = 209

MO = 20 + [(216 - 109) x 5] / [2 x 216 - (209 + 109)] = 24,70 (aproximadamente)

Separatrizes – São valores da variável xi que ocupam posições especiais em uma série estatística. Estas separatrizes dividem a série em partes iguais. As separatrizes mais utilizadas são os quartis. Os quartis separam a distribuição em quatro partes iguais e são em número de três:

Primeiro Quartil – É o valor que abaixo dele existem 25% da distribuição.
Segundo Quartil – É o valor que abaixo dele existem 50% da distribuição, isto é, a própria mediana.
Terceiro Quartil – É o valor que abaixo dele existem 75% da distribuição.

C) Medidas de Dispersão:

Como foi visto anteriormente, procura-se representar uma série estatística através de medidas de posição. Entretanto, quase sempre, esta representação é incompleta, visto que estas medidas descrevem somente o posicionamento dos valores da série em relação a elas, sem explicar ou determinar como se dá este posicionamento ou, ainda, sem identificar como os valores da série se distribuem ou se dispersam relativamente àquelas medidas.

É muito comum se encontrarem séries em que apesar de terem a mesma média aritmética (200), são completamente diferentes, tais como:

Série A: 180, 190, 200, 210, 220
Série B: 100, 150, 200, 250, 300

Conclui-se que é inviável representar as séries somente com medidas de posição. Assim, passemos a estudar as medidas de dispersão:

Amplitude Total – Denomina-se amplitude total (AP) a diferença entre o maior valor e o menor valor da série.

Exemplo:
Série M: 9, 13, 17, 21, 25, 29,33, 37, 41
Série P: 21, 22, 23, 24, 25, 26, 27, 28, 29

AM = 41 - 9 = 32
AP = 29 - 21 = 8

Embora tenham a mesma média (25) e o mesmo número de elementos (9), a séria M é mais dispersa do que a série P.

Desvio Médio – O desvio médio (dm) indica o grau de dispersão do total dos elementos de um grupo, em relação a média da série. O desvio médio é dado pela fórmula:

Desvio Médio = Somatório dos desvios / Número de elementos da série

Exemplo:
Dada a série 2, 3, 6, 8 e 11, determinar o desvio médio.

n = 5
MA = (2 + 3 + 6 + 8 + 11) / 5 = 30 / 5 = 6
Somatório dos desvios = |2 - 6| + |3 - 6 | + |6 - 6| + |8 - 6| + |11 - 6| = 14
dm = 14/5 = 2,8

Desvio Padrão – O desvio padrão (s) é definido como a raiz quadrada da média aritmética dos quadrados dos desvios, em relação à média dos valores que compõem a série. É a mais precisa das medidas de dispersão, pois considera todos os valores que participam da série. Tem grande importância na representação de uma série, porque caracteriza o agrupamento dos valores pertencentes a ela em torno da média aritmética.

Um grande valor do desvio padrão indica alta dispersão dos dados em relação à média aritmética e um valor pequeno indica alta concentração de dados.

Exemplo: Dada a série: 10, 20, 30, 40, 50, calcular o desvio padrão.

n = 5
Média aritmética = (10 + 20 + 30 + 40 + 50) /5 = 150/5 = 30
Desvios: |10 - 30|; |20 - 30|; |30 - 30|; |40 - 30|; |50 - 30|
Soma dos quadrados dos desvios = 400 + 100 + 0 + 100 + 400 = 1.000

$$s = \sqrt{1000 / 5} = \sqrt{200} = 14{,}14$$

Coeficiente de Variação – O coeficiente de variação é uma medida de dispersão que relaciona o desvio padrão com a média aritmética de uma série, isto é, mede a dispersão relativa de uma série. Serve para análise comparativa de séries, cujos valores são expressos em diferentes unidades. Pode-se assim comparar séries de preços com série de pesos. A fórmula é a seguinte:

Coeficiente de Variação = (Desvio Padrão / Média Aritmética) x 100%

Escore Reduzido – A variável que mede o desvio em relação à média, em unidades de desvio padrão, é denominada variável reduzida ou escore reduzido. É uma quantidade abstrata independente das unidades usadas. Sua fórmula é:

$$z = (xi - MA) / s$$

Onde:

z = escore reduzido	xi = valor (grau)
MA = média aritmética	s = desvio padrão

Exemplo: Um estudante recebeu grau 84 em um exame final de matemática para o qual o grau médio foi de 76 e o desvio padrão 10. No exame final de física, para o qual o grau médio foi 82 e o desvio padrão 16, ele recebeu o grau 90. Em que disciplina sua posição relativa foi mais elevada?

Para matemática: z = (84 -76) /10 = 0,8
Para física: z = (90 - 82) / 16 = 0,5

Resposta: Sua posição relativa foi mais alta em matemática.

D) Análise Estatística:

A análise estatística é na realidade um método matemático utilizado para obter a mesma informação com a menor quantidade de dados. Uma de suas aplicações mais conhecidas é o controle estatístico de qualidade.

A análise estatística fornece meios para a escolha de amostras representativas de uma série temporal (universo de dados) para aceitar ou rejeitar um lote de produção, por exemplo, em função dos dados da amostra. Ela pode ser considerada como um conjunto de procedimentos elaborados para descobrir os fatores reais mais importantes que afetam um determinado processo.

Uma série temporal é um conjunto de observações tomadas em tempos determinados, comumente em intervalos iguais. É interessante imaginar que o gráfico de uma série temporal é descrito por um ponto que se move com o decorrer do tempo, sob a influência de forças físicas, econômicas, sociais, psicológicas, políticas, ambientais, mercadológicas, administrativas e estratégicas, por exemplo.

E) Inferência Estatística:

A inferência diz respeito a como se pode assumir conclusões para toda uma população a partir de medições e da análise de apenas uma parte da população, de forma a que o risco de se realizar conclusões incorretas possa ser medido. A inferência estatística diz respeito a dois tipos de problemas: estimar os parâmetros de uma população e realizar testes de hipóteses.

É através dos métodos de inferência estatística que se pode assumir, por exemplo, com determinada probabilidade, a média calculada de uma amostra.

Teste de Aferição de Conhecimento

01 – Pesquisa de mercado significa:

a) Ler o cenário
b) Observar o comportamento dos consumidores
c) Descobrir que bens e serviços são desejados pelo mercado
d) Fazer questionamentos sobre produtos

02 – Quais das características da atividade pesquisa são as mais importantes?

a) Acumulação
b) Competição
c) Universalismo
d) Racionalidade

03 – Qual o real objetivo da pesquisa?

a) Descobri respostas relevantes à solução de um problema
b) Buscar a técnica mais adequada para o consumidor conhecer o mercado
c) Descobrir instrumentos de criatividade e de inovação

04 – O que determina o desenvolvimento de uma pesquisa?

a) A ocasião
b) O lucro
c) Necessidade de solução
d) Localizar nichos de mercado

05 – Quais os métodos de pesquisa mais apropriados?

a) Método da comunicação
b) Método da observação
c) Método da amostragem
d) Método dedutivo
e) Método indutivo

06 – Coloque em ordem as fases do processo de pesquisa:

a) Apresentação do resultado
b) Percepção do problema
c) Coleta de dados
d) Definição do problema
e) Análise dos dados
f) Planejamento da pesquisa
g) Conclusão da pesquisa
h) Elaboração racional
i) Comunicação do resultado
j) Resultado da pesquisa

07 – É correto se dizer que um banco de dados é uma coleção de arquivos?

a) Sim
b) Não
c) O conceito está incompleto

08 – Qual a ferramenta mais usada na coleta de dados?

a) Questionário
b) Estimativa
c) Entrevista
d) Amostragem
e) Telefonema

09 – Quando projetamos um questionário, qual a principal consideração para a sua construção?

a) Formato
b) Enfoque
c) Ordem
d) Desenho

Capítulo 24

PREVISÃO de VENDAS

"Fazer uma previsão é a mesma coisa que tentar dirigir um carro numa estrada desconhecida, seguindo as instruções de alguém que está olhando pelo retrovisor"

Philip Kotler

OBJETIVOS DO CAPÍTULO

- Mostrar que a previsão de vendas ajuda na elaboração do plano de marketing da empresa.
- Apresentar métodos de previsão de vendas.
- Mostrar como é o processo de previsão.
- Mostrar tipos de previsão e seus respectivos cálculos.

24.1 CONCEITO DE PREVISÃO

Uma previsão é uma tentativa de determinação de futuros eventos, que poderão ocorrer (registros de uma série probabilística) ou não. Ela é uma função administrativa que serve para estimular uma situação futura, para um determinado período, a partir de dados, informações e recursos existentes.

Toda previsão é, por definição, errada, porque não há um grau de certeza absoluto.

Se o futuro pudesse ser previsto com precisão ou, em outras palavras, se os homens de negócio estivessem operando sob condições estáticas, o planejamento da empresa seria relativamente simples. O administrador só teria de tomar em consideração seus recursos e seguir adiante com um elevado grau de certeza.

Grande parte do planejamento administrativo é, necessariamente, baseada em previsões e estimativas, e até as melhores delas podem se perturbadas por situações imprevistas. Portanto, é, às vezes, necessário raciocinar em termos de probabilidade ou risco calculado.

Na prática, as previsões variam, consideravelmente, em extensão, profundidade e qualidade. Vai desde uma simples impressão do administrador até uma análise do futuro, feita por um grupo de assessores competentes.

Alguns negócios requerem previsões por especialistas para longos períodos, e outros podem operar eficientemente mediante previsões de curto prazo, que refletem pouco mais que as predileções de seus administradores.

Junto com o conceito de previsão precisam ser colocados outros conceitos, tais como:

Estimativa – Estimativa é a quantificação de determinada demanda de um produto, suficiente para gerar receita que dê um lucro satisfatório.

Projeção – Projeção é uma previsão, perfeitamente, calculável, isto é, a situação futura tende a se comportar como no passado.

Predição – Predição é uma previsão baseada numa expectativa, isto é, situação em que o futuro tende a ser diferente do passado, mas a empresa não tem nenhum controle sobre o seu processo e desenvolvimento.

Previsibilidade – Grau de precisão com o qual um evento pode ser descrito, quando uma empresa é obrigada a iniciar certa resposta, caso a mesma deva ser completada à época da chegada do evento. Deve-se lembrar que a previsibilidade é uma medida de quão completa e inequívoca é a informação disponível à empresa no momento em que deve reagir, para que sua resposta seja oportuna.

Previsibilidade elevada quer dizer que a informação é adequada, para definir e avaliar alternativas específicas. Uma previsibilidade reduzida é encontrada na situação em que a informação é parcial, as alternativas de ação ainda não estão claras e, tampouco, suas consequências.

Prognóstico – Conjectura sobre o desenvolvimento de um cenário de uma situação futura.

Nível de Previsão – O nível ótimo de previsão é aquele, cujo custo de execução de um método de previsão compensa exatamente o custo de operação, decorrente de se trabalhar com uma previsão inferior ou inadequada. À medida que a atividade de previsão aumente, os custos crescerão. Por outro lado, as previsões de qualidades inferiores podem resultar em custos não previstos de recursos.

Erro de Previsão – Uma medida simples de erro de previsão é a de computar o desvio entre os valores reais e os de previsão. Os desvios irão variar de mais para menos, mas devem tender a zero, se a previsão estiver no alvo.

24.2 PREVISÃO DE VENDAS

A previsão de vendas é a estimativa de situação futura, em função de um mercado conhecido de um dado produto. Segundo Philip Kotler, "a previsão é o nível esperado das vendas da empresa, baseado em um plano estratégico escolhido em um ambiente pressuposto de marketing".

A previsão de vendas significa a previsão de receita da empresa e se constitui, portanto, no elemento básico da orientação gerencial. Ela deve ser encarada como uma variável dependente que é afetada, entre outras coisas, pelas atividades planejadas de marketing.

As previsões de vendas mostram a demanda esperada de mercado e não a demanda de mercado mais elevada possível. A previsão de vendas é feita, por meio de modelos matemáticos.

A previsão de vendas é uma função do Departamento de Vendas, porque este é o departamento que tem o melhor conhecimento do mercado. Não é, todavia, raro encontrar empresas em que esta função é exercida pelo Departamento de Marketing. Ela é vital para o Departamento de Finanças, na elaboração de orçamentos de receita.

Para o Departamento de Produção, a previsão de vendas é informação básica para a determinação das quantidades a serem produzidas, cujo conhecimento decorre, logicamente, dos produtos a serem vendidos e dos níveis de estoque.

A fim de suavizar o desequilíbrio que surge entre a unidade de produção e a força de vendas, é necessário prever vendas, em curto e longo prazos.

Se alguém se aventurar para fora do espaço e do tempo, estará extrapolando. Se extrapolar para o futuro estará prevendo. A previsão de vendas, embora acompanhada pelo pessoal de marketing, é feita por matemáticos, estatísticos e analistas de sistema.

A previsão é influenciada pelo planejamento estratégico, o que exige um diálogo contínuo entre a gerência de marketing e aqueles que fazem as previsões na empresa.

O processo de previsão impõe considerar fatos importantes, fatores sazonais, ciclos de demandas, tendências e métodos possíveis para realizar a pesquisa. Toda previsão tem valor relativo, pois qualquer previsão é errada por natureza.

As previsões diferem apenas na extensão dos seus erros. Por isso, a previsão deve ser considerada sempre como um meio e nunca como um fim em si mesmo.

A seguir, os principais passos de um processo de previsão:

- Definir o tipo de previsão a realizar (quantidade de demanda, receita com vendas, lucros possíveis).
- Determinar a unidade de medida (quantidade, faturamento).
- Definir período de tempo da previsão (anual, semestral, época especial).
- Conhecer a taxa de crescimento do mercado para avaliar se procede, ou não, a previsão.
- Montar um plano de previsão (objetivos, métodos escolhidos, recursos tecnológicos, cronograma, recursos humanos, orçamento).
- Determinar as efemérides do ano (feriados, festas, feiras, congressos, simpósios e exposições).
- Definir o método a ser utilizado na previsão (algébrico, gráfico, estatístico, simulação, probabilidade).
- Implementar o método e relatar resultados.

A estratégia não pode ser formulada sem uma previsão explícita ou implícita de como a estrutura da empresa vai evoluir. Infelizmente, contudo, o número de variáveis que entram em uma previsão é, em geral, muito grande. Em consequência, qualquer método para reduzir a complexidade do processo de previsão é altamente aconselhável.

24.3 MÉTODOS DE PREVISÃO

Normalmente, um método de previsão estará em função de: recursos disponíveis, conhecimento do coordenador, orçamento, nível de percepção dos envolvidos no processo de previsão. A utilização de um determinado método de previsão terá vantagens e desvantagens como toda escolha entre alternativas. Assim, é importante levar em consideração, as seguintes premissas relativas ao método:

- O método deve se aproximar, o mais possível da certeza, evitando uma grave distorção.
- O método não deve ser um caldeirão burocrático consumidor de tempo e criador de confusão.
- O método não deve ser baseado em especulação e, sim, em bases científicas, fundamentadas, principalmente, no conhecimento da matemática e da lógica.

A seguir, os mais importantes métodos de previsão de vendas:

Método da Opinião de Executivos – Este método talvez seja o mais velho e mais simples, de vez que é meramente a combinação da média das opiniões, muitas das quais podem ser pouco mais do que palpites da alta administração. Nele diversos executivos da empresa desenvolvem suas previsões, reunindo os dados de que podem dispor e combinando-os com fatores subjetivos, que crêem poderão afetar as vendas futuras.

- Vantagens: proporciona rapidez no processo de tomada de decisão; dá facilidade na construção do plano de previsão de vendas; permite conjugar experiência e julgamento; não requer a preparação de estudos econômicos e estatísticos elaborados.
- Desvantagens: os dados reunidos podem não ser significativos e relevantes; a pesquisa ficará por conta das habilidades e inteligência dos executivos; as previsões se baseiam mais em opiniões do que em análises dos fatos; a média das opiniões reduz a responsabilidade por uma previsão exata; previsões não podem ser desmembradas em produtos, períodos de tempo ou unidades organizacionais.

Método da Opinião de Vendedores – Um dos métodos mais comumente usados para previsão de venda é o de se obter um ponto de vista combinado de vendedores de linha e gerentes de venda quanto às vendas esperadas. Esta previsão é feita através da opinião de cada vendedor, baseada no que ele espera vender, em seu território, durante o exercício seguinte.

A técnica usual é pedir aos vendedores que façam uma previsão de vendas para seus distritos e entregá-las ao gerente regional e ao gerente geral de vendas para que sejam revistas. Naturalmente, este método é baseado na crença de que os que estão mais perto do mercado têm melhor conhecimento dele.

- Vantagens: a consulta é feita entre os que mantêm estreito contato com o mercado; a equipe sente mais confiança; a responsabilidade é transferida à equipe; com uma amostragem mais ampla, a previsão se torna mais válida; uma discriminação entre produtos, consumidores e territórios é conseguida.
- Desvantagens: os vendedores tendem a subestimar o mercado; os vendedores têm pouca capacidade para observar os elementos conjunturais; os vendedores não possuem treinamento adequado para pesquisas; os vendedores tendem a conferir maior peso às condições presentes; os vendedores tendem a se mostrar pessimistas; os vendedores desejam cotações orçamentárias mais liberais, para despesas, promoções e publicidades.

Método da Opinião de Especialistas – Este método de previsão envolve uma consulta a pessoas bem informadas (distribuidores, consultores).

- Vantagens: as previsões podem ser realizadas com relativa rapidez e baixo custo; pontos de vista diferentes são trazidos e equilibrados no processo; se os dados forem esparsos ou inexistentes, não haverá a necessidade de consulta a muitos especialistas.
- Desvantagens: as opiniões são, geralmente, menos satisfatórias que os fatos reais; a responsabilidade se dispersa e às boas e às más estimativas recebem pesos iguais; o método apresenta menor confiança para grandes territórios.

Método da Consulta Direta – Este método baseia-se em consultas a consumidores e usuários sobre suas intenções de compra num dado período de um ou mais produtos. O método é moroso e, é evidente, torna-se inaplicável em mercados de consumidores em número bastante elevado. É um bom método para mercados onde o número de consumidores é restrito.

Evidentemente, se uma empresa pode obter uma amostra de informação adequada e digna de confiança daquilo que seus clientes irão comprar, mesmo que as encomendas efetivas ainda não estejam feitas, terá uma boa base sobre a qual desenvolver uma previsão.

A consulta direta ao mercado é, especialmente, desejável na previsão de vendas de um novo produto ou de um novo canal de distribuição, por exemplo. A consulta direta é o melhor método para medir a satisfação do consumidor e se você tem consumidores satisfeitos, provavelmente, continuará vendendo como no presente.

Pequenos negociantes devem ouvir o que os consumidores têm a dizer para preverem quais as necessidades a serem atendidas. Quando não ouvem, deixam passar até novas oportunidades. Infelizmente muitos empresários acham que consumidores são pessoas ignorantes.

Quando não se pode fazer uma previsão sistemática, como acontece com as pequenas empresas, este método tem nítidas vantagens sob os demais métodos de previsão. Mas, é difícil de ser utilizado em casos em que os consumidores são numerosos ou não são facilmente localizados, ou pouco cooperativos. É também sujeito à dificuldade de ser capaz de avaliar corretamente expectativas do mercado, visto que as melhores estimativas deste tipo são usualmente estimativas de necessidades e não de compromissos.

Método Gráfico – Este método tem por base o estudo das vendas em períodos anteriores (série histórica) e se baseia na aceitação de seus resultados e na suposição de que os movimentos de vendas ocorrerão de forma semelhante no futuro. É baseado na série histórica. O gráfico (curva) é construído utilizando-se os valores da série estudada.

A plotagem (colocação dos pontos no gráfico) poderá ser simples, aleatória, sazonal ou função de médias. Considere-se a seguinte série histórica de vendas num determinado ano: Jan = 340; Fev = 480; Mar = 350; Abr = 300; Mai = 320; Jun = 250; Jul = 200; Ago = 170; Set = 280; Out = 310; Nov = 380; Dez = 450.

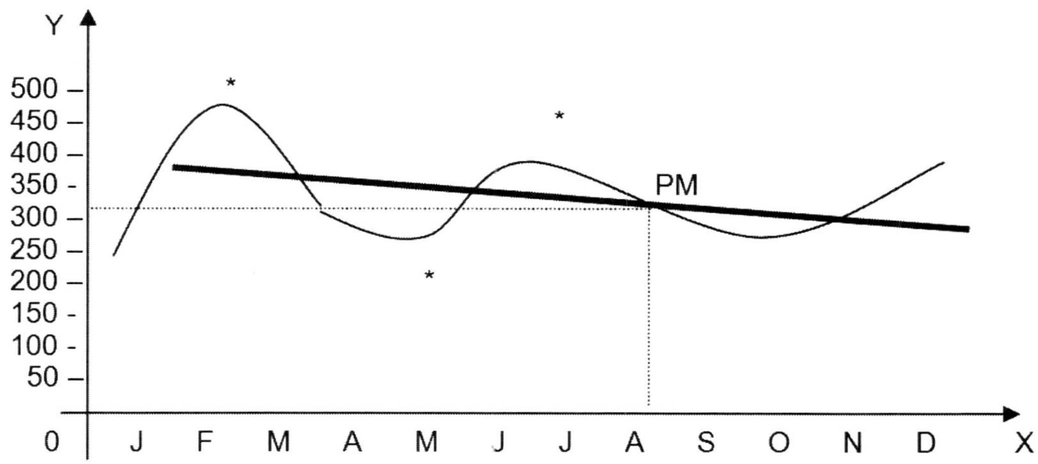

Figura 24.1: Modelo de Previsão de Vendas.

Simbologia:
Y = Eixo dos Y (indica o faturamento ou quantidade vendida)
X = Eixo dos X (indica o tempo em meses, por exemplo)
PM = Ponto médio da série = 320
* = Ponto de inflexão

Após o término do gráfico você determina a melhor posição da reta (curva) que fique o mais próximo dos pontos colocados no gráfico, incluindo o ponto médio da série. Muitas vezes, desconsideramos pontos de inflexão para facilitar encontrar o caminho (reta). Devem existir tantos pontos acima quanto abaixo da reta, se possível. A inclinação da reta mostrará a tendência.

Resposta: No caso, a tendência é de baixa.

O método gráfico consiste no ajustamento por meio de uma reta de uma curva de valores históricos, mediante a simples inspeção do gráfico. Entretanto, ele apresenta a desvantagem evidente de depender, consideravelmente, do critério do analista.

Método das Médias Móveis – Este método é baseado em médias por grupos de valores. A tendência é descrita mediante um ajuste das flutuações de dados através de médias parciais. São eliminados, através deste método, os fatores irregulares, sazonais ou cíclicos por meio de médias sucessivas de grupos de dados.

A média móvel é um dos métodos mais elementares de previsão de vendas, e na sua forma simples pressupõe a existência de tendências ascendentes ou descendentes, eliminando valores aleatórios que podem mascarar o resultado.

O exemplo, a seguir, ajuda a entender este método. Uma empresa teve os seguintes resultados em vendas, para os meses de: janeiro = 200,00; fevereiro = 220,00; março = 260,00; abril = 180,00; maio = 200,00; junho = 210,00; julho = 300,00; agosto = 270,00; setembro = 320,00; outubro = 290,00; novembro = 330,00; dezembro = 340,00.

O número de médias móveis (M) foi tirado das observações feitas para um período de 5 meses. Pergunta-se: Qual a tendência das vendas?

O número M é dado pela fórmula: M = n - (G - 1)

Onde:
n = Quantidade de registros para os valores de venda = 12
G = Escolha alheatória de observações para um determinado período = 5
M = Quantidade de médias móveis
M = 12 - (5 - 1) = 8

Cálculo das médias por período de cinco meses:

M1 = (200+220+260+180+200) / 5 = 212
M2 = (220+260+180+200+210) / 5 = 214
M3 = (260+180+200+210+300) / 5 = 230
M4 = (180+200+210+300+270) / 5 = 232
M5 = (200+210+300+270+320) / 5 = 260
M6 = (210+300+270+320+290) / 5 = 278
M7 = (300+270+320+290+330) / 5 = 302
M8 = (270+320+290+330+340) / 5 = 310

Resposta: A tendência é de alta.

Embora este método seja de aplicação simples, ele pode conduzir a resultados medíocres, quando usado indiscriminadamente. Também somente é aplicável quando a tendência é linear ou aproximadamente linear, embora possa ser estendido aos casos nos quais os dados são grupados em várias partes, tendo em cada uma delas uma tendência linear.

As principais desvantagens desse método são: os dados do começo e do fim da série desaparecem; as médias móveis podem gerar movimentos cíclicos, ou de outra natureza, que não existem nos dados originais; as médias móveis são fortemente afetadas pelos valores extremos.

Método da Ponderação – Este método é baseado em fatores de peso. Adota-se a ponderação, pela simples razão de que os acontecimentos mais recentes são bem mais importantes e influem mais sobre a previsão do que as observações mais antigas.

O quadro, a seguir, dá um exemplo do método da ponderação.

Ano	Trimestre	Vendas (V)	Peso (P)	V x P
2008	1º	82	0,500	41,00
2007	4º	71	0,250	17,75
	3º	57	0,125	7,12
	2º	62	0,062	3,85
	1º	78	0,031	2,42
2006	4º	69	0,016	1,10
	3º	58	0,008	0,46
	2º	59	0,004	0,24
	1º	75	0,002	0,15
2005	4º	73	0,001	0,07
Totais			0,999	74,16

Quadro 24.1: Método de Previsão de Vendas por Ponderação.

A soma dos pesos terá de ser igual à unidade. O resultado 0,999 vem do abandono de casas decimais. Os anos mais próximos da atualidade terão um peso maior. Para tal, adotamos começar a dar peso de 50% (0,500) para o último trimestre e diminuir pela metade o peso quando caminhamos para o passado.

O valor 74,16 é a nossa previsão para o 2º trimestre de 2008, que corresponde ao somatório dos valores V x P.

Método dos Mínimos Quadrados – Método muito utilizado para se fazer previsão de vendas, é também conhecido como análise de regressão por ter sido desenvolvido por Galton, estatístico do Século XIX. A seguir, um exemplo do método dos mínimos quadrados:

Meses	Vendas
Jan	324
Fev	463
Mar	374
Abr	363
Mai	349
Jun	302
Jul	169
Ago	256
Set	263
Out	334
Nov	336
Dez	270

Fórmula do cálculo da tendência:

T = (Xn - X1) / (n - 1)

Onde:
T = Tendência da série considerada
Xn = Valor de vendas do último mês considerado da série
X1 = Valor de vendas do primeiro mês considerado
n = Número de meses do período

Amostras:

Amostra do período (dezembro - janeiro) = (270 - 324) / (12 -1) = - 4,91
Amostra do período (novembro - fevereiro) = (336 - 463) / (10 - 1) = - 14,11
Amostra do período (outubro - março) = (334 -374) / (8 - 1) = - 5,71
Amostra do período (setembro - abril) = (263 - 363) / (6 -1) = - 20,00

Resposta: A previsão de venda é de queda (todas as amostras são negativas).

Método Algébrico – O método algébrico pode ser considerado um método complementar ao método gráfico, porque, depois de definido o ângulo de inclinação da reta e onde a mesma corta o eixo das ordenadas (eixo Y), é possível determinar os coeficientes da reta.

A equação da reta é representada por: y = a + bx

Onde:
y = Variável dependente (valor que se quer calcular).
a = Coeficiente linear da reta (cota onde a reta corta o eixo Y).
b = Coeficiente angular (valor dado pela tangente do ângulo que a reta faz com o eixo X).
x = Variável independente (valor de referência que pode ser a receita com vendas do mês anterior ou a média de um período anterior).

Supondo-se que a reta resultante (método gráfico) seja a seguinte:

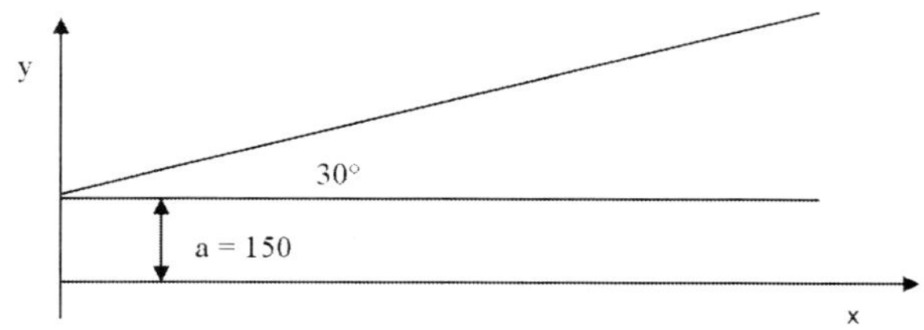

Figura 24.2: Método Algébrico de Previsão de Vendas

Se a = 150,00 e b = tangente 30° = 0,58, a reta y = 150 + 0,58x
Se, por exemplo, x = 250,00, vem: y = 150 + 0,58 x 250 = 150 + 145 = 295,00

Resposta: Se a tendência for mantida, no próximo mês, o valor a ser vendido será de 295,00.

Método do Ajuste da Curva – Este método pode ser utilizado para minimizar as ondulações da curva resposta de uma série histórica. Quando estabelecemos os desvios em relação a média aritmética e aplicamos um fator de correção para o ajuste da série estamos praticando uma regressão que leva a novos valores.

A seguir, um exemplo do método do ajuste da curva:

P	V	MA	D	F	NV
1	324	317	- 7	- 3,5	320,5
2	463	317	- 146	-73,0	390,0
3	374	317	- 57	- 28,5	345,5
4	363	317	- 46	- 23,0	340,0
5	349	317	- 32	-16,0	333,0
6	302	317	15	7,5	309,5
7	169	317	148	74,0	243,0
8	256	317	61	30,5	286,5
9	263	317	54	27,0	290,0
10	334	317	- 17	- 8,5	325,5
11	336	317	- 19	- 9,5	326,5
12	270	317	47	23,5	293,5
	3.803				

Onde:
P = Período considerado (mês, ano)
V = Vendas de cada período
MA = Média aritmética da série = 3.803 / 12 = 317
D = Desvio = MA - V
F = Fator de correção do desvio = D / 2 (arbitrado em 50%)
NV = Novo valor = V + F

É possível traçar uma nova média aritmética e repetir o processo, visando ajustar, cada vez mais, a curva, eliminando valores muito acima ou muito abaixo da média.

Método da Regressão – Como o método da regressão é muito difícil de entender, passemos a apresentar um quadro para um período de 12 meses e seus elementos de cálculo:

P	p	x + pt	V	V x p	Vi	E
1	- 5,5	x - 5,5 t	324	- 1.782	373	- 49
2	- 4,5	x - 4,5 t	463	- 2.083,5	363	+ 100
3	- 3,5	x - 3,5 t	374	- 1.309,0	353	+ 21
4	- 2,5	x - 2,5 t	363	- 907,5	342	+ 21
5	- 1,5	x - 1,5 t	349	- 523,5	332	+17
6	- 0,5	x - 0,5 t	302	- 151,0	322	- 20
7	+ 0,5	x + 0,5 t	169	+ 84,5	312	- 143
8	+ 1,5	x + 1,5 t	256	+ 384,0	302	- 46
9	+ 2,5	x + 2,5 t	263	+ 657,5	291	- 28
10	+ 3,5	x + 3,5 t	334	+ 1.169,0	281	+ 53
11	+ 4,5	x + 4,5 t	336	+ 1.512,0	271	+ 65
12	+ 5,5	x + 5,5 t	270	+ 1.485,0	261	+ 9
Totais	0		3.803	- 1.464,5	3.803	0

Simbologia:
P = período (mês)
p = peso (afastamento em relação ao meio do período)
x = média de vendas = F/N
Total de vendas = 3.803
Número de períodos = 12
V = valor da venda do mês
Somatório dos produtos (p x V) = - 1.464,50
p^2 = (pp) = p ao quadrado
S (pp) = somatório dos quadrados de p
Vi = valor interpolado = x + pt
t = coeficiente de regressão linear
E = margem de erro

Cálculo de p:

p1 = (1 -12)/2 = -5,5; p2 = (2 -11)/2 = - 4,5; p3 = (3 - 10)/2 = - 3,5; p4 = (4 - 9)/2 = - 2,5
p5 = (5 - 8)/2 = -1,5; p6 = (6 -1)/2 = - 0,5; p7 = (7 - 6)/2 = + 0,5; p8 = (8 - 5)/2 = + 1,5
p9 = (9 - 4)/2 = + 2,5; p10 = (10 - 3)/2 = + 3,5; p11 = (11 - 2)/2 = + 4,5; p12 = (12 - 1)/2 = + 5,5

Cálculo de x:

x = 3.803/12 = 316,9

Cálculo de t:

t = S (p x V) / S (pp)
S (pp) = (p1 x p1) + (p2 x p2) + + (p12 x p12) = 143
S (p x V) = - 1.464,5
t = (- 1.464,5) / 143 = - 10,24

Cálculo de Vi:

Vi = x + p x t
Vi (1) = 316,9 + (- 5,5) (-10,24) = 316,9 + 56,32 = 373
Vi (2) = 316,9 + (- 4,5) (-10,24) = 363
....
Vi (12) = 316,9 + (5,5) (-10,24) = 261

Cálculo de E:

E = V – Vi
E (1) = 324 - 373 = - 49
E (2) = 463 - 363 = 100
....
E (12) = 270 - 261 = 9

Exemplo:

Calcular a previsão de vendas para o próximo período, tomando como rol o seguinte:

Número de Períodos	Soma dos Quadrados dos Pesos
3	2
4	5
5	10
6	17,5
7	28
8	42
9	60
10	82,5
11	110
12	143

Cálculo de p para o período 13:

P13 = 13 - (P12 - p12) = 13 - (12 - 5,5) = 13 - 6,5 = 6,5

Cálculo do valor interpolado:

Vi (13) = x + p x t = 316,90 + 6,5 (- 10,24) = 316,90 - 66,56 = 250,34

Resposta: A previsão de vendas para o próximo período é de 250,00 (aproximadamente)

Teste de Aferição de Conhecimento

01 – A previsão é fundamentada:

a) Na pesquisa
b) Séries históricas
c) Arquivos empresariais

02 – Numa previsão de vendas, você mais confiaria na opinião dos:

a) Vendedores
b) Executivos
c) Especialistas
d) Consumidores e usuários

03 – Faça a correspondência:

a) Estimativa
b) Expectativa
c) Projeção
d) Demanda
e) Predição
f) Risco calculado

04 – Por que é tão difícil elaborar boas previsões?

a) Dificuldade de cálculo
b) Falta de tempo
c) Dados são inconfiáveis
d) Mercado muito volátil

05 – Qual fator que mais conta numa previsão de vendas?

a) Experiência
b) Inteligência
c) Conhecimento do assunto
d) Racionalidade no método empregado

Capítulo 25

CUSTO, PREÇO e LUCRO

"As pessoas que usam o seu tempo para atividades, sem pensar nos resultados que pretendem alcançar, provavelmente, estarão desperdiçando boa parte dele"
Peter F. Drucker

OBJETIVOS DO CAPÍTULO

- Mostrar ao leitor que, nem sempre, o produto que mais vende é aquele que dá o maior lucro.
- Observar que o preço de venda vem se tornando, cada vez, mais um fator competitivo.
- Mostrar o valor de se conhecer custos para poder definir o preço que atenda ao mercado.
- Mostrar ao empreendedor que, sem compreender os conceitos de preço, custo e lucro, ele não conseguirá viabilizar o seu negócio.

25.1 CONCEITO DE CUSTO

Custo é o gasto (desembolso) relativo à produção de um bem ou serviço. Conhecer custos é condição básica para tocar qualquer negócio. Os custos devem refletir a situação financeira da empresa, para:

- Atender as exigências legais, quanto a apuração e avaliação, dos resultados de suas atividades.
- Tomar a decisão mais realística.
- Ajudar nos controles contábeis, financeiros e econômicos.
- Adequar-se às novas realidades ambientais.
- Fornecer dados para os sistemas de apoio gerencial.

A necessidade de dados analíticos concernentes acs custos de produção resulta de vários motivos. Os mais conhecidos e importantes são os seguintes:

- Determinação do preço de venda e do valor do estoque.
- Controle da eficiência de utilização dos fatores produtivos.
- Determinação da conveniência do processo de produção e da composição do produto.
- Utilização da capacidade instalada, em função do volume de produção.
- Análise da conveniência de utilização de meios (tecnologias) mais sofisticados.
- Cálculo dos lotes econômicos de aquisição ou produção.
- Decisão entre comprar ou produzir.

Tomemos o custo de um produto de alimentação, como exemplo. E uma vez analisada a adequação da alimentação quanto às necessidades da clientela, deve-se levantar o custo do prato e verificar sua congruência, em relação ao custo padrão (Ficha Técnica).

Antes de determinar o custo unitário de um produto alimentício, por exemplo, é importante observar certos detalhes, tais como:

- O tempo de preparação de um prato.
- O mise-en-place (fundos e molhos).
- Custo da mão de obra direta.
- O custo indireto de fabricação.
- A base de rateio do custo fixo.

Para apurar o custo é necessário levantar as despesas efetuadas com matéria-prima, insumos, higiene e limpeza, descartáveis e outros materiais, através de consultas às planilhas do controle de estoque, computando-se o valor das mercadorias retiradas do depósito.

25.2 CUSTO UNITÁRIO DO PRODUTO

O custo unitário do produto é o somatório dos dispêndios, para transformar recursos em um bem ou serviço, dividido pelo total de unidades produzidas. O custo final de um produto dependerá, fundamentalmente, da quantidade produzida, como mostra o Quadro, a seguir:

Produto:		
Quantidade Produzida (Q): 500		
Período:		
Nº	Itens	Valor
1	Matérias-Primas	5.000,00
2	Insumos	1.000,00
3	Embalagens	2.000,00
4	Mão de obra direta	2.500,00
5	Encargos sociais	2.875,00
6	Custo variável (1 + 2 + 3 + 4 + 5)	13.375,00
7	Custo fixo (rateio)	600,00
8	Custo de fabricação	1.200,00
9	Custo de comercialização	800,00
10	Despesas financeiras	600,00
11	Despesas diferidas do projeto	0,00
12	Custo total (6 + 7 + 8 + 9 + 10 + 11)	16.575,00
13	Custo unitário (12/Q)	33,15

Quadro 25.1: Controle do Custo Unitário do Produto.

25.3 REDUÇÃO DO CUSTO

Devido à escassez, as empresas precisarão ficar, cada vez mais, atentas na elaboração de programas, planos e políticas que minimizem custos. Assim, se faz necessário uma atenção para:

- A racionalização de energia e água não pode comprometer a qualidade de bens e serviços.
- A reciclagem de materiais deve ser incentivada, desde que não comprometa o visual e a saúde pública.
- O monitoramento ambiental para rejeitos industriais deve ser pensado, quando do desenvolvimento do produto.

- O aproveitamento de embalagens deve ser uma prática da chamada logística reversa.

A seguir, algumas responsabilidades diretas, com relação à redução do custo:

Departamentos	Responsabilidades
Produção	Custo variável
Finanças	Custo fixo
Marketing	Custo do produto
Contabilidade	Custo do recurso
Materiais	Custo de estocagem
Vendas	Custo direto
Serviços	Custo indireto

Quadro 25.2: Responsabilidades sobre Custos.

Dois aspectos precisam ser mencionados como contribuintes para a redução de custos, tais como: a produtividade e a economia de escala.

Produtividade – Num sentido geral, a produtividade é produto por unidade de gasto. Isto é, por exemplo, botões costurados por máquinas por dia de oito horas ou unidades vendidas por mês. A visão da produtividade é mais restrita quando se fala em linha de produção ou produção física, onde ela é calculada por: homem, homem-hora, máquina, investimento produtivo.

Como as medidas são relativamente simples, a maioria dos técnicos afirma que a produtividade só deve ser calculada com relação à produção física. Na verdade, é possível medi-la em outras áreas, mas somente por meio de indicadores de gestão.

Se mil operários produzem 25 automóveis por hora e passam a produzir 30 por hora, sem acrescentar nenhuma máquina, nem aumentar o número de empregados, diz-se que a produtividade aumentou. Geralmente, as empresas avaliam a produtividade por meio de indicadores e índices.

É costume proclamar um aumento de produtividade, quando se substituem homens por máquinas. No exemplo acima, para se ter a medida real do aumento de produtividade, seria mais indicado usar o custo do investimento, antes e depois da instalação de novas máquinas.

Economia de Escala – A economia de escala segue duas linhas de pensamento. A primeira linha, trata do aumento da produção de forma controlada e de acordo com a Lei dos Rendimentos Decrescentes, pois não adianta aumentar a produção, indefinidamente, para que o custo do produto atinja um patamar que ajude a solapar a concorrência, pois existe um limite para isso.

Tudo o que se sabe é que há mais probabilidade de variarem os rendimentos do que de permanecerem constantes. Sabemos que a divisão do trabalho, muitas vezes, permite conduzir a produção mais eficientemente, quando o seu volume se torna muito grande. Mas, também sabemos que, num determinado ponto do volume de produção, os custos voltam a crescer.

A segunda linha, também chamada de integração vertical, observa que o aumento da produção deve estar em função da otimização dos processos ao longo da fabricação.

Uma fábrica de alimentos trabalha com matérias-primas, insumos, materiais, recursos hídricos e energéticos, por exemplo. Se houver a possibilidade de a empresa cultivar alguns dos seus insumos (salsa, cebolinha, tomate, pimentão) ou captar a energia solar e a água da chuva, ela estará fazendo economia de escala.

25.4 TIPOS DE CUSTO

A seguir, tipos de custo:

Custo Fixo – É aquele decorrente da estrutura produtiva instalada na empresa, que independe da quantidade que venha a ser produzida, dentro do limite da capacidade instalada. O custo fixo deve ser uma preocupação do empreendedor iniciante, que sempre aposta na sorte, esquecendo que este custo existe independente de haver ou não produção, como, por exemplo: Água e Esgoto; Força e Luz; Telefones; Honorários; Extintor de Incêndio (carga); Mão de Obra Indireta; Despesas Indiretas; Amortizações; Material de Escritório; Pró-Labore; Taxa de Alvará; Correios; Treinamento; Propaganda; Encargos Sociais; Taxa de Incêndio; Aluguel de Ativos; Seguros; IPTU; Material de Higiene e Limpeza; Manutenções Diversas; Depreciação; Segurança; Despesas Financeiras.

Custo Variável – Custo que oscila diretamente com o volume de bens e serviços produzidos. É custo diretamente ligado à produção. Se uma fábrica não produz, o seu custo variável é zero. Exemplos de custos variáveis são: mão de obra direta, matéria-prima, insumo, gasto de energia com produção, manutenção da fábrica, fretes, embalagens, combustível, despesas de comercialização.

Custo Total – Soma dos custos fixos mais os custos variáveis, para qualquer nível de produção.

Custo Médio – É o custo unitário, em um determinado nível de produção, igual ao custo total dividido pelo total de unidades produzidas.

Custo do Comprador – É igual ao preço de venda do fornecedor (custo + carga tributária).

Custo Direto – É igual a soma de matéria-prima mais mão de obra direta.

Custo Indireto – Soma de mão de obra indireta mais aluguel, mais seguros, mais impostos, mais taxas, mais depreciação.

Custo Indireto de Fabricação (CIF) – Custo relativo à manufatura de um produto, exceto materiais diretos e mão de obra direta. Esses custos incluem materiais indiretos, mão de obra indireta e outras despesas de manufatura, como: depreciações, suprimentos, utilidades públicas, manutenções, seguros e impostos.

Custo Administrativo – Custo associado com a gestão geral de uma organização que não pode ser atribuído à comercialização e a produção.

Custo Ambiental – Somatório dos custos que são incorridos por causa da existência, ou possível existência, de má qualidade ambiental, ou ainda, gastos com a preservação do ambiente onde a organização opera.

Custo País – Custo da dificuldade em trazer recursos de fora para dentro da fábrica, função da infraestrutura deficiente do país. O mesmo raciocínio se aplica no caso da importação e exportação.

Custo da Qualidade – Custo incorrido por causa da existência de falhas nos produtos, por não estarem em conformidade com suas especificações. Este custo está associado aos defeitos encontrados antes da transferência do produto ao consumidor. Tais defeitos podem causar: sucata, desperdício, retrabalho, reinspeção, perda de tempo, novo teste.

Custo de Oportunidade – A transferência dos fatores de produção de um bem A para produzir um bem B implica um custo de oportunidade que é igual ao sacrifício de se deixar de produzir parte do bem A para se produzir mais do bem B.

O custo de oportunidade também é conhecido como a diferença entre a melhor alternativa (máxima contribuição de lucro) e a alternativa possível (uso de recursos limitados ou utilização para um propósito particular).

Custo de Produção – É todo gasto na transformação de matéria-prima, insumo e mão de obra direta, acrescido do custo indireto de fabricação.

Custo de Aquisição – É o valor pelo qual um ativo imobilizado (fixo) é registrado na contabilidade de uma empresa. Esse custo pode ser tanto aquele pago pelo ativo, quanto o de fabricação ou de construção do mesmo.

Custo de Manutenção – Gasto para manter em bom estado (condições ambientais e operacionais) estoques, viaturas, produtos, materiais, máquinas, equipamentos. Tal custo se resume a compra de materiais para serem consumidos nos trabalhos de manutenção, conservação e embelezamento.

Custo do Transporte – Assunto já abordado.

Custo Marginal – O custo marginal é o custo adicional requerido para aumentar a produção em uma unidade.

Custo do Produto – Somatório dos dispêndios para se obter um produto (custo unitário do produto).

Custo do Controle – Despesas relativas à implantação de um determinado controle. Um administrador pode deixar-se absorver tão profundamente pelos controles que venha a gastar mais tempo do que poderia valer a descoberta de um erro. O processo pode resultar em custos além de qualquer eventual benefício.

Custo de Mercadoria Vendida – Custo de mercadoria vendida é igual ao somatório do estoque inicial mais compras, mais despesas, menos estoque final. Considerando-se que no início do período temos uma determinada quantidade em estoque, como no final, e que também podem ocorrer compras.

O valor do custo de mercadoria vendida é dado pela fórmula:

$$CMV = Ei + C - Ef$$

Onde:
CMV = Quantidade de mercadoria vendida
Ei = Estoque inicial
C = Compras do período

Ef = Estoque final

Custo Real – Custo real é o custo resultante da soma algébrica do custo estimado de um projeto com o custo de sua implantação. O custo real também pode ser o valor aproximado e aceitável do verdadeiro custo de produção de um produto.

Custo Previsto – Custo determinado através de estudos preliminares de estimativas. Os custos previstos ou estimados permitem uma rápida noção do custo e serve de referencial de comparação com os custos efetivos.

Custo Padrão – Valor estabelecido, em laboratório, segundo um determinado conjunto de variáveis. É um tipo especial de custo estimado, obtido por meio de padrões de eficiência e produtividade. Diferentemente dos custos estimados, os custos padrões são valores estabelecidos em relação às condições e situações de pura normalidade.

A comparação do custo apurado no campo com o determinado em laboratório permite uma análise mais profunda das alterações que se fazem necessárias para uma melhor adequação à realidade do mercado.

Custo de Mão de Obra – A natureza direta do custo é bastante óbvia para as faturas de matérias-primas, mas há diferenças no tratamento da mão de obra. Isso ocorre devido às diferentes práticas regulamentares. A princípio, os custos diretos de mão de obra são para horas gastas.

Custo do Pedido – Somatório dos custos para pedir material, pagar salários do pessoal envolvido, receber e inspecionar material (produto), comunicar, processar arquivos e banco de dados, manter produtos em estoque (armazenamento).

25.5 SISTEMAS DE CUSTEIO

A primeira preocupação que existe, em toda e qualquer empresa, relativo aos custos, é a da sua formação. A mão de obra direta mais a matéria-prima e insumos, associados às despesas gerais de produção, bem como planejamento, preparação, manutenção, armazenamento, gastos com energia determinam o custo de fabricação. Somando-se a este custo estão os custos de comercialização, as despesas administrativas, as de logística, resultando no custo total de todo o processo.

Os sistemas de custeio referem-se às formas como os custos são registrados e transferidos internamente na empresa. De forma similar aos custos, os sistemas de custeio também podem receber diferentes classificações:

Custeio por Atividade – Sistema de custeio voltado para as atividades que emprega o custo dessas atividades como base de apropriação dos custos a outros objetos de custo. Este sistema rastreia, primeiramente, os custos para as atividades e depois os custos para objetos de custos.

Custeio por Ordem de Serviço – Sistema de custeio em que o custo de um produto é obtido pela apropriação dos custos a uma unidade isolada, grupo ou lote de um produto, isto é, usa o custeio por ordem de serviço para atribuir os custos dos materiais de produção.

Custeio por Processo – Sistema de custeio no qual o custo de um produto é obtido pela distribuição dos custos por grandes quantidades de unidades semelhantes (iguais). Os custos unitários são calculados com base na média. Este sistema é utilizado para produção em massa.

Custeio por Apropriação – Sistema onde os custos são calculados à medida que o processo de fabricação avança, desde a matéria-prima até a entrega ao consumidor final. No sistema de custeio por apropriação, temos:

- Custo Total = Custo Fixo + Despesas + Custo Variável
- Custo Variável = Mão de Obra Direta + Matéria-Prima Direta

Custeio por Consumo – Sistema para determinar o custo de um produto baseado no preço que os consumidores estão dispostos a pagar. Também é conhecido como custeio alvo e custeio direcionado pelo preço. Alguns autores consideram que este sistema tem como objetivo a redução sistemática do custo do produto por todo seu ciclo de vida.

Custeio Standard – Sistema onde o custo é determinado em laboratório (ensaio e erro). É o custeio baseado na Ficha Técnica. Qualquer diferença acentuada entre o custo efetivo e o custo presumido significa que algo anormal está ocorrendo.

Custeio por Absorção – Sistema de custeio em que todos os custos de fabricação, variáveis e fixos, são levados em conta para a avaliação dos estoques. Tal sistema consiste em atribuir aos produtos fabricados todos os custos de produção, quer de forma direta ou indireta (rateios).

Todos os custos, sejam eles fixos ou variáveis, são absorvidos pelos produtos. É o sistema utilizado para custear os estoques e determinar o custo de produtos vendidos.

O custeio por absorção retrata onde os custos e as despesas influem no resultado de uma empresa, deixando claro o "peso" que as despesas operacionais têm no resultado da fabricação e comercialização de um determinado produto.

No sistema de custeio por absorção, as principais variáveis são:

- Resultado Líquido = Resultado Bruto - Despesas Operacionais
- Resultado Bruto = Receitas com Vendas - Custo de Produção
- Custo de Produção = Custo Variável Direta + Custo Variável Indireto + Rateio do Custo Fixo

25.6 RATEIO DO CUSTO FIXO

Rateio é o acréscimo que se soma ao custo unitário do produto, em função dos diversos custos indiretos (custo fixo), segundo critérios diferenciados, isto é, baseados em: matéria-prima, aluguel, produção, horas, mão de obra, imposto e área ocupada, por exemplo.

Se uma indústria opera em regime de produção única, todas as despesas são destinadas a produzir um único produto. Assim, fica fácil achar o custo do produto, bastando, para isso, dividir o total de despesas pela quantidade produzida.

Se a empresa fabrica diversos produtos é necessário ratear (distribuir) os custos fixos sobre estes produtos. Os pagamentos de aluguel, impostos e mão de obra indireta, por exemplo, precisam ser rateados sobre os custos diretos dos produtos.

Os critérios para ratear custos indiretos sobre os produtos são muitos e dependem de cada processo. É bastante fácil de se perceber que a alteração de um critério poderá provocar mudanças no valor apontado como custo de um produto, sempre que de fato nenhuma outra modificação tenha ocorrido no processo de produção.

Os custos indiretos são amortizados aos produtos, em função de uma base de rateio. Essa base de rateio deve guardar uma relação próxima entre o custo indireto e o objeto de custeio, evitando causar distorções no resultado final.

No custo de energia elétrica, o rateio pode ser feito proporcionalmente às horas de máquinas em funcionamento, considerando que o consumo de energia tenha uma relação de causa e efeito muito próxima dessas horas.

A base de rateio do custo fixo de determinado produto é dada pela fórmula:

Base de Rateio do Custo Fixo = Gastos Indiretos / Gastos Diretos

Exemplo:
Gastos Diretos = 130.000,00
Gastos Indiretos = 26.000,00
Base de Rateio do Custo Fixo = 26.000 / 130.000 = 0,20 = 20%

Análise:
No caso acima, a parcela relativa ao custo fixo que cabe na composição do custo unitário do produto corresponde a 20% do custo fixo total, tendo em vista que o rateio foi feito, em função de uma relação.

O cálculo da base de rateio pode ser tomado, em função da média de todos os rateios das variáveis de produção.

A seguir, estão alguns critérios de rateio, normalmente, utilizados nas empresas:

Despesas/Custos	Critérios de Rateio
Aluguel	Proporcional à área.
Mão de obra	Proporcional à quantidade produzida de cada produto.
Manutenção de máquinas	Proporcional ao número de horas/ano por máquina.
Impostos e taxas	Proporcional ao faturamento de cada produto.
Sistema de climatização	Proporcional ao volume.
Manutenção e limpeza	Proporcional à área.
Segurança	Proporcional à área.
Seguro contra incêndio	Proporcional à área.
Seguro de máquinas	Proporcional ao investimento.
Depreciação	Proporcional ao investimento.
Salários	Proporcional ao número de empregados.
Refeitório	Proporcional ao número de empregados
Transporte de pessoas	Proporcional ao número de empregados
Saúde e seguro de vida	Proporcional ao número de empregados.

Quadro 25.3: Critérios de Rateio.

25.7 PREÇO DE VENDA

Preço é razão de troca entre o objeto que se negocia e qualquer outro objeto. Em geral, uma unidade monetária determina o preço, isto é, a quantidade de unidades monetárias que se deve despender na obtenção de uma unidade de determinado produto.

Então, um bem ou serviço pode ser avaliado como caro ou barato, em função do mercado, da necessidade do comprador, da persuasão do vendedor, da escassez, da fartura, do governo.

Uma das principais tarefas da Teoria Econômica é explicar porque os bens têm preços e por que alguns deles são caros e outros baratos. Por que é que bens, serviços, ideias e fatores de produção têm preços? É porque eles são úteis e escassos em relação aos usos a que se destinam. A carne, por exemplo, jamais alcançaria preço numa economia composta inteiramente de vegetarianos, fossem muitos ou poucos os bois e carneiros ali existentes.

Mas a utilidade e a escassez são apenas as forças subjacentes que causam a existência dos preços. Quando se forma no mercado o preço de qualquer bem, é porque a utilidade e a escassez se exprimem concretamente na procura por parte dos compradores e na oferta por parte dos vendedores.

O preço se forma pela interação de duas ordens de influências: a da procura e a da oferta.

O preço de venda de um produto é o valor resultante da soma do custo total de fabricação do produto mais uma margem de lucro.

A margem de lucro é para compensar o esforço de produção e comercialização.

O lucro por produto pode ser predeterminado, através de uma taxa (ou percentual) de marcagem do próprio custo unitário ou do preço de venda. Logo, a variável que realmente interessa é o custo do produto.

Num mercado competitivo o custo tem uma preponderância muito grande, porém influenciará muito mais nos resultados (lucros).

O preço de venda adotado pela empresa estará dentro do intervalo (preço mínimo – preço máximo) que o mercado pode pagar. Se o produto da empresa é melhor em qualidade que o produto concorrente, então é possível aumentar o preço de venda, fazendo com que a margem de lucro seja maior.

Muitas são as situações em que, invariavelmente, um vendedor aponta o preço como o responsável pela perda de uma venda, reportando a insatisfação do cliente que classifica de caro o produto. Antes, porém, é necessário que se evite a tendência à generalização, apontando o preço como o problema que impede a concretização de um negócio.

Nem sempre o preço é um problema. Outrossim, não são poucas às vezes em que ele não passa de um sintoma, relacionado, principalmente, a uma defasagem entre o posicionamento do produto, seus benefícios ou atributos relevantes e a percepção do consumidor.

O custo é, sem duvida, o ponto de partida, mas esta consideração tem a desvantagem de não levar em conta o consumidor. Muitas vezes, a gerência decide preços baseado exclusivamente no custo, quando deveria considerar outros fatores.

O preço é uma parte substancial para a empresa, mas nem sempre para o consumidor, como no caso de produtos comprados por impulso ou para uma necessidade imediata ou, ainda, numa emergência.

É muito raro que uma pessoa pense no preço, quando compra uma aspirina, para minimizar a dor de cabeça.

Os preços flutuam, segundo determinados elementos, tais como: custo, demanda, oferta, especificação, desconto, concessão, promoção, época, clima, condições econômicas, interferência do governo, inflação, matéria-prima, insumo, mão de obra, capacidade instalada, participação no mercado, intermediário, carga tributária, nível de qualidade, concorrência, fornecedor, consumidor.

25.8 TIPOS DE PREÇO

A seguir, os principais tipos de preço:

Preço Justo – Valor subjetivo, em função do público-alvo a quem o produto é ofertado.

Preço de Mercado – Preço que o mercado pode pagar.

Preço de Sobrevivência – Preço para garantir a permanência no mercado.

Preço com Desconto – Pagamento correspondente à diferença entre o valor de face (nominal) e o desconto concedido.

Preço Padrão – Um preço cuidadosamente determinado que uma empresa espera receber por uma unidade de produto.

Preço Diferenciado – Também chamado de preço discriminatório, ocorre quando uma empresa vende um produto a dois ou mais preços que não refletem diferença proporcional ao custo. Exemplos muito comuns são preços com descontos para dias de fraco movimento.

Preço Geográfico – Preço para consumidores localizados em diferentes lugares. O problema é se a empresa deve cobrar preços maiores para consumidores mais distantes e como enviar e receber a fatura.

Preço de Prestígio – Preço para transmitir uma imagem de alta qualidade e alto status. Alguns consumidores vêem as características tangíveis de um produto como de importância distinta na escolha entre os produtos disponíveis.

Preço Promocional – Muitos varejistas reconhecem que os consumidores adoram negócios de ocasião. Sabem que preço mais baixo do que o normal exerce considerável apelo.

Muitos usam a variável preço não apenas para a promoção de vendas para produtos de baixo preço, mas também para atrair consumidores para gerar vendas de outros produtos.

Preço de Penetração – Preço baixo, na esperança de que o volume vendido seja grande.

Preço Isca – Preço de um produto abaixo do custo para atrair consumidores a comprar outros produtos bem mais caros. Preço praticado para mostrar que o varejo vende muito barato todos os seus produtos.

É comum os supermercados reduzirem os preços de seus produtos de marcas famosas para estimular o tráfego de consumidores.

Preço de Lista – Também chamado preço base, é determinado como ponto de partida para o preço de um novo produto. Em outras palavras, o preço de lista é o preço que, normalmente, os compradores são solicitados a pagar.

Preço Concorrente – Preço que ajuda a empresa a estabelecer sua política de preço. Desde que a empresa esteja consciente dos preços dos concorrentes, ela pode usá-los como ponto de referência para seu próprio preço.

Preço por Localização – O mesmo produto é vendido por preços diferentes em vários locais, embora o custo da oferta seja o mesmo.

Preço Pacote – Os vendedores reúnem vários produtos e estabelecem preço para o conjunto. A economia decorrente da compra do pacote deve ser substancial para induzir o consumidor a comprá-lo.

Preço por Período – Os preços variam conforme as estações, como também para: mês, dia ou hora.

Preço de Ocasião – Os vendedores estabelecem preços especiais, em certas épocas, para atrair mais consumidores.

Preço de Valor Percebido – Um número crescente de empresas está baseando seu preço no valor percebido do produto. Elas vêem as percepções de valor dos consumidores, não seus custos, como fatores para determinar o preço. Tal preço ajusta-se bem à ideia de posicionamento do produto.

A empresa desenvolve um conceito de produto para um mercado alvo específico com qualidade e preço planejados. Assim, a administração estima o volume que espera vender a esse preço.

25.9 DETERMINAÇÃO DO PREÇO DE VENDA

Antigamente o preço de venda era uma decisão interna da empresa. Hoje, isso não mais acontece, devido a grande influência que o mercado tem sobre o preço de venda de um produto, bem como sua concorrência.

Os principais objetivos na determinação do preço de venda, ou precificação do produto, são:

- Buscar a perpetuidade do produto e a sobrevivência da empresa.
- Permitir a maior participação possível no mercado.
- Evitar capacidade instalada de produção ociosa.
- Otimizar o capital investido para um negócio autossustentável.
- Capacitar liquidez à empresa.
- Atender a demanda de mercado.
- Responder às necessidades do mercado consumidor.
- Cobrir custos e despesas com margem de lucro.

A determinação do preço é problemática em quatro tipos de situação:

- Quando uma empresa deve determinar o preço pela primeira vez.
- Quando as circunstâncias levam a empresa a observar a possibilidade de uma alteração no preço.
- Quando a concorrência inicia uma mudança de preço.
- Quando a empresa produz diversos produtos que possuem demandas interrelacionadas.

Os modelos de determinação do preço de venda mais utilizados são, em função do: Custo; Mercado e Concorrência.

25.10 CÁLCULO DO PREÇO DE VENDA

Para estabelecer o preço de venda de determinado produto, você não precisa conhecer matemática com profundidade ou ser especialista em administração financeira. Basta saber levantar os custos e fazer algumas operações simples. Muitos produtores recorrem a uma fórmula para chegarem a seu preço de venda. É uma prática comum para eliminar a responsabilidade de quem estabelece o preço de venda.

Estas fórmulas são usadas na esperança de que o preço final seja suficiente para cobrir todos os gastos e ainda deixar algum lucro. O problema dessa abordagem é a não consideração se o mercado pagará, ou não, tal preço.

A fórmula do preço de venda é baseada na equação do lucro, que é a seguinte:

$L = R - D$
$L = V - CT = PvQ - (CV + CF)$
$PvQ = L + CV + CF$
$Pv = (L + CV + CF) / Q$
$Pv = (L / Q) + (CV + CF) / Q$
$Pv = (L / Q) + CT / Q$

$Pv = Lu + Cu$

Onde:
L = Lucro
R = Receita com Vendas
D = Despesas
CT = Custo total (CF + CV)
V = Vendas
Pv = Preço de venda unitário
Q = Quantidade vendida
Cv = Custo variável unitário
CF = Custo fixo total
Cu = Custo unitário do produto
Lu = Lucro unitário do produto
CV = Custo variável total

A seguir, um método prático para calcular o preço de venda de um produto:

01 – Elaborar uma planilha para auxiliar o cálculo do custo.

02 – Determinar a quantidade de matéria-prima e outros materiais (insumos) utilizados para produzir uma unidade ou lote de cada produto.
03 – Determinar o número de horas de mão de obra direta necessárias para produzir uma unidade ou lote.
04 – Levantar os custos fixos mensais e critérios de rateio sobre os produtos.
05 – Levantar encargos sociais por folha de pagamento.
06 – Levantar custos de comercialização.
07 – Estabelecer margem de lucro.
08 – Calcular o preço de venda.

25.11 PREÇO DE MARKUP

O método do cálculo do preço de venda mais elementar é acrescentar um markup (margem de lucro, margem de comercialização, taxa de marcagem) ao custo do produto. O preço de markup permanece popular por várias razões:

- Os vendedores têm mais certeza do custo do que da previsão de demanda.
- Os preços tendem a ser similares ao longo do tempo.
- Muita gente considera este método como mais justo.

A taxa de marcagem é um valor tomado, percentualmente, em relação ao custo ou em relação ao próprio preço de venda. Assim, podemos ter duas fórmulas de cálculo do preço de venda:

Em função do custo a fórmula do preço de venda é:

$Pv = Cu + xCu = Cu\ (1 + x)$
$Pv = Cu\ (1 + x)$

Onde:
Pv = Preço de venda do produto
Cu = Custo de fabricação do produto
x = Fator percentual de markup

Exemplo:
Custo do Produto = 200,00
Markup em função do custo = 50%
Pv = 200,00 (1 + 0,50) = 200 × 1,5 = 300,00

Em função do preço de venda a fórmula do preço de venda é:

$Pv = Cu + xPv$
$Pv - xPv = Cu$
$Pv\ (1 - x) = Cu \qquad Pv = Cu\ /\ (1 - x)$

Exemplo:
Custo do Produto = 300,00
Markup em função do preço de venda = 30%

Pv = 300,00 / (1- 0,30) = 300 / 0,70 = 428,00

Análise:

O markup adotado será em função da política de preço da empresa e da concorrência. Conhecido o markup, é fácil montar uma tabela para os preços de venda. Usar o markup, em função do preço de venda, facilita muito o varejo quando este está promovendo descontos e dando comissões aos vendedores.

O markup adotado deve cobrir tanto a taxa de inflação interna (da empresa) quanto à taxa de inflação do governo, bem como o lucro possível.

A seguir, um exemplo do cálculo do preço de venda, cujo markup está em função do preço de venda:

Produto: Molho Funghi
Porção: 200 g
Data de Revisão:

Custo de Fabricação do Produto = 1,85

Aplicando-se as margens, vêm:

Margens	Taxa	Absoluto	Acumulado
Custo de Distribuição	20%	0,20	0,20
Mão de Obra Indireta	5%	0,05	0,25
Despesas de Comercialização	5%	0,05	0,30
Rateio Energia/Manutenção	25%	0,02	0,32
Tributação	5%	0,05	0,37
Lucro	30%	0,30	0,67

Quadro 25.4: Margens de Comercialização.

Preço de Venda:

Pv = Cu / (1 - x%Pv)
Pv = 1,85 / (1 - 0,67) = 1,85 / 0,33
Pv = 5,61

Custo de Fabricação do Produto = Matérias-Primas + Insumos + Mão de Obra Direta + Embalagem

25.12 PREÇO DE TABELA

Há duas espécies de preço de tabela: preços simples e preços com desconto.

Como há muita confusão entre desconto, dedução e abatimento, aí vai:

Desconto – É uma quantia reduzida do preço de venda por um vendedor, sob a forma de moeda corrente ou alguma outra coisa de valor, podendo ser até produtos.

Dedução – Subtração ou diminuição de valores para receitas com vendas, em função de descontos e de impostos faturados, possuindo um caráter estritamente financeiro.

Abatimento – Para abatimento existem dois tratamentos contábeis: pelo valor bruto e pelo valor líquido. É comum, quando examinamos um demonstrativo de resultado, observamos que a empresa registra o abatimento pelo valor bruto.

A seguir, o cálculo do fator de desconto:

Fator de Desconto = 1 - (Desconto)

Onde:
Desconto = Percentual do Preço de Venda (x% Pv)
Valor Líquido = Preço de Venda × Fator de Desconto

Exemplo:
Preço de Venda do Produto = 1.000,00
Desconto = 30%
Valor Líquido = 1.000,00 (1 - 0,30) = 0,70 × 1.000,00 = 700,00
Fator de Desconto = 1 - 0,30 = 0,70

Análise:
Se a loja trabalha com um desconto de 30%, basta multiplicar o preço de venda do produto pelo fator de desconto de 0,70 (1 - 0,30). Se o preço de venda for de 500,00, o valor líquido a pagar será igual a $ 500,00 × 0,70, ou seja, igual a 350,00.

25.13 LUCRO

O lucro é a diferença entre as receitas com vendas de uma empresa e as suas despesas. É comum se ter expectativa de lucro em qualquer transação comercial que se faça, pois sem lucro é impossível uma empresa investir em novas tecnologias, criar novos postos de trabalho e treinar seus recursos humanos, por exemplo.

A evolução do lucro durante sucessivos exercícios leva a concluir que a organização vai bem ou mal. Neste caso o lucro é mais uma ferramenta de referência do que de expectativa.

Lucro não é uma designação ampla nem prescritiva do objetivo da empresa. É meramente o resultado ou a decorrência da atividade nos negócios. Não diz nada sobre o que essas atividades deverão ser. Dizer-se que um negócio existe para dar lucro aos seus proprietários não oferece prescrição acerca de como conseguir isso, não é um guia de como essa ação deve ser para acomodar exigências, conflitos e mudanças.

Para Drucker, o lucro não é uma causa e sim uma consequência. É um resultado necessário para medir o desempenho econômico da empresa. Além disso, o lucro tem uma função importante, caracterizada pelo prêmio do risco de investimento.

A obrigação fundamental da empresa em um sistema de livre iniciativa é gerar lucros para cumprir obrigações e se desenvolver.

Segundo Chiavenato, uma empresa que não gere lucros está fadada a desaparecer, pois a rapidez de sua morte dependerá da paciência dos credores, liquidez para pagar compromissos, demanda por seus produtos, rentabilidade do capital aplicado e retorno do investimento, por exemplo.

A equação do lucro (L) é dada pela fórmula:

L = R - G

Onde:
R = Receita
G = Gasto

Uma vez por ano, todos os anos, a empresa deve apurar o resultado do exercício que se encerra. Apurado o resultado do exercício, devemos somá-lo aos resultados anteriores para se chegar a um resultado acumulado, que aparece no balanço patrimonial. O demonstrativo de resultado (lucros ou prejuízos) nada mais é do que a exposição do que ocorreu na empresa, sob os aspectos econômico e financeiro.

Apurado o lucro de um período, após todas as deduções legais e contratuais, a administração pode propor sua permanência na empresa (retenção de lucros) ou distribuição aos sócios. Esta última, se malfeita, pode provocar a descapitalização.

A distribuição de lucros é uma das formas da empresa remunerar o capital investido.

25.14 RECEITA, GASTO E DESPESA

Normalmente, uma empresa só reconhece como missão cumprida quando da realização de receita, ou seja, no momento em que há a transferência do produto do vendedor para o comprador. Assim, podemos considerar como receita toda entrada de ativos recebidos (entradas de caixa) ou a receber (alienação de ativos, recebíveis de curto prazo, valores a receber de longo prazo ou de exercícios anteriores).

Segundo Leite, receitas são acréscimos brutos de ativos que são obtidos sem a ampliação das dívidas ou do capital da empresa. Receitas correspondem a acréscimos ao patrimônio líquido e resultam, geralmente, da venda de bens e/ou serviços pela empresa.

Existem na empresa noções erradas relativas aos conceitos de: total de vendas, faturamento e receita com vendas.

Total de Vendas – É o somatório de todas as vendas realizadas num período, independente de terem sido faturadas ou não.

Faturamento – É o somatório de todas as notas fiscais tiradas no período.

Receita com Vendas – É definida pela entrega e aceite da mercadoria pelo cliente, independente de haver recebimento de dinheiro ou não.

É importante observar que não precisa ocorrer, necessariamente, um acréscimo de caixa para se configurar uma receita. Se, por exemplo, a venda for realizada a prazo, o caixa permanece no mesmo nível, mas aparece uma conta no ativo, tal como duplicatas a receber.

As principais receitas complementares são:

Receita Social – Receita proveniente do propósito do negócio.

Receita Operacional – Receita ligada diretamente ao objeto do negócio.

Receita Não Operacional – Diferentemente da receita operacional, ela não se relaciona à natureza do negócio.

Receita Bruta – Total nominal das vendas, onde não são consideradas as deduções (descontos, impostos e devoluções).

Receita Líquida – Diferença entre a receita bruta com vendas e as deduções (descontos mais impostos mais devoluções).

Receita Marginal – É o acréscimo de receita, quando esta vende uma unidade adicional de seus produtos.

Gasto é todo dispêndio (saída de caixa) para cobrir um compromisso financeiro. Ele pode se referir a:

- Aquisição de um produto (gasto de consumo).
- Dispêndio com energia (gasto de produção).
- Dispêndio com ativos para futuras utilizações (gastos de investimento).
- Dispêndio não associado à produção (gastos administrativos), por exemplo.

Como um gasto corresponde ao valor pago para obtenção de um ativo, quer tenha sido desembolsado à vista ou assumido a obrigação de pagá-lo posteriormente, seu destino pode ser para custos, despesas, investimentos, desembolsos e amortizações, por exemplo.

As despesas são correspondentes aos bens e serviços, direta ou indiretamente, para a obtenção de receitas. Não estão associadas à produção de um bem ou serviço. Como exemplos de despesas podem ser citados gastos com salários de vendedores e gastos com funcionários administrativos.

Na linguagem comum, os termos custo e despesa são praticamente sinônimos. Pior, é que nenhum deles está diretamente relacionado a desembolso ou perda.

Na realidade, o custo só aparece na aquisição de um ativo e a despesa quando este ativo for consumido. No momento em que o ativo é vendido, o custo se transforma em despesa.

A despesa representa o efetivo consumo do recurso.

25.15 TAXA DE DEPRECIAÇÃO

A depreciação já foi abordada anteriormente.

A taxa de depreciação é dada pela fórmula:

Taxa de Depreciação = Valor de Mercado / (Valor de Compra - Depreciação Acumulada)

Onde:
Valor de Mercado = Valor dado em função do equilíbrio entre a oferta e a procura
Valor de Compra = Soma do preço pago, gasto com tempo e gasto de energia física e psíquica
Depreciação Acumulada = Soma das depreciações ao longo dos anos
Exemplo:

Veículo comprado no ano 2000 = 50.000,00
Depreciação/Ano = 20% do valor de compra
Período = 3 anos
Depreciação Acumulada = (0,20 × 50.000) x 3 = 30.000,00
Valor de Mercado = 25.000,00
Taxa de Depreciação = 25.000 / (50.000 - 30.000) = 25.000 / 20.000 = 1,25

Análise:
Embora o veículo esteja com um valor depreciado de 20.000,00 (50.000,00 - 30.000,00), é possível encontrar alguém que o compre por 25.000,00, ou seja, 25% a mais que teoricamente deveria ter. Então, se a taxa de depreciação for maior que a unidade, isso indica que o veículo foi muito bem conservado ou existe escassez do mesmo no mercado.

25.16 GERÊNCIA DO LUCRO

A gerência do lucro é imprescindível para a continuidade do negócio. Exige uma postura diligente e uma atenção dirigida a toda a cadeia produtiva, que vai desde o fornecedor até o serviço pós-venda, quando a satisfação do consumidor é medida.

É necessário conhecer e dispor de informações pertinentes, de forma a orientar a tomada de decisão, tais como custos, despesas, resultados, retornos do investimento, pontos de equilíbrio, margens de contribuição, simulações e cenários.

A parcela mais significativa dos custos fixos e indiretos não provém de produtos físicos ou das atividades da produção, mas de transações que, em geral, não agregam valor. Com esse raciocínio é que as empresas mais competentes e proativas têm analisado, detalhadamente, seus processos, tentando eliminar tudo o que não agrega valor e aperfeiçoando o que não é possível ainda eliminar.

A automação é hoje uma saída para a solução de grande parte desses problemas, pois promove a integração dos diversos sistemas. A padronização é outra prática que colabora muito na eliminação de atividade improdutivas, pela estabilidade que promove nas operações produtivas, evitando falhas e inspeções desnecessárias.

É bem verdade que muitas atividades não agregam valor ao produto, mas são indispensáveis para a saúde da organização.

Uma das preocupações mais frequentes entre os empresários pequenos e médios é saber qual o lucro ou o retorno ideal para o seu negócio. Primeiro é importante distinguir lucro de retorno. Um lucro pode parecer excelente e não representar um bom retorno quando comparado ao investimento feito. Que retorno seria um bom valor para remunerar o capital aplicado?

Se o investidor não tem uma ideia de retorno para o seu negócio pode pensar numa referência muito usada no mundo inteiro – Os Títulos do Governo Federal.

No Brasil, a taxa desses títulos é conhecida como Taxa Selic (Sistema Especial de Liquidação e Custódia).

A Selic e o CDI (Certificado de Depósito Interbancário) são taxas de referência para se determinar o retorno adequado do investimento, pois, se o empresário não investisse no negócio, essas taxas seriam uma opção segura.

Há, no entanto, outra variável importante: o risco.

A taxa interna de retorno (TIR) é o valor mínimo de remuneração do investimento, corresponde ao que seria obtido investindo-se em taxas livres de risco mais um prêmio pelo risco (lucro). Assim:

TIR (%) = Taxa Livre de Risco + Taxa de Risco

Para compreender melhor, acompanhe o seguinte:

Taxa Selic = 6% ao ano
Taxa de Inflação = 4% ao ano
Taxa de Risco País = 3% ano
Taxa de Risco do Negócio = 5% ao ano

O investidor por precaução elege a TIR = 20% ao ano, que é considerada alta profissionalmente, numa atitude de bastante conservadora. Todo este estudo mostra que, se margem de lucro não for maior do que 20% ao ano, é melhor deixar o dinheiro aplicado em um banco ou no tesouro direto.

25.17 PONTO DE EQUILÍBRIO

O ponto de equilíbrio é conhecido como o ponto onde as receitas se igualam às despesas e que, portanto, o lucro é zero. O ponto de equilíbrio, onde a receita se iguala às despesas (custos), é um indicador que sinaliza se a empresa tem condições de competir no mercado já que o preço de venda do produto é dado pelo mercado.

A fórmula do ponto de equilíbrio se chega da seguinte maneira:

$R = CT + L$
$R = CF + CV + L$
$R = Pv \times Q$
$CV = Cv \times Q$

Então: $Pv \times Q = CF + Cv \times Q + L$

Se o lucro é zero, vem:

$Pv \times Q = CF + Cv \times Q$
$Pv \times Q - Cv \times Q = CF$
$Q (Pv - Cv) = CF$

A quantidade no ponto de equilíbrio (lucro zero) é:

$QE = CF / (Pv - Cv)$

Onde:
R = Receita
CT = Custo Total = CF + CV
CF = Custo Fixo Total (ou rateio do custo fixo se o estudo for feito para um produto em particular).
CV = Custo Variável Total
Pv = Preço de Venda Unitário
Cv = Custo Variável Unitário
L = Lucro
Q = Quantidade Vendida
QE = Quantidade de Equilíbrio
Pv - Cv = Margem de Contribuição
R - CV = Margem de Contribuição Total

Exemplo:
Custo Fixo = 100.000,00
Preço de Venda do Produto (Pv) = 50,00
Custo Variável Unitário do Produto (Cv) = 30,00
Margem de Contribuição (Pv - Cv) = 50,00 - 30,00 = 20,00
Quantidade de Equilíbrio = 100.000 / 20 = 5.000

Análise:

No exemplo acima, a empresa precisa produzir a quantidade de 5.000 produtos para chegar ao ponto de equilíbrio. O fator que mais pesa no cálculo do ponto de equilíbrio é o custo fixo. O preço de venda adotado pela empresa estará dentro do intervalo (preço mínimo – preço máximo) que o mercado pode pagar.

Se o produto da empresa é melhor em qualidade do que o produto concorrente, então é possível aumentar o preço de venda, fazendo com que a margem de contribuição seja maior.

A margem de contribuição indica a importância do produto na formação do lucro e no pagamento dos custos fixos, permitindo consultas rápidas e comparações com os preços de mercado.

A seguir, algumas observações sobre a margem de contribuição:

- A margem de contribuição terá de ser sempre positiva.
- Considerar custos fixos constantes (para determinado período).
- Quanto maior a margem de contribuição menor é a quantidade a produzir para se chegar ao equilíbrio.
- Quanto menor a margem de contribuição maior é a quantidade a produzir para se chegar ao equilíbrio.

- É através da margem de contribuição que se verifica se a empresa tem condições para entrar no mercado e ser competitiva.

25.18 FATURAMENTO DE EQUILÍBRIO

O faturamento de equilíbrio é dado pela fórmula:

FE = Pv x QE = Pv [CF / (Pv - Cv)]

Exemplo:
Custo fixo total = 90.000,00
Custo variável total = 50.000,00
Faturamento = 200.000,00
Custo total = 90.000,00 x 50.000,00 = 140.000,00
Margem total = 200.000,00 - 50.000,00 = 150.000,00
Faturamento de equilíbrio = (90.000 / 150.000) x 200.000,00 = 120.000,00

25.19 PONTO DE RUPTURA

O ponto de ruptura do caixa é o limite que suporta uma empresa antes de quebrar. Quando se retira, do custo fixo, determinadas despesas, como: honorários, impostos, taxas, recolhimentos obrigatórios (FGTS, encargos sociais, INSS, ...), provisões e fundos, o custo fixo passa a ser menor.

Se o custo fixo é menor, o ponto de equilíbrio também o é. Esta prática é comum, pois permite um desafogo do caixa. Sua fórmula é:

PR = (CF - d) / (Pv - Cv)

Onde:
d = Diferença relativa a despesas não pagas

25.20 CAPACIDADE INSTALADA

A capacidade instalada de uma fábrica corresponde aos equipamentos e máquinas que a mesma utiliza na manufatura de seus produtos. Se uma fábrica produz no máximo 5.000 produtos, diz-se que este valor corresponde a 100% da capacidade instalada.

Em geral, a indústria utiliza apenas 70 a 80% da capacidade máxima instalada.

A análise da capacidade instalada objetiva determinar qual a capacidade em máquinas, equipamentos e instalações deve ter o projeto para que o produto atenda as exigências do mercado e dos projetistas. Objetiva, também, a qualidade e as especificações instituídas no projeto.

Na capacidade instalada, a empresa deve ter o cuidado de verificar se há máquinas e equipamentos suficientes para produzir uma quantidade de um determinado produto de forma que a mesma possa operar no mercado com um preço competitivo.

A capacidade ociosa é considerada como máquinas e equipamentos que não estão sendo utilizados por falta de pedidos de compra dos clientes, por estarem com defeitos ou por estarem na manutenção.

Se a taxa de inatividade permanece alta por muito tempo, isto demonstra uma grande ociosidade e que, talvez, a fábrica não precise de tantas máquinas. É aconselhável alienar algumas máquinas velhas, isto é, fazer dinheiro. Uma taxa de inatividade máxima deve ser da ordem de 10%.

Vale observar um assunto pouco abordado nos livros de marketing, que é a taxa de comprometimento dos equipamentos. A taxa de comprometimento industrial (TCI) é dada pela fórmula:

TCI = Quantidade de Equilíbrio / Capacidade Instalada

Onde:
Quantidade de Equilíbrio = Quantidade produzida no ponto de equilíbrio
Capacidade Instalada = Máquinas + Equipamentos + Utilidades
Utilidades = Elementos do processo produtivo

Se uma fábrica produz no máximo 5.000 produtos, diz-se que este valor corresponde a 100% da capacidade instalada.

Exemplo:
Quantidade de Equilíbrio = 5.000
Capacidade Instalada = 7.000
Taxa de Comprometimento Industrial = 5.000 / 7.000 = 0,72 = 72%

Análise:
Esta taxa diz que a quantidade de equilíbrio da empresa está a 72% da capacidade instalada. É normal que esta taxa gire entorno de 60% a 70% da capacidade máxima instalada. Comprometer 100% da capacidade instalada, só em casos extremos.

Assim, se a taxa de comprometimento está a 60%, diz-se que a quantidade de equilíbrio está no nível de 60% da capacidade instalada da fábrica. Quanto maior for a taxa de comprometimento industrial (fator K) maior é o comprometimento da capacidade instalada para a empresa sobreviver, e vice-versa.

Como se percebe o ponto de equilíbrio pode se movimentar para a esquerda ou para a direita. Este movimento é chamado de movimento de translação e dependerá da quantidade vendida, do preço de mercado e das variáveis de custo.

Quando o ponto de equilíbrio se desloca para a direita é necessário maior comprometimento da capacidade instalada, e vice-versa.

25.21 FLUXO DE CAIXA

Entende-se por caixa o controle diário onde são registradas todas as transações, em dinheiro, da empresa. Pelo caixa passa todo o fluxo de valores monetários do sistema financeiro da empresa.

O caixa tem como principais entradas as seguintes contas:

- Capital Inicial
- Receita com Vendas
- Reservas de Lucro
- Receita Não Operacional
- Alienação de Ativos
- Contas a Receber
- Capital de Empréstimos

O caixa tem como principais saídas as seguintes contas:

- Despesas de Comercialização
- Fornecedores a Pagar
- Contas a Pagar
- Aquisições
- Custos
- Investimentos
- Aplicações
- Descartáveis
- Matérias-Primas
- Compras
- Produção
- Tributos
- Insumos

O conhecimento financeiro básico de todo futuro empreendedor passa pela elaboração e interpretação do fluxo de caixa, movimento que registra as entradas e saídas de dinheiro. Trata-se de uma ferramenta de avaliação e análise indispensável para o sucesso de um negócio.

Ao pôr no papel as projeções de receitas e despesas, o empresário estará antecipando, por tabela, as necessidades de captação de recursos e preparando-se para tomar decisões na hora certa. Tão logo a empresa comece a funcionar, o confronto entre as projeções e as operações, efetivamente, realizadas deve entrar para a rotina da contabilidade gerencial.

É importante trabalhar com estimativas pessimistas.

Um sistema de informações em finanças se baseia no fluxo de dinheiro que corre através da empresa. Este sistema envolve uma quantidade muito grande de dados históricos para o planejamento financeiro da organização.

O sistema financeiro é, provavelmente, o mais importante sistema de informação gerencial. Na maioria das empresas este sistema é o mais velho e mais bem desenvolvido de todos os outros sistemas, porque lida com dinheiro. Seus maiores problemas são:

- Determinar um padrão para controle.

- Determinar quando a ação é requerida.
- Obter de forma rápida e atualizada as informações relevantes.
- Prever variações e tendências.

O fluxo de caixa é o instrumento que permite ao administrador lidar com os recursos financeiros para um determinado período. Uma vez programadas as necessidades financeiras e determinadas as fontes de recursos que serão captados, resta ao administrador financeiro a tarefa de distribuí-los, de forma racional e adequada, pelos diversos itens do ativo.

A função principal da administração financeira é poder saldar, em tempo hábil, os compromissos assumidos com terceiros e maximizar os lucros. O fluxo de caixa tem como objetivo básico, a projeção das entradas e das saídas de recursos financeiros para determinado período, visando dar a maior liquidez possível à empresa.

As decisões a serem tomadas em relação ao fluxo de caixa são:

Quando há superávit (sobra de caixa): aumentar estoques; aumentar prazos e condições de venda; melhorar as instalações e maquinários; aplicar em instituições financeiras; desenvolver novos empreendimentos.

Quando há déficit (falta de caixa): melhorar o processo de cobrança; reduzir os estoques; renegociar as contas a pagar; diminuir prazos de vendas; aumentar prazos de compra; promover vendas especiais; cortar custos e despesas dispensáveis; vender imobilizações ociosas; aumentar o capital próprio com injeção de recursos dos sócios atuais (novos); reduzir o nível das atividades; buscar financiamentos.

25.22 CONTROLE DO FLUXO DE CAIXA

O controle do fluxo de caixa sempre foi de extrema importância. Muitos empreendimentos são inviabilizados pela falta de cuidado com o fluxo de caixa.

Fazer controle diário do que entra e sai do caixa é fundamental, porque evita:

- A falta de dinheiro para tocar o negócio.
- Proporciona condições do que fazer com as sobras de caixa.
- Adquire-se conhecimento da série histórica (entradas e saídas).
- Dá condições de se fazer projeções no curto prazo.

A seguir, um exemplo do controle do fluxo de caixa, para um período de 90 dias:

Controle do Fluxo de Caixa						
Contas	Início	15 dias	30 Dias	45 dias	60 dias	90 dias
Saldo de Caixa (1)	500	550	800	640	330	150
Entradas:						

Contas a Receber	200	400	300	200	200	300
Outros Créditos	100			50	100	100
Capital a Integralizar			100		100	100
Crédito de Aplicação						
Alienação de Ativos						
Total de Entradas (2)	300	400	400	250	400	500
Saídas:						
Fornecedores	200		500	400	400	500
Encargos Sociais	30		10	40	30	50
Empréstimos		100		100		
Impostos	20		50	20	50	30
Contas a Pagar		50			100	150
Total de Saídas (3)	250	150	560	560	580	730
Saldo Final (1 + 2 - 3)	550	800	640	330	150	(80)

Planilha 25.1: Controle do Fluxo de Caixa.

25.23 DADOS DO FLUXO DE CAIXA

Como tudo relativo a valores, numa organização, passa pelo Caixa, a seguir, os principais dados do fluxo de caixa:

Amortizações
Aquisições
Capital Inicial
Cobranças
Compra de Matéria-Prima
Contas a Pagar
Contas a Receber
Débitos de Capital
Despesa de Instalação
Despesas de Manutenção
Despesas Diversas
Distribuição de Lucro
Duplicatas a Pagar
Empréstimos
Encargos Sociais

Faturamento
Financiamentos
Lucros Não Distribuídos
Manutenção Instalações
Manutenção Máquinas
Material de Escritório
Material de Higiene e Limpeza
Pró-Labore
Recebíveis
Reservas
Salários Pagos
Tributos
Vendas

25.24 OTIMIZAÇÃO DO LUCRO

Otimizar, na linguagem administrativa, significa usar os recursos da melhor maneira possível, em função das contingências do momento, do ambiente e do mercado.

Um produto pode apresentar uma boa margem de lucro, mas um estudo mais acurado de otimização mostra que não é viável, economicamente, produzi-lo em grande quantidade e em detrimento dos demais produtos.

A falta de uma visão estratégica leva o dirigente, inevitavelmente, a incapacidade de otimizar recursos, meios e processos para obter uma maximização do lucro e, consequentemente, uma redução do custo e do tempo gasto.

Os estudos de otimização em produção, por exemplo, correm por conta do volume de produção ou pela utilização de matéria-prima e insumo.

Os meios, métodos, metodologias e processos de otimização podem ser quantitativos, gráficos (árvores), algébricos, geométricos, estatísticos, probabilísticos, simulatórios, analógicos, heurísticos, matriciais.

A maximização dos lucros envolve simultaneamente o aumento das receitas e a diminuição dos custos. Assim, logicamente, qualquer decisão empresarial capaz de baixar os custos sem baixar as receitas ou aumentar as receitas sem aumentar os custos produzirá um aumento dos lucros.

O valor máximo do lucro ocorre, quando a receita marginal se iguala ao custo marginal da última unidade produzida. Se a situação do mercado é tal que seja indiferente produzir e vender o produto A ou B, escolher-se-á o produto que oferecer uma margem de contribuição maior.

Se a utilização está próxima da saturação dever-se-á empregar o critério do máximo aproveitamento dos meios disponíveis. O processo produtivo exige essencialmente o uso de máquina, de trabalho humano e de matéria-prima.

Assim, a prevalência de um fator sobre outro caracteriza o processo. Este pode estar situado em um departamento ou em uma máquina crítica e pode, desproporcionalmente, limitar a produção de outros itens, os quais talvez apresentassem menos lucro por unidade, mas contribuem mais, especificamente, para o lucro total, quando o custo final for levado em consideração.

A programação matemática ajuda a administração da produção a determinar a combinação ótima de produtos, modelos e estilos em quantidades tais que maximizem o lucro total. Não podemos, é claro, atingir este ótimo teórico em operações reais.

No cálculo da quantidade ótima a produzir, observar que alguns produtos, em função do processo de fabricação, custam mais caros que outros.

Numa matriz de produção, as equações são estabelecidas para lucro máximo ou custo mínimo.

25.25 MODELOS DE OTIMIZAÇÃO DO LUCRO

Modelo Matemático – Este modelo utiliza matrizes, planilhas ou tabelas de maneira lógica e simples. A seguir, são colocados dois exemplos de estudo de otimização do lucro, onde são escolhidos fatores vinculantes, como: produção/hora, matéria-prima e margem de contribuição.

A seguir, dois exemplos:

Nº	Itens	Produto A	Produto B
1	Preço de venda	70,00	56,00
2	Custo variável unitário	52,00	42,00
3	Margem de contribuição (1 - 2)	18,00	14,00
4	Custo fixo unitário	10,00	7,00
5	Lucro unitário (3 - 4)	8,00	7,00
6	Valor da produção/hora	20,00	30,00
7	Lucro/hora (5 x 6)	160,00	210,00
8	Contribuição marginal/hora (3 x 6)	360,00	420,00

Quadro 25.5: Otimização do Lucro, em Função Produção/Hora.

Resposta: Embora o produto A tenha uma margem de contribuição maior, a contribuição do produto B, em função da produção/hora, é maior. Logo, o produto B deverá ter prioridade em produção e venda.

Produtos	Preço de Venda	Custo Variável Unitário	Margem de Contribuição	Matéria-Prima/ Produto (kg)	Contribuição da Matéria-Prima	%
A	4,00	2,00	2,00	1,00	2,00	18
B	5,00	3,00	2,00	0,60	3,33	30
C	8,00	5,00	3,00	1,00	3,00	27
D	6,00	2,00	4,00	3,00	1,33	12
E	10,00	5,00	5,00	4,00	1,25	13
					10,91	100

Quadro 25.6: Otimização do Lucro, em Função da Matéria-Prima.

Resposta: Embora o produto E tenha a maior margem de contribuição, a contribuição do produto B, em função da matéria-prima, é maior. Logo, a prioridade é do produto B.

25.26 LOTE ECONÔMICO

A administração da empresa deve se preocupar em seguir caminhos que levem a empresa efetivamente à lucratividade. O planejamento deve ser otimizado no sentido de se conseguir custos mínimos e lotes de produção, economicamente, viáveis, isto é, determinar o ótimo a produzir e vender.

Lote econômico é a dimensão do lote a produzir, cujo custo total é mínimo. Coletados os principais parâmetros se torna fácil montar sistemas para a busca de soluções. As soluções podem ser dos tipos: Tabular; Geométrica; Algébrica.

Como existem importantes diferenças de custo entre as várias dimensões de lote de produção, uma análise deverá ser levada em conta, cujo propósito é determinar aquela dimensão que minimiza o custo total. Esta é a dimensão ótima a produzir.

Existem muitas fórmulas de lote econômico. Consequentemente, é importante compreender as razões dessas diferenças. É comum a aplicação sistemática de um modelo matemático, com a finalidade de encontrar a quantidade por lote para cada tipo de item a produzir, para o qual se quer ter custo mínimo.

O método tabular é utilizado na solução de um problema onde existem várias alternativas a produzir. A seguir, um exemplo do cálculo do lote econômico (Q) a produzir para um pequeno conjunto de valores viáveis, como por exemplo: 100, 200, 400, 600, 800, 1.200.

A dimensão econômica do lote deverá ser determinada a partir dos seguintes dados:

D = Dimensão por ano = 2.400 unidades
A = Custo por ordem de serviço = 12,00
C = Custo por unidade produzida = 1,00
d = Demanda mínima = 10 unidades/dia
m = Demanda máxima = 50 unidades/dia
I = Percentual de encargos financeiros que gravam o estoque (seguro, armazenagem, custo do capital, obsolescência, deterioração) = 20%/ano

A seguir, um exemplo:

Fatores de Custo		Fórmula	Q	Q	Q	Q	Q	Q
			100	200	400	600	800	1.200
Número de Ordens por Ano	N	D/Q	24	12	6	4	3	2
Custo Total de Preparação	CTP	N x A (1)	288	144	72	48	36	12
Custo Direto Total	CDT	C x N x Q (2)	2.400	2.400	2.400	2.400	2.400	2.400
Custo Total de Manutenção de Estoque	CTME	(Q/2) (1 - d/m) CI (3)	8	16	32	48	64	192
Custo Total	CT	(1) + (2) + (3)	2.696	2.560	2.504	2.496	2.500	2.604
Custo Unitário	Cu	CT / CDT	1,123	1,067	1,043	1,040	1,042	1,085

Quadro 25.7: Lote Econômico.

Para maior esclarecimento, a seguir, está sendo feito o cálculo para CTME para uma quantidade igual a 100 unidades:

CTME = 100/2 (1 - 10/50) 1 x 0,20 = 50 (1 - 1/5) 0,20 = 50 (4/5) 0,20 = 40 x 0,20 = 8

Observações:

- A linha de custo direto total é de 2.400,00 para todos os valores de Q (quantidade).
- Dada a hipótese de que os custos diretos são constantes por unidade, esse custo é independente do tamanho do lote e, portanto, não possui influência nos diferenciais de custo entre alternativas.
- O custo total mínimo é de 2.496,00 para uma quantidade de 600 unidades (Lote Econômico).
- Para a quantidade de 600 unidades o custo total de preparação (CTP) é igual ao custo total de manutenção de estoque (CTME).

Teste de Aferição de Conhecimento

01 – Qual o fator básico na determinação do preço de venda?

a) Subjetividade
b) Valor agregado
c) Custo
d) Valor de mercado

02 – Qual o elemento que mais influencia o preço de venda?

a) Composto mercadológico
b) Qualidade
c) Concorrentes
d) Fornecedores

03 – Por que todas as empresas mantêm uma política de preço?

a) Ordenamento interno
b) Atendimento da demanda
c) Demonstração de transparência

04 – O que é uma perda?

a) Receita com vendas
b) Gasto anormal
c) Desembolso

05 – Qual a despesa que mais preocupa o empresário?

a) Operacional
b) Com vendas
c) Fixa
d) Variável

06 – Centro de custo é:

a) Unidade de negócio
b) Centro de controle
c) Centro operacional

07 – Faça a correspondência:

a) Custeio ABC
b) Empresa que atende encomendas
c) Custeio por processo.
d) Para produtos homogêneos
e) Custeio por ordem de serviço
f) Empresa iniciante
g) Custeio Standard
h) Determinação da eficiência

08 – Quando o rateio perde sua importância?

a) Regime único de produção
b) Muitos produtos diferentes
c) Quando é muito difícil calcular o custo variável

09 – Qual a importância do controle do fluxo de caixa?

a) Liquidez
b) Saldo de dinheiro
c) Contas a pagar
d) Contas a receber

10 – Na redução do custo, faça a correlação:

a) Produção
b) Custo direto
c) Vendas
d) Custo variável
e) Finanças
f) Custo do produto
g) Marketing
h) Custo fixo

Referências Bibliográficas

ACKOFF, Russel L. *Planejamento empresarial.* Rio de Janeiro: LTC, 1979.

ALBERS H. e Schoer L. *Princípios de organização e administração.* Rio de Janeiro: Renes, 1970.

ALBERS, Henry H. *Princípios de administração.* Rio de Janeiro: LTC, 1971.

ANSOFF, H. Igor. *Administração estratégica.* São Paulo: Atlas, 1983.

ASSEF, Roberto. *Manual de gerência de preços.* Rio de Janeiro: Campus, 2002.

BACKER, Morton. *Contabilidade de custos.* São Paulo: McGraw-Hill, 1974.

BALLOU, Ronald H. *Logística empresarial.* São Paulo: Atlas, 1993.

BARBARÁ, Hani R. E R. Simões. *Administração de vendas.* São Paulo: Atlas, 1975.

BERA, J. *Administração da qualidade total.* São Paulo: Ibrasa, 1997.

BERLO, David K. *O processo de comunicação.* São Paulo: Martins Fontes, 1991.

BOITEUX, Colbert D. *Administração de projetos.* Rio de Janeiro: Interciência, 1979.

BRUNI, Adriano L. e Famá, Rubens. *Gestão de custos e formação de preços.* São Paulo: Atlas, 2002.

BURBIDGE, John L. *Planejamento e controle da produção.* São Paulo: Atlas, 1991.

CHAPMAN, Elwood N. *Relações humanas na pequena empresa.* Rio de Janeiro: Qualitymark, 1996.

CHERTO, Marcelo. *Franchising: revolução no marketing.* São Paulo: McGraw Hill, 1988.

CHIAVENATO, Idalberto. *Administração: teoria, processo e prática.* São Paulo: Makron Books, 1987.

CHIAVENATO, Idalberto. *Iniciação à organização e técnica comercial.* São Paulo: McGraw Hill, 1989.

COGAN, Samuel. *Custos e preços.* São Paulo: Pioneira, 1999.

COSTA, Nelson P. *Comunicação empresarial.* Rio de Janeiro: Ciência Moderna, 2008.

COSTA, Nelson P. *Básico de administração.* Rio de Janeiro: Pecos, 2005.

COSTA, Nelson P. *Marketing para empreendedores.* Rio de Janeiro: Qualitymark, 2003.

COSTA, Nelson P. *Tempo: aprenda a administrar.* Rio de Janeiro: Ciência Moderna, 2008.

COSTA, Nelson P. *Documentos empresariais.* Rio de Janeiro: Ciência Moderna, 2012.

COSTA, Nelson P. *Análise do resultado empresarial.* Rio de Janeiro: Ciência Moderna, 2010.

COSTA, Nelson P. Gestão de restaurante. Rio de Janeiro: Ciência Moderna, 2016

COSTA, Nelson P. Administração para empreendedores. Rio de Janeiro: Ciência Moderna, 2018

COSTA, Nelson P. Antologia do empreendedor. Rio de Janeiro: Ciência Moderna, 2018

COSTA, Nelson P. Glossário do empreendedor. Rio de Janeiro: Ciência Moderna, 2019

CROSBY, Philip B. *Qualidade – falando sério.* São Paulo: McGraw Hill, 1990.

CROSBY, Philip B. *Qualidade sem lágrimas.* São Paulo: Jose Olympio, 1992.

DEMING, W. Edwards. *Qualidade: a revolução da administração.* Rio de Janeiro: Saraiva, 1989.

DRUCKER, Peter F. *Administração: tarefas, responsabilidades e práticas.* São Paulo: Pioneira, 1975.

DRUCKER, Peter F. *O gerente eficaz.* Rio de Janeiro: Zahar, 1981.

DRUCKER, Peter F. *Prática de administração de empresas.* São Paulo: Pioneira, 1981.

FISHER, Roger e William Ury. *Como chegar ao sim.* Rio de Janeiro: Imago, 1985.

FORTUNA, Eduardo. *Mercado financeiro.* Rio de Janeiro: Qualitymark, 2003.

GAJ, Luis. *Administração estratégica.* São Paulo: Ática, 1987.

GALBRAITH, John Kenneth. *A era da incerteza.* São Paulo: Pioneira, 1987.

GATES, Bill. *A empresa na velocidade do pensamento.* São Paulo: Companhia das Letras, 2000.

GHEMAWAT, Pankart. *A estratégia e o cenário de negócios* Porto Alegra: Bookman, 2000.

GITMAN, Lawrence J. *Princípios de administração financeira.* São Paulo: Harbra, 1997.

GOUVEIA, Nelson. *Contabilidade.* São Paulo: McGraw Hill, 1984.

HAMPTON, David R. *Administração contemporânea.* São Paulo: McGraw Hill, 1983.

HANSEN, Don R. *Gestão de custos*. São Paulo: Pioneira, 2001.
HARDING, H. A. *Administração da produção*. São Paulo: Atlas, 1989.
HORNGREN, Charles T. *Contabilidade gerencial*. São Paulo: Pearson, 2004.
ISHIKAWA, K. *Controle de qualidade total*. Rio de Janeiro: Campus, 1999.
IUDICIBUS, Sergio. *Contabilidade gerencial*. São Paulo: Atlas, 1987.
IUDICIBUS, Sergio. *Contabilidade introdutória*. São Paulo: Atlas, 1970.
JOSIAS, Allen. *Previsão de vendas*. Rio de Janeiro: FGV, 1984.
JUCIUS, Michael J. e Willian E. Schlender. *Introdução à administração*. São Paulo: Atlas, 1988.
JURAN, J. M. *Juran planejando para a qualidade*. São Paulo: Pioneira, 1992.
KANAANE, Roberto. *Comportamento humano nas organizações*. São Paulo: Atlas, 1999.
KAPLAN, Robert S. *Custo e desempenho*. São Paulo: Futura, 1998.
KATZ, Daniel e Robert Kanh. *Psicologia social das organizações*. São Paulo: Atlas, 1976.
KOTLER, Philip. *Administração de marketing*. São Paulo: Prentice Hall, 2000.
KOTLER, Philip. *Marketing*. São Paulo: Atlas, 1992.
LEITE, Helio de Paula. *Contabilidade para administradores*. São Paulo: Atlas, 1997.
LEONE, George S. Guerra. *Custos – um enfoque administrativo*. São Paulo: Atlas, 1983.
LEVIT, Theodore. *Marketing para desenvolvimento dos negócios*. São Paulo: Abril, 1974.
LIKERT, Rensis. *Novos padrões de administração*. São Paulo: Pioneira. 1971.
LIMA, Frederico O. *A sociedade digital*. Rio de Janeiro: Qualitymark, 2000.
LODI, João Bosco. *História da administração*. São Paulo: Pioneira, 1980.
LOEN Raymundo O. *Administração eficaz*. Rio de Janeiro: FGV, 1985.
MCCORMACK, Mark H. *A arte de vender*. São Paulo: Best Seller, 1995.
MACHIAVELLI, Nicolo Di B. Del. *O príncipe*. Rio de Janeiro: Civilização, 1976.
MANDARINO, Domenico. *Noções básicas de estatística*. São Paulo: Atlas, 1968.
MANDARINO, Umberto. *Custo*. São Paulo: Atlas, 1971.
MARTINS, Elizeu. *Contabilidade de custos*. São Paulo: Atlas, 2003.
MARTINS, P. G. *Administração da produção*. São Paulo: Saraiva, 1999.
MATTAR, Fauze najib. *Pesquisa de marketing*. São Paulo: Atlas, 2000.
MAXIMIANO, Antonio C. Amaru. *Teoria geral da administração*. São Paulo: Atlas, 2002.
MINADEO, Roberto. *Gestão de marketing*. São Paulo: Atlas, 2008.
MINICUCCI, Agostinho. *Dinâmica de grupo: manual de técnicas*. São Paulo: Atlas. 1977.
MIRANDA, Sérgio. *A eficácia da comunicação*. Rio de Janeiro: Qualitymark, 2002.
MOTTA, Paulo Roberto. *Gestão contemporânea: a ciência e a arte de ser dirigente*. Rio de Janeiro: Record, 1991.
MOTTA, Paulo Roberto. *Planejamento organizacional*. Rio de Janeiro: FGV, 1988.
MOTTA, Paulo Roberto. *Transformação organizacional: a teoria e a prática de inovar*. Rio de Janeiro: Qualitymark, 1997.
NEWMAN, Willian H. *Ação administrativa*. São Paulo: Atlas, 1975.
PENTEADO, Jose R. K. *Previsão de vendas*. Rio de Janeiro: Brasiliense, 1988.
PETERS, Thomas e Robert Watermann Jr. *Vencendo a crise*. São Paulo: Harbra, 1991.
PETERS, Tom. *Prosperando no caos*. São Paulo: Harbra, 1989.
PORTER, Michael. *Competição – estratégias competitivas essenciais*. Rio de Janeiro: Campus, 1999.
PORTER, Michael. *Estratégia competitiva e vantagem competitiva*. São Paulo: Campus, 1990.
PORTER, Michael. *Estratégia competitiva*. São Paulo. Campus, 1986.
PRADO, Darci. *Administração de projetos com PERT/CPM*. Rio de Janeiro: LTC, 1983.
PUCCINI, Abelardo de Lima e Nélio D. Pizzolato. *Programação linear*. Rio de Janeiro; LTC, 1987.
RAMOS, A. e Materko R. *Comunicação administrativa eficaz*. São Paulo: Alhambra, 1985.

REBOUÇAS DE OLIVEIRA, Djalma de Pinho. *Estratégia empresarial: uma abordagem empreendedora*. São Paulo: Atlas, 1988.
REBOUÇAS DE OLIVEIRA, Djalma de Pinho. *Excelência na administração estratégica*. São Paulo: Atlas, 1999.
REBOUÇAS DE OLIVEIRA, Djalma de Pinho. *Planejamento estratégico*. São Paulo: Atlas, 2001.
REDFIELD, Charles E. *Comunicações administrativas*. Rio de Janeiro: FGV, 1966.
RESNIK, Paul. *A bíblia da pequena empresa*. São Paulo: McGraw Hill, 1991.
RIES, Al e Jack Trout. *As 22 consagradas leis do marketing*. São Paulo: McGraw Hill, 1993.
RIES, Al e Jack Trout. *Marketing de guerra*. São Paulo: McGraw Hill, 1991.
RIES, Al e Jack Trout. *Posicionamento*. São Paulo: Pioneira, 1989.
RIUKIN, Steve. *Usina de ideias*. Rio de Janeiro: Campus, 2002.
ROCHA, Luiz O. L. *Organização e métodos: uma abordagem prática*. São Paulo: Atlas, 1995.
ROTHSCHILD, Willian E. *Como ganhar e manter a vantagem competitiva nos negócios*. São Paulo: Makron Books, 1992.
SÁ CARVALHO, Luiz C. *Análise de sistemas: o outro lado da informática*. Rio de Janeiro: LTC, 1988.
SCHEWE, Charles D. e Reuben Smith. *Marketing: conceitos, casos e aplicações*. São Paulo: McGraw Hill, 1982.
SHETH, Jagdish N. et alli. *Marketing na internet*. Porto Alegre: Bookman, 2002.
SIMON, Herbert. *Comportamento administrativo*. Rio de Janeiro: FGV, 1964.
SLOAN, Alfred. *Minha vida na General Motors*. Rio de Janeiro: Record, 1965.
SPENDOLINI, M. J. *Benchmarking*. São Paulo: Makron Books, 1993.
SPIEGEL, Murray R. *Estatística*. Rio de Janeiro: Livro Técnico, 1971.
STAN, Martin. *Administração da produção: sistemas e sínteses*. São Paulo: Atlas, 1982.
STARR, Martin K. *Administração da produção*. Rio de Janeiro: Edgar Blucher, 1990.
STONIER, A. W. e D. C. Hague. *Teoria econômica*. Rio de Janeiro: Zahar, 1970.
TOFFLER, Alvin. *O choque do futuro*. Rio de Janeiro: Artenova, 1972.
TZU, Sun. *A arte da guerra*. São Paulo: Record, 1990.
VASCONCELLOS, Marco Antonio S. *Fundamentos de economia*. São Paulo: Saraiva, 2001.
WALTON, Richard E. *Tecnologia de informação*. São Paulo: Atlas, 1993.
WANDERLEY, José Augusto. *Negociação total*. São Paulo: Gente, 1998.
WARLICH, Beatriz M. S. *Uma análise das teorias de organização*. Rio de Janeiro: FGV, 1974.
WARREN, Carl S. *Contabilidade gerencial*. São Paulo: Pioneira, 2001.
WEITZEN, H. Skip. *O poder da informação*. São Paulo: Makron Books, 1991.
WESTWOOD, John. *O plano de marketing*. São Paulo: McGraw Hill, 1992.
WOODWARD, Joan. *Organização industrial: teoria e prática*. São Paulo: Atlas, 1977.

Índice Remissivo

C

M

N

U

V

W

Impressão e acabamento
Gráfica da Editora Ciência Moderna Ltda.
Tel: (21) 2201-6662